남촌물상론 사례집
南村物象論 事例集

김대영 지음

四柱八字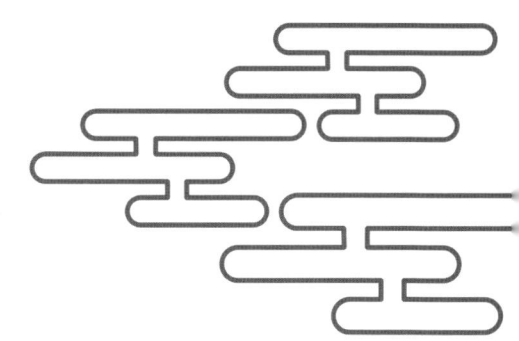

남촌물상론 사례집
南村物象論 事例集

김대영 지음

■ 발 간 사 ■

『남촌물상론 사례집』을 펴내며
- 물상으로 여는 삶의 통찰

▲ 저자 남촌 김대영 교수

결실의 계절 가을을 맞이하며 『남촌현대물상론』에 이은 두 번째 역작 『남촌물상론 사례집』을 독자 여러분께 선보이게 되어 감회가 새롭습니다. 지난 20여 년간 연구와 강의, 그리고 수많은 상담 현장에서 쌓아온 저의 모든 노하우와 깊은 통찰을 이 한 권의 책에 오롯이 담아낼 수 있게 되어 진심으로 기쁩니다.

저는 오랫동안 명리학이 품고 있는 깊은 지혜를 현대인의 삶에 더욱 실용적이고 직관적으로 연결하고자 노력해왔습니다. 기존의 복잡한 이론과 암기 위주의 학습만으로는 예측 불가능한 삶의 다양한 면모들을 온전히 이해하기 어렵다는 깊은 갈증이 저를 이끌었습니다. 바로 이러한 갈증 속에서, 저는 저의 호(號)이자 특허 등록된 명칭인 '남촌'을 붙여 저만의 독자적인 '남촌물상론'을 정립하게 되었습니다. 이 학문은 사주의 글자가 지닌 물상(物象), 즉 "자연의 법칙을 인간의 법칙"으로 노자 사상의 지혜를 인간 삶의 해법으로 풀어내는 데 주목합니다. 기존 명리학의 개념인 용신, 격국, 신살 등을 넘어, 오직 물상과 천간의 합이 만들어내는 새로운 변화를 통해 삶의 흐름은 물론, 인간 내면의 심리까지도 명쾌하게 읽어낼 수 있음을 발견하였습니다. 특히 '남촌물상론 안심법(眼心法)'으로 명명한 천간합의 원리는 관계의 본질과 마음의 움직임을 통찰하는 데 강력한 도구가 되어 주었습니다.

이 책 『남촌물상론 사례집』은 바로 그러한 물상론의 정수가 녹아 있는 실제 적용의 결과물입니다. 이론만으로는 파악하기 어려웠던 명리 해석의 실제를 구체적인 사례를 통해 명확히 보여드리고자 했습니다. 삶의 다양한 국면에서 마주하는 고민들, 예를 들어 제가 독자적으로 개발한 '재(財)와 관(官)에 대한 관법'을 통한 직업 선택 및 진로 탐색, 대인 관계, 재물 흐름, 건강 문제 등 복합적인 상황들을, 남촌물상론의 독창적인 시각으로 어떻게 풀어내고 해결책을 찾아갈 수 있는지 그 과정을 세밀하게 담아내었습니다. 이 사례들은 단순한 풀이를 넘어 독자 여러분 스스로 삶의 지혜를 발견하고 더 나은 선택을 내릴 수 있도록 돕는 실질적인 나침반이 되어줄 것입니다.

독자 여러분께서 이 책을 통해 남촌물상론의 깊이와 통찰력을 실제로 경험하시고 나아가 자신과 타인의 운명을 더욱 넓고 깊은 시선으로 이해하는 데 큰 도움이 되기를 바랍니다. 제가 물상론을 탐구하며 느꼈던 지적 희열과 통쾌함을 여러분과 함께 공감할 수 있기를 진심으로 소망합니다. 저의 남촌물상론은 앞으로도 끊임없이 발전하며, 오행의 경계를 넘어선 학문적 지평을 넓혀 나갈 것입니다.

이 책이 세상에 나오기까지 물심양면으로 도움을 주신 시인 하창목 선생님께 깊은 감사의 말씀을 전하며 『남촌물상론 사례집』이 여러분의 삶에 진정한 변화를 가져다줄 의미 있는 책이 되기를 기대합니다.

2025년 9월

남촌 김 대 영 드림

■ 추 천 사 ■

새로운 길을 개척해나가는 마음으로

'명리학'은 문헌상 내려오는 것만으로도 1400여 년의 역사를 지닌 동아시아 한자문화권의 기층문화에 굳게 자리 잡은 미래 예측학으로서 그 명맥을 이어오고 있다. 명리학은 특정된 일부 지배권력의 '제왕학'에서 왕조와 시대의 변화에 따라 점차로 민중 서민의 '운명학'으로 확장되어 오늘날에 이르렀다.

년주 위주의 삼명론이 오행의 생극제화를 살피는 일간 위주의 체계로 그 변혁을 꾀한 지도 천 년이 되었다. 십신으로 대표되는 財, 官, 인, 식을 더 이상 곧이곧대로 재, 관, 인, 식으로 추단하기에는 매우 힘든 복합적이고 디테일한 시대적 환경으로 변했다. 자평 명리학은 송대의 '연해자평'을 필두로 청대의 '자평진전'에 이르는 동안 격용론, 기세론, 조후론의 패러다임에서 더 이상 진전이 없다. 이들 고전이 논리적으로 불비하다거나 오류가 있다는 것이 아니다. 단지 미흡함을 지적하고 싶다. 고전은 현대인의 디테일한 삶의 유형을 읽어낼 수 있는 방법론을 제시하지 못한다.

명리학 고전은 명리학을 전문적으로 공부하는 학도들에겐 간과할 수 없는 과정으로 필독을 요구한다. 이는 미래를 추단하는 영험한 비기를 내포하고 있어서가 아니다. 다만 명리학의 정초 과정이 고전으로부터 시발하기 때문이다. 굳이 예를 들자면 인간의 의식주와 유사할 것 같다. 자연과 세계의 환경이 급변할지라도 인간은 의식주를 극복할 수는 없다. 즉 입고 먹고 자야 하는 삶의 기본적 영속 조건은 변할 수 없기 때문이다. 그러나 의식주는 시대의 추이에 따라 그 양상과 패턴을 달리하면서 진화 내지는 발전을 거듭한다. 양식과 유행의 변화가 삶의 큰 변화로 직결된다는 것을 알기 때문에 이를 결코 무시할 수 없다. 시대가 변하면 삶을 이루는 환경과 시스템도 변하기 마련이다. 이러한 양상과 물형의 변화를 시대적 요구와 문제의식에 맞게 재해석해 내고 특화된 현대적 명리학이 '물상론'이다.

고전 명리를 벗어나자는 것이 아닌, 이를 딛고 넘어서는 새로운 해석 체계의 통변이 필요한 시대가 되었다는 것이다. 이러한 시대적 문제의식에 적합한 통변법 중 하나가 '물상론'이라고 생각한다. 물상론은 기존의 '천간 합화 작용'을 발판 삼아 그 변화의 한계를 뛰어넘는 혁신적 통변 논리체계라 할 수 있을 것이다.

새로운 길을 개척해나가는 마음으로 남촌물상론을 길벗 삼아 학문적 궁구를 이어 나가고 있는 명리학자가 남촌 김대영 교수다. 2020년에 이은 남촌 선생의 두 번째 책이 발간되었다. 저자는 많은 임상을 바탕으로 오랜 시간 물상론을 정밀하게 분석하고 교정하고 증명하고 있다. 앞서 발간한 책에서도 논증하였듯 그의 새로운 천간합의 개발은 현대인의 인생 궤적의 바로미터처럼 명확하게 확인할 수 있을 정도로 탁월하다. 전권에 이어 사유 확장된 그의 논리들을 이번 책에서도 확인해 보기를 바란다. 그의 학문적 열의에 성원을 보내며, 명리학을 공부하는 학인들에게 남촌물상론의 필독을 권한다.

동방문화대학원대학교 총장 조 성 제

■추 천 사■

20년 연구와 강의를 통한 업적의 총결판

　남촌 김대영 교수님의 두 번째 力作이 곧 출판된다는 반가운 소식이 따뜻한 봄날에 들렸다. 그는 따뜻한 남쪽 시골 출신이다. 그래서 그런지 포근한 성품을 지닌 분이다. 사주 명리를 해석하고 해설하는 데도 역시 시원하다. 막힘이 없다. 그것이 교수님의 장점이라 하겠다. 명쾌하다!

　흔히 명리 강의를 하면서 질문하면 대부분 잠시 망설인다. 혹시 질문자의 기대를 충족시키지 못할까 하는 두려움 때문일 것이다. 하지만 교수님은 그것을 두려워하지 않는 솔직함이 있다.

　이번에 출간될 선생의 두 번째 저서 『남촌물상론 사례집』은 20여 년 가까이 연구와 강의를 통해서 쌓은 업적의 총결판이라 할 것이다. 사주 명리 분야는 어렵다고 느끼면 한없이 어려운 분야이다.

　남촌 교수님의 저서 『남촌물상론 기초이론』 강의를 주의 깊게 읽고 따라간다면 의외로 명리 해석이 쉽게 느껴질 것으로 생각한다.

남촌 김대영 교수님의 두 번째 力作 『남촌물상론 사례집』이 독자의 사주 명리에 대한 갈증을 해소해 줄 것으로 기대된다. 이 책을 펴는데 선생은 많은 정성과 땀을 흘렸을 것이다.

교수님의 노고에 감사드리며 독자 여러분의 올바른 선택으로 명리에 達通하기를 기대해 본다.

2025년 9월에 義正利 마을에서

철학박사 박 진 우 드림

차례

발 간 사 - 『남촌물상론 사례집』을 펴내며 … 4
추 천 사 - 조성제 동방문화대학원대학교 총장 … 6
추 천 사 - 박진우 철학 박사 … 8

◆◆◆ 基本 天干合의 原理에 相生과 相剋

서문 - 『남촌물상론』 천간합의 원리와 근본 … 16
基本 天干合의 原理에 相生 … 18
1. 고전에 天干合이 相生으로 만들어진 根源 … 19
2. 새로운 天干合의 相剋 開發 … 20
2-2. 天干合의 相克 變化와 根源 … 21
3. 天干合의 五行을 끌어옴의 法則 … 22
4. 天干合의 풀어지는 法則 … 24

◆◆◆ 1장 甲木 日干

1. 광고업을 잘할 수 있는 명조 … 26
2. 해외에서 사업을 하면 좋은 명조 … 30
3. 남편을 빼앗기는 명조 … 34
4. 버거씨병으로 고생하는 명조 … 38
5. 제2금융권에 근무한 명조 … 42
6. 辰戌沖으로 두 번 결혼할 수 있는 명조 … 46
7. 선관위원회 공무원 명조 … 50
8. 유통회사의 임원 명조 … 54
9. 둘째 딸을 낳으면 부부가 멀어지는 명조 … 58
10. 마케팅 영업을 잘하는 명조 … 62
11. 유학가면 국가의 삼부 요인이 될 수 있는 명조 … 66
12. 내가 못 이룬 한을 자식에서 보상받고 싶은 명조 … 71

◆◆◆ 2장 乙木 日干

1. 보험설계사 명조 … 76
2. 첩으로 사는 명조 … 80
3. 필라테스 강사 … 84
4. 공무원 명조 … 88
5. 공무원에서 법무사로 사는 명조 … 92
6. 간호사 명조 … 96
7. 여자 조경사 명조 … 100
8. 대학 강사 명조 … 104
9. 교육 공무원 명조 … 108
10. 요양재가 복지 센터를 운영하는 명조 … 112
11. 丁火의 등불이 되리라(항공 표지소 근무) … 116
12. 국내에서 살면 영업사원, 유럽으로 유학 가면
    유명한 기타리스트가 될 명조 … 120

◆◆◆ 3장 丙火 日干

1. 기자에서 정치를 할 수 있는 명조 … 126
2. 사립학교 교사 명조 … 130
3. 전문직 기술을 가져야만 좋은 명조 … 134
4. 부모님의 결정 때문에 운명이 바뀐 명조 … 138
5. 연구직 교수 명조 … 142
6. 사립학교 교사 명조 … 146
7. 대기업 회사원 명조 … 150
8. 대기업 임원 명조 … 154
9. 木이 없는 五行으로 博士가 된 명조 … 158
10. 유학 가면 교수를 할 수 있는 명조 … 162
11. 창의력은 좋으나 남 좋은 일을 하게 될 명조 … 166
12. 丙火가 밝아져도 어디에 빛을 발산하느냐에 따라
    운명이 달라지는 명조 … 170

◆◆◆ 4장 丁火 日干

1. 대학 강사에서 CEO로 성장할 수 있는 명조 … 176
2. 한 번의 기회를 놓치면 평생 후회를 하게 되는 명조 … 180
3. 작은 정치를 해야만 하는 명조 … 184
4. 사립학교 교사의 명조 … 188
5. 보건직 공무원 명조 … 192
6. 간호사 명조 … 196
7. 광고와 인연이 있는 명조 … 200
8. 법조인 판사의 명조 … 204
9. 사우나 사업을 할 수 있는 명조 … 208
10. 법조인과 교수를 할 수 있는 명조 … 212
11. 은행원 명조 … 216
12. 내과 의사 명조 … 220

◆◆◆ 5장 戊土 日干

1. 無官四柱가 정치를 하고 싶은 것은 왜일까? … 226
2. 법조인으로 대학교수를 하는 명조 … 230
3. 숙살지권 자격증을 가진 자의 사무원으로 사는 명조 … 234
4. 두 번 결혼해야 하는 명조 … 238
5. 어떤 사람을 선택하는가에 따라 팔자가 바뀌게 된다 … 242
6. 의류 사업으로 성공한 명조 … 246
7. 화류계 여성으로 운명을 타고난 명조 … 250
8. 가업을 승계한 명조 … 254
9. 내과 의사 명조 … 258
10. 대기업 회장 명조 … 262
11. 미국 텍사스주 한국인 검사 … 267
12. 결혼하지 않으면 富를 누리는 명조 … 271

◆◆◆ 6장 己土 日干

1. 김밥집으로 성공한 사례 … 278
2. 國會議員 비서관 명조 … 282
3. 연예인 기자 … 286
4. 장애 자녀가 있는 명조 … 290
5. 남편에게 돈을 많이 주면 이혼하게 되는 명조 … 294

6. 3번 나무를 심을 수가 있어 3번 결혼하게 된 명조 … 298
7. 세무공무원 … 302
8. 중소기업 사장 … 306
9. 평사원에서 회사 중역까지 가는 명조 … 310
10. 대기업 사원이 벤처기업 사장이 되는 명조 … 314
11. 부부 인연이 깨지는 명조 … 318
12. 제빵 기술자 직업으로 富를 누리게 된 명조 … 322

◆◆◆ 7장 庚金 日干

1. 중국에서 한국으로 온 이유는? … 328
2. 숙살지권을 가진 명조 … 332
3. 두 번 결혼해도 실패할 수 있는 무관사주 명조 … 336
4. 잡기에 능하며 불법으로 돈을 버는 명조 … 340
5. 사립학교 교사를 할 수 있는 명조 … 344
6. 無官無財로 사는 여자의 명조 … 348
7. 구성작가로 활동을 할 수 있는 명조 … 353
8. 교정직 공무원 … 357
9. 공기업에 근무한 명조 … 361
10. 일본 아베 총리 명조 … 365
11. 행정고시에 합격한 명조 … 369
12. 전산직 공무원 명조 … 373

◆◆◆ 8장 辛金 日干

1. 행정직공무원의 명조 … 378
2. 폐와 당뇨합병증으로 고생을 한 명조 … 383
3. 판사의 남편과 결혼할 수 있는 명조 … 387
4. 돈이 많은 것으로 알고 결혼하였는데 모두가 허무한 명조 · 391
5. 축산물 가공업 사업을 할 수 있는 명조 … 395
6. 나무치료사 … 399
7. 엄마가 두 번 결혼한 명조 … 403
8. 보건직 공무원의 명조 … 407
9. 남자 문제로 고민하는 명조 … 411
10. 3대 가업을 이어가는 명조 … 415
11. 법조인 명조 … 419
12. 외과 의사 명조 … 423

9장 壬水 日干

1. 산후원 조리사 … 428
2. 동거 계약으로 사는 명조 … 432
3. 비서실, 홍보실에 근무한 명조 … 436
4. 회계사 명조 … 440
5. 선거관리위원회 공무원 명조 … 444
6. 공무원 명조 … 448
7. 대기업 임원 명조 … 452
8. 교육공무원 명조 … 456
9. 국정원 공무원 명조 … 460
10. 법조인 명조 … 464
11. 간호사 명조 … 468
12. 500억 재산가의 명조 … 472

10장 癸水 日干

1. 첫아들을 낳으면 사별하고 재혼하는 명조 … 478
2. 가업을 승계한 명조 … 482
3. 조명, 전등 판매업 … 486
4. 여자 금시빼 사주 내가 선택한 남자 꼭 지켜야 하는 명조 · 490
5. 인테리어 사업을 하는 명조 … 494
6. 요가 명상을 하면 좋은 명조 … 498
7. 손기술로 먹고사는 명조 … 502
8. 유학 가면 교수 국내에서 살면 카페 운영자 … 506
9. 예체능으로 시작하여 부동산을 가지면 좋은 명조 … 510
10. 정신세계 공부하면 좋은 명조 … 514
11. 수천억대의 광산과 국내에 열 발전소 기계설비로 성공한 명조 … 518
12. 외국계 회사 다니거나 해외와 인연이 있는 명조 … 522

基本 天干合의
原理에 相生과 相剋

■ 서문 ■

『남촌물상론』 천간합의 원리와 근본

『도덕경(道德經)』 속에는 천하의 이치를 꿰뚫는 심오한 지혜가 담겨 있다. "道可道 非常道 名可名 非常名", 즉 "도(道)를 도라고 말할 수 있다면 그것은 진정한 道가 아니며, 이름을 이름이라고 부를 수 있다면 진정한 이름이 아니다." 이는 이 세상이 그 자체로 특정한 형상을 지니고 있지 않음에도 불구하고 모든 현실을 가능하게 하고 만물이 본연의 기능을 수행하게 하는 근원적 영역이 존재함을 노자가 설명하고 있다.

老子는 현상의 세계에서 보이지 않는 것을 '무(無)'라고 하고 눈에 보이는 것을 '유(有)'라고 보았다. 이 '有'와 '無'가 대립하는 듯하면서도 서로를 相生하는 "유무상생(有無相生)"의 관계로 존재한다는 사상이야말로 『도덕경』이 제시하는 근본적인 이치다.

『남촌물상론(南村物象論)』은 바로 이러한 老子의 깊이 있는 思想에 기반하여 보이는 세계를 '양(陽)'으로 보이지 않는 세계를 '음(陰)'으로 해석하는 학문이다. 이는 자연의 순리를 인간의 삶에 적용하여 지혜를 제시하며, 특히 易學界에서는 최초로 '천간합(天干合)'이라는 독자적인 이론 체계를 개발하여 그 학문적 깊이를 확립하였다.

벼슬과 명예를 뜻하는 '관(官)'과 재물을 뜻하는 '재(財)'에 대한 깊이 있는 분석을 통해 직업을 찾는 '財와 官에 官法'은 물론, 마음의 움직임을 읽어내는 '안심법(眼心法)'까지 실전에 필요한 새로운 학문적 통찰을 개척하였다. 이처럼 깊이 있는 통찰과 실용적인 지혜를 담은 본 학문은 필자의 아호(雅號)인 '남촌(南村)'을 붙여 『南村物象論』이라 하게 되었다.

남촌물상역학연구회

김 대 영

基本 天干合의 原理에 相生

　天干合의 原理에서 相生으로 되어 있는데 어떻게 만들 수 있었는가를 그 누구도 생각하지 못했다. 아래 도표에서 보면 이해가 잘될 것이다. 지금까지 天干合에 원리에 대하여 역학계에 학자들은 어떤 연구도 하지 못했다. 필자는 물상론을 연구하면서 그 뿌리를 찾고자 무한한 노력을 해왔다. 역학인들이 물상론으로 해석을 못했던 것은 天干合의 근원을 찾지 못하였기 때문이라 생각한다. 물상론 공부를 시작하시려면 반드시 필자가 개발한 천간합의 원리 비법을 전수하면 많은 도움이 될 것이다. 고전을 공부하신 분들도 천간합의 원리는 꼭 배워서 활용하신다면 크게 도움이 될 것으로 생각된다.

※ 고전에서 天干合의 相生

기존 天干合의 相生의 원리		
甲己합	土	
乙庚합	金	
丙辛합	水	相生의 순환
丁壬합	木	
戊癸합	火	

- 甲木과 己土가 合하여 土로 변한다.
- 乙木과 庚金이 合하여 金으로 변한다.
- 丙火와 辛金이 合하여 水로 변한다.
- 丁火와 壬水가 合하여 木으로 변한다.
- 戊土와 癸水가 合하여 火로 변한다.

(1) 기존의 天干合은 相生의 순환을 한다.
(2) 土生金, 金生水, 水生木, 木生火, 火生土

1. 고전에 天干合이 相生으로 만들어진 根源

고전에서 相生의 天干合은 어디 五行에서 만들었을까? 필자는 항상 根源이 매우 궁금하였다. 甲己合土는 어떤 근거로 土라고 했을까? 甲己合 土는 己土일까 戊土일까 확인을 할 수가 없었다. 필자가 開發한 天干合의 相剋을 알지 못하면 相生의 근원을 찾을 수가 없다. 陽干과 陰干이 合을 하면 陽干이 陰干으로 변화한다는 것을 알고 나서 해법을 찾을 수가 있었다. 甲己合 土는 戊癸合에서 陽인 戊土가 癸水와 合을 하여 己土 陰으로 변했다. 결과는 甲己合 土는 己土가 된다는 것을 확인할 수가 있다. 乙庚合金은 陽干인 庚金이 陰干으로 변화여 辛金이란 것이 확인되었다. 나머지 五行도 다 똑같다. 이와 같이 근거에 의해 陽干과 陰干이 合하면 陰干으로 변한다는 사실이다. 결론은 相生으로만 변한다는 사실을 이해하였을 것이다. 아래 도표를 참고하여 이해가 쉬울 것이다.

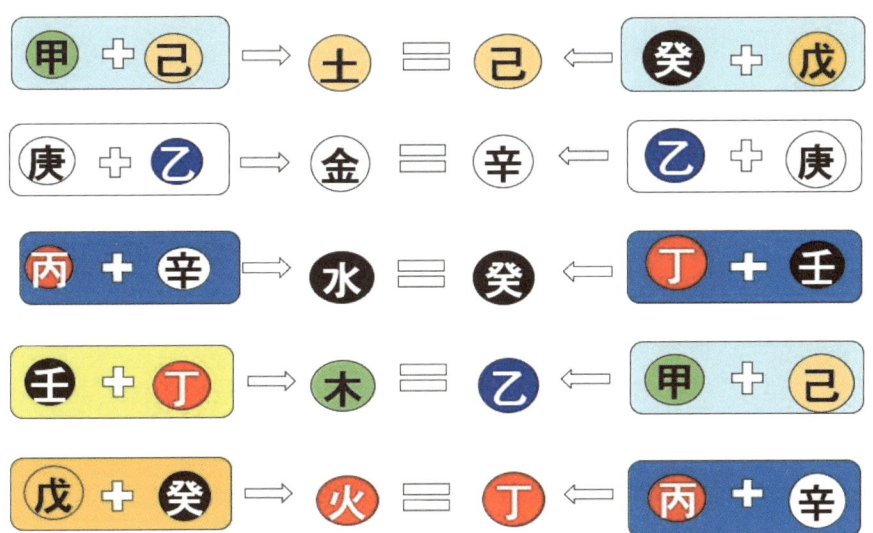

(天干合) 相生 變化의 根源 (1)

2. 새로운 天干合의 相剋 開發

天干合이 만들어진 원리에 대해서는 많은 학설이 존재하는데 南村物象論의 주체는 살아있는 생명체인 木(나무)의 성장과 변화를 통해 天干合의 原理를 설명하고자 한다. 天干은 하늘의 태양이 지상의 초목에 영향을 미쳐 그 초목이 변화하는 모습을 단계적으로 표현한 시간 부호이다. 나무(木)가 성장하기 위해서는 땅(土) 물(水) 햇빛(火) 도구(金)가 필요하다. 세상은 공동체로 살아가면서 항상 변화하여 존재한다. 여기에 五行으로 陽干과 陰干이 合을 이루면 變化하는 사실을 알게 된다.

남촌물상론은 甲木이 己土와 合을 하여 甲木이 乙木으로 변한다는 사실이다. 金은 변하지 않는다. 乙庚合 庚金이 辛金으로 金이 된다. 丙辛合은 丙火가 辛金과 合하여 丙火는 丁火로 바뀌게 된다. 丁壬合은 丁火와 壬水와 合을 하면 壬水가 癸水로 바뀌게 된다. 戊癸合은 戊土가 癸水와 合을 하여 戊土가 己土로 바뀌게 된다. 이렇게 바뀌게 되면 己土는 癸水를 剋하고 癸水는 丁火를 剋하고 丁火는 辛金을 剋하고 辛金은 乙木을 剋하여 相剋이 된다는 사실을 알 수가 있다. 도표와 같이 相剋이 완성되면 天干合은 相生과 相剋이 균형을 이루게 된다

새로운 天干合의 相剋 원리 開發

合	變	
甲己합	乙	
乙庚합	辛	
丙辛합	丁	相剋의 순환
丁壬합	癸	
戊癸합	己	

· 甲木과 己土가 合하여 乙木로 변한다.
· 乙木과 庚金이 合하여 辛金으로 변한다.
· 丙火와 辛金이 合하여 丁火로 변한다.
· 丁火와 壬水가 合하여 癸水으로 변한다.
· 戊土와 癸水가 合하여 己土로 변한다.

(1) 기존의 天干合은 相剋으로 순환을 한다.
(2) 土剋水, 水克火, 火剋金, 金克木, 木剋土

2-2. 天干合의 相克 變化와 根源

천간합의 相生과 相剋을 설명하였다. 도표로 天干合의 變化의 根源을 설명하자 한다. 아래 도표를 보면 陽干과 陰干이 합을 한다. 甲己合은 甲木이 乙木이 어떤 근원에서 변화가 되었는가를 알 수가 있다. 남촌물상론에서는 오행을 초월하는 학문으로 丁壬合에서 乙木이 되었다는 것을 설명하였다. 五行만 가지고는 五行의 대가가 없다. 五行의 대가가 되려면 五行을 초월하여야만 대가가 될 수가 있다.

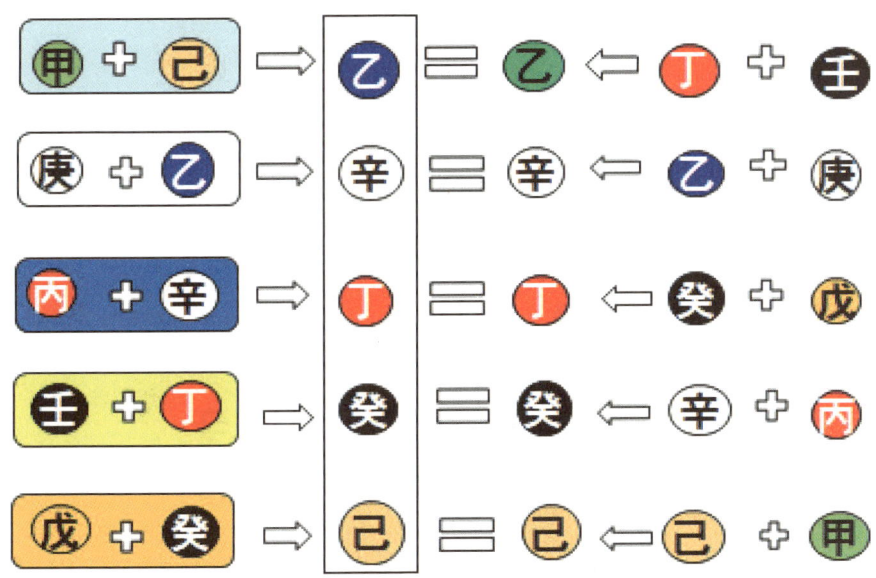

3. 天干合의 五行을 끌어옴의 法則

天干合의 五行을 끌어오는 法則을 설명하고자 한다. 이 세상 사람들은 완벽한 사람이 없다. 서로 부족함을 보완하면 살아간다. 사주팔자는 없는 五行, 약한 五行, 강한 五行으로 조합을 이루고 있다. 四柱八字는 陰과 陽의 조합이 완벽하게 갖춰질 수 없다. 이런 불균형한 상태를 다른 五行의 힘을 빌려 조화와 균형을 이루도록 하는 것이 끌어옴의 법칙이다. 그렇다면 어떻게 끌어올까? 天干合으로 필요한 오행을 끌어와 변화하는 과정을 설명하고자 한다. 물상론을 배우려면 남촌물상론에 觀法, 천간합의 이론을 잊어서는 안 된다. 甲己合의 乙木은 庚金을 끌어오고 乙庚合 辛金은 丙火를 끌어오고 丙辛合 丁火는 壬水를 끌어오고 丁壬合 癸水는 戊土를 끌어온다. 戊癸合 己土는 甲木을 끌어오는 공전과 자전이 있는 것과 같이 천간합이 변화하게 되면 끌어오는 법칙이 성립된다는 것을 알 수가 있다.

天干合은 합하는 오행을 끌어오는 법칙(1)

天干合을 하면 陽干이 陰干으로 변한다.

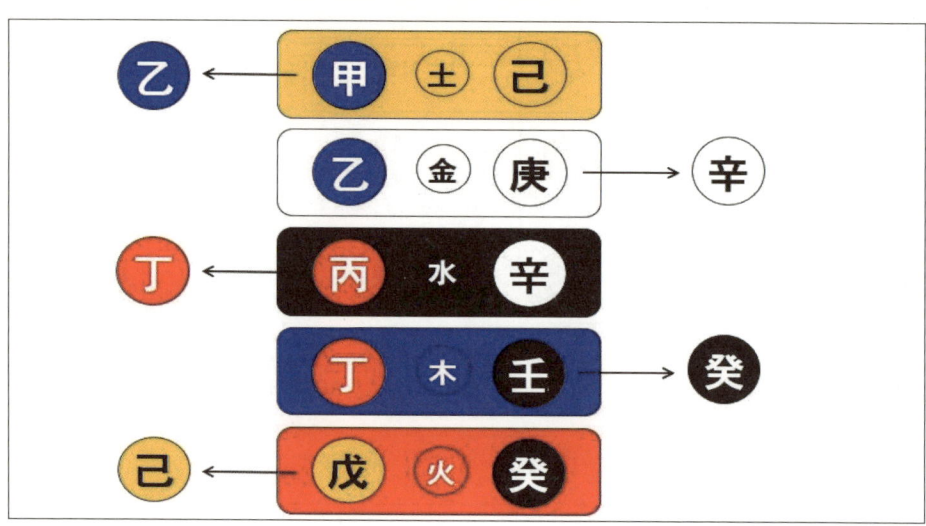

陽干이 陰干으로 변하여 끌어옴의 법칙 (2)

陽干과 陰干의 合하여 陰干이 되어 陽干을 끌어오고 陽干은 다시 陰干을 끌어오는 법칙

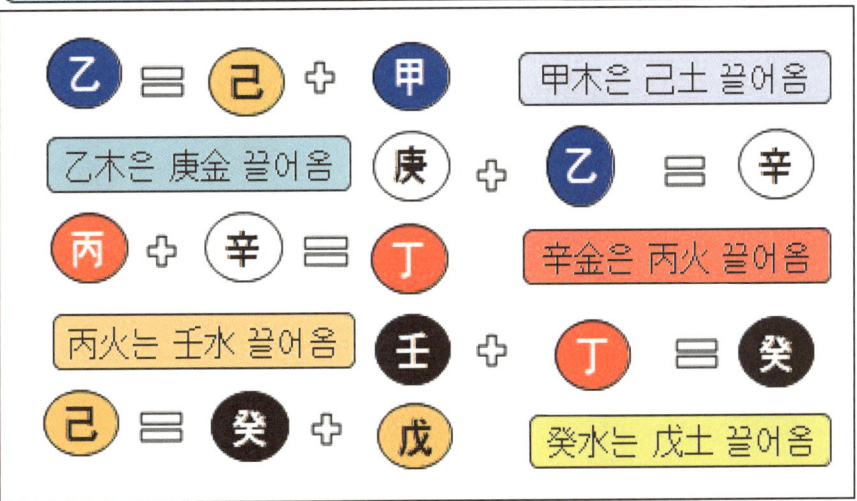

- 乙 = 己 + 甲 / 甲木은 己土 끌어옴
- 乙木은 庚金 끌어옴 / 庚 + 乙 = 辛
- 丙 + 辛 = 丁 / 辛金은 丙火 끌어옴
- 丙火는 壬水 끌어옴 / 壬 + 丁 = 癸
- 己 = 癸 + 戊 / 癸水는 戊土 끌어옴

南村現代物象論

4. 天干合의 풀어지는 法則

天干合을 풀어지게 하는 해법은 天干合의 변화를 만드는 중요한 요소이기 때문에 매우 중요하다. 天干合이 되면 좋을 때가 있고 안 좋을 때가 있듯이, 天干合이 풀릴 때 좋거나 안 좋을 때가 있다. 특히 일간이 합으로 묶였을 때 능력을 발휘하기 어렵고 운에서 합이 풀릴 때 능력을 발휘할 수 있기 때문에 언제 풀리게 되는지가 매우 중요하다.

天干合이 풀리는 것은 일반적으로 원국에 합이 되었을 때 運에서 합을 하고 풀어지게 한다. 행동으로는 필요한 오행의 행위를 하면 된다. 甲己合이 되어 있을 때 運에서 甲木, 己土, 乙木이 오면 甲己合이 풀어진다. 다른 또 방법은 여기서 한 단계 더 나아간다. 天干合의 원리로 陽干이 陰干으로 변하여 기존에 있는 합을 풀어 준다는 원칙을 적용한다. 이러한 풀어지는 법칙을 그림으로 표시하면 아래와 같다. 더 깊이 있게 풀어지게 하는 것은 남촌물상론 창업반에서 즉석실관을 통해 알 수 있다.

1장
甲木 日干

1장
甲木 日干

◎ 1. 광고업을 잘할 수 있는 명조

乾 命	1970년 02월 23일(陽) 10:30			직업 : 광고업				
己	甲	戊	庚	오행	木	火	土	金	水
巳	戌	寅	戌		2	1	4	1	0
93	83	73	63	53	43	33	23	13	3
戊	丁	丙	乙	甲	癸	壬	辛	庚	己
子	亥	戌	酉	申	未	午	巳	辰	卯

〈원국 해설〉

　甲木 일간이 甲己合으로 묶여 있어 乙木의 성향으로 변하였다. 겉으로 드러난 甲木의 강한 표정과는 달리 乙木의 나무처럼 부드러운 사람이라 생각할 수가 있다. 그러나 속마음은 뿌리 寅木이 있어 강하다. 사방에 재물(土)이 있어 재물에 대한 욕심이 강하다. 지지에 寅木과 戌土가 있어 타오르는 열정으로 여자에 대한 탐욕 또한 강할 거라는 마음을 읽어 볼 수 있다. 이런 마음을 읽었다면 大運을 보고 어떠한 일들이 벌어지고 있는지를 판단할 수 있게 된다. 일간이 甲戌인 일주들은 사주 원국에 물(水)이 없는 경우 대부분 애정욕이 강하다는 것은 실관을 통해 검증된 사실이다.

기초 편에서 설명한 天干合의 원리에 따라 甲己合은 甲木이 乙木의 성향으로 바뀌게 된다. 乙木은 년에 있는 庚金과 合을 하여 辛金이 된다. 庚金이 辛金으로 변하면 辛金은 丙火를 추구하게 된다. 지지에 火의 뿌리 巳火가 있어 丙火를 끌어올 수가 있는 것이다. 지지에 火의 뿌리 巳火가 움직이면 천간에 丙火가 움직이게 된다. 지지에 있는 午火는 寅午戌, 巳午未로 丙火를 더욱 밝게 하기 때문에 아름다운 것을 추구하겠다는 마음을 읽어 낼 수 있다. 이때 辛金의 뿌리 酉金은 巳酉丑으로 기술적인 요인이 된다. 酉金은 물상론에서 손재주를 기술력으로 판단하여 甲木의 아름다움을 추구하는 광고업을 할 수 있게 된다. 만일 원국에 水가 있어서 甲木이 성장하게 되어 연하의 여자와 결혼하게 되면 가정은 파괴된다. 연상의 여자와 결혼하였다면 木火通明이 되어 간판 제작과 광고업에 관한 일은 하지 않았을 것이다.

물상론에서는 合이 풀어질 때와 묶여 있을 때 구별을 잘해야 한다. 이분은 43세 癸未大運, 월간 戊土와 癸水가 戊癸合으로 己土가 되어 일간에 甲木이 풀어지게 한다. 그때 어떤 마음이 일어날까? 甲己合이 풀어지게 되면 자유로운 甲木이 될 것이다. 이런 경우에는, 가정생활에 문제가 발생하게 된다는 것을 알 수 있다. 合이 풀어지면 부인과 이혼하거나, 별거하는 경우가 많다는 것은 사례를 통해 검증된 사실이다. 이분은 50세 己亥年, 甲己合이 풀려 이혼하였다.

남촌물상역학연구회 회원님들은 역학계 최초로 연구한 天干合의 원리를 적용하여 사주를 감명하고 있다. 天干合의 원리를 사용하게 되면 정확한 답을 얻을 수 있다는 것은 실전으로 검증된 사실이다. 회원 중에 현업을 하고 계신 분들이 많이 있다. 지금은 유명세를 얻어 많은 돈을 벌고 있다. 그 이유는 남촌물상론 天干合의 원리 財와 官에 觀法, 眼心法을 통해 남촌물상론 비법을 배워 활용하기 때문이다.

(庚辰大運 : 13~22세)

庚辰大運은 乙庚合이 풀어진다. 甲己合이 풀어지면 甲木은 대기업 자리에 칼자루가 된다. 대기업에 취업하고 싶은 마음이다. 17세 丙寅年, 고등학교 1학년이다. 甲木에 꽃을 피울 수가 있지만 물이 없어 나무가 성장하지 못한다. 마음만 앞서지 공부를 잘할 수가 없다. 19세 戊辰年, 두 개의 戊土가 되어 넓은 땅에 나무를 심어 돈을 벌고 싶다. 지지에 辰戌沖이 되어 대학 진학보다 돈을 벌겠다는 마음으로 대학 진학을 포기하게 된다.

(辛巳大運 : 23~32세)

辛巳大運은 두 개의 辛金이 되어 丙火를 끌어온다. 천간의 辛金은 지지에 巳火가 있어 丙火를 끌어오게 된다. 이때 마음은 丙火가 甲木에 아름답게 꽃을 피우고 싶다. 지지에 巳火는 辛金의 뿌리 酉金을 끌어와 기술적인 아름다운 행위를 하고 싶어진다. 이때부터 광고업인 간판의 기술을 배우게 되었다. 24세 癸酉年, 월간 戊土와 戊癸合으로 己土가 되어 甲己合이 풀어지고 지지에 申酉戌로 부부궁에 합을 이루어 결혼하게 되었다.

(壬午大運 : 33~42세)

壬午大運은 사주 원국에 없는 壬水의 물이 오게 되면 己土에 뿌리를 내리고 있는 일간 甲木이 성장하게 된다. 甲木이 성장하게 되면 작은 己土의 땅이 무너지게 되어 가정에 문제가 발생하게 된다. 지지에 午火가 寅午戌, 巳午未로 甲木의 뿌리 戌土가 火局으로 변하게 되어 가정생활에 문제가 된다. 甲木은 戌土에 심어져 많은 돈을 벌게 되어 이때부터 부부 문제가 발생하게 된다. 지지에 두 개의 戌土가 寅午戌을 하게 되면 친구의 부인과 바람으로 인해 친구와도 문제가 된다.

(癸未大運 : 43~52세)

癸未大運은 癸水는 원국의 戊土와 합을 하게 되면 戊土는 己土로 변하여 결국 두 개의 己土가 된다. 물상론에서는 1가구 2주택으로 두 가정을 거느리고 싶은 마음으로 판단한다. 지지에 未土는 시지에 巳火가 있어 巳午未가 되어 甲木의 뿌리 寅木이 寅午戌로 발동하게 된다. 일간 甲木은 타오르는 정열의 나무가 된다. 甲木에 의하여 己土의 땅은 파괴되고 가정은 위기를 맞게 된다. 45세 甲午年, 문제가 발생하여 50세 己亥年, 甲己合이 풀리게 된다. 지지에 亥水가 寅申巳亥가 되어 서로 각자의 길을 택하게 되어 이혼하였다. 물상론에서 寅申巳亥는 새로운 개혁도 되지만 멀리 떠나간다고도 표현한다.

(甲申大運 : 53~62세)

甲申大運은 甲木으로 인해 원국의 甲己合이 풀어진다. 자유로운 몸이 된다. 일간 甲木이 월에 있는 戊土에 뿌리를 내리게 된다. 새로운 연상의 여자와 재혼할 것이다. 지지에 寅申巳亥가 되어 새로운 변화로 다른 여자에게 마음이 간다. 大運에서 申金은 지지에 戌土를 움직이게 하여 申酉戌로 변하면 자동차를 사고 싶어진다. 이때 자동차를 바꾸게 되면 교통사고를 조심해야 한다.

(乙酉大運 : 63~72세)

乙酉大運은 乙庚合을 풀어지게 한다. 지지에 酉金은 申酉戌로 金局이 되면 甲木의 뿌리에 문제가 발생하게 된다. 심혈관과 당뇨병으로 문제가 되니 반드시 사전 검진이 필요하다.

(丙戌大運 : 73~82세)

丙戌大運은 丙火가 甲木에 꽃을 피우려고 한다. 丙火가 오면 지지에 寅午戌로 甲木이 불에 타게 되는 것으로 심혈관에 문제가 발생하게 될 것이다. 77세 丙寅年, 丙火가 천간에 오면 지지에 寅午戌이 되어 건강에 문제가 발생하게 되니 반드시 사전 검진이 필요하다.

◎ 2. 해외에서 사업을 하면 좋은 명조

乾 命	1985년 11월 11일(陽) 10:30			직업 : 자영업					
己	甲	丁	乙	오행	木	火	土	金	水
巳	寅	亥	丑		3	2	2	0	1
92	82	72	62	52	42	32	22	12	2
丁	戊	己	庚	辛	壬	癸	甲	乙	丙
丑	寅	卯	辰	巳	午	未	申	酉	戌

〈원국해설〉

甲寅日柱이다. 甲己合으로 財와 묶여 있어 벗어나고 싶은 욕망이 강하다. 甲木의 財는 己土이다. 작은 財만이 나의 재물이다. 사주 원국에 戊土가 없어 큰 재물을 얻기가 어렵다. 사주 원국에 官(金)이 없어 자유분방하다. 년간에 있는 乙木에서 庚金이 官을 끌어와 官의 역할을 하고 있어 부친의 말은 잘 듣는다. 국내에서는 작은 財만이 나의 재물이다. 해외와 인연을 맺으면 큰 재물을 얻을 수 있는 명조다.

년간에 있는 乙木은 甲己合을 풀어지게 하고 있다. 甲己合으로 乙木이 되면 국가 자리에 乙木이 두 개가 되어 강력하게 庚金을 끌어오게 된다. 庚金을 끌어오고 싶은 욕망은 지지에 寅申巳亥가 되어 있어. 庚金의 뿌리 申金을 끌어오는 역할을 하기 때문이다. 이때 乙庚合을 하면 천간은 辛金이 되어 丙火를 끌어오는 역할을 하게 된다. 부모님을 국가 자리에서 丙辛合으로 움직이면 부친은 국가공무원이 된다. 이런 경우에는 아버지가 甲木에 꽃을 피우게 하는 역할을 하게 되어 아버지의 도움으로 성장하게 된다. 아버지의 도움으로 성장을 한다는 것은 엄마의 도움이 없다고 보면 좋다. 지지에 亥水의 엄마는 사주에 金이 없어 물을 공급을 할 수가 없다. 지지에 寅申巳亥가 되어 멀리 떠나가는 것은 부모님의 이혼을 예측하게 된다. 상담 결과,

이분은 부모가 이혼하였다.

　지지에 寅申巳亥가 되어 개혁적인 마음을 가지고 있다. 寅申巳亥는 남촌 물상론에서 젊었을 때는 새로운 개혁을 의미한다. 멀리 떠나는 것도 寅申巳亥로 보는데 늙어서는 죽음으로도 판단한다. 다소 혼란이 있겠으나, 기초이론을 충분하게 이해한다면 답을 쉽게 얻으리라 생각한다. 大運은 10년 동안에 일어날 일을 예측하는 것으로 大運이 어떤 歲運에 적용되는가를 보고 판단하는 것이 좋다. 지지에 巳酉丑, 亥子丑의 개연성이 있다. 이때 건강과 법적인 문제로 갈 수가 있으므로 항상 이런 運에 주의하여야 한다. 金이 탁수가 되면 대장에 문제가 발생할 수가 있으니 정기적인 검진으로 건강을 지키는 것이 좋다. 단 亥子丑, 巳酉丑이 탁수가 될 때는 죽음과는 크게 관계가 없으니 염려하지 않아도 된다.

(乙酉大運 : 12~21세)
　乙酉大運은 甲己合을 풀어주는 大運이다. 묶여 있던 것이 풀어지니 자유로운 甲木으로 활동을 할 수가 있다. 넓은 땅이 없어 항상 현재의 위치에서 벗어나 새로운 땅에 뿌리를 내리고 싶은 마음이다. 19세 癸未年, 癸水가 戊土를 불러와 戊癸合 己土가 된다. 그 이유는 己土의 뿌리 未土가 있기 때문이다. 甲己合이 풀어지고 亥卯未가 된다. 지지에 寅卯辰이 되면 木의 뿌리가 튼튼하게 된다. 년에 乙木이 일간 甲木에 등라계갑을 하게 되어 서울외국어대학교 본교가 아닌 용인 캠퍼스 외국어대학교에 진학하게 되었다.

(甲申大運 : 22~31세)
　甲申大運은 甲己合이 풀어지고 두 개의 甲木이 된다. 두 개의 땅이 필요하다. 지지에 申金이 와서 寅申巳亥가 되어 멀리 해외와 인연이 있다. 남촌 물상론에서는 베트남을 乙木으로 판단한다. 해외는 새로운 땅으로 재물이 오게 된다. 이분의 명조는 중국(戊辰)과 인연을 맺었다면 크게 돈을 벌었을 것이다. 그러나 이분은 베트남에서 영업으로 돈을 벌어왔다. 언젠가는 중국

(戊辰)으로 진출하면 좋을 것이다. 28세 壬辰年, 베트남으로 가게 된다. 丁壬合 乙木이 되어 베트남(乙巳)을 택하게 된 것이다. 壬水가 움직이면 지지에 亥水가 작용하게 된다. 28세 壬辰年, 大運에서 예측한 대로 申金이 오면 寅申巳亥가 되어 해외와 인연으로 베트남에 진출하게 되었다. 寅申巳亥의 大運에서는 결혼은 잘 이루어지지 않는다.

(癸未大運 : 32~41세)

癸未大運은 癸水가 戊土를 끌어오라는 예측이다. 戊土를 끌어와 甲木이 뿌리를 내려 정착하라는 예고이다. 戊土에 甲木이 뿌리를 내리라는 것은 결혼으로 예측해도 좋다. 이 大運은 결혼하고 싶은 마음이 든다. 34세 戊戌年, 결혼하고 싶어지나 지지에 巳午未와 辰戌丑未가 되면 戊土에 뿌리를 내릴 수가 없어 결혼할 수가 없다. 35세 己亥年, 甲己合이 풀어지게 되지만 亥子丑 탁수되어 결혼을 못하게 된다.

이분의 결혼은 지지에 亥卯未가 될 때 하라는 예측이다. 실제 결혼은 39세 癸卯年에 하면 좋다. 癸水가 戊土를 불러와 넓은 땅에 나무를 심게 된다. 지지에 亥卯未, 寅卯辰이 되어 부부궁에 자리를 잡게 될 때 결혼하면 좋다.

(壬午大運 : 42~51세)

壬午大運은 결과물에 꽃을 피우는 것이다. 丁壬合을 하게 되면 乙木이 甲己合을 풀어 乙木들이 등라계갑을 하게 된다. 이때 많은 부하 직원을 두게 되고 년간에 乙木이 등라계갑을 하게 된다. 년에 乙木이 일간 甲木에 등라계갑을 하게 되면 대기업의 지점이나 대리점 형태를 취하게 된다. 이 시기에 직업은 의류 업종에 종사하면 좋다. 나무들이 많아지면 넓은 땅을 추구하게 된다. 중국에 거래처를 두고 사업을 하면 성공할 수가 있다. 지지에 寅午戌과 巳午未가 甲木에 꽃을 피우게 된다. 아름다움을 추구하는 패션 사업에 투자하면 좋다. 꽃을 피우면 결실을 맺을 수가 있어 크게 성공하게 될 것이다. 단 국내 사업은 안 된다.

(辛巳大運 : 52~61세)

辛巳大運은 辛金이 丙火를 끌어오면 현실과 이상의 갈등을 겪게 된다. 지지에 丑土(財)가 巳酉丑의 金局으로 바뀌게 되면 법적인 문제나 구설수가 따르게 된다. 丑土는 재물과 이성 문제로 상처받게 된다. 가정에 충실하여 한번 맺은 인연을 소중하게 생각하며 살아가는 것이 좋다.

(庚辰大運 : 62~71세)

庚辰大運은 乙庚合 辛金이 된다. 지지에 辛金의 뿌리 酉金이 辰土, 丑土에 탁수가 되면 건강 문제가 발생할 수 있다. 金은 폐, 대장으로 사전에 건강 검진을 받으면 좋다. 64세 戊辰年, 戊土에 두 개의 乙木이 심을 수가 있다. 두 개의 乙木이 庚金을 끌어오면 지지에 寅申巳亥가 되어 새로운 변화를 추구한다. 65세 己巳年, 甲己合이 풀어지고 자식과 금전 문제가 발생할 수 있으니 거래는 하지 않는 것이 좋다.

(己卯大運 : 72~81세)

己卯大運은 甲己合을 풀어지게 한다. 년에 있는 乙木은 甲木에 등라계갑을 하고 지지에 卯木은 亥卯未가 되어 甲木의 뿌리가 튼튼하게 된다. 甲木은 넓은 땅에 심고 싶은 마음이다. 戊辰의 나라 중국과 거래를 하게 될 것이다. 늦게까지 활동하게 될 것이다.

3. 남편을 빼앗기는 명조

坤命	1992년 01월 29일(陽) 20:22 직업 : 보험설계사										
甲	甲	辛	辛	오행	木	火	土	金	水		
戌	辰	丑	未		2	0	4	2	0		
92	82	72	62	52	42	32	22	12	2		
辛	庚	己	戊	丁	丙	乙	甲	癸	壬		
亥	戌	酉	申	未	午	巳	辰	卯	寅		

〈원국해설〉

사주 원국에 두 개의 甲木에 필요한 물(水)과 햇빛(火)이 없는 명조다. 두 개의 땅이 필요하다. 지지에 辰戌丑未로 財가 깔려 있다. 甲木이 두 개가 있어 갑갑하다. 일간 甲木은 辰土에 뿌리를 내리고 있고 시에 있는 甲木은 마른 戌土에 뿌리를 내리고 있다. 일간 甲木의 辰土는 월지 辛丑의 뿌리 酉金이 辰酉合金의 官으로 연결되어 있어서 드러낼 수 없는 남자와 관계가 있다. 지지는 辰戌丑未로 되어 있어 항상 금전적인 문제가 발생할 수 있다. 水氣運이 오면 탁수의 개연성이 있다. 일지에 辰土와 시지에 戌土는 같은 여자로서 辰戌沖이 되어 충돌로 예상한다. 酉金의 행위를 하게 되면 辰戌沖을 면할 수 있다.

甲戌의 경쟁자는 나의 官(남자)을 빼앗아 가는 문제를 안고 있다. 官을 움직이는 것은 두 개의 辛金이 官에 官인 丙火를 끌어오면 시에 있는 경쟁자의 甲木이 寅午戌로 먼저 꽃을 피우게 된다. 나의 남자를 연하의 후배에게 빼앗기게 된다는 사실이다. 상담 결과, 27세 戊戌年, 남편이 후배와 바람이 나서 이혼하였다고 한다.

직업을 보면 이 명조에 물이 없어 金(官)이 놀 수가 없다. 金의 일을 해서 金生水로 물을 만들어야 甲木이 살아갈 수가 있다. 물을 만들려면 金의 행위로 법, 금융에 관한 金의 직업을 택할 수밖에 없다. 햇빛이 없다는 것은 甲木에 꽃을 피울 수가 없다는 의미이다. 이 명조에 甲木은 뿌리가 없어 언제든지 옮길 수 있는 나무가 된다. 甲木에 뿌리가 없기에 직업이나 가정 생활이 불확실하게 된다는 단점도 있다. 다만 일간 甲木은 辰土의 촉촉한 땅에 뿌리를 내리고 있어 다행스러운 일이다. 運에서 寅午戌이 되면 땅이 마르게 된다. 천간에 辛金들이 丙火를 끌어오면 땅이 마르게 되어 물을 찾아 자리를 옮기게 되어 문제가 발생한다.

(癸卯大運 : 12~21세)

癸卯大運은 천간 癸水가 戊土를 끌어와 甲木이 뿌리를 내리고 싶고 卯木은 甲木의 뿌리가 寅卯辰이 된다. 부부궁에 뿌리를 내리고 있어 남자 문제로 예측할 수가 있다. 천간 癸水는 작은 물로 戊土를 불러오고 지지에 寅卯辰이 된다. 시에 甲戌에 寅木이 뿌리가 아니라 일간 甲辰의 뿌리가 된다. 20세 辛卯年, 세 개의 辛金으로 丙火를 끌어오게 된다. 지지에 寅卯辰은 부부궁이 方合을 이루어 辛卯年 3월 辛卯月 결혼하였다. 4월 壬辰月에 임신하여 21세 壬辰年에 출산하게 되었다.

(甲辰大運 : 22~31세)

甲辰大運은 세 개의 甲木이 되어 숲을 이루고 있어 갑갑하다. 28세 戊戌年 戊土와 일지 辰土가 辰戌沖이 되어 남편과 이혼하였다. 시에 甲木이 지지에 두 개의 戌土가 되어 일지 辰土와 辰戌沖으로 부부궁을 차지할 수가 없어 이혼하게 된 것이다. 28세 己亥年, 己土가 시에 있는 경쟁자 甲木을 제거하고 년지의 未土가 亥卯未로 甲木의 뿌리가 되어 동갑의 남자와 사귀고 있었다.

29세 庚子年, 보험설계사를 하고 있으나 영업이 잘되지 않아 새로운 보험 회사로 이직하고 싶어 상담하게 되었다. 亥子丑, 申子辰으로 탁수되어 영업을 잘할 수가 없다. 이때는 이직해도 특별한 방법이 없다.

(乙巳大運 : 32~41세)

乙巳大運은 사주 일간의 甲木으로 乙木이 등라계갑을 하여 사람들이 모이게 되는 大運이다. 乙木이 辛金의 칼자루가 된다. 지지에 巳火가 巳酉丑으로 辛金의 뿌리가 되어 금융에 관한 영업을 잘할 수가 있다. 40세 辛亥年, 세 개의 辛金이 3:1로 합을 하여 하나가 되고 辛金은 巳酉丑으로 강력하게 丙火를 끌어온다. 辛金이 丙火를 끌어오면 지지에 寅午戌이 되어 丙火가 밝아져 甲木에 꽃을 피우게 된다.

(丙午大運 : 42~51세)

丙午大運은 년간 辛金과 丙辛合을 하고 지지는 寅午戌이 되어 시에 있는 甲戌에 寅午戌로 꽃을 피우게 된다. 남자를 빼앗기는 신세가 될 것이다. 47세 戊午年, 시의 戌土에 甲木이 뿌리를 내리게 되고 지지에 寅午戌로 甲木에 꽃을 피우게 된다. 시에 甲木의 뿌리가 寅午戌이 되어 丙火는 辛金과 丙辛合을 하게 된다. 辛金의 뿌리 酉金이 일간 辰土와 辰酉合을 하면 부부궁에 합을 이루어 남자를 만나게 될 것이다.

(丁未大運 : 52~61세)

丁未大運은 官에 官으로 좋은 運이 아니다. 지지에 辰戌丑未가 되어 부동산에 관한 일을 하게 되면 좋을 것이다. 56세 丁卯年, 丁火가 일간 甲木에 등불이 된다. 지지에 卯木은 일간 甲辰에 寅卯辰으로 甲木에 뿌리가 된다. 부동산에 투자하면 부가가치가 높은 건물이 될 것이다. 그러나 크게 財運은 없어 노력한 만큼만 재물을 취하게 될 것이다.

(戊申大運 : 62~71세)

戊申大運은 甲木이 戊土(財)에 뿌리를 내리게 되어 안정된 삶이 이루어진다. 지지에 申金이 申酉戌이 되어 金生水로 없는 물을 만들 수가 있다. 이 시기에 부동산을 취하면 좋은 運이다. 67세 戊寅年, 68세 己卯年, 부동산에 투자하면 좋다. 마지막 기회를 놓치지 않는 것이 좋다.

(己酉大運 : 72~81세)

己酉大運은 己土가 시에 甲木과 甲己合이 되어 乙木이 된다. 본래 시에 甲木은 둘째 딸인데 甲木은 乙木이 되어 엄마에게 등라계갑을 하려고 한다. 딸이 이혼하거나 가정 문제로 친정엄마에게 의지하는 것으로 판단한다. 지지에 酉金은 辰酉合金이 되어 남편이 본래 모습으로 돌아와 가정에 도움을 주게 될 것이다.

4. 버거씨병으로 고생하는 명조

乾 命	1949년 12월 30일(陽) 08:22 직업 : 식품 가공업									
戊		甲		丙		己	오행	木	火	土	金	水
辰		午		子		丑		1	2	4	0	1
98	88	78	68	58	48	38	28	18	8
丙	丁	戊	己	庚	辛	壬	癸	甲	乙
寅	卯	辰	巳	午	未	申	酉	戌	亥

〈원국해설〉

이 명조는 金이 없어 無官四柱다. 甲午日柱가 년간에 甲己合으로 묶여 있다. 언젠가는 甲己合이 풀어지게 될 것이다. 甲木은 다시 시에 있는 戊土에 심어진다. 甲木은 뿌리가 없어 옮겨질 수가 있는데 이것이 甲木이 두 번 심어질 수 있다는 의미이다. 이 명조는 가정을 두 번 가질 수가 있다. 18대 甲戌大運에 결혼하게 되면 28대 癸酉大運에 戊癸合 己土가 甲己合을 풀어지고 지지에 탁수가 되면 헤어지게 된다는 사실을 알 수가 있다.

사주에 官이 없다는 것은 아버지가 일찍 사망하거나 아버지의 역할이 크지 못하다는 의미이다. 천간에 없는 官을 월간 丙火가 辛金을 끌어오게 되면 지지에 丑土가 酉金을 끌어와 巳酉丑이 된다. 시지에 辰土가 辰酉合으로 酉金을 끌어오게 되면 손기술로 살아가는 것으로 판단하게 된다. 28대 癸酉大運부터 58대 庚午大運까지 金運으로 가기 때문에 酉金을 쓰는 기술적인 일을 하게 된다.

財物運은 처음에는 己土의 작은 재물이지만 나이가 들면 戊土의 재물이 되어 먹고사는 것은 걱정이 없다. 큰 재물은 아니지만 한 푼 두 푼 모은 재물을 지키며 살아가게 된다. 지지에 子午卯酉의 개연성이 있어 건강 문제가 발생하게 될 소지가 있다. 천간에 丙火와 지지에 午火로 심혈관의 문제가 발생하여 고혈압으로 고생할 수가 있다. 48대 辛未大運에 수술받게 될 수가 있다. 辛金이 사주 원국의 丙火와 丙辛合을 하게 되면 지지에 巳午未가 되어 다시 풀어지게 된다. 작은 칼 辛金이 甲己슴의 연약한 乙木을 베게 된다. 이때 지지에 辰戌丑未로 子水가 탁수가 되며 巳午未는 火局이 동시에 겹쳐서 버거씨병으로 다리를 절단하는 수술을 받게 되었다.

72세 庚子年, 官, 庚金이 오게 되면 월지에 子水와 자식 자리 辰土가 申子辰으로 연결되어 있어 지금 하는 사업을 자식에게 물려줄 생각을 하게 된다. 73세 辛丑年부터 아들과 함께 일하게 된다.

(甲戌大運 : 18~27세)

甲戌大運은 甲木이 와서 甲己合이 풀어진다. 19세 丁未年, 丙丁 갈등이 일어나고 지지에 辰戌丑未가 되어 땅이 흔들리면 甲木이 뿌리를 내릴 수가 없어 대학을 가지 못한다. 25세 癸丑年, 시에 戊土와 戊癸合으로 己土가 되어 甲己合을 풀어지게 한다. 甲木은 시의 戊土에 심어지게 되어 여자를 만나 26세 甲寅年 동거하게 된다. 그러나 25세 癸丑年, 여자를 만나면 그 여자하고는 결혼까지 갈 수가 없다. 지지에 辰土, 丑土가 탁수가 될 때 만나는 여자는 문제가 된다. 이렇게 만나는 시기는 매우 중요하다.

(癸酉大運 : 28~37세)

癸酉大運은 시에 있는 戊土와 戊癸合으로 己土가 되어 甲己合이 풀어진다. 甲己合으로 만난 여자와 헤어진다는 것을 大運에서 예측하고 있다. 戊癸合이 되면 己土가 되어 甲己合이 풀어지게 된다. 먼저 만났던 여자와 헤어지게 되고 새로운 여자와 결혼하게 된다. 25세 癸丑年, 만난 여자와는 5년 동안 동거가 끝나게 될 것이다. 31세 己未年, 헤어지게 되었다. 己土가 甲己合을 풀어지게 하면 甲木이 戊土에 심어져 새로운 여자를 만나게 된다. 상담 결과, 36세 甲子年, 결혼하였다고 한다. 지지에 辰土, 丑土, 亥子丑 탁수 될 때 결혼하면 부부 관계가 원만하지 못하고 평생 편안한 가정생활을 할 수 없으며 부부 갈등으로 어려움을 겪게 된다.

(壬申大運 : 38~47세)

壬申大運은 壬水가 甲木을 성장시켜 己土가 깨지게 되어 재물 손실을 예상할 수가 있다. 甲木이 戊土에 심어지게 되면 木에 행위를 하게 된다. 지지에 申子辰, 亥子丑 탁수되어 잡기에 빠져들 수가 있다. 이때부터 건강에도 문제가 발생하게 된다. 이 명조는 일간 甲木에 뿌리가 없는 나무이기 때문에 木에 사업을 하면 문제가 된다. 지지에 申子辰, 亥子丑이 탁수되어 이 시기에 가구점을 하였으나 사업은 실패했다.

(辛未大運 : 48~57세)

辛未大運은 辛金이 월에 丙火와 丙辛合을 하여 어두워지게 된다. 지지에 辰戌丑未, 亥子丑의 탁수와 子午卯酉가 된다. 53세 辛巳年 버거씨병으로 판정 받아 수술해야 했는데 미루다가 55세 癸未年, 다리를 절단하는 수술을 받았다. 辛巳年에 수술하였더라면 발목만 절단하였을 텐데 미루다가 결국 대퇴 부분을 절단하는 수술을 받게 되었다. 명리학으로도 수술 시기를 놓치면 더 큰 수술을 하게 된다는 것을 알 수가 있다.

(庚午大運 : 58~67세)

庚午大運은 甲己合 乙木은 乙庚合으로 辛金이 된다. 辛金의 뿌리 酉金과 년지 丑土로 인해 巳酉丑이 이루어진다. 손으로 하는 기술적인 일로 먹는 것 식품 가공업 사업을 하며 살아가게 된다. 천간 庚金의 뿌리가 申金이 되어 申子辰 유통에 관한 일을 하는 것으로 해석이 가능하다. 이분은 본래 酉金을 쓰는 명조인데 寅午戌의 戌土와 庚金의 뿌리 申金, 巳酉丑의 酉金이 申酉戌로 金局이 된다. 기계를 사용한 수작업으로 식품을 가공하여 유통하는 것으로 판단하면 된다.

〈己巳大運 : 68~77세〉

　己巳大運은 己土가 甲己合을 풀어지게 한다. 항상 이 명조의 甲木은 뿌리가 없는 甲木으로 생각해야 한다. 지지에 巳午未가 되어 丙火가 밝아지게 된다. 그러나 丙火가 어두워질 때는 丙辛合이 된다. 지지에 未土를 끌어올 때 巳午未가 되어 辰戌丑未, 辰土, 丑土는 탁수되어 건강 문제가 따르게 된다. 丙火가 丙辛合水가 되면 지지에 辰戌丑未가 될 때는 치매하고 연관이 있다고 판단하면 좋다. 73세 辛丑年, 丙辛合으로 丙火가 어두워지고 지지에 탁수되어 치매 초기로 진단받았다.

〈戊辰大運 : 78~87세〉

　戊辰大運은 두 개의 戊辰이 된다. 시에 戊辰 자식 자리에서 甲木을 어디에 심을 것인지 고민하게 된다. 어떤 자식에게 甲木의 부동산을 증여해 줄 것인가 고민이 되는 大運이다. 80세 戊申年, 두 개의 戊土에 나무를 심어야 하는데 걱정되는 해다. 지지에 申子辰, 亥子丑으로 탁수되어 사망할 수가 있다. 결론은 81세 己酉年, 甲己合이 풀어지게 된다. 甲木은 시의 戊土에 심어져 둘째 아들이 부동산을 가져가게 될 것이다. 첫째는 辰酉合으로 현재 점포에 해당한 금액을 가져가게 될 것이다. 건강이 좋지 않을 때는 사전에 재산을 증여하는 것이 좋다.

5. 제2금융권에 근무한 명조

乾命	1973년 12월 20일(陰) 00:22 직업 : 투자신탁 지점장				오행	木	火	土	金	水
甲	甲	乙	癸			4	0	2	0	2
子	寅	丑	丑							
92	82	72	62	52	42	32	22	12	2	
乙	丙	丁	戊	己	庚	辛	壬	癸	甲	
卯	辰	巳	午	未	申	酉	戌	亥	子	

〈원국해설〉

甲寅日柱에 官, 金이 없어 無官四柱다. 甲寅 일간의 재물인 丑土가 두 개 있다. 천간에서는 癸水가 戊土를 불러오기 때문에 국가 자리에 재물이 있다. 회사로 말하면 대기업에 근무할 수가 있는 명조이다. 그다음에 官을 보자. 천간에 官을 만들 수 있는 五行은, 월간 乙木이 庚金을 불러와 乙庚合 辛金이 된다. 辛金의 뿌리 丑土가 巳酉丑으로 酉金의 官을 만들 수가 있다. 金은 법 금융, 경제, 경영에 해당 된다. 丑土가 두 개가 있어 금융권으로 두 번 회사를 옮길 수가 있다.

사주 원국에 木이 많아 나무를 심을 수 있는 땅이 부족하다. 돈을 벌면 부동산에 투자하여 재물을 취할 수 있다. 또한 나무에 꽃을 피울 수 있는 火가 없어 밝음이 적다. 항상 꽃을 피우기 위해서 밝은 미소로 처신하는 노력이 필요하다. 가장 필요한 土運(財)이 52대 己未大運부터 61대 戊午大運 까지이다. 52대 己未大運에 경쟁자를 물리칠 수가 있다. 시에 경쟁자 甲木을 제거하고 월에 乙木에서 庚金을 끌어오면 칼자루를 쥐게 되어 승진의 기회가 온다. 회사에서 이사급 이상의 직급으로 퇴직하게 될 것으로 볼 수가 있다. 52대 己未大運에 현장 실무에서 벗어나 본사 관리자로서 승진하게 될 것이다. 62대 戊午大運, 戊土에 일간 甲木이 뿌리를 내릴 수 있게 된다. 지지에 寅午戌이 되어 꽃을 피울 수가 있어 최고 경영자도 가능하다.

60세 이후에는 많은 재물로 노후 생활이 안정될 것이다. 상담 결과, 현재 이분은 투자신탁에 지점장으로 근무하고 있다. 항상 부동산을 이용하면 재물을 취할 수가 있게 된다.

이분은 木이 많아 부동산으로 땅에 투자하여 재물을 취해야 한다. 金運이 끝나게 되는 62세 戊午大運, 현장 실무에서 벗어나 관리자로서 승진하게 될 것이다. 부동산을 가지고 있으면 퇴직 후 노후가 편안할 것이다.

(癸亥大運 : 12~21세)

癸亥大運은 물이 많아 나무가 성장하지만 땅이 작아 경제적으로 힘들게 살았을 것이다. 癸水는 戊土의 재물을 탐하게 되는데 戊土의 땅인 충청도와 인연이 있다. 16세 己巳年, 己土는 시에 甲木과 甲己合을 하여 두 개의 乙木이 庚金을 끌어오게 된다. 지지에 子水가 있어 申子辰으로 경영자의 꿈을 가지게 된다. 19세 壬申年, 물이 많아지고 제방을 찾아 寅申巳亥가 되어 충청권 대학에 가게 되었다.

(壬戌大運 : 22~31세)

壬戌大運은 물이 많아지는 大運이다. 27세 庚辰年, 金運이 와서 금융 계통에 취업하게 된다. 庚金은 월간 乙木과 乙庚合으로 辛金이 된다. 지지에 戊土에서 辛金은 丙火를 끌어와 寅午戌로 밝아져도 천간 癸水가 있다. 丙火는 癸水의 비에 태양이 가리게 되어 丁火가 된다. 丁火의 등불은 甲木에 등불이 되어 제2금융권에 취업하였다. 28세 辛巳年, 辛金이 丙火를 끌어오게 되면 지지에 巳酉丑으로 대기업에 이직하게 된다. 31세 甲申年, 3개의 甲木이 되고 지지에 寅卯辰이 되어 부부궁에 뿌리가 合이 되어 결혼하였다.

(辛酉大運 : 32~41세)

辛酉大運은 辛金이 丙火를 끌어오게 된다. 丙火는 년간 癸水에 의해 丁火

가 되어 甲木에 등불로 높게 비추게 된다. 지지에 巳酉丑이 되어 능력을 발휘하게 된다. 33세 丙戌年, 丙火가 甲木에 꽃을 피울 수가 있고 지지에 寅午戌이 되어 승진하게 되었다. 36세 己丑年, 己土가 시에 甲木과 甲己合으로 경쟁자를 제거한다. 지지에 3개의 丑土가 巳酉丑으로 寅申巳亥가 되어 승진과 동시에 다른 지점으로 발령받았다.

(庚申大運 : 42~51세)

庚申大運은 庚金이 월에 乙木과 乙庚合 辛金이 되고 丙火를 끌어오는 좋은 運이다. 45세 戊戌年, 戊土가 년에 癸水와 戊癸合이 己土가 된다. 己土는 시에 甲木과 甲己合을 하여 경쟁자를 물리치고 거듭 승진으로 좋은 결과를 얻었다. 48세 辛丑年, 1월 己丑月에 己土가 시에 甲木을 제거하고 지점장으로 승진하고 寅申巳亥가 되어 발령받아 지금까지 근무하고 있다.

(己未大運 : 52~61세)

己未大運은 甲己合으로 경쟁자를 제거하고 金運이 끝나는 大運이다. 만일 회사에 근무하게 되면 일선 현장에서 근무를 마감하게 된다. 이때 己土가 경쟁자인 甲木을 甲己合으로 제거하게 되고 본점에 관리직으로 근무하게 될 것이다. 59세 壬子年, 물이 많아지고 지지에 탁수가 되니 회사에서 퇴직할 수가 있지만 참고 견디는 것이 좋다. 회사를 계속 다닌다면 62대 戊午大運, 승진하고 퇴직을 할 수가 있다.

(戊午大運 : 62~71세)

戊午大運은 戊土의 재물이 온다. 일간 甲寅으로 뿌리가 튼튼하며 戊土의 땅에 뿌리를 내릴 수 있는 일생일대에 가장 좋은 大運이다. 62대 戊午大運, 3개의 甲木이 하나가 되어 마지막 조직 생활을 할 수 있다. 이때 동업종에 임원으로 갈 수가 있어 사전에 준비하는 것이 좋다. 65세 戊午年, 戊癸合으로 己土가 되어 경쟁자를 제거한다. 지지에 寅午戌이 되면 꽃을 피우게 되어 결실을 맺어 조직 생활을 떠나게 될 것이다.

(丁巳大運 : 72~81세)

丁巳大運은 甲木에 등불이 달리는 大運이다. 甲木에 등불은 호텔업을 하면 안정된 삶을 살 수 있다. 지지에 巳酉丑, 亥子丑으로 탁수되어 건강에 문제가 발생할 수 있다. 사전에 검진을 자주 받는 것이 좋다.

※ 이분은 항상 火가 만들어지거나 火運이 올 때나 지지에 巳酉丑이 되어 승진하였다. 金運이 끝나면 일선 현장에서 근무를 마감하게 될 것이다. 부동산으로 재물을 취하게 된다면 노후는 편안하리라 본다.

◎ 6. 辰戌沖으로 두 번 결혼할 수 있는 명조

坤 命	1976년 09월 19일(陽) 08 : 15 직업 : 청소업				오행	木	火	土	金	水
戊	甲	丁	丙			1	2	4	1	0
辰	戌	酉	辰								
94	84	74	64	54	44	34	24	14	4	
丁	戊	己	庚	辛	壬	癸	甲	乙	丙	
亥	子	丑	寅	卯	辰	巳	午	未	申	

〈원국해설〉

甲戌日柱다. 년에 丙火가 있어 지지에 寅午戌이 되어 애정욕이 강하다. 사주 원국에 물이 없어 항상 조급하고 현실과 이상에 갈등을 느끼고 살아간다. 財는 천간 시에 戊土와 지지에 두 개의 辰土와 戌土가 하나가 있다. 44세 大運에 辰戌沖이 되어 크게 두 번의 변화를 겪어야 한다. 官은 지지에 酉金이 官으로 드러낼 수 없는 남자와 인연이 있다.

이 명조에서 물을 끌어오는 五行은 丁火에서 壬水를 끌어와 부모 자리 丁火가 丁壬合 乙木이 된다. 乙木은 일간 甲木에 등라계갑을 하게 되면 뿌리 없는 甲木에 짐이 되어 살아가기가 힘이 든다. 부모와 떨어져 살아야 좋다. 시에 있는 戊土는 癸水를 끌어와 물을 만들지만 甲木이 살아가기에는 부족하다. 戊土가 癸水를 끌어와 戊癸合으로 己土가 되면 甲己合이 되어 둘째 아들을 낳고 나면 자식이 나의 발목을 잡는다. 시의 戊土에 뿌리를 내릴 수가 있어 연하의 남자와 결혼해도 辰戌沖이 된다. 년간에 丙辰은 甲木의 꽃을 피워 줄 수 있다고 생각하여 辰土에 뿌리를 내릴 수가 있다. 지지에 辰酉合이 되어 나이가 많은 남자와 인연이 되어 결혼할 수가 있지만 辰戌沖이 되어 깨진다. 시의 戊辰에 甲木을 심을 수 있다. 지지에 辰酉合이 되면 辰戌沖이 되지 않는다. 연하의 남자와 인연이 있지만 두 번 결혼하여도 깨지게 되어 있다. 합은 언젠가는 풀어진다는 원칙이 있다.

　남자와의 관계는 초년에는 辰酉合으로 官이 존재하지만 44세 이후부터는 남편과 관계가 멀어지게 된다. 甲戌의 戌土가 辰戌沖이 되어 모두 깨질 수가 있다. 물을 끌어오는 五行은 丁火와 丁壬合으로 乙木이 된다. 乙木은 甲木에 등라계갑을 하게 되면 부모님은 나의 짐이 된다. 癸水運이 오면 戊癸合 己土로 나와 묶이게 되어 水運이 와도 도움이 안 된다. 아무리 돈을 벌어도 재물이 辰戌沖이 되어 통장에 돈이 모이지 않는다.

〈乙未大運 : 14~23세〉

　乙未大運은 乙木이 甲木에 등라계갑의 運이다. 뿌리 없는 나무에 짐을 실어주는 환경이다. 지지에 未土가 辰戌丑未가 되어 경제적 어려움이 있다. 17세 壬申年, 壬水가 丁壬合 乙木이 된다. 지지에 申酉戌이 되어 상업학교에 입학하게 된다. 19세 甲戌年, 두 개의 甲木이 갑갑하게 되며 지지 戌土가 辰戌沖이 되어 대학교에 진학할 수가 없다.

〈甲午大運 : 24~33세〉

　甲午大運은 두 개의 甲木이 갑갑하다. 지지에 寅午戌이 되어 木이 타는 大運으로 하는 일이 잘되지 않는 運이 된다. 부부궁에 합을 이루기는 하지만 寅午戌로 火局이 되어 결혼은 할 수가 없다. 26세 辛巳年, 辛金이 년에 丙火와 丙辛合水가 되면 지지에 巳酉丑으로 회계업무를 담당한 경리직으로 취업할 수가 있다. 29세 甲申年, 나와 같은 여자 甲木이 오고 지지에 申酉戌이 되어 드러낼 수 없는 남자와 인연을 맺게 된다.

〈癸巳大運 : 34~43세〉

　癸巳大運은 시에 戊土와 戊癸合으로 己土가 되어 甲己合으로 묶이게 된다. 지지에 巳火가 巳酉丑으로 官이 와서 결혼하고 싶은 마음이다. 35세 庚寅年, 庚金은 甲木에 칼자루가 되며, 지지에 寅午戌이 부부궁에 합을 이루어 결혼하게 되었다. 庚寅年은 칼자루가 되지만 지지에 寅午戌이 火局이 될 때 결혼하게 되면 甲木이 불에 타게 되어 언젠가는 부부생활에 문제가 발생하게 될 것이다. 41세 丙申年, 丙丙으로 어둡게 되며 지지에 申酉戌이 되어 드러낼 수 없는 사람과 인연이 된다. 戌土는 항상 불타는 정열 때문에 남자를 그리워한다. 寅午戌이 되면 火局이 되어 甲木이 타게 되면 신경계통과 金이 녹아 뼈에 문제가 발생하게 된다. 건강에 유의하여 검진을 자주 하여야 한다.

(壬辰大運 : 44~53세)

壬辰大運은 壬水는 丁壬合 乙木이 힘이 없는 甲木에 등라계갑을 하게 되어 힘들어진 일이 생긴다. 44세 己亥年, 甲己合 乙木이 된다. 지지에 亥子丑, 辰土에 酉金이 탁수되어 뼈에 이상이 생겨 건강에 문제가 발생하게 된다. 45세 庚子年, 甲木이 庚金의 칼자루가 되어 남자를 만날 수가 있다. 지지에 庚金의 뿌리 申金이 申酉戌로 부부궁에 合을 이루어 아주 잘 맞는 사람으로 생각한다. 지지에 子水가 辰土에 탁수되어 다시 문제가 될 것이다. 49세 甲辰年, 두 개의 甲木이 되어 갑갑하다. 지지에 辰土가 3개의 辰土가 되어 부부궁에 戌土와 辰戌冲이 되면 남자로 인해 법적인 문제가 발생하게 된다. 51세 丙午年, 두 개의 丙火가 어둡게 되어 3개의 丁火가 뜨게 된다. 지지에 寅午戌이 된다. 한밤중에 불바다가 되어 밤길을 조심하여야 한다. 심혈관의 문제가 발생하여 쓰러지는 일이 발생할 수가 있다. 물이 없는 甲木이 지지에 뿌리 戌土가 寅午戌이 되어 불타는 욕정으로 남자와의 관계를 끊지 못한다.

(辛卯大運 : 54~63세)

辛卯大運은 년에 丙火와 官인 辛金이 丙辛合으로 숨어있는 官이다. 지지에 酉金이 있어 辛金의 뿌리가 확실하다. 酉金은 손기술로 몸을 쓰는 사람일 것이다. 大運 지지에 卯木은 甲木의 뿌리 寅卯辰이 된다. 甲木에 두 개의 丁火에 등불이 매달려있는 것으로 본다. 그러나 丙火가 밝아지면 드러낼 수 없는 남자의 실체가 드러날 것이다. 남자 辛金의 財는 甲木이 되어 돈 때문에 이 여자를 만나게 된 것이다. 56세 辛亥年, 년에 丙火와 丙辛合으로 辛金이 숨겨진 남자다. 지지에 亥卯未가 되어 그 남자는 손기술로 인테리어 같은 직업을 가진 목수가 될 수가 있다. 58세 癸丑年, 癸水가 시에 戊土와 戊癸合을 하고 己土가 일간 甲木에 甲己合을 하여 묶이게 된다. 지지에 丑土가 巳酉丑, 辰酉合金(官)으로 드러낼 수 없는 남자 문제가 될 것이다. 61세 丙辰年, 丙辛合이 풀어지고 실체가 드러나게 된다. 지지에 辰戌沖으로 이혼할 수가 있으니 미리 잘 정리하는 것이 좋다.

(庚寅大運 : 64~73세)

庚寅大運은 甲木의 칼이 오게 되니 남자와 관계를 갖게 될 것이다. 지지에 甲木의 뿌리 寅木이 오게 된다. 지지에 戊土가 寅午戌이 되면 불바다가 될 것이다. 심혈관과 당뇨로 건강에 문제가 크게 될 것이다. 67세 壬戌年, 壬水가 월간 丁火와 丁壬合 乙木이 된다. 지지에 戌土가 두 개의 辰土와 동시에 辰戌沖이 되면 건강을 담보할 수가 없다. 사망에 이르게 될 수가 있으니 반드시 사전 건강검진이 필요하다.

(己丑大運 : 74~83세)

己丑大運은 일간 甲木이 甲己合으로 乙木이 되어 시의 戊土에 살게 된다. 척박한 땅에 의지하는 것은 자식에게 의지하여 살아가게 된다는 것을 의미한다. 지지에 丑土는 巳酉丑으로 酉金은 국가 자리 辰土와 辰酉合金으로 영세민이 되어 국가의 도움으로 살아가게 되어 어려움을 겪게 될 것이다.

◎ 7. 선관위원회 공무원 명조

乾命	1982년 05월 21일(陽) 18:22 직업 : 선관위 공무원					오행	木	火	土	金	水
癸	甲	乙	壬				2	1	2	1	2
酉	辰	巳	戌								
95	85	75	65	54	45	35	25	15	5		
乙	甲	癸	壬	辛	庚	己	戊	丁	丙		
卯	寅	丑	子	亥	戌	酉	申	未	午		

〈원국해설〉

甲辰日柱다. 천간에 재물 土(財)가 없다. 년지에 재물 戌土와 일지에 辰土가 있으며 官은 시에 酉金이 있다. 천간에서 재물을 만들 수 있는 것은 시에 癸水에서 戌土의 財를 끌어올 수가 있다. 시에 癸水가 戌土를 불러오면 국가 자리에 있는 壬水의 물을 제방으로 사용할 수가 있다. 천간에서 乙木이 官, 庚金을 끌어오면 지지에는 申酉戌로 金局을 만들 수가 있다. 辰土, 戌土가 辰戌冲을 할 수가 있지만 巳火는 巳酉丑으로 官인 酉金을 辰酉合金도 만들어 줄 수가 있다. 이 명조는 재물보다는 官을 사용한 명예를 추구하는 명조이다.

어떤 직책의 공무원이 될 수가 있을까? 월에 乙木에서 庚金을 끌어와 甲木이 나의 칼자루에 끼워지게 된다. 원국에 없는 칼(庚金)을 乙木이 끌어다 주는 것은 지속적인 권한을 주는 것이 아니라 필요할 때만 끌어와 사용하라는 의미다. 원국에 木의 칼이 있는 것과 없는 것의 차이점이다. 乙木이 乙庚合으로 辛金이 되면 丙火를 끌어오게 된다. 시에 있는 癸水는 戌土를 끌어와 국가 자리에 있는 壬水의 제방이 되어 호수로 만들어 준다. 丙火는 국가 자리에 있는 壬水에 뜨게 되어 국가공무원을 할 수가 있다. 사주 원국에서 천간에 없는 金을 만드는 五行이 권력을 가지고 행사를 할 수 있는 것은 지지 전체의 五行이 金으로 구성이 되어 있어 보이지 않는 칼로 사용해야 한다. 이런 공무원은 항상 권력을 사용하는 것이 아니라 선거 관리에 대한 권한으로 권력을 행사할 수가 있다.

본래가 행정직 공무원이지만 공무원 중에서 권력을 가지고 통제할 수 있는 것은 우리나라에서 선거관리위원회의 공무원이 할 수 있는 일이다. 상담 결과, 이분은 선거관리위원회의 공무원이다.

(丁未大運 : 15~24세)

丁未大運은 丁火는 년간 壬水와 합을 하게 된다. 국가 자리에서 두 개의 乙木을 만들어 甲木 일간에 乙木이 등라계갑을 하게 되어 국가 혜택으로 학교에 다닐 수가 있다. 丁壬合 乙木이 되면 두 개의 乙木이 강력하게 庚金을 끌어오게 되어 항상 金의 행위인 권력을 가진 직업을 목표로 공부하게 된다.

19세 庚辰年, 월에 乙木과 乙庚合 辛金이 되어 丙火를 끌어와 법대를 지망하게 된다. 지방대를 선택한 이유는 천간에 제방인 土가 없어 충청권을 택하게 된다. 乙庚合으로 辛金이 되면 丙火을 끌어와 국가 자리 壬水에 뜨게 되어 지방 국립대학에 합격하게 된다.

(戊申大運 : 25~34세)

戊申大運은 戊土가 시에 癸水와 戊癸合으로 己土가 된다. 己土는 일간 甲木과 甲己合으로 乙木이 두 개가 되어 강력하게 庚金을 끌어온다. 庚金의 뿌리 申金은 지지에 申酉戌로 金局이 되어 官으로 연결되어 있다. 25세 丙戌年, 丙火가 壬水의 국가 자리에 뜨게 된다. 지지에 申酉戌로 金局이 되어 7급 공무원 시험에 합격하였다.

결혼은 27세 戊子年에 해야 좋다. 戊土가 시에 癸水와 戊癸合으로 일간 甲木과 甲己合으로 두 개의 乙木이 강력하게 庚金을 끌어온다. 지지에 申金이 申酉戌로 부부궁에 합을 이루어 결혼할 수 있다. 이때 결혼을 하게 되면 지지에 金局의 申酉戌로 같은 직업을 가진 공무원과 결혼하게 된다. 29세 庚寅年, 庚金이 월에 乙木과 乙庚合 辛金이 된다. 辛金은 丙火를 끌어와 국가 자리에 있는 壬水에 뜨게 되어 승진할 수가 있다. 지지에 甲木의 뿌리 寅木이 寅午戌로 꽃을 피워 丙火가 밝게 빛나니 승진 시험에 합격이 확실하다.

(己酉大運 : 35~44세)

己酉大運은 일간 甲木과 甲己合으로 乙木이 된다. 두 개의 乙木이 되어 강력하게 庚金을 끌어와 乙庚合으로 辛金을 만들어 丙火를 끌어오게 된다. 월지에 巳火가 丙火의 뿌리가 되고 丙火는 壬水에 뜨게 되어 좋은 大運으로 예측된다. 39세 庚子年, 월간 乙木이 乙庚合 辛金이 되면 丙火를 끌어와 壬水에 뜨게 된다. 지지에 申金은 子水가 있어 申子辰이 된다. 申金은 申酉戌로 金局을 이루어 승진하게 되었다. 이분은 시에 癸水가 있어 丙火의 태양을 어둡게 하여 한시적으로 신분을 드러낼 수 없는 공무원의 직책으로 일하게 된다.

(庚戌大運 : 45~54세)

庚戌大運은 庚金이 월에 乙木과 乙庚合 辛金되어 丙火를 끌어오게 된다. 지지에 寅午戌이 되어 丙火의 태양이 壬水에 뜨게 되면 좋은 大運으로 볼 수가 있다. 45세 丙午年, 참 좋은 해가 된다. 丙火가 국가 자리 壬水에 자연스럽게 뜨게 되고 년지에 戌土가 寅午戌로 丙火의 태양을 밝게 해준다. 이제부터는 자신을 드러내는 역할을 하게 될 것이다. 45세 丙午年, 승진되어 자신의 확고한 입지를 다지게 될 것으로 판단된다.

(辛亥大運 : 55~64세)

辛亥大運은 辛金이 새로운 태양을 끌어오게 된다. 지지에 寅申巳亥가 되어 새로운 위치로 최고의 자리를 차지하게 될 것이다. 57세 戊午年, 시에

癸水와 戊癸合이 己土가 되고 일간 甲木과 甲己合으로 乙木이 되면 庚金을 끌어와 乙庚合으로 辛金이 된다. 이때 두 개의 辛金이 쌍칼로서 역할을 하게 되어 중앙 부처의 자리 이동이 가능하다. 이때는 선관위원회에서 두 개의 칼로서 권한을 갖게 될 것이다. 63세 甲子年, 퇴직하게 될 것이다. 두 개의 甲甲이 되고 지지에 寅申巳亥가 되어 조직을 떠나게 될 것으로 판단한다.

(壬子大運 : 65~74세)

壬子大運은 물이 많아지는데 甲木은 뿌리가 없어 떠다니는 것과 같다. 지지에 子水가 申子辰, 申酉戌로 金局이 되어 물이 많아져 건강에 문제가 발생할 수가 있으니 유의하여야 한다. 당뇨에 주의가 필요하며 이 大運에는 전원생활을 하며 충청권에서 여생을 보내는 것이 좋다.

(癸丑大運 : 75~84세)

癸丑大運은 두 개의 癸水가 강력하게 戊土를 끌어온다. 새로운 터전으로 이사를 하는 것이 좋다. 앞에서 설명하였지만 충청권의 세종시로 터전을 잡는 것이 건강을 지키는 것이 될 것이다. 해가 뜨는 밝은 곳에 나의 甲木의 나무가 戊土에 뿌리를 내려 꽃을 피울 수가 있다.

◎ 8. 유통회사의 임원 명조

坤命	1976년 10월 27일(陰) 00:22	직업 : 유통회사 임원					
甲	甲	庚	丙	오행	木 火 土 金 水			
子	辰	子	辰		2	1	2	1	2
94	84	74	64	54	44	34	24	14	4
庚	辛	壬	癸	甲	乙	丙	丁	戊	己
寅	卯	辰	巳	午	未	申	酉	戌	亥

〈원국해설〉

甲辰日柱에 五行은 다 있으나 天干에 나무가 살아갈 땅(土)이 없다. 庚金의 官도 일간 木도 지지에 뿌리가 없다. 천간의 甲木은 땅(財)이 없어 甲木이 살아가기에 적합하지 못하다. 초년의 14세 戊戌大運, 戊土가 땅을 제공하고 甲木은 년에 있는 丙火에 의해 꽃을 피우게 된다. 학창 시절엔 공부를 잘하였을 것이다. 19세 甲戌年, 3개의 甲木이 하나가 되며 국가 자리 丙火가 甲木에 꽃을 피울 수가 있어 좋은 대학에 갈 수가 있다.

천간에 甲木이 두 개가 있어 갑갑하다. 庚金은 두 개의 칼자루를 가질 수가 있기 때문에 庚金의 남편은 두 여자를 거느리게 된다. 지지에 申子辰이 두 번이 되어 있어 시에 연하의 여자와 남편의 관계가 이루어질 수가 있다. 지지에 庚金의 뿌리 申金이 申子辰으로 연결되어 있다. 요즘 쓰는 용어로 1가구 2주택의 형태를 취하는 명조이다.

지지에 재물 辰土는 庚金(官)의 뿌리 申金이다. 지지에 두 개의 辰土가 있어 남편은 바람꾼으로 申金이 두 번 申子辰을 할 수가 있다. 남편은 이혼하지 않고 두 가정을 거느릴 수가 있다. 辰土 재물은 申金이 申子辰으로 水局이 되어 남자로 인하여 경제적 타격을 입게 된다. 남자와 申子辰 합이 될 때 결혼하면 남자로 인하여 재물을 탕진하는 남자를 만날 수가 있다.

직업은 년에 丙火가 甲木에 꽃을 피우기 때문에 대기업의 유통회사에 근무하게 된다. 지지에 申子辰이 되어 유통에 관한 일을 하게 되지만 辰土가 탁수되어 재물은 잘 모이지 않는다. 자식은 남매를 두는 명조인데 아들과 아버지와 관계가 좋지 못하여 할아버지가 손자를 책임지고 싶어 한다. 현재 남편과는 이혼 소송 중인데 할아버지가 친권을 엄마에게 주지 않을 것으로 판단된다.

(戊戌大運 : 14~23세)
戊戌大運은 일간 甲木이 심을 땅이 오고 甲木이 튼튼하게 뿌리를 내릴 수가 있는 시기라서 공부를 잘하게 된다. 19세 甲戌年, 3개의 甲木이 하나가 된다. 지지에 戌土는 년간 丙火의 뿌리 午火가 寅午戌을 할 수가 있다. 寅午戌이 되면 국가 자리에 있는 丙火가 꽃을 피우게 되어 서울대에 합격하게 된다. 甲木이 戌土를 달고 와 지지에 寅午戌이 되면 丙火가 밝게 떠서 甲木에 꽃을 피우기 때문이다.

(丁酉大運 : 24~33세)
丁酉大運은 丁火와 丙火가 丙丁이 되어 현실과 이상의 폭으로 인해 갈등하게 되지만 甲木이 있어 현실과 이상의 갈등을 다소 해결해 준다. 丁火는 壬水를 끌어와 丁壬合 乙木이 되어 乙庚合으로 辛金이 된다. 辛金은 년간 대기업 자리 丙火와 丙辛合으로 대기업에 가게 될 것이다. 辛金의 뿌리 酉金은 대기업 자리 辰土와 辰酉合을 하게 되어 아이티 회사에 취업하게 된다. 25세 庚辰年, 두 개의 庚金이 두 개의 칼자루에 두 개의 甲木에 끼워지게 된다. 지지는 庚金의 뿌리 申金이 3개의 辰土가 申子辰으로 하나가 되어 유통업계로 진출하였다.

(丙申大運 : 34~43세)
丙申大運은 두 개의 태양이 두 개의 甲木에 꽃을 피우려 한다. 지지에 부부궁이 申子辰이 되어 결혼하라는 大運이다. 하지만 이때 결혼을 하게 되면 官인 남편이 해외로 떠나게 되고 부부가 멀어지게 된다. 34세 己丑年, 己土가 시에 경쟁자 甲木을 제거하고 부부궁이 辰酉合金이 되어 결혼하였다. 실제 이분의 결혼 시기는 41세 丙申年이 좋으나 이분은 34세 己丑年, 결혼하였다고 한다. 사람들에게 결혼 시기는 매우 중요하다. 실제 결혼은 庚金의 칼자루가 되고 申子辰으로 부부궁에 合이 되면 좋은 결혼을 하게 된다. 그 해 임신하게 되어 아들을 낳았다.

(乙未大運 : 44~53세)

乙未大運은 乙木이 월에 庚金과 乙庚合을 하게 되면 辛金이 되어 년에 대기업 자리 丙火와 丙辛合을 한다. 丙火가 어두워지면 밝은 곳으로 가고 싶다. 새로운 곳으로 이직하게 된다는 것으로 예측하고 있다. 44세 己亥年, 시에 경쟁자 甲木을 甲己合으로 제거하고 새로운 유통회사에 스카우트 제의를 받아 이직하였다. 그러나 亥子丑, 申子辰이 탁수되어 특별한 성과를 내지 못하게 된다. 45세 庚子年, 46세 辛丑年, 탁수 되는 해가 되어 조직 생활이 편하지 못하였다.

45세 庚子年, 두 개의 庚金이 두 개의 칼자루인 甲木에 끼워진다. 지지에 申子辰으로 庚金이 움직이게 되고 10월 丙戌月에 부부궁에 辰戌沖이 되어 남편으로부터 이혼 소송을 받게 되었다. 두 개의 태양이 뜨게 되고 지지에 辰戌沖이 되어 현재 이혼 소송 중에 있다. 47세 壬寅年, 천간에 壬水가 오고 지지에 寅이 甲木에 뿌리가 되어 소송에 유리한 결과가 있을 것으로 본다. 49세 甲辰年, 3개의 甲木이 하나의 甲木이 되면 庚金의 칼자루가 되어 지지에 辰土가 3개가 되어 하나의 申子辰으로 회사의 대표로서 자리를 굳히게 될 것이다.

(甲午大運 : 54~63세)

甲午大運은 3개의 甲木이 하나가 된다. 대표로서 자리를 굳히게 되고 지지에 午火가 寅午戌로 꽃을 피우게 된다. 결과를 맺게 되면 조직 생활을 마감하게 되어 회사를 떠나게 될 것이다. 59세 甲寅年, 3개의 甲木이 하나의 甲木이 되고 지지에 寅午戌로 甲木에 꽃이 피어 아름답게 퇴직하는 것이 좋다. 戌土, 辰土가 辰戌沖을 하게 되면 조직 생활을 마치고 퇴임하게 될 것을 예측한다.

(癸巳大運 : 64~73세)

癸巳大運은 癸水가 년에 태양인 丙火에 비를 내리니 좋은 大運이라고 볼 수는 없다. 조직 생활하는 동안은 별 무리 없이 잘 지냈지만 모아둔 재물이 없어 늙어가면서 고통이 따를 것으로 본다. 癸水가 戊土를 불러올 수가 있어 부동산을 확보하지 못하면 노후가 편안하지 못할 것이다. 69세 甲子年, 3개의 甲木이 하나가 되면 庚金의 칼자루가 되어 능력을 발휘할 수가 있다. 지지에 子水는 申子辰이 되어 옛날에 근무했던 유통회사에 고문으로 위촉받을 수가 있으니 항상 유대관계를 갖는 것이 좋다. 大運의 예측은 癸水가 戊土를 끌어와 甲木을 심으라는 것으로 볼 수가 있다. 지지 巳火는 巳酉丑, 酉金으로 申金이 아니기 때문에 회사 고문으로 일을 할 수가 있다. 지지에 申子辰, 巳酉丑이 되어 탁수가 된다. 대장에 문제가 발생할 수가 있으니 반드시 사전 검진이 필요하다.

○ 9. 둘째 딸을 낳으면 부부가 멀어지는 명조

坤 命		1981년 11월 12일(陽) 23:15		직업 : 주부					
乙	甲	己	辛	오 행	木	火	土	金	水
亥	午	亥	酉		2	1	1	2	2
99	89	79	69	59	49	39	29	19	9
己	戊	丁	丙	乙	甲	癸	壬	辛	庚
酉	申	未	午	巳	辰	卯	寅	丑	子

〈원국해설〉

甲午日柱에 甲木은 뿌리가 없다. 재물인 己土와 甲己合을 하고 있어 두 개의 乙木이 되어 두 개의 칼자루가 필요하다. 년에 官인 辛金은 두 개의 乙木을 辛金의 칼로 다스릴 수가 있어 金의 행위로 일을 할 수가 있다. 년에 辛金은 지지에 午火가 있어 丙火를 끌어올 수가 있다. 金은 법, 금융, 경제, 경영에 속하며 丙辛合으로 자격증을 가지면 좋은 명조다. 酉金이 하는 일은 회계, 금융, 손기술 등으로 판단한다. 월간 己土와 甲己合, 乙木이 되면 두 개의 乙木이 된다. 乙木이 성장하면 甲己合에 己土의 땅이 파괴되어 부부 관계가 문제가 될 것이다. 슬하에 자식은 시에 乙木이 있고 시지에 亥水가 亥卯未로 乙木의 뿌리가 되어 두 명의 자식을 두고 있다고 판단한다. 지지에 월지 亥水와 시지에 亥水가 두 번 亥卯未로 뿌리를 내릴 수가 있어 한 번 이혼할 수 있는 명조다.

이 명조는 둘째 자식 乙木을 낳으면 부부 관계가 멀어지게 되는 단점이 있다. 시에 乙木은 甲己合을 풀어지게 할 수가 있다. 甲木 일주에 甲己合으로 묶여 있어 運에서 乙木이나 水運이 와서 물이 많아지면 작은 땅이 무너지게 되어 부부가 이혼하거나 별거하는 경우가 많다. 이 명조는 甲木日柱 여자가 재물을 탐하게 되면 남편과 이혼하게 된다. 주말부부를 하거나 부부가 해외에서 살면 이혼을 피할 수가 있다. 39세 己亥年부터, 甲己合이 풀어져 부부 관계가 멀어지게 될 수가 있으며 亥卯未로 새로운 땅에 뿌리를 내리고 싶어 한다. 이때 甲木은 작은 땅에서 더 이상 성장을 할 수가 없어 다른 땅에 뿌리를 내리려고 남편에게 이혼을 요구하게 된다.

이 명조에서 재물은 작은 己土가 된다. 己土의 재물은 水(물)이다. 이런 경우 財에 觀法을 사용하여 보면 甲木에 財는 土가 된다. 土의 財는 물이다. 물을 만드는 것은 酉金은 작은 부동산을 매입하여 임대업을 하면 편안하게 살아갈 수 있는 명조다.

(庚子大運 : 9~18세)

庚子大運은 부모로부터 받은 영역이다. 庚金은 시에 乙木과 乙庚合을 하면 두 개의 辛金이 되어 辛辛으로 丙火를 끌어와 甲木에 꽃을 피우고 싶은 부모의 마음이다. 그러나 지지에 子午卯酉가 되어 부모의 역할은 생각대로 될 수가 없다. 18세 戊寅年, 고등학교 2학년으로 甲木이 戊土에 심어지고 싶으나 부모 자리 己土가 甲己合을 하고 있어 부모의 역할이 되지 못해 乙木으로 존재하게 된다. 지지에 寅木은 甲木에 뿌리가 되어 寅午戌로 甲木에 꽃을 피울 수가 있어 학업에 열의가 강하다. 부모 자리에 甲己合으로 甲木이 묶여 있어 경제적인 문제가 발목을 잡는다.

(辛丑大運 : 19~28세)

辛丑大運은 두 개의 辛金이 되어 두 개의 乙木에 칼자루가 된다. 두 개의 辛金은 강력하게 丙火를 불러와 乙木에 꽃을 피우려 한다. 지지에 丑土가 巳酉丑으로 金의 일을 하라는 예측이다. 19세 己卯年, 己土가 甲木을 풀어지게 하고 지지에 亥卯未가 木의 뿌리가 된다. 4년제 대학에 갈 수가 있지만 己土의 작은 땅에 뿌리를 내릴 수가 없어 4년제 대학을 포기하고 전문대학을 선택하게 된다. 24세 甲申年, 甲己合이 풀어지고 지지에 寅午戌이 되어 甲木에 꽃을 피울 수가 있어 취업할 수 있다. 지지에 申金은 酉金과

申酉戌이 되어 전자 회사에 취업하게 되었다.

(壬寅大運 : 29~38세)

壬寅大運은 좋은 大運이다. 壬水는 작은 己土의 땅이 무너질까 봐 땅을 지키기 위하여 열심히 일을 할 수가 있다. 해외로 진출하면 좋았을 것이다. 지지에 寅木은 甲木의 뿌리를 튼튼하게 한다. 지지에 寅木이 寅午戌로 부부궁이 合을 이루어 결혼할 수가 있다. 30세 庚寅年, 庚金이 시에 乙木과 乙庚合 辛金이 되어 두 개의 辛金이 강력하게 丙火를 불러온다. 지지에 부부궁이 寅午戌 合을 이루어 결혼하게 되었다.

(癸卯大運 : 39~48세)

癸卯大運은 癸水가 戊土를 끌어오고 싶은 마음이다. 戊土가 오면 甲木은 새로운 땅으로 옮겨가고 싶은 생각이 든다. 지지에 卯木이 亥卯未가 되어 새로운 뿌리를 찾고 싶어진다. 卯木은 子午卯酉가 되어 가정에 문제가 발생할 수 있다는 것을 예측하고 있다. 42세 壬寅年, 甲木은 많은 물을 취하게 되어 甲木이 성장하면 己土의 땅이 무너지게 된다. 지지에 寅申巳亥가 되어 남편 곁에서 떠나가고 싶은 마음으로 이혼을 요구하게 된다. 늦어도 44세 甲辰年, 이혼하게 될 것이다.

(甲辰大運 : 49~58세)

甲辰大運은 甲己合이 풀어지게 된다. 시에 있는 둘째 자식 乙木이 등라계갑을 하게 되어 귀찮은 일이 발생하게 될 것이다. 둘째 자식은 월의 己土에 뿌리를 내리고 싶어 부모의 재물을 탐하게 된다. 甲己合이 풀어지면 월간 己土의 재물을 자식 자리 乙木이 차지하게 된다. 지지에 辰土와 酉金이 辰酉合을 하게 되어 상가 임대 소득으로 생활할 수가 있어 사전에 상가를 매입하는 것이 좋다.

(乙巳大運 : 59~68세)

　乙巳大運은 乙木의 자식이 甲己合을 풀어지게 하여 己土의 재물을 놓고 엄마와 다투는 꼴이다. 그러나 서로 양보하고 사는 것이 좋다. 지지에 寅申 巳亥가 되어 새로운 변화를 하는 大運으로 판단한다. 지지에 巳火는 巳酉丑 으로 상가를 가지고 임대 소득으로 생활하면 좋다.

(丙午大運 : 69~78세)

　丙午大運은 년에 辛金과 丙辛合이 된다. 辛金의 官이 보이지 않는다. 甲 己合의 乙木은 辛金(官)이 丙辛合이 되어 드러낼 수 없는 남자와 인연이 있 게 된다. 일지에 午火 寅午戌이 申酉戌로 官이 되어 남자에게 경제적 도움 을 원하여 접근하게 될 것이다. 그러나 부부궁에 合을 이룰 수가 없어 스쳐 가는 인연으로 끝나게 될 것이다.

※ 뿌리가 없는 甲木은 이동할 수가 있다. 일간에서 甲木이 이동한다는 것은 가정을 이탈할 수가 있다. 큰 나무는 자주 옮기면 죽는다. 한자리에 뿌리를 내리고 살아가 는 것이 좋다. 뿌리 없는 甲木에 午火를 달고 오면 寅午戌이 되어 불타는 정열로 보아도 좋다. 실관을 통해서 검증된 사실이다. 참고하여 상담에 도움이 되었으면 좋을 것이다.

🔵 10. 마케팅 영업을 잘하는 명조

乾 命	1980년 10월 10일(陰) 16:15					직업 : 대형 마트 사장				
壬		甲		丁		庚	오행	木	火	土	金	水
申		午		亥		申		1	2	0	3	2
97	87	77	67	57	47	37	27	17	7
丁	丙	乙	甲	癸	壬	辛	庚	己	戊
酉	申	未	午	巳	辰	卯	寅	丑	子

〈원국해설〉

사주가 청아한 명조이다. 甲午日柱가 재물인 土가 없어 無財四柱이다. 無財四柱는 본래는 財運이 올 때만 돈을 벌어야 한다고 명리학에서는 그렇게 가르치고 있다. 상담을 해보면 無財四柱는 財運이 올 때 돈을 버는 사람들이 있지만 망하는 사람들도 많다. 이 명조는 天干에 財를 끌어오는 五行은 일간 甲木이 己土의 작은 재물을 끌어오는 것밖에 없다. 天干을 분석해 보면 시에 壬水와 월간 丁火가 丁壬合 乙木으로 국가 자리에 庚金과 乙庚合이 辛金으로 변하고 있다. 乙庚合 辛金은 丙火를 끌어와 甲木에 꽃을 피우게 하여 대기업에 근무한 명조가 된다. 만일 丁壬合木이 안 되어 있다면 대기업 건설회사의 직원으로 일하는 사람으로 볼 수가 있다. 이분의 명조는 丁壬合이 풀어지게 되면 개인 사업가로서 영업을 잘할 수가 있다. 지지에 寅申巳亥가 되어 마케팅으로 대기업과 체인의 형태로 영업하게 되면 돈을 많이 버는 명조가 되는 것이다.

지지에 寅申巳亥가 되면 마케팅 영업을 잘하는 명조이다. 지지에 끌어오는 재물(土)의 五行은 寅午戌의 戌土, 申子辰의 辰土, 亥卯未의 未土가 재물이다. 辰戌未의 재물이지만 어떤 일을 하느냐에 따라 辰戌沖을 피할 수가 있다. 여러 종류의 물품이 함께 있는 영업으로 辰戌未를 활용을 할 수가 있다. 戌土는 寅午戌이 되어 甲木에 꽃을 피울 수가 있으며, 寅木은 寅申巳亥가 되어 마케팅 영업과 辰土의 申子辰으로 유통의 사업으로 영업을 잘할 수가 있다. 이분은 현재 유통업으로 다품종을 취급하는 대형 슈퍼마켓의 영업을 하고 있었다.

이분은 無財四柱로 재물인 땅이 없어 돈을 벌게 되면 땅과 건축물에 투자해야 재물을 지키며 살아갈 수 있다. 상담 결과, 이분은 땅에 투자하여 큰 소득을 보고 있었다. 땅에 투자하면 안정된 삶을 살아갈 수 있다. 이 명조는 추론 하기가 쉽지 않다. 기초 이론이 충분하지 못하면 풀기가 어려운 명조다. 기초 이론을 열심히 공부하여야 한다.

(己丑大運 : 17~26세)

己丑大運은 己土가 甲己合이 된 乙木은 丁壬合 乙木이 되어 甲己合을 풀어지게 한다. 甲木은 庚金의 칼자루 역할을 하는 運으로 볼 수가 있어 대기업에 취업할 수 있는 것으로 예측한다. 18세 丁丑年, 丁壬合이 풀어지게 되고 甲木은 년간 庚金에 칼자루가 된다. 지지에 丑土가 巳酉丑으로 巳火를 끌어와 寅申巳亥가 된다. 酉金은 이과를 택하고 싶지만 寅申巳亥가 되어 마케팅으로 문과를 택하게 된다. 19세 戊寅年, 戊土의 땅이 오고 寅申巳亥가 되어 충청권 대학을 택하게 된다. 甲木은 戊土에 뿌리를 내릴 수 있어 경영학과를 지원하게 되었다. 日柱가 甲寅이었다면 건축과로 지원하였을 것으로 판단한다. 지지에 寅午戌이 되면 甲木에 꽃을 피워 대학은 무난하게 갈 수가 있었다.

(庚寅大運 : 27~36세)

庚寅大運은 丁壬合 乙木은 乙庚合을 풀어지게 한다. 甲木은 庚金에 칼자루 역할을 하게 될 것을 예측하고 있다. 칼자루 역할은 결혼을 예측하기도 하고 건설회사에 취업을 예측하기도 할 수 있다. 두 개의 庚金은 乙木을 끌어와 丁壬合 乙木을 풀어지게 할 수도 있다. 甲木은 년에 있는 庚金에 칼자루로 끼워지게 되어 결혼하게 된다. 27세 丙戌年, 甲木에 꽃을 피워 대기업 건설회사에 취업하게 되었다. 31세 庚寅年, 乙庚合이 풀어져 甲木에 庚金의 칼이 끼워지고 지지에 寅午戌로 부부궁에 합을 이루어 결혼하게 되었다.

(辛卯大運 : 37~46세)

辛卯大運은 辛金이 丙火의 태양을 끌어오게 되면 새로운 일을 하고 싶어 하는 大運이다. 본래 이 명조는 丁壬合 乙木이 乙庚合으로 辛金이 되어 있다. 大運에서 새로운 辛金이 오게 되면 乙庚合이 풀어지게 된다. 이때 甲木은 대기업 자리 庚金의 칼자루가 되어 칼을 사용하게 된다. 甲木은 대기업을 상대로 사업을 하려고 하게 한다. 지지에 卯木이 亥卯未가 되어 甲木의 뿌리를 튼튼하게 한다. 다니던 회사를 퇴직하고 새로운 사업을 시작하게 될 것이다. 38세 丁酉年, 丁壬合 乙木이 풀어지게 하고 지지에 酉金이 子午卯酉와 寅申巳亥가 되어 다니던 직장을 퇴직하게 된다. 丁壬合 乙木으로 乙庚合이 풀어지면 甲木이 직접 庚金의 칼자루가 되어 대기업을 상대로 개인사업을 하게 된다. 39세 戊戌年, 財運이와서 甲木이 戊土에 뿌리를 내리고 寅午戌로 꽃을 피우게 하여 대기업체인 마케팅사업을 시작하게 되었다.

(壬辰大運 : 47~56세)

壬辰大運은 丁壬合이 풀어지게 된다. 壬水의 물을 막을 수 있는 제방이 필요한 大運이다. 土가 없어 해외와 인연을 맺어야 한다. 국내에서는 부동산에 투자하면 많은 돈을 벌 수가 있다. 국내에서 부동산을 할 수가 없다면 해외와 인연을 맺어 사업을 하는 것이 좋다. 53세 壬子年, 丁壬合이 풀어지고 甲木이 심어질 땅이 필요하다. 지지에 辰土와 子水가 申子辰, 水局이 되어 많은 물을 막을 제방이 필요하다. 이렇게 땅이 필요한 재물은 부동산에 투자하여야 한다. 만일 土의 財를 부인 외 다른 여자를 재물(土)로 택하면 탁수 소지가 있다. 여자 문제로 고통을 겪을 수가 있어 가정을 지키지 못하고 다른 여자와 관계를 맺을 때 재물 손실로 이어진다. 한번 맺은 인연을 소중하게 생각하여 가정을 지키고 살아가는 것이 좋다.

(癸巳大運 : 57~66세)

癸巳大運은 癸水가 戊土를 불러와 부동산으로 노후를 대비하라는 大運으로 판단한다. 부동산 중에서도 땅을 매입하여 관리한다면 67세 甲午大運 이후에 건축물로 바뀌는 좋은 기회가 된다. 반드시 건축물보다는 땅을 매입하여야 한다. 새로운 땅을 매입하게 되면 그 땅은 차후 신도시 개발 지역이 되어 새로운 균형 발전 정책으로 인해 좋은 땅으로 바뀌게 될 것이다. 그렇게 되면 노후에는 충분하게 안정된 삶이 될 것이다. 택지 선정을 잘해야 한다.

(甲午大運 : 67~76세)

甲午大運은 甲木이 하나 더 오는 大運이다. 두 개의 땅이 필요하다. 큰 건축물이 두 개가 탄생하는 大運이다. 57세 癸巳大運, 땅을 매입하여 관리하였다면 좋은 위치에 건축물이 들어서는 大運으로 본다. 땅을 매입하지 못했다면 힘든 노후가 될 것이다.

(乙未大運 : 77~86세)

乙未大運 작은 乙木은 건축물의 일부 부속 건물로 임대업을 하게 되면 편안한 노후 생활이 될 것이다. 지지에 亥卯未는 木의 뿌리가 되어 튼튼한 건축물이 되고 지역의 유지로서 생활하게 될 것으로 판단한다.

11. 유학가면 국가의 삼부 요인이 될 수 있는 명조

乾命	1966년 08월 23일(陽) 12:15	직업 : 공무원 1급 관리관				
庚	甲	丙	丙	오행	木 火 土 金 水	
午	寅	申	午		2 4 0 2 0	

95	85	75	65	55	45	35	25	15	5
丙	乙	甲	癸	壬	辛	庚	己	戊	丁
午	巳	辰	卯	寅	丑	子	亥	戌	酉

〈원국해설〉

甲寅日柱에 無財四柱다. 火氣運이 강하며 水가 없고 나무가 살아갈 땅이 없다. 이런 명조는 어떻게 살아갈 것인가? 甲寅 일주에 庚金의 官을 칼자루로 사용할 수가 있으나 잘못하면 寅午戌로 甲木이 타버리는 쓸모없는 명조가 된다. 상담해 보면 똑같은 명조라도 서로 살아온 환경에 따라 삶이 달라진다는 것을 알 수가 있다. 환경이 제일 중요하다는 것을 실감하게 한다. 이분은 원국에 土가 없어 대학은 중앙대 행정학과를 졸업했다. 원국에 물이 없어 물이 많은 수원에서 살았기 때문에 없는 땅과 물을 보충할 수 있었다. 大運에 없는 水運이 연결되어 甲木이 성장할 수 있는 명조다. 대한민국의 재벌인 고 정주영 회장도 북한에서 살았다면 정말 재벌이 될 수가 있었을까? 아마도 북한의 사회주의 환경에서는 재벌이 될 수가 없었을 것이다. 남촌물상론은 甲木 일간에 땅이 없을 때는 충청도로 가서 살면 좋다고 한다. 진로 상담할 때 중앙대학을 가거나 충청도로 가라고 추천한다. 정확한 대답이다. 이분의 상담 첫 마디에 대학을 중앙대학 경제학과 가면 좋다고 했더니 소름이 돋는다고 한다. 여러 곳을 다녀 보았지만 교수님처럼 정확하게 짚어주는 곳은 없었다고 한다.

이분이 유학을 갔다 왔으면 어떻게 되었을까? 대학을 외국으로 유학 가서 공부했다면 크게 될 수 있는 인물이다. 외국에 가게 되면 새로운 태양 丙火와 사주 원국에 2개의 丙火가 3개가 되어 3:1로 하나의 태양이 된다. 외국을 가게 되면 넓은 땅과 물을 취할 수가 있다. 새로운 큰 땅에 살게 되면 넓은 땅을 취하게 되는 것으로 물상론에서 판단한다. 외국에서 유학하고 국내에 들어오면 정부의 삼부 요인으로 안전하고 좋은 삶을 유지할 수 있는 사람이 되었을 것이다. 국내에서는 사주 원국에 없는 五行을 만들려면 몇 배의 무한한 노력이 필요하다.

이 명조의 사주 원국에는 일간 甲木이 생존하기 위해 가장 필요한 물이 없다. 사주 원국에서 천간의 어느 五行이 물을 만들 수가 있는가를 찾아야 한다. 국가 자리 丙火와 월에 丙火가 丙辛合水로 물을 만들 수가 있다. 물은 甲木의 나무를 성장시킬 수가 있어 국가공무원을 하게 된 것이다. 이분은 五行 중 땅이 없는데 고향이 평야를 가진 농촌이었다는 사실도 검증하게 되었다.

甲木日干에 두 개의 丙火가 있다. 지지에 寅午戌, 寅午戌을 두 번 할 수가 있어 甲木에 두 번 꽃을 피울 수가 있다. 시에 있는 庚金을 칼로 사용하고 싶어 권력을 탐하게 된다. 공직을 떠나게 되면 반드시 정치를 하고 싶어지는 것이 특징이다.

(戊戌大運 : 15~24세)

戊戌大運은 戊土에 甲木을 심고 지지가 寅午戌이 되면 甲木에 꽃이 피는 大運이다. 지지에 戌土가 있어 甲木에 꽃을 피울 수가 있지만 水運이 올 때 일간 甲木은 능력을 발휘할 수가 있다.(참고로 大運에 戊戌은 부모님이 땅을 많이 가지고 있는 시골 대농의 집안 아들이다.)

고등학교 2학년 18세 癸亥年, 癸水가 戊土를 불러와 대학 진학을 목표로 열심히 노력하는 해이다. 지지에 亥水는 寅申巳亥가 되어 지방에서 서울로 진학하기로 결심하게 된다. 19세 甲子年, 두 개의 甲木에 꽃을 피우게 되어 두 개의 대학에 합격하게 되었다. 학교 선택은 사주 원국에 土가 없어 土

대학인 중앙대학 행정학과를 선택하게 되었다. 중앙대학에서 행정학을 전공하셨나요 하고 물었더니, 첫 마디가 소름 돋는다고 말하면서 여러 곳을 가보았지만 교수님처럼 딱 짚어주시는 분은 처음이라 감탄하게 되었다고 한다. 남촌물상론은 국내에서 사주 원국에 土가 없으면 충청권에 학교를 선택하라고 한다. 물상론에서는 서울에 중앙대학을 土로 보고 상담한다. 참고하기 바란다.

(己亥大運 : 25~34세)

己亥大運은 己土가 甲己合으로 일간 甲木이 乙木이 된다. 시에 庚金과 乙庚合 辛金이 되어 국가 자리 丙火와 丙辛合이 된다. 자격증을 가진 공직자로 살아가라고 의미가 있다. 지지에 亥水는 寅申巳亥로 새로운 변화가 오게 된다. 부부궁의 寅木과 寅亥合을 하여 결혼할 수 있는 大運이다. 26세 辛未年, 한 개의 丙火를 제거하고 지지에 巳午未가 되어 甲木에 꽃을 피울 수가 있어 지방고시 공무원 시험에 합격하게 되었다. 30세 乙亥年, 31세 丙子年, 승진의 기회로 볼 수가 있다. 乙亥年은 乙庚合으로 국가 자리에 丙辛合으로 한 개의 태양이 뜨게 되어 승진의 기회가 오게 된다. 31세 丙子年, 3개의 丙火가 하나가 되고 지지에 申子辰 水局이 되면 태양이 물 위에 뜨게 된다. 이럴 때 통합부서장이 될 수 있는 것으로 판단한다. 33세 戊寅年, 戊土에 甲木이 심어지고 부부궁에 합을 이루어 결혼하게 되었다.

(庚子大運 : 35~44세)

庚子大運은 두 개의 庚金이 하나의 칼자루를 놓고 다툼이 생기는 大運이다. 이때의 경우 庚金의 선택에 따라 좌우가 된다. 庚金의 뿌리가 어디에 있는가? 을 보면 된다. 월지에 申金이 있어 중앙부서보다 지방에 부서장으로 근무하게 되면 다툼 없이 해결된다. 36세 辛巳年, 인사이동으로 보직을 옮기게 된다. 40세 乙酉年, 乙庚合 辛金이 되어 丙辛合水로 승진의 기회가 온다. 지지에 申酉戌이 金局이 되어 탄탄한 칼로서 역할을 하게 된다.

(辛丑大運 : 45~54세)

辛丑大運은 辛金이 국가 자리 丙火와 丙辛合水로 물을 만들 수가 있다. 두 개의 丙火 중 하나를 제거하여 하나의 태양이 된다. 丙火가 甲木에 꽃을 피우고 부이사관으로 승진의 기회를 가질 수 있는 大運으로 판단한다.

46세 辛卯年, 국가 자리와 丙辛合水로 하나의 태양이 밝아지게 되며 甲木에 꽃을 피우게 된다. 지지에 卯木은 일간 甲木의 뿌리 寅木과 寅卯辰이 된다. 甲木이 튼튼한 나무가 되어 능력을 발휘하게 된다. 51세 丙申年, 3개의 丙火가 3:1로 합을 하게 되어 하나의 태양으로 甲木의 꽃을 피울 수가 있어 이사관으로 승진하게 된다.

(壬寅大運 : 55~64세)

壬寅大運은 두 개의 태양이 壬水에 뜨게 되어 선택의 기로에 서게 된다. 퇴직을 앞두고 미래를 심각하게 판단하게 될 때이다. 57세 壬寅年, 두 개의 丙火가 壬水에 뜨게 된다. 11월 辛亥月, 년에 있는 丙火를 丙辛合으로 제거하고 하나의 태양이 甲木에 꽃을 피우게 된다. 지지로 辛亥月에 寅申巳亥가 되어 지방 도시에 행정 책임자로 발령받게 될 것이다. 58세 癸卯年, 癸水가 丙火를 어둡게 하고 癸水가 戊土를 불러와 새롭게 甲木을 심게 된다. 甲木은 시에 庚金의 칼자루를 사용하고 싶어 정치에 꿈을 가지게 된다. 60세 乙巳年, 시에 庚金과 乙庚合 辛金이 되면 월에 丙火와 합을 하게 되어 정치에 정식으로 입문하게 될 것이다.

61세 丙午年, 3개의 丙火가 하나가 되며 甲木에 꽃을 피우게 된다. 정치에 참여 지방단체장 선거에 출마하게 되면 당선이 확실하게 된다고 판단한다.

(癸卯大運 : 65~74세)

癸卯大運은 태양을 가리는 것이 아니라 癸水는 戊土를 불러와 甲木을 심을 땅이 된다. 이분이 유학 가서 5년 이상 살았다면 아주 좋은 명조가 되었을 것이다. 이렇게 환경이 바뀌게 되면 인생이 바뀐다는 것을 증명할 수가 있다. 앞에서 본 바와 같이 현대그룹 정주영 회장이 북한에 살았다면 어찌 재벌이 될 수가 있었겠는가? 그것을 보더라도 똑같은 사주라도 어떤 환경에 살았느냐에 따라 운명이 바뀐다.

(甲辰大運 : 75~84세)

甲辰大運은 두 개의 甲木이 되어 두 개의 태양이 꽃을 피우려고 한다. 지지에 辰土가 申子辰이 되느냐 寅卯辰이 되느냐의 갈림길에 서게 된다. 사주 원국에 물이 없어 申子辰을 사용하여 선택하라는 것이다. 이럴 경우는 해외로 자주 나가는 게 좋다. 해외를 갈 경우 새로운 태양과 넓은 땅과 물을 건너가기 때문에 모든 것이 충족되게 된다. 노후를 여행 삼아 가까운 丙午의 나라 일본으로 자주 여행을 가거나 한 달 살기 또는 6개월 살기를 택하여 여생을 보내게 되면 좋을 것으로 판단된다.

12. 내가 못 이룬 한을 자식에서 보상받고 싶은 명조

坤命	2000년 11월 17일(陰) 04:40			직업 : 회사원					
丙	甲	戊	庚	오행	木	火	土	金	水
寅	辰	子	辰		2	1	3	1	1
92	82	72	62	52	42	32	22	12	2
戊	己	庚	辛	壬	癸	甲	乙	丙	丁
寅	卯	辰	巳	午	未	申	酉	戌	亥

〈원국해설〉

사주 원국이 陽으로만 구성되는 陽八通 사주다. 甲辰 일간이 년에 庚金(官)이 있지만 庚金의 뿌리 申金이 없다. 지지에 庚金의 뿌리를 만들 수 있는 辰土가 두 개가 있어 두 번 申子辰으로 合을 할 수가 있다. 여자 사주에 官이 두 번 이동할 수 있어 반드시 官에 문제가 발생할 수가 있는 사주가 된다.

이 명조는 일반적으로 보기는 좋은 명조라고 판단한다. 그러나 남자의 문제는 반드시 일어날 수 있는 명조다. 여자 사주에 陽八通 사주를 떠나서 천간을 볼 때 무척이나 좋게 보이지만 이 점에서 실수하게 된다. 지지에 辰土가 두 개 있고 子水가 있어 辰土가 탁수의 개연성과 庚金의 뿌리가 申子辰으로 두 번 合을 할 수가 있다. 申子辰으로 생긴 申金의 官을 깔고 있어 여자가 직업을 가지고 돈을 벌어야 하는 상황이 된다. 전반과 후반에 직업 변동으로 대체가 된다면 이 명조에 단점을 보완할 수가 있다. 전반전에 대기업 건설회사에 근무하고 후반에 甲木을 꽃을 피울 수 있는 사업을 한다면 정상적으로 편안한 가정을 유지할 수가 있다. 그렇지 못하면 문제가 발생할 수가 있다.

이 명조는 남자 문제로 고통을 겪을 수가 있다. 재물인 戊土에 甲木을 심을 수가 있으나 년에 庚金의 官인 남자의 뿌리를 지지에 두 개의 辰土가 申子辰 合을 두 번 할 수가 있다. 한번 거쳐서 오는 남자가 될 수도 있다. 그렇지 않으면 한번 결혼해서 별거하거나 이혼하고 재결합 가능성이 있다고 판단할 수가 있다.

직업으로 어떤 직업이 좋을까? 년에 庚金이 있어 전반기에는 甲木을 칼자루로 사용할 수가 있어 건설회사에 취업할 수도 있다. 大運에 따라서 달라지지만 庚金이 乙庚合을 하게 되면 공직으로 가게 된다. 년에 (官) 庚金이 있고 월간에 戊土가 있어 甲木이 살아가는 땅이 된다. 월간 戊土의 땅에 甲木을 심을 수가 있어 공기업에 취업하면 좋다. 직장은 庚金의 칼자루로 사용하는 LH공사나 토지개발공사 같은 공기업으로 직장을 선택하게 되면 안정된 직장이 될 것이다.

(丙戌大運 : 12~21세)

丙戌大運은 두 개의 丙火가 뜨게 되어 丙丙으로 어두워져 甲木에 꽃을 피울 수가 없다. 지지에 두 개의 辰土가 있어 戌土가 辰戌沖으로 甲木에 꽃을 피우지 못해 학업에 전념하기가 어렵다. 17세 丙申年, 고등학교 1학년 丙丙으로 태양이 어두워진다. 월지에 申子辰의 官인 이성 관계로 학업을 전념할 수가 없다. 18세 丁酉年, 丁火가 丙丁 갈등을 겪게 되고 지지에 酉金 辰酉 合金으로 남자 친구들과 어울려 공부를 잘할 수가 없다. 19세 戊戌年, 두 개의 戊土가 되어 두 곳에 뿌리를 내리고 싶어 한다. 지지에 戌土가 辰戌沖이 되어 대학에 가기가 쉽지 않아 재수하게 된다. 20세 己亥年, 甲己合 乙木이 되어 乙庚合 辛金이 되면 뿌리 酉金이 辰酉合金으로 경영, 경제를 택하여 전문대학 경영학과로 진학하게 된다.

(乙酉大運 : 22~31세)

乙酉大運은 乙木이 乙庚合 辛金이 되면 시에 丙火와 丙辛合을 하게 된다. 辛金의 뿌리는 酉金이 되어 辰酉合金으로 남자와 관계를 의미한다. 이때 잘

못된 선택을 하면 한번 실패한 남자와 인연을 맺을 수가 있다. 심사숙고하여 남자를 만나야 한다. 26세 乙巳年, 乙木이 乙庚合 辛金이 되어 시에 丙火와 丙辛合이 된다. 甲木은 월간 戊土의 땅에 뿌리를 내리고 싶어 한다. 부모님이 경영하는 회사에 가서 일하기를 원하게 된다. 그 이유는 부모님의 회사를 승계하고 싶다는 뜻이다. 29세 戊申年, 새로운 땅이 오고 지지에 부부궁이 申子辰으로 합이 될 때 결혼하면 나이가 많은 남자를 택하게 되는데 한번 결혼한 남자와 인연이 될 수가 있다.

(甲申大運 : 32~41세)

甲申大運은 갑갑하기도 하지만 두 개의 甲木은 새로운 땅에 뿌리를 내리게 되어 결혼하고 싶어 한다. 지지에 申子辰 부부궁이 합을 이루어 결혼이 가능한 大運이다. 35세 甲寅年, 남자를 만나 36세 乙卯年, 庚金과 乙庚合 辛金이 丙辛合이 되어 대기업에 근무하는 IT와 관계있는 남자와 결혼하게 될 것이다. 지지에 甲木의 뿌리가 시지에 寅木이 있다. 연하의 남자와 寅卯辰으로 부부궁에 합을 하게 되어 결혼하게 될 것이다. 41세 庚申年, 새로운 庚金의 官이 오게 되면 지지에 申子辰이 되어 남자관계를 조심해야 할 것이다.

(癸未大運 : 42~51세)

癸未大運은 부모님의 재물인 월에 戊土와 戊癸合 己土가 된다. 부모님의 재물을 작은 땅으로 만들어 재산에 손실을 끼칠 수가 있다. 월에 戊土가 戊癸合 己土가 되어 형제간의 재산 문제 다툼으로 법적인 문제가 발생하게 될 수가 있다. 지지에 未土는 亥卯未가 되어 뿌리가 튼튼하다고 생각하지만 亥子丑으로 탁수의 개연성이 있어 財에 탁수가 된다는 것을 알 수가 있다.

(壬午大運 : 52~61세)

壬午大運은 甲木이 寅午戌로 꽃을 피울 수 있는 大運이다. 자식 자리 丙

寅으로 자식이 잘되는 大運이다. 본래 이분은 재물에 욕심이 강하다. 부모 재산을 끌어다 자기 자식들에게 본인이 못 이룬 꿈을 자식을 통해 교육으로 투자하는 명조이다. 60세 己卯年, 甲己合 乙木이 년에 庚金과 乙庚合으로 辛金이 된다. 자식 자리 丙火가 丙辛合을 이루어 자식이 공직자로 잘되는 운이 된다.

(辛巳大運 : 62~71세)

辛巳大運은 시에 丙火가 丙辛合으로 태양이 어두워지면 甲木이 木火通明이 되지 않는다. 지지에 巳火가 巳酉丑, 申子辰으로 탁수의 개연성이 있어 건강 관리를 해야 한다. 酉金이 탁수가 되면 자궁에 문제가 발생할 수가 있으니 사전 검진받아야 한다.

(庚辰大運 : 72~81세)

庚辰大運은 庚金이 두 개가 된다. 만일 이혼하였다면 남편은 본처를 찾아오는 것으로 본다. 그러면 이분은 남자를 받아 주게 되는 사주다. 부부궁에 申子辰으로 합이 되어 다시 남편을 받아 주는 것이 된다.

※ 이 명조는 일주가 甲辰으로 甲木에 뿌리가 시지에 寅木이 있어 자식에게는 좋지만 일지 辰土가 寅木이 되어 甲寅으로 되어 있을 때 가장 좋은 명조가 된다. 지지에 두 개의 辰土는 辰酉合金, 申子辰으로 이 명조의 단점도 알아야 한다.

2장
乙木 日干

2장
乙木 日干

1. 보험설계사 명조

坤命	1964년 04월 25일(陰) 00:30 직업 : 보험설계사								
丙	乙	己	甲	오행	木	火	土	金	水
子	酉	巳	辰		2	2	2	1	1
100	90	80	70	60	50	40	30	20	10
己	庚	辛	壬	癸	甲	乙	丙	丁	戊
未	申	酉	戌	亥	子	丑	寅	卯	辰

〈원국해설〉

乙酉日柱다. 乙木은 작은 나무이다. 작은 나무가 살 수 있는 땅은 작은 己土이다. 작은 땅에서는 큰 부자가 될 수는 없다. 일간 乙木은 지지에 官을 깔고 있어 경제적인 활동으로 돈을 벌어야 한다. 천간에 官이 없고 일간 乙木이 官을 깔고 있다. 년지 辰土와 辰酉合을 할 수가 있다. 국가 자리 甲木에 등라계갑을 할 수가 있어 대기업에서 일을 할 수가 있는 명조다.

乙木은 己土의 재물을 차지하여야 하는데 甲木이 甲己合으로 乙木의 재물을 차지하고 있다. 나의 재물은 지지에 辰土가 나의 재물이다. 酉金(官)을 이용하여 辰土의 財와 辰酉合으로 金의 행위를 하여 돈을 벌어야 한다는 것을 알 수가 있다. 일간 乙木은 뿌리가 없다. 乙木은 년지 辰土가 寅卯辰으로 甲木의 뿌리가 될 때 등라계갑을 하게 되면 능력을 발휘하게 된다.

일간 乙木은 천간에 官이 없어 乙木은 庚金, 官(남자)을 항상 마음속으로 그리워하며 살아가는 운명이다. 乙木은 월간 己土(財)에 뿌리를 내려야 하는데 년간 甲木과 월간 己土가 甲己合을 하고 있다. 일간 乙木은 뿌리를 내릴 땅이 없으니 경세적으로 불안한 마음을 가지고 살아가는 여자다. 일간 乙木과 甲己合의 두 개의 乙木과 경쟁해야 한다는 마음을 가지게 된다. 일간 乙木이 酉金의 官을 깔고 있어 남편을 대신하여 돈을 벌어야 할 팔자가 된다. 甲己合이 풀어져 일간 乙木이 己土에 심어지면 巳酉丑의 官을 내가 차지할 수가 있다.

이분은 어떤 일을 해야 하는가? 직업을 안심법으로 마음을 풀어보자. 乙木의 官은 酉金, 酉金의 官은 丙火다. 丙火에서 무엇을 할 것인가에 답이 있다. 丙火는 辛金을 끌어와도 辛金의 뿌리 酉金이 없어 酉金의 행위를 하여야 한다. 상담 결과, 이분은 지금까지 16년 동안 보험설계사 일을 하고 있었다. 辛金은 시에 丙火와 丙辛合을 하고 있어 丙火 속에 숨겨둔 연하의 남자와 인연이 있다.

자식 자리 丙火는 甲木에 꽃을 피워준다. 지지 官 酉金은 천간에 자식 자리 丙火가 辛金을 끌어와 官이 되어 자식을 남편 대신으로 만족하며 살아가는 여인이다. 乙酉日柱 乙木이 뿌리가 없어 화병에 꽂혀 있는 꽃으로 볼 수 있다. 누군가에 의해서 화병은 어느 장소에 화병이 놓여있느냐에 따라 운명이 바뀔 수 있다. 乙木은 己土의 재물을 甲己合으로 甲木에 빼앗기고 있다. 乙木은 甲木에 등라계갑을 하여 보호받고 싶은 욕망이 강하다.

(戊辰大運 : 10~19세)

戊辰大運은 일간 乙木은 새로 오는 척박한 戊土에 뿌리를 내려 가정환경이 좋지 않다. 乙木이 戊土의 척박한 땅에 뿌리를 내리는 運이기 때문에 도시에 유학은 생각조차 할 수가 없다. 년지 辰土는 고향 땅으로 고향에서 학교에 다니게 된다. 학교에 다닐 수 있는 것은 甲木이 辰土에 뿌리를 내릴 수가 있기 때문이다. 乙木은 甲木에 등라계갑을 할 수가 있어 남녀공학인 종합고등학교에 다닐 수가 있다. 마음은 항상 돈을 벌어야겠다는 신념이 강해져 재물에 대한 애착을 버리지 못하고 돈을 벌면서 학업을 계속할 수 있는 시기이다. 19세 壬戌年, 壬水는 甲木을 키우고 싶지만 甲木의 뿌리를 만들어 주는 辰土와 戌土가 戌沖이 되어 용암이 분출하니 대학을 갈 수가 없다.

(丁卯大運 : 20~29세)

丁卯大運은 丁火는 丙丁 갈등으로 甲木에 의지하고 싶은 마음이다. 甲木에 寅卯辰이 되어 등라계갑을 하려고 한다. 경제적으로 힘이 들기 때문에 결혼하고 싶어진다는 마음으로 예측할 수 있다. 乙木의 뿌리 卯木은 甲木의 뿌리가 寅卯辰에 뿌리가 튼튼하여 결혼하고 싶은 것이다. 사주 원국에 大運에서 부부궁에 合을 이루는 運이 오지 않기 때문에 결혼은 어려울 것이다. 이분은 22세 乙丑年에 결혼하였다고 한다. 乙木이 와서 甲己合이 풀어져 乙木은 己土에 뿌리를 내리고 丑土가 巳酉丑으로 부부궁에 합을 이루어 결혼하게 되었을 것이다. 천간에 庚金이 오고 辰土, 丑土가 亥子丑, 申子辰으로 탁수가 되면 가정에 문제가 발생하게 된다.

(丙寅大運 : 30~39세)

丙寅大運은 丙火는 두 개의 태양이 뜨게 되면 어두워져 매우 암담한 마음으로 살아가게 된다. 지지에 寅木은 寅卯辰으로 甲木의 뿌리가 된다. 乙木의 뿌리 卯木은 甲木에 뿌리를 만들어 주고 甲木에 의지하고 싶어 등라계갑을 하게 된다. 乙木의 뿌리는 子午卯酉가 되어 남편이 가정에 소홀하게 되어 부부 관계가 좋지 못하다. 甲木이 乙木의 땅 己土(財)를 차지하고 있다는 것은 乙木의 재물이 없어져 경제적 어려움이 따르기 때문이다.

(乙丑大運 : 40~49세)

乙丑大運은 乙木이 大運에 와서 甲己合이 풀린다. 乙木은 월에 있는 己土

(財)를 차지하게 되므로 돈을 벌려는 마음을 가지게 된다. 乙木은 같은 여자로 형제의 도움이 있을 수가 있다. 乙丑大運에 丑土가 巳酉丑이 되면 시에 丙火가 辛金을 끌어와 국가에서 관리하는 金에 관한 일을 하려는 마음을 갖게 된다. 46세 己丑年, 己土가 甲木을 풀어지게 하고 乙木의 재물이 된다. 지지에 丑土가 巳酉丑이 되어 金에 행위인 보험설계사로 일을 하게 되었다.

(甲子大運 : 50~59세)

甲子大運은 甲木으로 인해 甲己合이 풀어지고 乙木은 己土의 재물에 뿌리를 내릴 수가 있다. 남편의 도움이 없어도 살 수가 있어 남편과 각자의 길을 가게 된다. 이 시기부터 남편과의 관계가 멀어져 남편이 가출하게 될 것이라고 하였더니 지금까지 원만한 부부생활을 하지 못하고 있다고 한다. 이렇게 안심법으로 유추하게 되면 상담이 이루어진다. 상담 결과, 어찌 마음을 잘 아느냐고 한다.

57세 庚子年 7월 癸未月에 방문한 이유(내정법)는, 庚子年의 庚金과 乙木이 乙庚合을 하면 辛金이 된다. 辛金은 시에 있는 丙火와 合이 되어 자격증으로 새로운 일을 시작하고 싶은 마음이 들게 된다. 다음 달인 8월 甲申月에 申子辰으로 물이 지하에 흐르고 甲己合이 풀어져 남편은 개인택시를 해야겠다고 하는데 어떻게 하면 좋을까? 하는 문제로 방문하였다.

(癸亥大運 : 60~69세)

癸亥大運은 丙火의 태양을 어둡게 하고 亥子丑과 巳酉丑, 辰土와 丑土가 탁수 되어 남편의 건강에 문제가 발생하게 될 것이다. 70세 壬戌大運으로 흐르면 물이 많아져 甲木은 己土의 재물을 파괴하게 된다. 지지에 辰戌沖이 되어 부부생활에 문제가 발생할 것이다. 지지에 癸亥大運의 亥水가 시지에 子水와 亥子丑 탁수되어 자식과도 멀어지게 되고 남편은 함께 살 수 없는 존재가 될 것이다.

◎ 2. 첩으로 사는 명조

坤命	1950년 7월 9일(陽) 16:30 직업 : 요양보호사			오행	木	火	土	金	水
甲	乙	癸	庚		3	1	1	2	1
申	巳	未	寅						
91	81	71	61	51	41	31	21	11	1
癸	甲	乙	丙	丁	戊	己	庚	辛	壬
酉	戌	亥	子	丑	寅	卯	辰	巳	午

〈원국해설〉

乙木日柱를 안심법으로 사주를 풀어보면 乙木은 년에 庚金(官)의 나이가 많은 남자와 인연이 있다. 돈보다는 명예를 가진 남자를 그리워하고 있다. 乙庚合이 풀어지면 乙木은 시에 있는 甲木의 자식 자리에 등라계갑을 하고 있어 자식과 함께 살아야 하는 팔자라고 보면 된다. 이분은 일간 乙木이 년간에 庚金과 乙庚合을 하고 있어 10살 이상 남자와 관계가 있다. 庚金 남자의 마음은 년에 庚金의 뿌리가 시지에 申金이 있다. 庚金은 년지에 寅木의 財를 깔고 있어 부인이 있는 남자다. 庚金의 뿌리 申金이 자식 자리에 있어 본인 닮은 아들을 낳기 위하여 만나게 된 것을 안심법으로 마음을 읽어낼 수가 있다.

일간 乙木은 년간 庚金과 合을 하여 辛金으로 변하게 된다. 辛金은 丙火를 끌어와 자식 자리 甲木에 꽃을 피워주기를 바라는 마음이다. 지지는 천간에 乙庚合이 되어 辛金의 뿌리는 酉金이 된다. 부부궁의 巳火가 巳酉丑이 되어 남자의 그늘에서 벗어날 수가 없다. 乙庚合의 辛金은 부부궁에 巳酉丑으로 드러낼 수 없는 남자 酉金이 뿌리내리고 있어 첩으로 살아가는 팔자의 명조다.

지금의 남자와 헤어지면 또 다른 남자와 인연이 있다. 乙庚合이 풀어지면 지지에 申金의 官이 있어 새로운 연하의 남자와 인연이 있다. 申金으로 만난 남자는 申子辰으로 유통에 관련된 남자가 될 수가 있다. 그러나 申金은 寅申巳亥가 되어도 연하의 남자는 오래갈 수가 있지만 연상의 남자를 만나면 오래가지 못한다. 연상의 남자와 인연을 맺지 말고 딸과 함께 살아가는 것이 좋다.

(辛巳大運 : 11~20세)

辛巳大運은 사주 원국에 乙庚合으로 辛金이 되어 있다. 辛巳大運에 辛金이 乙庚合을 풀어지게 하는 運이다. 본인이 자유롭게 살라는 운이다. 보통 20대 미만의 중요한 것은 학교 문제를 중점으로 본다. 고등학교와 대학에 運을 보는데 고등학교 진학은 16세 乙巳年이다. 乙巳年의 乙木이 乙庚合을 풀어지게 한다. 시에 甲木은 년지에 寅木의 뿌리를 찾아가게 되고 乙木은 甲木에 등라계갑을 한다. 甲木은 庚金의 칼자루가 되어 金의 고등학교를 가게 되었다. 지지로 乙巳年에 巳火가 巳酉丑으로 金局이 되어 남녀공학의 상업학교로 진학한다. 19세가 戊申年이다. 戊土가 월에 癸水와 戊癸合을 하게 되면 물은 사라지고 己土가 된다. 己土는 甲己合 乙木이 되어 두 개의 乙木이 얽히게 되어 대학은 가지 못하게 된다.

(庚辰大運 : 21~30세)

庚辰大運은 庚金(官)이 와 乙庚合이 풀어지게 되어 나를 자유롭게 만들어 준다. 년간 庚金은 시의 甲木에 새로운 칼자루로 끼워지게 된다. 官에 묶여 있는 乙木이 풀어지게 되면 甲木에 등라계갑을 하게 된다. 乙木이 천간에 뿌리를 내릴 수 있는 땅은 오지 않고 지지에 辰土가 申子辰으로 寅申巳亥가 되어 안정된 직장생활이 어렵다.

29세 戊午年, 이분은 인생의 커다란 사건이 발생하게 된다. 기초이론이 부족한 분은 이해하기가 쉽지 않을 것이다. 29세 戊午年의 戊土는 월간 癸水와 戊癸合을 하여 己土가 되어 시에 있는 甲木과 甲己合 乙木이 된다. 일간 乙木은 乙庚合이 풀어지게 하여 甲木에 등라계갑하게 된다. 나이가 어린 후배하고 함께 거주하게 된다. 甲木에 등라계갑으로 있던 일간의 乙木은 년에 있는 庚金과 다시 합을 할 수가 있다. 乙庚合을 하면 년에 庚金은 辛金으로 변한다. 辛金의 뿌리는 일지의 巳火가 巳酉丑이 되어 申酉戌 金局이 남편궁에 자리를 잡게 된다. 이때부터 내연의 관계가 이루어지게 되었다.

(己卯大運 : 31~40세)

己卯大運은 원국에 있는 甲木과 大運의 己土가 甲己合을 하여 乙木이 乙庚合이 풀어지게 하여 乙木(財)은 己土의 재물을 취하게 된다. 지지에 卯木은 亥卯未가 되어 乙木의 뿌리가 되니 부동산을 취득하게 된다. 甲己合 乙木은 乙庚合을 풀어지게 되면 년간 庚金의 뿌리가 시지의 申金이 된다. 풀어진 乙木은 시에 있는 甲木에 등라계갑 하게 된다. 庚金은 시에 甲木의 칼자루가 등라계갑을 하고 있는 乙木과 乙庚合을 하여 辛金이 되면 딸을 낳게 된다. 32세 辛酉年, 辛金이 乙庚合을 풀어지게 한다. 庚金의 남자는 시에 있는 甲木을 칼자루로 취할 수가 있다. 시지에 酉金은 巳酉丑이 되어 申酉戌로 부부궁에 합을 이루어 딸과 함께 살게 된다. 己卯大運에 삶의 안정을 취할 수 있지만 지지에 寅申巳亥가 될 때는 변화가 오게 된다는 것을 예측할 수가 있다.

(戊寅大運 : 41~50세)

戊寅大運은 戊土는 사주 원국에 癸水와 戊癸合이 己土가 되면 己土는 시에 甲木과 甲己合으로 乙木이 된다. 이때 일간의 乙木은 년에 庚金과 合이 풀리게 되어 乙木이 자유로워진다. 49세 戊寅年, 남자로부터 불신임을 받게 되고 50세 己卯年, 己土는 시에 甲木과 甲己合으로 乙木이 되어 乙庚合이 풀어져 남자는 딸과 함께 본가로 가게 되었다. 여자에게는 부동산과 현금을 주고 헤어지게 되었다. 甲木에 자식은 년에 庚寅의 寅木에 뿌리를 찾아가게 된다. 지지에 寅申巳亥가 되어 딸이 정착하기가 어려워 다시 엄마를 찾을 것이다.

(丁丑大運 : 51~60세)

　丁丑大運은 丁火는 밤의 별이라 외로운 시기이다. 丁火의 뿌리 巳火가 丑土와 巳酉丑으로 官을 그리워하게 되어 남자를 만나게 된다. 56세 乙酉年, 乙庚合이 풀어지면 영원한 자유인의 외로움 때문에 또 다른 官(남자)을 찾게 된다. 그것은 大運에 丑土가 원국의 巳火를 움직이게 된다. 巳火에서 酉金이 巳酉丑이 되어 남자의 관계로 일지 巳火와 합을 하여 동창생과 관계가 이루어지게 되었다. 巳火에서 끌어다 쓰는 남자 酉金은 申酉戌로 金局이 되면 戌土(財)가 官으로 변하기 때문에 남자로 인해 재산을 탕진하게 된다.

(丙子大運 : 61~70세)

　丙子大運은 丙火가 움직이면 癸水가 있어 丁火로 甲木에 꽃을 피우게 된다. 木은 사회복지에 관한 생각을 하게 된다. 천간의 丙火가 움직이면 지지에 원국의 巳火가 巳酉丑으로 酉金을 끌어와 金에 관한 일을 하고 싶어진다. 酉金은 손재주를 가지고 활동하거나 몸을 움직여서 경제활동을 하는 것으로 판단을 할 수 있다. 또한 巳火는 寅申巳亥로 바쁘게 움직여 활동하는 직업 중에 요양보호사로 일하게 되었다.

(乙亥大運 : 71~80세)

　乙亥大運은 乙庚合이 풀어진다. 지지에 亥水는 寅申巳亥가 되어 나이가 들면 떠나가는 것으로 판단한다. 건강에 문제가 올 것이다. 73세 壬寅年, 壬水의 많은 물이 온다. 뿌리 없는 甲木 乙木들이 쓰나미가 밀려와 문제가 된다. 유방암, 신경계통에 문제가 발생하게 되어 건강을 담보할 수가 없다. 현재 요양병원에 있다고 딸이 연락이 왔다.

3. 필라테스 강사

坤 命	1968년 03월 16일(陽) 04:20 직업 : 필라테스 강사									
戊	乙	乙	戊	오행	木	火	土	金	水
寅	酉	卯	申		4	0	2	2	0
93	83	73	63	53	43	33	23	13	3
乙	丙	丁	戊	己	庚	辛	壬	癸	甲
巳	午	未	申	酉	戌	亥	子	丑	寅

〈원국해설〉

乙酉日柱로 두 개의 乙木이 있다. 일간 乙木은 지지에 官을 깔고 있고 월간 乙木은 乙木의 뿌리가 있다. 사주 원국에 나무가 살아갈 물이 없는 명조다. 일간이 官을 깔고 있어 물을 만들 수가 있다. 남편 대신 경제활동으로 돈을 벌어 살아가야 한다. 五行 중에 두 개의 乙木이 서로 얽히고 있어 木을 해결하려면 칼이 필요한데 官(金)이 천간에는 없다. 일간 乙木은 酉金을 깔고 있어 辛金을 끌어올 수가 있다. 지지에 寅申巳亥, 申酉戌, 子午卯酉, 寅卯辰의 개연성으로 여러 가지 직업의 변화가 있을 수가 있다. 원국에 木이 많아 가르치는 교육을 할 수 있다. 지지에 酉金이 巳火를 불러와 寅申巳亥 개연성으로 몸으로 활동하는 행위를 해야 한다.

천간에 월간 乙木이 官 庚金을 끌어오면 년간 庚金의 뿌리 申金이 된다. 일간 乙木이 庚金을 끌어와 乙庚合을 하면 辛金이 되어 나의 뿌리 酉金이 된다. 庚金의 뿌리 申金이 乙庚合 辛金이 되면 뿌리가 酉金이 되기 때문에 한번 거쳐서 오는 남자와 인연이 있게 된다.

재물은 두 개의 乙木이 각자 한 개씩 戊土의 재물을 차지하게 된다. 전반과 후반의 재물이 다르다는 것을 알 수가 있다. 일간 乙木은 시에 戊寅으로 戊土가 재물이 된다. 지지에 寅木이 있어 甲木을 끌어올 수가 있어 乙木이 등라계갑을 할 수가 있다. 월간 乙木이 년간 戊土에 심어지면 척박한 땅에서 뿌리를 내리기에 삶이 힘들어지게 된다. 이 명조는 시에 甲木이 심어지게 되면 내가 척박한 땅에 뿌리를 내리지 않아도 된다. 의지처인 甲木에 등라계갑 하면 편안한 삶을 살아갈 것이다. 일간에 乙木은 뿌리가 없다. 일간 乙木인 내가 튼튼하게 뿌리를 내리려면 寅卯辰이 될 때 튼튼한 甲木에 등라계갑하면 안전하다. 甲木運이 오면 지지에 寅木을 찾아 시의 戊土에 뿌리를 내리게 되면 안정된 삶을 살게 된다. 연하의 남자를 만나면 나의 의지처가 되어 안정된 삶이 된다.

이 명조는 아들을 낳아야 삶이 편해지는 명조다. 金의 官이 33세부터 온다. 官運이 와서 딸만 둘을 낳았기 때문에 고통을 감수하며 살게 된다는 사실을 알 수가 있다. 만일 연하의 남자와 결혼하였더라면 고통을 덜게 되었을 것이다. 많은 상담을 통해서 얻은 경험에 의하면 결혼 시기를 잘못 택하여 결혼한 사람들은 반드시 삶의 문제가 있다는 것을 알 수가 있다. 이분은 연하의 남자와 결혼해야 하는데 연상의 남자와 결혼하였다. 연상과 연하의 선택 문제도 매우 중요하다는 것을 알 수 있게 된다. 이분은 결혼 시기에 연상의 남자를 선택하여 고통을 겪게 된다는 것을 상담 결과로 증명할 수가 있다.

(癸丑大運 : 13~22세)

癸丑大運은 년에 戊土와 戊癸合으로 己土가 된다. 己土는 甲木을 불러와 지지에 寅卯辰이 되어 대학에 꿈을 안고 공부하게 된다. 사주 원국에 물이 없어 해외와 인연을 맺어 유학을 미국으로 간다면 좋은 大運이다. 지지에 丑土가 巳酉丑과 申酉戌이 金局의 官으로 남자를 일찍 알게 된다. 지지에 寅申巳亥가 되어 공부보다는 몸을 쓰는 운동을 하게 되었다. 13세 庚申年, 14세 辛酉年, 15세 壬戌年, 어릴 때부터 운동의 소질이 있다. 중학교 때부터 운동을 잘했을 것으로 예측할 수 있다. 17세 甲子年, 甲木이 戊土에 심어져 등라계갑을 하려고 하지만 지지에 申子辰과 子午卯酉가 되어 학업에 전진할 수가 없다. 18세 乙丑年, 3개의 乙木이 庚金에 官을 끌어온다. 庚金의 뿌리 申金이 나보다 나이 많은 대학생의 남성과 사귀게 되었다. 19세 丙寅年, 지지에 寅卯辰으로 뿌리가 되지만 원국에 물이 없어 丙火의 햇빛에 乙木이 마르는 것으로 좋은 대학을 갈 수가 없다. 지지에 寅卯辰과 寅申巳亥로 집과 떨어진 전문대학에 진학하게 된다.

(壬子大運 : 23~32세)

壬子大運은 壬水의 물이 오고 지지에 申子辰으로 물이 나무에 공급되어 활동이 좋은 大運이다. 그러나 지지에 子午卯酉가 되어 항상 장애물이 따르게 된다. 23세 庚午年, 乙庚合으로 경쟁자를 제거하고 남자를 만나지만 지지에 午火가 子午卯酉를 만들어 좋은 인연이 될 수가 없다. 26세 癸酉年, 戊癸合으로 己土가 甲木을 끌어와 乙木이 된다. 3개의 乙木은 3:1로 乙庚合을 하여 辛金이 된다. 乙木은 시에 있는 戊土의 척박한 땅에 뿌리를 내리게 되고 새로운 酉金의 官이 오게 되어 혼전 임신으로 결혼하게 되었다. 31세 戊寅年, 이혼하였는데 그 이유는 戊土 3개가 하나가 되기 때문이다. 지지에 寅卯辰이 연하에 뿌리가 있어 甲寅의 나무에 등라계갑으로 상담 결과, 연하의 남자를 만나기 위하여 이혼하였다고 한다.

(辛亥大運 : 33~42세)

辛亥大運은 辛金은 官의 뿌리 酉金을 찾아 나의 칼자루가 된다. 지지에 寅亥合 木으로 연하의 남자와 재혼하게 된다는 것을 예측한다. 지지에 寅申巳亥가 되어 새로운 계획으로 辛金은 丙火를 끌어오고 싶다. 丙辛合으로 火를 추구하는 자격증을 취득하게 된다. 지지에 亥水는 亥卯未와 寅亥合木은 교육으로 일간의 뿌리가 튼튼하여 결실이 있을 것으로 예측할 수 있다. 34세 辛巳年, 乙木의 칼자루가 끼워지고 지지에 巳酉丑이 되어 재혼하였다. 이 여성의 직업은 넓은 땅에서 庚金과 申金으로 金의 행위를 하는 필라테스 강사이다.

(庚戌大運 : 43~52세)

庚戌大運은 월에 경쟁자를 제거하고 지지에 申酉戌이 되어 운동으로 활발하게 움직이는 大運이다. 시의 戊土에 甲木이 심어지면 돈을 많이 벌게 된다. 大運에서 戌土가 申酉戌이 되어 물을 만들 수가 있다. 이때는 새로운 땅을 찾아 해외와 인연을 맺어 외국으로 진출하는 것이 좋다.

(己酉大運 : 53~62세)

己酉大運은 己土가 甲木을 불러와 戊土에 심어 부동산으로 돈을 버는 大運이 된다. 己土가 甲木을 불러와 戊土에 심어지면 부동산을 취할 수가 있다. 지지에 酉金은 巳酉丑이 몸을 쓰는 운동을 하게 된다. 57세 甲辰年, 甲木이 戊土에 심어지면 일간 乙木은 甲木에 등라계갑을 할 수가 있다. 지지에 辰土는 寅卯辰으로 甲木의 뿌리가 튼튼하게 된다. 부동산에 투자하면 부가가치가 높은 부동산을 취득할 수가 있다.

(戊申大運 : 63~72세)

戊申大運은 3개의 戊土가 하나가 된다. 지지에 申金이 두 개가 되어 두 개로 乙木이 庚金을 끌어와 乙庚合으로 辛金의 뿌리 酉金이 된다. 임대업을 할 수 있는 건축물을 가질 수가 있다. 임대 소득으로 悠悠自適하게 살아가면 노후를 편안하게 보낼 것이다.

※ 이 사주는 乙木의 官인 酉金이 子午卯酉로 되어 있어 문제가 있다. 乙木 女命의 특징은 내 눈높이보다 높은 庚金의 이상형 남자를 꿈꾸고 있다는 것이 문제가 되는 명조다.

4. 공무원 명조

乾命	1971년 01월 14일(陰) 18:50 직업 : 경찰공무원					오행	木	火	土	金	水
乙	乙	庚	辛				3	0	1	3	1
酉	丑	寅	亥								
91	81	71	61	51	41	31	21	11	1		
庚	辛	壬	癸	甲	乙	丙	丁	戊	己		
辰	巳	午	未	申	酉	戌	亥	子	丑		

〈원국해설〉

乙丑日柱에 준 無財四柱다. 년간 월에 官(金)이 있고 지지에 巳酉丑과 寅申巳亥가 되어 활동하는 군인, 경찰의 명조다. 사주 원국에 火가 없어 신분을 드러낼 수 없는 직업을 가지게 되면 좋다. 밝음이 없다는 것이 단점이지만 신분을 드러내지 않는 직업을 갖는 경우엔 오히려 장점이 될 수 있다. 그러나 항상 밝음을 잃지 말아야 한다. 경찰공무원이 된 것은 두 개의 乙木 중에 한 개의 乙木은 庚金과 合을 해서 辛金이 된다. 다른 乙木은 년에 있는 辛金의 칼자루가 되어 쌍칼을 가지고 있기 때문이다. 두 개의 辛金이 丙火를 끌어와 국가 자리에 꽃을 피우게 된다. 국가 공무원이 되고 싶은 마음은 眼心法으로도 확실하게 증명되는 것이다.

지지로 월간에 庚寅으로 칼자루가 있고 년간에 辛金은 乙木이 칼자루가 된다. 지지에 寅亥合木이 되어 완전한 두 개의 칼이 되는 것이다. 지지에 亥水와 寅木이 있으며, 丑土와 酉金이 巳酉丑과 申酉戌이 되어 金局으로 변하게 된다. 이때는 寅申巳亥가 되어 바쁜 일정으로 가정에 소홀하게 되기 때문에 부부의 다툼이 많이 있을 수가 있다. 41세 乙酉大運부터 부부간의 갈등이 심해져 문제가 된다. 이분이 경찰공무원을 하고 있을 때는 이혼은 하지 않으나 경찰공무원이 끝나면 官의 뿌리가 시지의 乙木에 뿌리를 두기 때문이다. 남편의 바람으로 문제가 되어 부부 싸움은 자주 하게 된다. 서로 이해하고 참고 사는 것이 중요하다.

(戊子大運 : 11~20세)

戊子大運은 戊土에 甲木을 심고 싶은 마음을 갖게 한다. 월지에 寅木의 뿌리가 있어 큰 나무(甲木)에 등라세갑을 하고 싶은 것을 眼心法으로 알 수 있다. 지금의 大運은 학교와 관련이 있는 大運이다. 19세 己巳年, 고등학교 시험의 運이다. 己土가 甲木을 불러오고 巳火는 지지에 寅申巳亥가 되어 지방대학을 갈 수가 있다.

(丁亥大運 : 21~30세)

丁亥大運은 취업과 결혼 문제와 관련된 大運이다. 丁亥의 丁火는 乙木에 꽃을 피우고 싶은 마음이다. 꽃을 피우면 결과물을 얻고 싶은 마음이다. 26세 丙子年, 경찰공무원 시험에 합격하였다. 丙火가 국가 자리에서 丙辛合을 하여 원국에 火는 없지만 국가의 힘을 얻을 수가 있다. 지지에 子水는 申金을 끌어와 寅申巳亥로 새로운 꿈을 이루게 되어 경찰공무원 시험에 합격하게 되었다. 庚金의 뿌리 申金은 申子辰과 亥水는 亥子丑이 탁수가 될 수가 있지만 金을 사용한 경찰공무원을 택하게 된 것이다. 지지에 寅申巳亥로 항상 바쁘게 활동하는 직업이 된다. 27세 丁丑年, 결혼하게 되는 것은 천간 丁火는 乙木에 꽃을 피우게 되며 지지에 巳酉丑으로 부부궁에 合을 이루어 결혼하였다.

(丙戌大運 : 31~40세)

丙戌大運은 丙火가 년에 辛金과 合을 할 수가 있다. 지지에 寅午戌이 되면 乙木에 꽃을 피워 결과물을 얻고 싶은 마음을 眼心法으로 읽을 수가 있다. 꽃이 피는 것은 조직 생활의 승진과 관련이 있다. 36세 丙戌年, 경사로 진급을 할 수가 있었다. 丙火는 년에 辛金과 丙辛合을 할 수가 있으며 지지에 寅午戌이 되어 승진하였다. 40세 庚寅年, 두 개의 乙木과 合이 되어 庚金이 辛辛이 된다. 년에 辛金과 3개가 되어 강력하게 丙火를 불러오고 지지에 戌土가 寅午戌이 되어 간부로 승진하였다.

(乙酉大運 : 41~50세)

乙酉大運은 3개의 乙木이 되니 월에 庚金과 3개의 乙木이 3:1로 乙庚合을 하게 된다. 이때는 통합 지구대의 대장이 되었다. 庚金이 辛金이 되어 辛辛으로 丙火를 끌어와 승진의 기회를 예측하고 있다. 45세 乙未年, 乙乙乙과 월에 庚金이 3:1로 合을 하여 辛金들이 丙火를 끌어와 결과물을 얻을 수가 있다. 지지에 亥卯未는 칼자루가 튼튼하게 되어 경감으로 승진하였다. 50세 庚子年, 2:2로 乙庚合을 하여 辛辛이 되면 3개의 辛金이 丙火를 불러오게 된다. 지지에 寅申巳亥가 되어 경정 심사에 통과할 것으로 판단된다.

(甲申大運 : 51~60세)

甲申大運은 甲木이 庚金의 칼자루가 되고 싶어 한다. 큰 칼을 휘두르는 권력을 잡고 싶은 마음이다. 지지에 申金이 寅申巳亥가 되어 개혁의 변화를 이루게 될 것이다. 55세 乙巳年, 3개의 乙木이 庚金과 合을 하여 辛金이 된다. 년에 辛金과 辛辛으로 丙火를 끌어와 국가 자리에 꽃을 피우게 된다. 지지에 寅申巳亥가 되어 무사히 심사에 통과하여 서장까지는 무난하게 승진할 수 있는 명조다.

(癸未大運 : 61~70세)

癸未大運은 癸水가 戊土를 불러와 戊癸合 己土가 되어 乙木이 己土에 뿌리를 내리게 된다. 지지에 亥卯未가 乙木의 뿌리가 되어 국가 자리와는 멀어진다. 乙木이 뿌리를 내릴 마음은 부동산에 관련된 일을 하고 싶은 마음이 든다. 61세 辛亥年, 천간은 辛辛으로 丙火(태양)을 끌어와 빛이 나지만 지지에 亥子丑 申子辰 탁수되어 국가 공무원으로 명예로운 퇴직을 하게 될 것이다.

63세 癸丑年, 부동산에 관한 준비하게 된다. 64세 甲寅年, 부동산에 관한 일을 하게 될 것이다. 63세 癸丑年, 癸水가 戊土을 불러와 戊癸合 己土가 된다. 월지에 寅木이 있어 寅卯辰으로 甲木의 뿌리가 되고 酉金이 巳酉丑으로 돈을 벌기 위한 寅申巳亥가 되어 새로운 일을 하게 된다. 64세 甲寅年, 甲木의 뿌리 寅木이 동시에 오게 되어 乙木은 등라계갑을 하게 된다. 乙木은 庚金의 칼자루로 건축사업을 하게 될 것이다.

(壬午大運 : 71~80세)

壬午大運은 壬水에 큰물이 오게 된다. 넓은 땅을 매입하여 강물이 흐르는 강가에 작은 乙木의 집들이 있고 지지에 寅午戌로 아름다운 태양이 비추게 된다. 노후에는 전원생활을 하며 悠悠自適하게 여생을 보내는 것이 좋다.

※ 이 명조는 숙살지권을 가진 경찰공무원으로 무난한 승진과 寅申巳亥로 인한 인사이동과 개혁이 특징이다. 부부궁이 亥子丑으로 丑土가 탁수되어 부부간의 갈등이 있을 수가 있다는 것이 단점이다. 자식과는 乙木들이 얽히는 관계로 보이지만 천간에 庚金이 있어 해결할 수가 있으며, 자식도 칼을 사용한 아버지와 동일한 직업을 가질 수가 있다.

5. 공무원에서 법무사로 사는 명조

乾命	1960년 3월 18일(陽) 00:20(朝子時) 직업 : 법무사				오행	木	火	土	金	水
丙	乙	己	庚			2	2	1	1	2
子	巳	卯	子							
96	86	76	66	56	46	36	26	16	6	
己	戊	丁	丙	乙	甲	癸	壬	辛	庚	
丑	子	亥	戌	酉	申	未	午	巳	辰	

〈원국해설〉

乙木日柱다. 乙木이 국가 자리 庚金(官)과 乙庚合을 하고 있다. 乙木의 官은 庚金이고 庚金의 官은 시에 있는 丙火이다. 이 명조는 財보다는 官이 우선하고 있기에 官을 먼저 직업으로 보아야 한다. 국가 자리에서 乙庚合을 하고 있어 군인, 경찰공무원을 선택하게 된다. 乙庚合을 하면 庚金이 辛金으로 변해서 시에 있는 丙火와 丙辛合을 하여 국가 자리에서 官을 취할 수 있다. 이렇게 물상론으로 직업을 찾는 방법은 간단하다. 필자가 개발한 官과, 財에 觀法을 공부하게 되면 정확한 직업을 쉽게 찾아낼 수가 있다.

乙木 일간의 財는 월간에 있는 己土의 재물이 되고 己土의 財는 지지에 子水가 재물이다. 작은 땅에 심어진 乙木으로 노력한 만큼만 본인의 재물이다. 그러나 財運이 오지 않기 때문에 한 푼 두 푼 모은 재물만이 나의 재물이다. 이 명조는 자격증을 가지고 돈을 벌어도 己土의 작은 재물 子水가 년지에 뿌리를 두고 있어 재물을 많이 모을 수는 없다. 지지로 己土에 재물의 뿌리가 없고 子午卯酉가 되는 개연성이 있어 항상 힘든 삶이 계속된다. 부부궁의 부인도 일지의 巳火가 巳酉丑으로 酉金을 사용한 텔레마케터의 영업을 할 수도 있을 것이다. 상담 결과, 부인은 보험회사 텔레마케터 영업을 하고 있었다.

이분의 자식 관계를 살펴보면 시에 丙火가 끌어오는 辛金으로 살기를 바랄 것이다. 乙木의 마음으로는 국가 자리 庚金과 丙火에서 끌어오는 辛金을 乙木의 칼날로 쓸 수가 있어 검사 등 권력을 가지는 아들을 원하고 있다고 眼心法으로 해석할 수가 있다. 상담 결과, 이분은 아들 하나를 두고 있었다.

(辛巳大運 : 16~25세)

辛巳大運은 辛金이 丙辛합을 풀어주게 되어 태양이 밝아진다. 이때는 국가에 관한 일을 하고 싶은 마음으로 공부할 것이다. 지지에 巳酉丑으로 寅申巳亥가 되어 바쁘게 움직이는 공무원을 하고 싶어 한다. 19세 戊午年, 대학을 가야 하지만 戊土에 乙木이 심어지게 되어 전문대학에 진학해야 하고 척박한 戊土의 땅에서 살게 되어 어려운 환경에서 공부하게 된다.

(壬午大運 : 26~35세)

壬午大運은 천간 시의 丙火가 壬水에 뜨게 된다. 지지에 巳午未가 되어 丙火가 밝아지게 되면 좋은 일이 있을 것으로 판단한다. 26세 乙丑年, 乙庚합이 풀어지고 지지에 巳酉丑이 되어 부부궁이 합을 이루어 결혼하였다. 지지에 子午卯酉가 될 때 결혼하게 되어 金을 사용한 직업을 택하지 못하면 항상 불안정한 가정생활이 이어지게 될 것이다. 32세 辛未年, 乙庚합을 풀어지게 한다. 辛金은 시에 있는 丙火와 丙辛합이 된다. 丙火의 태양을 사용한 국가 공무원에 대한 마음을 가지게 된다. 乙木은 己土에 심어지고 천간에 乙庚합으로 辛金이 된다. 지지에 巳午未와 丙火가 밝아지면 未土는 亥卯未로 乙木의 뿌리가 튼튼하게 되어 공무원 시험에 합격하였다.

(癸未大運 : 36~45세)

癸未大運은 시에 丙火를 어둡게 한다. 36세 乙亥年, 乙庚합이 풀어져 공무원을 그만두게 되었다. 42세 辛巳年, 법무사 시험에 합격하였다. 乙庚합이 辛金으로 丙火에 합을 하고 있었지만 새로운 辛金이 오게 되면 辛辛이 된다. 강력하게 丙火를 불러와 태양이 밝아지게 될 때 자격증을 취득하여 金을 사용하는 법무사 시험에 합격하게 되었다.

(甲申大運 : 46~55세)

甲申大運은 甲木이 월에 己土와 甲己合을 하여 乙庚合을 풀어지게 한다. 乙木은 己土의 財에 심어져 법무사 사무실을 개업하게 된다. 두 개의 乙木이 되어 동업하게 된다. 甲己合의 己土는 자금력을 가지고 운영하는 동업자와 함께 법무사사무실을 개원한다. 한 사무실에서 공동으로 각자의 영업으로 운영하게 된다. 일간 乙木은 巳酉丑으로 官을 깔고 있어 명예를 추구하고 돈을 투자한 己土와 甲己合으로 財를 취하고 있다. 동업자 법무사보다 영업실적이 떨어지게 되어 재물을 취하지 못하고 어려움에 처하게 된다. 대운에서 財運이 따라주지 못해 경제적 어려움이 있다. 천간에 乙庚合이 풀어지면 지지에 官이 없어 巳酉丑이 되지 못하여 金을 쓰는 일을 못하게 된다

(乙酉大運 : 56~65세)

乙酉大運은 乙庚合이 풀어지면 하던 법무사 일을 하지 않게 될 것이다. 이때 乙庚合이 풀어지면 지지에 官의 뿌리가 없어져 본인이 하던 일을 그만두게 된다. 풀어진 乙木이 己土에 뿌리를 내리게 되어 다른 사무실에 가서 근무하게 될 것이다. 59세 戊戌年, 60세 己亥年, 작은 소득을 얻겠지만 큰돈을 벌지 못한다. 이분은 평생 재물 福이 작아 조직 생활을 해야 좋은 사람이다.

(丙戌大運 : 66~75세)

丙戌大運은 두 개의 丙火가 뜨게 되어 어두워진다. 밝은 사람도 두 개의 丙火의 태양이 뜨게 되면 마음이 우울해지고 자신에 대한 비관으로 정신적인 문제가 발생할 수가 있다. 이럴 때는 조용한 농촌에서 자기를 성찰하고 문학에 전념하는 것도 방법이다. 이분은 글을 쓰는 시인이나 수필가로 문학

에 소질이 있어 문단에 등단할 수가 있다.

(丁亥大運 : 76~85세)

　丁亥大運은 丙火와 丁火가 있어 현실과 이상의 갈등을 느낄 수가 있다. 지지에 亥水가 寅申巳亥와 亥卯未가 되어 한 곳에 머물지 말고 활동하면서 즐거운 마음을 가지고 살아가는 것이 현명한 방법이다. 천간 乙木의 뿌리가 亥卯未가 되어 글을 쓰는 것으로 마음에 위안을 받는 것이 좋다. 82세 辛酉年, 乙庚합이 풀어지고 시에 丙火는 丙辛합으로 어두워진다. 지지에 子午卯酉가 되어 건강에 유의하여야 한다. 84세 癸亥年, 丙火가 어두워지고 지지에 寅申巳亥가 되어 더 좋은 영혼의 세계로 갈 수가 있다.

6. 간호사 명조

坤命	1970년 01월 29일(陰) 18:20			직업 : 간호사					
乙	乙	己	庚	오행	木	火	土	金	水
酉	酉	卯	戌		3	0	2	3	0
91	81	71	61	51	41	31	21	11	1
己	庚	辛	壬	癸	甲	乙	丙	丁	戊
巳	午	未	申	酉	戌	亥	子	丑	寅

〈원국해설〉

乙酉日柱다. 水와 火가 없다. 官과 財는 있지만 乙木이 성장할 물이 없어 해외와 인연을 맺으면 좋다. 乙酉日柱가 년에 庚金과 합을 원하고 있지만 원국에서 2:1 합은 안 된다. 그러나 언젠가는 합이 된다.

년에 국가 자리 庚金의 뿌리는 지지에 申金이 申酉戌로 金局이 되어 전체가 官을 깔고 있다. 내가 가정을 책임지며 남편을 벌어먹여 살리게 된 명조다. 무능력한 남편을 만나는 명조가 되어 官에 문제가 있다.

이 명조는 火와 水가 없는데 천간에서 乙木과 庚金이 합을 해서 辛金이 丙火를 끌어오고 丙辛合水가 되어 火와 水가 동시에 이루어진다. 乙庚合으로 辛金이 되면 丙火를 끌어와 丙辛合을 하여 물을 만들 수가 있다. 丙辛合은 국가자격증으로 일하게 된다. 辛金은 乙木의 칼자루가 되어 간호사 중에서도 외과 간호사의 일을 하게 된다.

지지에 酉金과 卯木이 있어 戌土에서 申酉戌과 乙木의 뿌리가 된다. 戌土는 乙庚合 辛金이 되면 丙火를 끌어온다. 지지에 戌土는 월간 己土가 甲木을 끌어올 수가 있다. 甲木의 뿌리 寅木이 寅午戌이 되면 명예와 승진의 運이 오지만 물이 없어 子午卯酉가 된다. 언젠가는 가정에 문제가 발생하게 될 것이다. 지지에 두 개의 酉金이 3개가 될 때 官의 문제가 될 것이며 남자의 문제로 고민하게 된다. 이 명조에서 천간에 庚金은 乙木이 3개의 運이 올 때 지지에 酉金이 행동으로 움직이게 된다. 이 경우 官의 문제가 발생하게 된다는 사실을 알아야 한다.

(丁丑大運 : 11~20세)

　丁丑大運은 丁火가 없는 물(壬水)을 끌어와 丁壬合 木으로 3개의 乙木이 되면 3:1로 乙庚合 辛金이 된다. 辛金은 丙辛合으로 국가자격증, 金은 법, 금융, 경제지만 金(官)의 뿌리가 지지에 酉金이 있어 간호학, 의약 등으로 마음을 가지게 된다. 18세 丁卯年, 壬水를 끌어와 丁壬合 乙木이 3개가 되어 년간 庚金과 乙庚合을 하여 辛金이 된다. 지지에 두 개의 卯木이 천간 乙木에 뿌리가 되어 酉金에 칼자루가 되어 간호학과를 가기로 하고 이과를 택한다. 19세 戊辰年, 고등학교 3학년이 되는 해이다. 戊土는 甲木을 심고자 하는 마음인데 월에 己土가 甲木을 끌어와 甲己合으로 乙木이 되어 년간 庚金과 乙庚合을 한다. 지지에 酉金이 있어 간호대학은 무난하게 합격하게 될 것이다. 지지에 辰土는 辰酉合을 하게 되어 金의 학과로 간호학과를 선택하게 되었다.

(丙子大運 : 21~30세)

　丙子大運은 乙木日柱에 官에 官으로 명예를 얻을 수가 있다. 乙庚合을 하여 丙火를 쓰라는 예측이다. 22세 辛未年, 辛金이 丙火를 끌어와 丙辛合이 되면 능력을 발휘하게 된다. 辛金은 丙火를 끌어와 酉金의 뿌리가 되어 자격증 준비를 열심히 하게 된다. 丙火가 오면 지지에 寅午戌이 된다. 子水로 인해 子午卯酉가 되지만 金의 행위를 하게 되면 子午卯酉를 면하게 된다. 23세 壬申年, 丁火는 丁壬合 乙木이 되어 3개의 乙木이 년에 庚金과 合을 하여 辛金이 된다. 辛金은 丙辛合으로 자격증을 취할 수가 있어 대학병원이나 국립병원에 간호사로 취업하게 된다.

(乙亥大運 : 31~40세)

乙亥大運은 3개의 乙木이 년에 庚金과 乙庚合 辛金이 丙火를 끌어오게 된다. 官에 官으로 명예와 승진의 기회를 잡게 된다. 지지에 亥卯未로 乙木의 뿌리가 튼튼하게 되어 확고한 자리를 잡아 일하게 된다. 32세 辛巳年, 辛金은 乙木의 칼자루가 된다. 지지에 巳火는 巳酉丑으로 부부궁에 합을 이루어 결혼하게 되었다. 36세 乙酉年, 3개의 乙木이 년에 庚金과 乙庚合 辛金이 丙火를 끌어오면 官에 官으로 명예가 온다. 지지에 3개의 酉金이 합을 하게 되어 승진하게 되었다. 이분은 32세 辛巳年에 결혼하였다. 辛金은 乙木의 칼자루에 끼워지고 지지 부부궁에 합을 이루어 결혼하였다.

(甲戌大運 : 41~50세)

甲戌大運은 甲木이 월에 己土와 甲己合 乙木이 되면 3개의 乙木과 乙庚合을 하여 官에 官으로 명예와 승진을 하게 된다. 45세 甲午年, 甲己合으로 乙木이 되며 3개의 乙木이 乙庚合을 하여 승진하였다. 지지에 申酉戌이 되어 官의 뿌리가 튼튼하다.

(癸酉大運 : 51~60세)

癸酉大運의 癸水는 봄비가 내리는 것처럼 작은 乙木이 성장하기에 좋은 비다. 지지에 酉金은 酉金이 3개가 된다. 이 경우는 지지에 오는 酉金(官)이 또 하나가 오게 되어 3개로 申酉戌이 되어 같은 사내에 있는 남자와 드러낼 수 없는 인연을 맺게 됨을 예고 있다. 51세 庚子年, 庚金이 乙木과 각자 합을 하게 된다. 지지에 子午卯酉가 되어 이때 만나는 남자는 언젠가는 문제가 될 것이다. 그러나 金의 행위를 하고 있을 때는 문제가 발생하지 않을 것이다. 57세 丙午年, 丙火로 인해 밝아지면 사내에 불륜의 관계가 들통이 난다. 지지에 寅午戌로 木에 칼자루가 타버리게 되어 하던 일을 중단하게 될 것이다.

(壬申大運 : 61~70세)

壬申大運은 丁壬合 乙木이 된다. 3개의 乙木이 乙庚合으로 辛金이 된다. 지지에 3개의 酉金이 되고 申金이 申酉戌로 金局이 되어 官(남자)의 문제로 부부 문제가 발생하게 된다. 61세 庚戌年, 乙木 두 개가 각각 庚金과 합을 하게 되고 지지에 申酉戌이 되어 이혼 문제가 발생하게 될 것이다. 이때는 주말부부를 하거나 떨어져 사는 것이 좋다.

(辛未大運 : 71~80세)

辛未大運은 乙木의 칼자루가 되며 한 개의 乙木은 년에 庚金과 乙庚合으로 두 개의 辛金이 丙火를 불러온다. 지지에 午火가 오면 子午卯酉가 되어 건강에 문제가 발생하게 된다. 卯木에 문제는 유방에 암이 발생할 수가 있으며 당뇨와 심혈관으로 고통을 받을 수가 있어 사전 검진이 필요하다.

7. 여자 조경사 명조

坤命	1975년 2월 18일(陰) 14:20	직업 : 조경사					
癸	乙	己	乙	오행	木 火 土 金 水		
未	亥	卯	卯		4　0　2　0　2		

92	82	72	62	52	42	32	22	12	2
己	戊	丁	丙	乙	甲	癸	壬	辛	庚
丑	子	亥	戌	酉	申	未	午	巳	辰

〈원국해설〉

乙亥日柱다. 원국에 官(金)이 없고 나무에 꽃을 피울 수 있는 火가 없다. 사주 원국이 木으로 구성되어 있어 나무를 관리하는 官(金)이 반드시 필요하다. 지지에 亥卯未 亥卯未가 되어 두 번 乙木이 뿌리를 튼튼하게 내리고 있다. 두 번 亥卯未가 되어 두 번 결혼하거나 전공이 두 개 국적이 두 개를 가질 수 있는 명조다. 일간 乙木과 년에 乙木이 庚金(官)을 끌어오게 되면 乙木은 乙庚合으로 辛金이 되어 丙火를 불러와 국가자격증을 가질 수가 있다. 두 개의 乙木에서 끌어온 庚金이 乙庚合으로 두 개의 辛金이 되면 물상론에서 가위로도 본다. 두 개의 가위로 나무를 다듬어 己土의 정원을 아름답게 하는 직업으로 金(칼)을 사용하여 나무를 관리하는 조경사의 직업이다.

42세 이전에는 작은 己土의 땅에 두 개의 乙木이 있어 서로 뿌리를 내리고 싶어 다투게 된다. 두 개의 乙木이 서로 官을 취하려고 다툼이 생기게 되어 새로운 官이 올 때 남편과의 관계는 멀어지게 된다. 이혼하거나 서로 떨어져 살아가게 될 것이다.

이 사주는 金이 없어 無官四柱가 된다. 천간에 官을 끌어오는 것은 일간 乙木이 庚金을 끌어와 내가 선택한 남자가 된다. 지지에 官의 뿌리를 만드는 五行이 없어 남자와 인연이 없다. 大運에서 官이 없이 살다가 官運이 오면 본인이 직접 돈을 벌어서 살아야 한다.

　남촌물상론의 觀法, 財와 官의 觀法으로 직업을 보자. 財에 觀法으로 보면 乙木의 財는 己土이고 己土의 財는 癸水가 된다. 己土의 財에서 무엇을 할 것인가를 보면 알 수가 있다. 己土에서 乙木이 살아갈 땅이 된다. 작은 나무를 기르는 월간 己土의 땅에서 화원을 경영하거나 화훼 농장을 운영하여 없는 金(가위)을 사용하여 나무를 아름답게 하는 직업이 좋다.

　다음은 官에 官法으로 보자. 乙木의 官은 金인데 金이 없다. 金에 官은 火가 되지만 火가 없어 시에 癸水가 땅을 불러와 戊癸合 火를 만들 수가 있다. 없는 金을 만들려면 乙木이 庚金의 官을 끌어와 乙庚合을 하게 되면 辛金이 丙辛合이 되어 자격증을 취하게 된다. 辛金의 뿌리 酉金이 사주 원국에 木이 많아 손기술로 나무를 다듬어 아름답게 하는 일을 하게 된다.

(辛巳大運 : 12~21세)

　辛巳大運은 없는 辛金(官)이 丙火를 끌어오게 되고 辛金에 칼자루인 乙木이 칼로 사용하고 싶은 마음이 든다. 지지에 巳火가 寅申巳亥가 되어 고향을 떠나게 될 것이다. 辛金의 뿌리 酉金은 巳酉丑으로 전문성을 갖는 일을 하고 싶어지게 된다. 18세 壬申年, 寅申巳亥가 되어 고향을 떠나 대학에 가고 싶어 한다. 19세 癸酉年, 두 개의 癸水는 戊土를 끌어와 戊癸合으로 己土가 되어 두 개의 乙木이 己土에 뿌리를 내리게 된다. 두 개의 乙木은 乙庚合으로 辛金이 되며 지지에 酉金이 辛金의 뿌리가 되어 손기술로 하는 전문대학을 가게 된다.

(壬午大運 : 22~31세)

　壬午大運은 壬水의 많은 물과 사주 원국에 있는 癸水로 인해 작은 땅 己土가 무너질까 불안한 마음이다. 돈을 벌기 위해서 일찍 財(土)를 탐하게 된다. 지지에 午火는 巳午未의 개연성으로 아름다움을 추구하는 일을 하려고 한다. 24세 戊寅年, 시에 癸水와 戊土가 戊癸合 己土가 되며 두 개의 乙

木을 각각 심을 수가 있다. 25세 己卯年, 두 개의 己土에 乙木이 각각 심어지고 己土는 甲木을 불러온다. 지지에 甲木의 뿌리가 寅亥合木, 亥卯未로 부부궁에 合이 되어 결혼하게 되었다. 27세 辛巳年, 辛金이 丙火를 끌어오고 지지에 巳午未가 되어 丙火를 밝아지게 하여 丙辛合으로 자격증을 취하게 된다.

(癸未大運 : 32~41세)

癸未大運은 癸水가 戊土를 불러와 넓은 땅에 乙木들을 심고 싶은 마음이다. 넓은 땅을 생각하게 되니 돈을 벌고 싶은 마음이 든다. 36세 庚寅年, 년에 乙木의 경쟁자를 제거하고 지지에 寅木이 寅亥合이 되어 더욱더 뿌리가 튼튼해진다. 官으로 경쟁자를 제거하여 조경회사에 취업하였다. 41세 乙未年, 3개의 乙木이 하나가 되며 지지에 亥卯未가 되어 자격증을 가진 나에게 과장으로 승진의 기회가 왔다. 나에게 기회는 乙木이 재물은 己土에 뿌리가 내려 나의 영역 시지에 未土와 亥卯未가 되기 때문이다.

(甲申大運 : 42~51세)

甲申大運은 甲木이 월에 己土와 甲己合으로 乙木이 된다. 3개의 乙木이 3:1 合으로 총괄하는 업무를 맡게 되었다. 지지에 申金이 寅申巳亥가 되어 새로운 계획으로 회사가 크게 성장을 하게 될 것이다. 45세 己亥年, 두 개의 己土가 되고 지지는 각각 亥卯未가 되어 작은 부서의 장으로 업무를 관리하게 된다. 신축 아파트에 조경공사를 하기 위해 현장에 소장으로 부임하게 되었다.

(乙酉大運 : 52~61세)

乙酉大運은 3개의 乙木이 己土을 서로 차지하려고 乙木들이 얽히고 다툼이 시작되어 분쟁이 있는 大運이다. 3개의 乙木이 庚金을 차지하려고 다툼이 시작된다. 3개의 乙木들은 3:1로 乙庚合을 하게 되어 다툼이 사라진다.

지지에 官의 뿌리 酉金의 남자로 인해 남편과의 문제가 발생하게 될 것이다. 57세 辛亥年, 지금까지 金(官)을 사용한 마지막 運이 끝나면 회사를 떠나게 될 것이다. 61세 乙卯年, 3개의 乙木이 다툼으로 결국 지지로 각자 亥卯未가 되어 남편과 헤어지는 일이 발생 할 수가 있다.

(丙戌大運 : 62~71세)

丙戌大運은 태양인 丙火가 와도 자식 자리에 癸水의 비가 내리고 있어 丙火는 丁火가 되어 태양이 뜰 수가 없다. 자식과도 좋은 관계를 유지하기 어렵다. 지지에 戌土가 寅午戌이 될 수 없기 때문에 어떤 행위도 할 수가 없다. 동네에서 꽃집을 운영하면서 悠悠自適하게 생활하며 살아가는 것이 좋다.

(丁亥大運 : 72~81세)

丁亥大運은 丁火는 乙木에 꽃을 피울 수가 있고 지지에 亥水는 亥卯未 亥卯未 두 번 할 수가 있다. 이혼한 남편의 일부 재산이 자식에게 올 수가 있다. 자기가 가지고 있는 재산을 아들에게 증여한 시기가 된다. 73세 丁卯年, 丁火의 등불이 乙木에 달려질 수가 있고 지지에 3개의 乙木의 뿌리가 未土에 亥卯未가 되어 부동산을 증여하는 것이 좋다.

8. 대학 강사 명조

坤命	1968년 2월 25일(陽) 02:20 직업 : 대학 강사					오행	木	火	土	金	水
丁	乙	甲	戊				3	1	3	1	0
丑	丑	寅	申								
96	86	76	66	56	46	36	26	16	6		
甲	乙	丙	丁	戊	己	庚	辛	壬	癸		
辰	巳	午	未	申	酉	戌	亥	子	丑		

〈원국해설〉

乙丑日柱다. 乙木의 나무는 甲木을 타고 올라가 丁火의 등불이 되어야 한다. 등라계갑을 해야만 소기의 목표를 달성할 수 있다. 월에 甲寅으로 튼튼한 甲木이 있어 등라계갑을 할 수 있다. 또한 甲木이 戊土에 뿌리를 내릴 수가 있고 시에 丁火가 甲木에 등불이 달려 木의 행위로 교육하고 관계가 있다. 다만 나무가 성장하려면 필요한 물이 없다.

일간 乙木은 작은 물만 있으면 되지만 월간 甲木이 살아가기 위해서는 큰 물이 있어야 한다. 사주 원국에 물이 없으면 바다 건너 외국에서 가면 물을 취할 수가 있다. 그러나 乙木은 외국에 가더라도 큰 나라의 척박한 戊土의 땅에서 살아가기 때문에 크게 성장하기가 어렵다. 乙木은 甲木의 의지처가 있어야 성장할 수가 있다. 월간 甲木은 원국에 물이 없어 甲木으로서 능력 발휘를 할 수가 없다.

이분은 甲木에 등라계갑을 하여 대학교수가 꿈이지만 꿈을 이루기는 어려운 명조라고 볼 수 있다. 차라리 작은 꿈을 가지고 초등학교 교사로서 살아간다면 편안하다. 대학교수의 꿈을 가지고 살아가지만 대학교수를 하려면 해외에 가서 공부하고 甲木의 나라 한국에서 대학교수를 할 수가 있다.

지지에 寅申巳亥의 개연성이 있어 활동적인 사람이다. 乙木은 본래 지지에 財는 丑土에서 巳酉丑으로 酉金을 만들 수 있다. 사주 원국에 官은 申金이 되지만 乙木의 官은 酉金이기 때문에 성격 차이로 부부의 정이 없이 서로 무관심 속에 살아가게 된다. 이 명조의 財福은 천간 戊土에 甲木이 심어져 등라계갑을 할 때 재물이지만 乙木의 財는 지지에 丑土가 재물이다. 巳酉丑으로 교육하더라도 酉金 행위를 하는 교육자가 좋다. 해외로 유학을 가지 못한다면 차라리 재야의 교육으로 대학 진학반 학원강사를 하면 좋은 삶이 될 것이다.

일찍이 대학교수의 꿈을 버리고 丁火의 등불 제야 교육으로 가면 된다는 것을 알 수가 있다. 이렇게 타고난 사주를 사전에 알고 일찍 학교의 진로 적성을 찾았다면 얼마나 좋았을까, 하는 생각이 든다.

(壬子大運 : 16~25세)

壬子大運은 壬水의 물은 甲木의 나무를 성장시킬 수 있다. 甲木의 나무가 성장하면 乙木은 甲木에 등라계갑을 하려고 한다. 18세 乙丑年, 乙木이 서로 얽히게 되고 金으로 정리를 하고 싶어 한다. 지지에 丑土는 巳酉丑으로 酉金을 사용하고 싶어 이과를 선택하게 된다. 19세 丙寅年, 물이 없는 상태에서 丙火로 甲木에 꽃을 피우려 하나 결실을 얻기는 어려울 것이다. 이때에는 원하는 대학에 갈 수가 없다. 대학은 본래 이과의 적성이 맞으나 정작 대학의 진학은 문과를 택하게 된다. 본인의 타고난 성향과는 잘 맞지 않은 학과를 가게 되었을 것이다. 상담 결과, 대학은 문과를 갔다고 한다.

(辛亥大運 : 26~35세)

辛亥大運은 辛金이 새로운 태양을 그리워하고 있다. 지지에 寅申巳亥가 되어 해외로 유학의 길을 가게 된다. 26세 癸酉年, 년에 戊癸合 己土가 되어 월간 甲木과 甲己合, 두 개의 乙木이 되어 강력하게 庚金을 끌어온다. 庚申의 나라 미국으로 가고 싶다. 그러나 乙木은 작은 己土의 나라가 좋다. 여기에 선택이 매우 중요하다. 미국을 선택하여 甲木이 넓은 땅에 뿌리를 내리게 되면 일간 乙木은 甲木에 등라계갑을 하여 본인에 의지대로 살아갈 수가 없다. 지지에 丑土는 巳酉丑으로 巳火를 끌어와 寅申巳亥가 된다. 유학의 선택은 乙木이 살 수 있는 작은 섬나라 영국, 호주 등 작은 나라를 택하게 된다. 29세 丙子年, 한국으로 돌아와 대학강사를 하게 되었다. 33세 庚辰年, 乙庚合을 하여 辛金이 되고 辛金의 뿌리 酉金이 辰酉合 金이 되므로 결혼하게 되었다. 丙火는 甲木에 꽃을 피울 수가 있어 대학강사로 능력을 발휘한다.

(庚戌大運 : 36~45세)

庚戌大運은 乙庚合으로 일간이 묶이게 된다. 乙庚合에 辛金이 丙火를 끌어오면 지지에 午火가 寅午戌이 되어 甲木에 꽃을 피우려 한다. 이것은 대학강사에서 전임으로 가고 싶은 마음이다. 그러나 사주 원국에 물이 없고 寅午戌이 되어 甲木이 타는 형국으로 강사가 교수는 될 수가 없다. 유학시절 5년 이상 해외에서 공부하여야 물을 섭취하는 것으로 판단한다. 이분은 조기 귀국하여 지장을 초래하여 고통을 받고 있다. 만일 이분이 5년 이상 해외에서 거주하였다면 강사에서 벗어날 수가 있다.

(己酉大運 : 46~55세)

己酉大運은 甲己合으로 甲木이 乙木이 되어 또 다른 경쟁자가 있다는 것이 예상된다. 53세 庚子年, 乙庚合으로 辛金이 되어 丙火를 끌어와 甲木에 꽃을 피우려 하기에 기회가 온 것이다. 그러나 지지에 申子辰으로 水局이 되어 丑土와 辰土가 탁수 되어 전임교수의 기회를 놓치게 된다. 그 이유는 甲己合으로 甲木이 乙木이 되어 등라계갑을 할 수가 없다. 己土로 인하여 기회를 다음으로 미룰 수밖에 없다.

(戊申大運 : 56~65세)

戊申大運은 넓은 땅이 새롭게 오는 大運이다. 乙木이 살아가는 땅으로는 적합하지 못한 땅이다. 甲木이 년간 戊土에 뿌리를 내리고 싶지만 지지에 申金이 있어 뿌리를 내리기가 어렵다. 乙木은 甲木에 등라계갑이 되어야 목표를 달성할 수 있다. 이분의 입장에서는 마지막 기회를 한번 가져 보려고 한다. 늦었지만 마지막 기회는 56세 癸卯年, 년에 戊土와 戊癸合을 하게 되면 己土가 된다. 甲己合을 하면 乙木이 될 때 두 개의 乙木이 庚金을 끌어오면 乙庚合을 하게 된다. 辛金은 丙火를 끌어오면 甲木에 꽃을 피우게 될 때 등라계갑을 하려고 한다. 辛金의 뿌리 酉金이 되어 마지막 기회를 놓치게 된다. 여기에서 학교와의 인연은 끝을 맺게 될 것이다.

(丁未大運 : 66~75세)

丁未大運은 두 개의 丁火에 등불이 되어 甲木에 매달리게 된다. 甲木에 등불이 밝아져 甲木에 등라계갑을 할 수가 있어 학원 강사를 하게 될 것이다. 丁火에서 없는 물, 壬水를 끌어와 丁壬合 木으로 제자들을 끌어올 수가 있어 학원에 강사로 좋은 평을 받을 수가 있다. 지지에 未土는 丁壬合 乙木의 뿌리 卯木이 亥卯未로 木에 뿌리를 튼튼하게 한다.

(丙午大運 : 76~85세)

丙午大運은 물이 없어 지지에 寅午戌이 되어 건강이 염려된다. 물을 찾아 乙木이 살기 좋은 제주의 땅에 살면서 작은 농장을 운영한다면 건강에 도움이 크게 될 것이다. 그렇지 못하면 심혈관의 문제와 소화기 계통과 대장에 문제가 발생할 수가 있으니 사전 검진이 필요하다.

9. 교육 공무원 명조

乾命	1965년 6월 22일(陰) 18:30 직업 : 교육 공무원					오행	木	火	土	金	水
乙	乙	癸	乙				3	1	1	1	2
酉	亥	未	巳								
94	84	74	64	54	44	34	24	14	4		
癸	甲	乙	丙	丁	戊	己	庚	辛	壬		
酉	戌	亥	子	丑	寅	卯	辰	巳	午		

〈원국해설〉

乙亥日柱다. 사주 원국에 乙木이 3개가 있다. 乙木이 3개이면 乙木이 살아갈 땅도 3개가 필요하다. 3개의 乙木 중 땅(財)에 뿌리를 내리고 있는 乙木은 하나도 없다. 木의 뿌리를 만들려면 일간 乙木은 지지에 亥水가 있다. 亥卯未로 木에 뿌리를 내릴 수가 있어 다행이다. 천간은 乙木으로만 구성되어 있어 초, 중, 고등학교 교육에 관련된 일을 하는 것으로 볼 수가 있다. 천간에 재물은 월간 癸水에 戊土를 끌어와 戊癸合으로 己土가 되면 3개의 乙木이 서로 차지하려고 할 것이다. 지지에 寅申巳亥와 巳午未의 형태를 취하고 있어 해외와 인연을 맺으면 좋다.

사주 원국에서 3개의 乙木중에 財, 官을 누가 가지고 있는가를 판단하여 보자. 시에 있는 乙木이 官을 깔고 있고 다른 두 개의 乙木은 亥卯未가 되면 財는 취할 수는 있지만 官이 없다. 乙木의 재물인 땅(土)은 천간 癸水에서 財를 만들 수가 있다. 지지에 未土의 財는 일간 乙木이 亥卯未로 木에 뿌리를 만들 수가 있지만 크게 財福은 없다. 바꾸어 말하면 지지에 未土는 재물이 亥卯未로 乙木의 뿌리 역할을 하게 되어 재물이 안 된다. 부부생활은 부부로서 木에 뿌리 역할만 할 뿐이다. 亥水가 亥卯未가 되어 부인 역시 교육에 관한 일을 하게 된다. 상담 결과, 부인도 초등학교 교사였다. 이분의 자식 관계는 첫딸은 남매를 둘 수가 있다. 첫째는 딸이 되고 둘째는 아들이 된다. 첫째 딸은 巳酉丑으로 외국어 교사를 할 수가 있으며 둘째 아들은 아빠와 같은 교육자의 길을 가게 될 것이다. 자식들도 부모와 같이 교육자의 집안이 될 것이다.

(辛巳大運 : 14~23세)

辛巳大運은 辛金은 丙火를 끌어온다. 丙辛合을 할 수가 있어 자격증을 예고한다. 乙木에 꽃을 피우게 하는 大運으로 볼 수 있다. 지지에 巳火는 巳酉丑으로 외국과 인연이 있다는 것을 예측하고 있다. 고등학교 2학년 17세 辛酉年, 丙火를 끌어오지만 癸水가 丙火를 흐리게 한다. 지지에 酉金이 巳酉丑으로 외국어를 잘할 수 있다. 천간에 火가 없어 외국으로 유학을 생각한다. 19세 癸亥年, 두 개의 癸水가 戊土를 불러오게 되면 충청도권의 대학을 선호하게 되어 가게 된다. 사주 원국에서 지지에 巳酉丑과 巳午未의 개연성으로 이과의 적성을 나타내고 있다.

(庚辰大運 : 24~33세)

庚辰大運은 3개의 乙木이 庚金과 3:1로 合을 하여 乙庚合 辛金이 된다. 辛金은 丙火를 끌어와 丙辛合이 되어 교사자격증을 취하게 된다. 지지에 酉金이 巳酉丑으로 辛金의 뿌리가 되어 丙火를 끌어온다. 교사자격증 시험 합격도 예측하게 된다. 또한 3개의 乙木이 庚金을 끌어와 合을 하여 辛金의 뿌리 酉金이 되어 영어 교사가 된다. 27세 辛未年, 辛金은 丙火를 끌어오고 일간 乙木에 칼자루가 끼워지게 된다. 지지에 未土가 亥卯未가 되어 부부궁에 合이 되어 결혼하게 되었다. 未土와 巳火가 巳午未가 되어 乙木에 丁火의 꽃을 피울 수가 있어 사립학교에 취업하게 되었다.

(己卯大運 : 34~43세)

己卯大運은 乙木들이 뿌리를 내릴 수 있는 己土의 땅이 왔다. 이 경우 부동산으로 건축물이 생기는 運이다. 세 개의 뿌리가 하나가 되어 승진의 기회를 예측하고 있다. 35세 己卯年, 己土에 乙木이 심어지고 지지에 亥卯未가 되어 학교에 정착하게 되며 주임 교사가 되었다. 36세 庚辰年, 3:1로 乙庚合을 하여 庚金의 뿌리 申金에 의해 지지는 寅申巳亥가 된다. 乙庚合으로 辛金은 국가의 태양 丙火를 끌어오게 된다. 지지에 庚金의 뿌리 申金이 오게 되어 寅申巳亥로 고학년 담임교사를 하게 되었다.

(戊寅大運 : 44~53세)

戊寅大運은 戊土가 월에 있는 癸水와 戊癸合을 하여 己土에 乙木이 심어지게 된다. 지지는 寅申巳亥가 되며 寅亥合 木으로 일간의 뿌리를 형성한다. 승진의 기회가 주어져 학교의 교감으로 승진하게 됨을 예측하고 있다. 46세 庚寅年, 3:1로 乙庚合을 하게 되고 지지에 寅亥合 木과 寅申巳亥가 되어 승진과 동시에 학교의 교감으로 승진할 수가 있다.

(丁丑大運 : 54~63세)

丁丑大運은 丁火로서 꽃을 피우게 된다. 丁火의 뿌리는 년지에 巳火가 있어 학교에서 명예를 얻을 수가 있는 大運으로 판단한다. 55세 己亥年, 己土에 乙木이 심어지고 지지에 亥卯未로 乙木의 뿌리가 튼튼하게 되어 교장으로 승진하게 되었다. 56세 庚子年, 乙木이 庚金과 3:1로 合을 하고 지지에 子水가 申金을 끌어와 寅申巳亥가 되면 새로운 개혁으로 명예를 얻을 수가 있다. 62세 丙午年, 지지에 巳午未로 인해 丙火가 밝아져 꽃을 피우면 명예로운 정년을 맞이하게 될 것이다.

(丙子大運 : 64~73세)

丙子大運은 丙火의 태양은 월간 癸水에 의해 丁火의 기질로 바뀌게 된다.

지지에 子水는 子午卯酉가 되어 건강에 유의하여야 한다. 64세 大運에는 3개의 乙木을 사용하면 좋다. 월간 癸水에 戊土의 땅을 제공하여 3개의 乙木을 심을 수가 있고 丙火의 태양이 丁火의 등불이 되어 국, 영, 수의 3개 과목으로 입시학원을 한다면 건강도 찾을 수가 있고 학원 사업도 잘할 수가 있다. 64세 戊申年, 戊土의 땅에 3개의 乙木을 심을 수가 있으며 지지에 寅申巳亥가 되어 새로운 개혁으로 학원 사업을 시작한다면 좋은 결과가 있으리라 확신한다.

(乙亥大運 : 74~83세)

乙亥大運은 乙木이 4개가 된다. 마지막 시에 있는 한 개의 乙木은 아들이 되어 아들에게 학원을 승계하는 것이 좋다. 지지에 亥水가 亥卯未를 할 수가 있어 시에 乙木에 뿌리가 되면 안전한 학원 사업으로 성장을 할 수가 있다.

76세 庚申年, 3개의 乙木이 乙庚合으로 辛金이 된다. 辛金은 시지에 있는 酉金의 뿌리를 찾아가기 때문에 아들에게 칼을 쥐어주는 격으로 판단하여 자식에게 승계를 하는 해가 될 것이다.

10. 요양재가 복지 센터를 운영하는 명조

坤命	1966년 03월 17일(陽) 06:30			직업 :	요양재가 복지센터				
己	乙	辛	丙	오행	木	火	土	金	水
卯	亥	卯	午		3	2	1	1	1
96	86	76	66	56	46	36	26	16	6
辛	壬	癸	甲	乙	丙	丁	戊	己	庚
巳	午	未	申	酉	戌	亥	子	丑	寅

〈원국해설〉

乙亥日柱로 五行이 다 있다. 乙木은 시에 己土의 땅에 심어진다. 국가 자리 丙火와 월간에 辛金(官)이 丙辛合으로 국가 자격을 가지고 있는 명조다. 丙辛合이 풀어지면 乙木은 辛金의 칼자루가 된다. 乙木의 官인 辛金이 乙木의 칼날이 되어 칼자루가 없는 칼을 사용하게 된다. 乙木의 官인 辛金이 무엇을 할 것인가를 생각하면 첫눈에 보아도 丙辛合으로 자격증을 가지고 살아가야 한다는 것을 알 수 있다. 일간 乙木의 뿌리는 지지에 亥卯未로 木의 뿌리가 시까지 연결되어 딸과 함께 늦게까지 木의 행위인 사회복지 사업을 할 수가 있다. 남촌물상론에서만 사용하는 觀法, 財와 官에 觀法을 이해하면 직업을 쉽게 찾을 수가 있다.

이 명조는 언제부터 본인이 직접 사업을 할 수가 있을까? 천간 丙辛合이 존재할 때는 자격증을 가지고 조직 생활하게 된다. 丙辛合이 풀어지면 일간 乙木이 월간에 辛金을 칼날로 사용할 수가 있고 金의 행위로 사업을 하고 싶은 생각이 들게 된다. 辛金의 뿌리 酉金이 없어 숙살지권이 아닌 사회복지에 관한 일을 한다.

이 명조의 핵심은 丙辛合이 풀어지게 되면 己土에 심어진 乙木은 辛金의 칼자루가 되어 칼을 사용할 수 있게 된다는 것이다. 丙辛合으로 묶여 있을 때는 직접 辛金을 칼로 사용할 수가 없다는 것을 알아야 한다. 丙辛合이 풀어질 때부터 金의 행위를 할 수가 있다.

이 명조에서 꼭 기억해야 할 것은 辛金의 뿌리 酉金이 있느냐? 없느냐?를 살펴보아야 한다는 것이다. 지지에 辛金의 뿌리 酉金을 끌어오는 五行이 없다. 직접 칼로서 행위를 하는 의사, 간호사, 검사와 같은 숙살지권의 행위를 할 수가 없다. 辛金의 뿌리가 없어 숙살지권이 아닌 요양보호 재가센타 같은 일을 하게 된다는 것을 알아야 한다. 이분은 상담에서 검증한바 이미 대학원에서 사회복지 전공을 한 분이었다.

(己丑大運 : 13~22세)

己丑大運은 두 개의 己土가 되어 甲木을 불러와 등라계갑을 하고 싶은 마음을 가지게 된다. 지지에 丑土가 巳酉丑의 酉金을 끌어와 子午卯酉가 되어 활동에 어려움을 겪게 된다. 그러나 金의 행위를 하게 되면 子午卯酉가 되지 않는다. 18세 癸亥年, 癸水는 戊土의 땅을 불러와 새로운 땅으로 대학을 가고 싶어 한다. 지지에 亥卯未가 두 번 되어 두 곳의 대학을 염두에 두고 공부한다. 19세 甲子年, 시에 있는 己土와 甲己合을 하여 乙木이 되어 4년제 대학을 포기하고 전문대학으로 진학하게 되었다.

(戊子大運 : 23~32세)

戊子大運은 새로운 戊土의 땅에 뿌리를 내리고 싶지만 乙木이다. 노력은 열심히 하지만 능률이 오르지 않는다. 지지에 子午卯酉가 되어 일이 뜻대로 되지 않아 마음에 여유가 없다. 25세 庚午年에 남자를 만나 26세 辛未年에 결혼하였다. 丙辛合이 풀어지게 되고 乙木이 辛金의 칼자루로 끼워지게 되어 부부궁이 亥卯未로 합이 되어 결혼하였다.

(丁亥大運 : 33~42세)

丁亥大運은 丙辛合이 풀어지고 乙木이 己土에 심어진다. 丙辛合으로 풀어진 丙火가 乙木에 꽃을 피우게 되며 乙木이 辛金의 칼자루가 된다. 사회복지에 관한 공부를 해야 한다고 생각하게 된다. 지지에 亥水가 亥卯未가 되어 칼자루가 튼튼하게 된다. 34세 己卯年, 시에 己土가 있어 두 개의 己土가 甲木을 불러온다. 지지에 亥卯未가 되어 전문대 3년 대학에 편입 사회복지학과 전공하게 되었다.

(丙戌大運 : 43~52세)

丙戌大運은 丙辛合이 풀어지는 大運이다. 乙木은 己土에 심어지고 辛金에 칼자루가 된다. 44세 己丑年, 두 개의 己土가 되어 甲木을 불러오면 乙木은 甲木에 등라계갑을 할 수가 있다. 대학원에 입학하여 사회복지학을 전공하게 되었다. 甲木이 오면 寅亥合과 寅卯辰이 되어 木의 뿌리가 튼튼하다. 51세 丙申年, 丙辛合이 풀어지게 되고 지지에 寅申巳亥가 되어 새로운 일을 시작하게 되었다. 51세 丙申年, 요양원에 취업하게 되었으며 자격증으로 조직 생활하면서도 항상 사회복지사업을 꿈꾸게 된다.

(乙酉大運 : 53~62세)

乙酉大運은 두 개의 乙木은 강력하게 庚金을 끌어오고 酉金은 子午卯酉가 된다. 子午卯酉를 풀어지게 하려면 金의 행위를 해야 한다. 庚金의 뿌리 申金이 오면 寅申巳亥가 되어 새로운 일을 시작하게 된다. 56세 辛丑年, 丙辛合이 풀어지고 辛金의 칼이 乙木이 칼자루가 되어 요양재가 복지센터를 개원하게 되었다.

(甲申大運 : 63~72세)

甲申大運은 甲木이 오면 지지에 寅亥合木과 寅卯辰이 되어 甲木을 끌어오게 되어 乙木은 등라계갑을 할 수가 있다. 자식 자리 작은 己土에 甲己合이 되어 자식인 딸과 함께 요양재가 복지센터를 하려고 할 것이다. 본인은 경영자로 처신하게 되며 딸이 영업할 수 있게 된다는 것을 알 수가 있다. 지지에 申金이 寅申巳亥가 되어 새로운 계획대로 추진될 것으로 판단된다. 69세 甲寅年, 딸에게 경영권을 승계하여 운영하게 될 것이다.

(癸未大運 : 73~82세)

癸未大運은 癸水가 戊土를 불러와 딸에게 증여할 수가 있으며 딸이 엄마를 봉양하는 大運으로 본다. 시지에 未土가 자식 자리 卯木과 亥卯未가 되어 딸과 함께 살아가는 것이 확실하다. 가족의 운영으로 안정적으로 살아간다면 노후가 편안하게 될 것이다.

11. 丁火의 등불이 되리라(항공 표지소 근무)

乾命	1980년 2월 22일(陽) 05:50			직업 : 항공회사 직원					
己	乙	戊	庚	오행	木	火	土	金	水
卯	丑	寅	申		3	0	3	2	0
94	84	74	64	54	44	34	24	14	4
戊	丁	丙	乙	甲	癸	壬	辛	庚	己
子	亥	戌	酉	申	未	午	巳	辰	卯

〈원국해설〉

乙丑日柱다. 五行 중에 水와 火가 없다. 일간 乙木은 년에 庚金과 乙庚 合을 하고 있다. 없는 물을 월간에 戊土에서 癸水를 불러올 수가 있고 火는 乙庚合 辛金이 국가 자리에서 丙火를 끌어올 수가 있다. 乙庚合을 하여 辛 金이 되면 丙火를 끌어올 수가 있는 것은 丙辛合水로 국가 자리에서 물을 만들 수가 있고 자격증을 가질 수가 있다. 월에 戊土는 戊癸合이 되면 癸水 와 丁火를 만들 수가 있다. 지지에 寅申巳亥는 마케팅과 운송에 관계되는 회사에서 일을 할 수가 있다.

이분은 일간 乙木이 년에 庚金과 乙庚合을 하면 군인, 경찰도 되지만 乙 庚合 辛金이 되면 丙辛合으로 癸水 물을 만든다. 辛金의 뿌리 酉金이 지지 에 丑土와 巳酉丑으로 寅申巳亥가 된다. 이 명조는 결혼이 매우 어렵다. 남 촌물상론에서 乙庚合이 풀어질 때 결혼할 수 있다고 한다.

이 명조는 물과 불이 없어 水와 火가 필요하다. 火는 乙庚合으로 辛金이 되면 丙火를 끌어올 수가 있다. 丙辛合이 되면 辛金의 뿌리 酉金이 지지에 丑土는 巳酉丑으로 아이티와 관계가 있다. 巳火는 寅申巳亥가 되어 해외와 인연이 있다. 또한 戊土에서 戊癸合은 丁火와 己土가 되면 시에 己土와 두 개의 己土가 강력하게 甲木을 불러와 戊土에 甲木을 심을 수 있다. 지지에 寅卯辰 뿌리가 되어 甲木은 튼튼한 나무가 된다. 戊癸火의 丁火는 甲木에 등불이 달려 높게 밝혀주는 역할을 할 수가 있다.

　남촌물상론의 觀法인 官과 財에 觀法으로 구별하여 직업을 찾아보자. 乙木의 官은 庚金이고 庚金의 官은 丙火로 국가나 공직자로 일하지만 丙辛合의 火로서 丁火에 관련된 직업을 가질 수가 있다. 일반적으로 회사의 경우 항공회사나 방송 홍보 관련된 곳에서 근무하는 경우가 많다. 지지에 寅申巳亥가 되어 조직 생활로 원국에 물이 없어 멀리 바다 건너 해외와 인연이 있다고 판단한다. 이 사주를 전체적으로 분석할 때 없는 丁火는 등불의 역할과 관계가 있다. 상담 결과, 이분은 비행기의 항로를 인도하는 항공회사 소속으로 무선 항공 표지소에 근무하고 있었다.

(庚辰大運 : 14~23세)

　庚辰大運은 乙庚合이 풀어지며 지지에 寅卯辰으로 木의 뿌리가 튼튼하다. 하지만 나무가 물이 없어 마르기 때문에 건강에 문제가 발생하게 된다. 乙庚合으로 묶여 있을 때는 丙辛合水로 물을 공급받을 수 있다. 乙庚合이 풀어지면 乙木이 물이 없어 작은 나무라도 살아갈 수가 없듯이 어릴 때 잔병치레를 많이 한다. 18세 丁丑年, 지지에 巳酉丑과 寅申巳亥로 이과를 택했지만 공부가 잘 안 된다. 19세 戊寅年, 두 개의 戊土가 되며 甲木을 심고 싶지만 매우 혼란하여 대학에 진학하지 못하게 된다. 20세 己卯年, 두 개의 己土가 甲木을 불러오고 지지에 卯木은 寅卯辰이 甲木의 뿌리가 되어 대학에 진학하게 된다.

(辛巳大運 : 24~33세)

　辛巳大運은 乙庚合이 풀어져 결혼하고 싶다. 지지에 巳火가 酉金을 끌어와 巳酉丑으로 부부궁에 합이 되어 결혼할 수가 있다. 乙庚合이 풀어지지만 乙木은 시의 己土에 뿌리를 내릴 수가 있어 결혼하면 처가살이를 할 수가 있다. 26세 乙酉年, 乙庚合이 풀어지고 지지에 巳酉丑으로 부부궁이 합을 이루어 결혼하면 좋다. 乙庚合이 풀어져 乙木이 己土의 땅에 심어져 연하와 결혼할 수가 있다. 이 기회를 놓치면 결혼하기가 어렵다.

취업의 판단은 官으로 해법을 찾아보면 大運에서 辛金이 두 개가 되어 丙火를 끌어오고 己土에서 甲木을 끌어온다. 甲木은 월지 寅木에 뿌리가 있어 甲木에 꽃을 피우게 될 때 취업이 된다. 30세 己丑年, 두 개의 己土가 甲木을 불러와 월간 戊土에 심어지고 등라계갑을 할 수가 있다. 지지에 寅卯辰이 甲木의 뿌리가 된다. 원국에 乙庚合 辛金이 丙辛合으로 丁火가 되어 있다. 甲木에 丁火의 등불은 나침판이 되어 비행기의 길을 인도하는 항공에 관련된 무선 항공 표지소에 발령으로 근무하게 되었다.

(壬午大運 : 34~43세)

壬午大運은 없는 물이 온다. 乙木이 성장할 물이 오면 지지에 午火가 寅午戌로 丙火를 끌어온다. 己土에서 甲木을 끌어와 戊土에 심어지고 등라계갑할 수가 있다. 지지에 午火는 寅午戌로 丙火가 甲木에 꽃을 피울 수가 있어 승진하게 된다. 寅午戌의 戌土는 지지에 申金이 있어 천간에 乙庚合 辛金의 뿌리가 丑土에서 巳酉丑이 되면 申酉戌로 부부궁에 합을 이루어 마음에 드는 좋은 여자와의 만남을 예고한다. 34세 癸巳年, 월에 戊土와 戊癸合으로 두 개의 己土가 되어 甲木을 불러와 寅木에 뿌리가 된다. 乙木은 庚金과 乙庚合으로 辛金이 된다. 辛金의 뿌리 酉金은 지지에 丑土와 巳酉丑으로 부부궁에 합을 이루어 결혼할 수가 있다. 巳火는 寅申巳亥가 되어 새로운 시작이 된다.

(癸未大運 : 44~53세)

癸未大運은 월에 戊土와 戊癸合으로 두 개의 己土가 강력하게 甲木을 끌어와 甲木의 뿌리 寅卯辰이 된다. 甲木이 심어지면 乙木이 등라계갑으로 승진의 기회가 온다. 지지에 未土가 亥卯未로 木에 뿌리가 되며 亥水는 寅申

已亥가 된다. 45세 甲辰年, 甲木이 戊土에 심어지고 지지에 辰土와 寅卯辰이 되어 甲木에 乙木이 등라계갑 할 수가 있다. 이때 승진을 할 수가 있다.

(甲申大運 : 54~63세)

甲申大運은 시에 己土와 甲己合 乙木이 되면 乙庚合이 풀어지게 되어 다니던 회사를 퇴직 하게 된다. 이 大運은 乙木이 乙庚合을 풀어지게 하여 己土에서 甲己合으로 풀어진다. 연하의 여자로 인하여 퇴직할 수가 있어 행동을 바로 해야 한다. 만일 행동을 조심하지 않으면 여자 문제가 발생할 수 있는 大運이다. 56세 乙卯年, 乙庚合이 풀어지고 乙木은 己土에 심고 싶은 마음이 든다. 지지에 卯木은 시에 己土에 뿌리를 내리고 싶어 결혼한 연하의 여자와 문제 될 수 있다. 卯木은 亥水를 불러와 寅申巳亥가 되면 회사를 떠날 수도 있다. 만일 이런 일이 없다면 62세 辛酉年에 정년퇴직하게 될 것이다.

(乙酉大運 : 64~73세)

乙酉大運은 乙庚合이 풀어지고 지지에 巳酉丑과 寅申巳亥가 되어 酉金의 업종에 새로운 일을 시작하게 될 것이다. 酉金의 일은 아이티나 먹는 카페나 이러한 일을 하게 될 것이다.

(丙戌大運 : 74~83세)

丙戌大運은 丙火가 오면 지지에 寅午戌로 火局이 되어 심혈관이나 뇌에 관한 신경계통에 주의가 필요하다. 사전에 검진이 필요한 大運이다. 75세 甲戌年, 반드시 사전 검진이 필요하다.

12. 국내에서 살면 영업사원, 유럽으로 유학 가면 유명한 기타리스트가 될 명조

乾 命	1973년 11월 15일(陽) 10:24			직업 : 회사원					
辛	乙	癸	癸	오행	木	火	土	金	水
巳	卯	亥	丑		2	1	1	1	3
93	83	73	63	53	43	33	23	13	3
癸	甲	乙	丙	丁	戊	己	庚	辛	壬
丑	寅	卯	辰	巳	午	未	申	酉	戌

〈원국해설〉

乙卯日柱다. 천간에 己土의 작은 땅이 없어 물 위에 피어있는 연꽃을 연상하면 된다. 乙木의 뿌리가 丑土의 땅에 뿌리를 내리고 있어 심지는 굳은 사람으로 볼 수가 있다. 연꽃은 물 위에서 떠서 아름답게 꽃을 피워 세상에 드러내고 싶은 마음이다. 천간 두 개의 癸水는 비가 내려 아름다운 꽃을 보려고 찾아오는 사람이 없어 외로운 사람이다. 지지에 巳火가 있어 巳酉丑으로 손재주가 있다. 사주 원국에 맑은 물인 시냇물이 졸졸 흘러가는 소리를 내는 것으로 구성이 되어 있다. 酉金이 癸水 시냇물에 놀 수가 있어 소리 나는 음악이나 악기로 판단할 수가 있다. 이러한 구조를 가지고 자연을 인간의 삶으로 비유한다면 마음을 읽어내는 안심법으로 사주를 판단할 수가 있다.

시에 辛金에서 丙火를 끌어오지만 乙木에 두 개의 癸水가 비를 내리고 있다. 항상 새로운 戊土의 땅으로 제방을 막고 싶은 마음이 있을 것이다. 사주 원국은 맑고 청아한 물로 맑은 시냇물이다. 아름답게 꽃을 피울 수가 있고 연꽃잎에는 물방울이 영롱하게 고여있는 모습이다. 연꽃은 찾아 주는 사람이 없어도 혼자서 꽃을 피울 수가 있다. 연꽃잎에 맺힌 물방울은 일시적으로 햇빛에 빛날 수 있지만 햇빛이 강하게 비치면 물방울은 땅으로 떨어지게 될 것이다. 노력은 열심히 하지만 꽃잎에 맺힌 영롱한 물방울은 한순간 빛이 날 수가 있어도 땅으로 떨어지게 된다. 연꽃은 피어도 비가 내려 찾아오는 사람은 없고 맺힌 이슬도 순간에 사라지니 세상에 빛을 드러내지 못하게 된다는 것을 알 수가 있다.

진로 상담을 일찍 하였다면 운명은 바뀌었을 것이다. 국내에서 기타리스트로 음악에 성공할 수 없다면 辛酉의 나라 유럽으로 유학 가면 능력 발휘할 수가 있어 성공할 수가 있었을 것이다. 유럽으로 유학갔다면 두 개의 辛金은 丙火의 태양을 끌어오고 壬水와 癸水의 강물은 戊土의 제방으로 백조의 호수가 된다. 호수 위에 丙火의 태양이 뜨게 되면 만인 앞에 능력을 인정받게 되었을 것이다.

지지에 년지 丑土와 시지에 巳火가 巳酉丑으로 酉金이 움직이면 辛金에서 丙火를 끌어오는 역할을 할 것이다. 辛金의 뿌리 酉金은 청아한 맑은 물에 酉金은 맑은소리로 "파장(공기의 밀도를 변화시키고 각각 다른 음폭을 지닌 소리의 파동을 만들어내면서 주위의 공기층으로 퍼져나가며 전달된다.)"이 일어나게 된다. 辛金의 뿌리 酉金은 손기술이 되어 기타를 좋아하는 기타리스트로 판단하여도 좋다. 亥水는 亥卯未가 되어 학생을 가르치는 교육과 펄프, 종이 섬유, 등 木에 관한 영업을 하게 되면 寅申巳亥가 되어 마케팅으로 영업을 잘할 수가 있어 조직 생활이 좋다.

老子의 자연의 법칙으로 판단하면 마음을 읽어내는 안심법이 떠오르게 된다. 南村物象論은 老子의 自然의 法則을 人間의 法則으로 판단하는 것이 남촌물상론의 특징이다.

(辛酉大運 : 13~22세)

辛酉大運은 두 개의 辛金이 丙火를 끌어오고 지지에 巳酉丑이 되어 음악에 취미를 갖게 된다. 17세 己巳年, 己土는 乙木을 심을 수가 있다. 지지에 두 개의 巳火가 巳酉丑을 강력하게 끌어올 수가 있다. 예술성이 음악으로 발현 악기를 더 좋아하여 공부보다 기타를 더 좋아한다. 18세 庚午年, 庚金은 乙木과 乙庚合 辛金이 되어 丙火를 끌어오면 새로운 예술성으로 대중음악이 아닌 서양음악을 하고 싶어 한다. 지지에 巳午未가 되어 丙火를 더욱 밝게 하기 때문이다. 19세 辛未年, 두 개의 辛金이 丙火를 끌어오며 지지에 亥卯未가 되어 木의 뿌리가 되지만 서울은 중앙대학, 지방은 충청도권의 학교는 갈 수가 있다.

(庚申大運 : 23~32세)

庚申大運은 乙庚合으로 두 개의 辛金이 되어 丙火를 끌어온다. 방송에 관한 일을 하고 싶어 하며 광고에 관한 일을 할 수가 있다. 지지에 寅申巳亥가 되어 마케팅영업을 잘할 수가 있다. 26세 戊寅年, 戊癸合으로 己土가 되어 乙木이 심어지고 辛金의 칼자루가 되어 여자 친구를 만나게 된다. 지지에 寅申巳亥가 되어 홍보 일을 같이한 여자와 인연이 있었다. 31세 癸未年, 3개의 癸水가 가상의 戊土를 끌어와 戊癸合으로 己土가 되어 乙木이 심어지게 된다. 지지에 亥卯未가 되어 결혼하였으나 戊癸합이 풀어질 때 가정에 문제 발생하게 된다.

(己未大運 : 33~42세)

己未大運은 乙木은 己土에 심어지고 지지에 亥卯未가 되어 직장에서 승진하게 된다. 37세 己丑年, 己土에 乙木이 심어진다. 지지에 巳酉丑이 되며 辛金이 丙火를 끌어와 직장에서 승진의 기회를 잡게 되었다. 42세 甲午年, 甲木에 乙木이 등라계갑 하였으며 지지에 巳午未, 亥卯未가 되어 승진하게 되었다.

(戊午大運 : 43~52세)

戊午大運은 癸水와 戊癸合으로 己土에 乙木이 심어지게 된다. 지지에 巳午未는 辛金에서 丙火를 끌어온다. 未土는 亥卯未가 되어 회사에 능력을 발휘하게 된다. 44세 丙申年, 丙火는 시에 辛金과 丙辛合을 하게 되며 지지에 午火는 巳午未가 된다. 申金은 寅申巳亥가 되어 본사에서 지사 발령으로 지방으로 가게 된다. 46세 戊戌年, 3개의 癸水가 戊癸合으로 己土가 되어 乙木이 심어질 때 결혼하였다. 大運에서 예측한 대로 戊土가 오면 가정에 문제가 발생하게 된다. 50세 壬寅年, 물이 많아지는 해가 된다. 물이 많아지면 제방이 필요하게 되어 충청도 지방으로 발령받아 근무하게 되었다.

(丁巳大運 : 53~62세)

丁巳大運은 丁火에서 지지에 亥水가 있어 壬水를 끌어와 丁壬合木으로 두 개의 乙木이 되어 새로운 또 하나의 辛金의 칼이 필요하게 된다. 지지에 두 개의 巳火가 두 개의 酉金이 필요한 大運이다. 두 개 공장을 관리하는 장이 되는 大運으로 볼 수가 있다. 54세 丙午年, 丙火는 丙辛合이 되며 지지에 巳午未와 亥卯未가 되어 승진의 기회가 올 것이다. 56세 戊申年, 戊土가 癸水와 戊癸合이 己土가 되어 乙木이 심어지게 된다. 지지에 申金은 寅申巳亥가 되어 새로운 변화가 올 것이다. 천간 乙木이 庚金을 끌어와 합을 하여 또 하나의 辛金이 된다. 지지에 寅申巳亥가 되면 새로운 터전에 책임자로 가게 될 것이다.

(丙辰大運 : 63~72세)

丙辰大運은 辛金과 丙辛合을 하게 되며, 지지에 辰土와 丑土가 만나 亥子丑 申子辰으로 탁수가 되는 運이다. 64세 丙辰年, 丙火가 丙辛合水가 되며, 지지에 亥子丑, 申子辰 탁수되어 건강에 이상이 올 수가 있으니 사전 검진이 필요하다.

3장
丙火 日干

3장
丙火 日干

1. 기자에서 정치를 할 수 있는 명조

乾 命				1982년 11월 29일(陽) 14:20		직업 : 기자				
乙	丙	辛	壬	오행	木	火	土	金	水
未	辰	亥	戌		1	1	3	1	2
93	83	73	63	53	43	33	23	13	3
辛	庚	己	戊	丁	丙	乙	甲	癸	壬
酉	申	未	午	巳	辰	卯	寅	丑	子

〈원국해설〉

　　丙辰日柱다. 丙火의 태양이 월에 辛金과 丙辛合으로 묶여있다. 丙辛合이 풀어질 때 능력을 발휘하게 된다. 丙辛合이 풀어지면 일간 丙火가 국가 자리 壬水의 官에 뜨게 되면 명예를 얻어 정치와 관계가 있다. 월간 辛金은 시에 乙木의 칼자루가 되어 권력과 명예를 동시에 취할 수 있는 명조가 된다. 이 명조의 특징은 丙辛合이 묶여있을 때와 풀어질 때 두 번 직업을 선택할 수 있는 명조가 된다. 丙辛合으로 묶여있을 때는 어둠 속에서 세상을 밝히는 일로 기자를 할 수 있다. 大運에서 丙辛合이 풀어지게 되면 丙火의 태양이 국가 자리 壬水에 뜨게 되어 정치에 참여하게 될 것이다.

　　직업을 선택할 때는, 반드시 필자가 개발한 비법 官과 財에 觀法을 활용하면 어떤 일을 하면서 살아가는 것이 좋은가를 쉽게 찾을 수가 있다. 먼저 官에 官法으로 보면 丙火의 官은 壬水가 되며 壬水의 官은 지지에 辰戌丑未가 된다. 丙火가 壬水의 官에 뜨게 되면 국가에 일로서 정치를 하여야 한다. 시에 乙木이 庚金을 끌어오면 큰 재물도 취할 수가 있다. 財에 觀法으로 보면 丙火의 財는 辛金으로 丙辛合을 하고 있다. 두 개의 태양이 만나 어두워져 이둠을 밝히는 기자도 된다. 지지에 辰戌丑未로 흙탕물이 되어 복잡한 인간 세상을 살아가는 것을 의미한다. 이것이 정치인이 하는 일이다. 기자는 어둠을 밝히는 일을 한다. 천간은 청아하고 평온하게 보이지만 지지는 보이지 않는 辰戌丑未로 되어 있다. 辰戌沖이 되면 丙辛合도 풀어진다. 丙辛合이 풀어지면 정치를 하게 된다. 부연 설명을 하자면 인간들의 세상에서 한순간에 일어나는 일을 丙火로 밝혀주는 역할을 하는 것으로 보인다. 안심법으로 보면 이분은 항상 어둠의 세계에서 진실을 밖으로 드러내는 심정으로 세상을 밝혀주는 역할을 하고자 하는 마음이 강하다.

(癸丑大運 : 13~22세)

癸丑大運은 일간 丙火를 어둡게 하며 癸水는 戊土를 끌어오고 싶다. 지지에 辰戌丑未로 탁수가 된다. 어린 시절 친구들과 어울리는 세계가 탁수의 물에 놀게 된다. 공부하는 시기는 탁수되어 우수한 성적을 내기는 어렵다. 18세 己卯年, 己土는 乙木이 심어지고 지지에 亥卯未가 되어 공부를 잘하려고 한다. 19세 庚辰年, 乙庚合으로 丙辛合이 풀어지지만 천간에 땅이 없고 甲木이 없어 학교는 지방대학을 갈 수밖에 없다. 사주 원국이 丙辛合으로 묶여있어 어두워 火 대학을 선호하게 된다. 火 대학으로 가면 丙辛合이 풀어져 밝아지게 된다. 이분은 火 대학인 원광대학으로 진학하게 되었다.

(甲寅大運 : 23~32세)

甲寅大運은 甲木이 살아나게 되면 지지에 寅午戌로 丙辛合이 풀어지게 되고 丙火가 壬水에 뜨게 되어 능력을 발휘하게 된다. 25세 丙戌年, 총학생회장에 출마 당선되었다. 丙火는 일간 丙辛合을 풀어지게 되어 명예를 갖게 된다. 지지에 寅午戌로 辰戌沖이 된다. 용암이 분출하듯이 丙火가 더욱더 빛을 발산하게 되어 총학생회장에 당선된 것이다. 29세 庚寅年, 시에 乙木 과 乙庚合 辛金이 되어 丙辛合을 풀어지게 한다. 丙火는 대기업 자리 壬水 에 뜨게 된다. 30세 辛卯年, 丙辛合이 풀어지게 되어 기자 시험에 합격하였 다. 丙火가 국가 자리 壬水에 뜰 수 있게 되어 능력을 발휘하게 될 수가 있 다. 지지에 亥卯未가 되면 시지에 있는 乙木의 뿌리가 된다. 財에 財 觀法 으로 판단해 보면 丙火의 財(辛金)에 財(乙木)가 辛金에 칼자루가 되어 어둠 을 밝히는 신문사 기자로 취업하게 되었다.

(乙卯大運 : 33~42세)

乙卯大運은 乙乙이 되어 얽히게 된다. 庚金을 끌어와 乙庚合으로 丙辛合 을 풀어지게 하라는 것을 예시하고 있다. 물상론에서 丙火가 丙辛合으로 묶 여있다면 결혼은 안 된다. 丙辛合이 풀어질 때 결혼하게 되는 것이다. 지지 로 부부궁 辰土(財)가 酉金이 辰酉合이 될 때 안전하게 부부궁이 이루어지 는 것이다. 36세 丁酉年, 두 개의 乙木이 庚金을 끌어오고 지지에 辰土에서 酉金, 庚金에서 申金, 戌土가 있어 申酉戌로 부부궁에 합이 되어 36세 丁酉 年에 결혼하였다. 丁火가 년에 壬水와 丁壬合의 癸水는 丙辛合을 풀어지게 한다. 지지에 酉金은 일지 부부궁에 辰土와 辰酉合을 하게 되어 부부의 인 연으로 결혼하게 된 것이다. 39세 庚子年, 40세 辛丑年, 좋은 運으로 보아야 한다. 2년 동안은 丙辛合이 풀어지는 좋은 運이 왔다. 40세 辛丑年, 찾아온 이유를 내정법으로 보면 辛金으로 丙火를 풀어지게 한다. 壬水에 丙火가 뜨 게 되어 단체의 장이 되려고 찾아오게 된다. 지지에 丑土가 辰戌丑未가 되 는 것이 탁수가 될 수 있다. 巳酉丑에 酉金을 사용하면 辛金의 뿌리가 되어 단체장 선거에 출마하고 싶어 찾아온 것이다. 丙火의 태양이 壬水에 뜨면 당선이 가능할 것으로 판단한다.

(丙辰大運 : 43~52세)

丙辰大運은 일생에 제일 능력을 발휘하기 좋은 大運이다. 丙火의 大運으로 丙辛합이 풀어지면 국가에 관한 일을 하고 싶어 한다. 지지에 辰土가 辰戌冲으로 보이지 않는 세상에 천간의 맑은 물이 유유히 흘러가는데 辰戌冲으로 태양이 더욱 밝아진다. 43세 甲辰年, 甲木이 오면 지지에 寅亥합과 寅申巳亥의 개연성으로 새로운 甲木에 꽃을 피워 木火通明으로 대학원에 가면 좋다. 45세 丙午年, 丙火가 풀어지면 국가 자리 壬水에 뜨게 되고 정치에 출마하면 당선이 될 것이다. 차기 선거에도 출마하면 좋다. 49세 庚戌年, 시에 乙木은 乙庚합 辛金이 되어 丙辛합을 풀어지게 한다. 丙火가 壬水에 뜨게 되면 지지 戌土는 寅午戌로 丙火를 밝게 하여 당선될 것이다.

(丁巳大運 : 53~62세)

丁巳大運은 국가 자리에 태양이 뜨는데 壬水가 丁壬합으로 癸水가 되어 丙辛합을 풀어지게 된다. 壬水에 태양이 뜰 수가 있어 다시 한번 차기 선거에 출마하게 될 것이다. 53세 甲寅年, 甲木이 오면 지지에 寅亥합과 寅午戌이 되어 丙辛합이 풀어진다. 지지에 寅亥합은 甲木이 튼튼하고 꽃을 피울 수가 있어 지방 단체장 출마도 가능하다. 57세 戊午年, 戊土가 壬水에 제방이 되어 백조의 호수가 된다. 계속 정치를 할 것이다.

(戊午大運 : 63~72세)

戊午大運은 戊土가 국가 자리 壬水를 막아 호수로 만든다. 지지에 寅午戌로 丙火가 壬水에 뜨게 된다. 더 큰 정치에 대한 꿈을 가지게 될 것이다. 戊午大運은 안전한 호수 위에 태양이 뜨게 되면 안정된 명예를 얻게 될 것이다. 지지에 午火가 寅午戌로 甲木에 꽃을 피우니 명예를 가지고 삶을 살아가게 될 것이다.

◎ 2. 사립학교 교사 명조

乾 命	1964년 6월 16일(陽) 20:20			직업 : 사립학교 교사					
戊	丙	庚	甲	오행	木	火	土	金	水
戌	申	午	辰		1	2	3	2	0
97	87	77	67	57	47	37	27	17	7
庚	己	戊	丁	丙	乙	甲	癸	壬	辛
辰	卯	寅	丑	子	亥	戌	酉	申	未

〈원국해설〉

이 명조는 丙申日柱에 水(물)가 없어 無官四柱이다. 물을 만드는 五行은 丙火 일간인 내가 丙辛合水로 官을 만들 수가 있다. 그리고 시에 있는 戊土가 戊癸合으로 물을 만들 수가 있지만 戊癸合의 癸水는 탁수가 되며 丙火를 흐리게 한다. 년에 있는 甲木은 시에 있는 戊土에 뿌리를 내려도 戊土가 癸水의 작은 물을 만들어 살아가게 되어 성장하기가 어렵다.

甲木이 戊土에 심어지면 일간 丙火가 木火通明이 되어 교육에 관계되는 일을 하게 된다. 이 명조의 단점은 물이 없는 것이다. 물만 있으면 편안하게 삶을 살아가게 될 수 있지만 물이 없어 항상 불안하고 능력 발휘를 할 수가 없어 고달픈 삶을 살아가게 된다.

왜 사립학교 교사일까? 남촌물상론으로 해답을 찾아보자. 역학계 최초의 觀法인 남촌물상론의 財와 官의 觀法은 기초반 강의 시간에 강의한 내용이다. 강의 시간에 배운 財의 財에 대한 觀法을 적용하여 보자. 먹고 살기 위해서는 재물에서 丙火의 財인 庚金이 어떤 역할을 해야 하는가? 해법을 찾아야 한다. 丙火 일간의 財는 월에 庚金이 財이며 庚金의 財는 년에 甲木이 財가 된다. 남촌물상론은 庚金을 큰 칼로 판단하며 庚金의 칼자루는 년에 국가 자리에 있는 甲木이다. 물상론에서 木은 교육, 건축, 사람을 상대하는 것이다. 이 명조에서 庚金의 재물은 국가 자리의 甲木이 된다. 庚金의 칼자루를 국가 자리 甲木에서 만들기 때문에 木은 교육에 관한 일이다. 교육이라면 사립학교 교사로 판단하게 된 것이다. 남촌물상론에서 필자가 연구한 官과 財의 觀法은 역학계 최초로 연구하여 검증된 觀法을 발표하게 된 것이다.

이 명조의 단점은 물이 없다. 지지에 寅午戌이 되면 火 氣運이 강해져 부부궁의 財인 申金이 불에 녹아 없어지기 때문에 부부가 이혼이나 사망으로 문제가 발생하게 된다. 상담 결과, 37세 甲戌大運, 이분은 부인과 이혼하였다고 한다. 이분은 외국에서 공부하고 국내에서 사업을 한다면 지지에 申子辰이 되어 사업으로 성공할 수가 있다.

(壬申大運 : 17~26세)

壬申大運은 일간 丙火가 壬水에 뜨게 되어 장래가 밝은 사람으로 능력을 발휘하게 된다. 18세 辛酉年, 辛金이 일간 丙火와 丙辛合을 하여 丁火가 된다. 丁火는 甲木에 등불이 되어 대학 진학을 위하여 학업에 열정을 다 한다. 지지에 酉金은 申酉戌이 되어 외국어 학과를 선택하게 된다. 19세 壬戌年, 丙火가 壬水에 뜨고 甲木에 꽃을 피우게 되어 대학은 무난하게 합격 된다. 시지에 戌土와 申金이 있어 酉金을 사용하게 되면 申酉戌로 재물運이 온다. 酉金을 사용하는 학과로 진학하게 된다. 지지에 申酉戌이 金局으로 財局이 되어 영어 영문과를 졸업하면 많은 돈을 벌 수 있다고 판단하여 선택하게 되었다.

(癸酉大運 : 27~36세)

癸酉大運은 丙火의 태양을 흐리게 하는 運이다. 丙火가 癸水運이 오면 참고 인내하는 것이 좋다. 29세 壬申年, 丙火의 태양이 壬水에 뜨게 된다. 지지로 부부궁에 申金의 財가 와서 결혼하게 되지만 子午卯酉가 되는 大運으로 좋은 결혼은 아니다. 30세 癸酉年, 戊癸合 己土가 甲木을 甲己合으로 乙

木이 되어 사립학교 영어 교사로 취업이 되었다. 이 명조는 30세 癸酉年, 결혼하였다면 부부궁이 申酉戌로 金局이 되어 처갓집이 부유한 집안의 여자와 결혼하게 될 것인데 그렇지 못한 점이 아쉽다. 결혼은 시기가 매우 중요하다.

(甲戌大運 : 37~46세)

甲戌大運은 두 개의 甲木이 갑갑하게 된다. 원국에 물이 없는데 지지에 寅午戌로 火局이 되어 재물인 金이 녹여지는 형상이다. 甲木이 불에 타는 경우가 되어 학교 문제와 부부 문제가 발생하게 된다. 43세 丙戌年, 丙丙으로 어두워진다. 지지에 두 개의 戌土가 寅午戌로 불바다가 되어 부인과 이혼하게 되었다. 자식 자리가 寅午戌로 마르면 부부 사이에 자식이 없다. 상담 결과, 이분은 자식을 낳지 못하였다고 한다.

(乙亥大運 : 47~56세)

乙亥大運은 乙木이 乙庚合 辛金으로 일간 丙火와 丙辛合으로 내가 묶이게 된다. 乙木을 제자로 볼 수가 있으며 제자가 나를 묶는다고 판단하여 제자와 문제가 되겠다고 예측한다. 乙木이 甲木에 등라계갑을 해야 한다. 등라계갑을 하지 않고 월에 있는 庚金과 乙木이 乙庚合을 하여 辛金이 되면 일간 丙火가 丙辛合으로 묶이게 된다. 지지에 寅申巳亥가 되어 제자와의 문제가 발생하게 되어 학교를 떠나게 될 위기에 처하게 될 수도 있다.

(丙子大運 : 57~66세)

丙子大運은 丙火가 甲木에 木火通明이 되어야 하는데 지지에 子午卯酉가 되어 木火通明을 할 수가 없다. 58세 辛丑年, 丙辛合으로 묶이게 되고 지지에 子午卯酉가 되어 학교에서 제자와 불미스러운 사건이 징계 사유가 되어 수업에 참여하지 못하게 되었다. 59세 壬寅年, 壬水에 丙火가 뜨고 지지로 寅木이 甲木에 뿌리가 된다. 지지에 寅午戌로 丙火가 밝아져 甲木에 꽃이 피면 다시 학교에 복직하게 될 것이다.

(丁丑大運 : 67~76세)

丁丑大運은 丙丁 갈등으로 현실과 이상의 세계를 해결하기 위해 甲木으로 가려서 살아야 한다. 지지에 丑土가 巳酉丑으로 酉金이 오면 申酉戌이 되어 재야에서 교육을 할 수가 있지만 나이가 많아 조용한 전원을 택하여 悠悠自適하게 살아가는 것이 좋다.

(戊寅大運 : 77~86세)

戊寅大運은 두 개의 戊土가 넓은 땅이 되어 허허벌판에 나무가 쓸쓸하게 서 있는 그림이다. 땅이 메마르고 뜨거운 태양 빛이 내리비추니 심혈관의 문제와 당뇨로 고생할 수가 있으니 사전에 건강검진을 받는 것이 좋다.

3. 전문직 기술을 가져야만 좋은 명조

坤 命	1956년 07월 08일(陽) 08:10			직업 : 미용사					
壬	丙	乙	丙	오행	木	火	土	金	水
辰	子	未	申		1	2	2	1	2
91	81	71	61	51	41	31	21	11	1
乙	丙	丁	戊	己	庚	辛	壬	癸	甲
酉	戌	亥	子	丑	寅	卯	辰	巳	午

〈원국해설〉

　이 명조는 丙火日柱다. 사주 원국에 2개의 丙火가 시의 壬水에 뜨려고 한다. 2개의 태양이 뜨면 어두운 명조다. 일간 丙火는 官을 차지하고 있고 년간 丙火는 財를 가지고 있다. 일간 丙火가 官을 깔고 있으면 본인이 남편 대신에 돈을 벌어야 한다.

　丙火日柱가 시에 官인 연하의 남자 壬水를 만나게 되면 내가 남자를 벌어 먹여야 하는 운명이 된다. 丙火의 재물은 辛金이고 辛金의 뿌리 酉金으로 내가 손기술로 벌어먹여 살려야 한다. 연상의 남자를 만나게 되면 한번 거쳐서 오는 남자와 인연이 된다. 한번 이혼한 연상의 남자와 결혼한다면 년지에 申金의 재물이 나의 자식까지 연결되는 재물이 된다. 그러나 연하의 남자를 만나게 되는 경우는 일간 丙火가 丙辛합으로 辛金을 끌어와 辛金의 뿌리 酉金이 시지에 辰酉합을 하게 된다. 연하의 남자와 인연을 맺으면 경제를 본인이 책임지게 된다. 연상의 남자를 만나게 되면 월에 있는 乙木에서 庚金을 끌어다 쓰게 된다. 庚金의 뿌리가 년지에 申金이 되어 재물을 가져오는 것으로 연상의 남자다. 나에게 재물을 주는 남자와 인연을 맺어야 좋다. 상담 결과, 연하의 남자를 만나 결혼하였다고 한다. 무능력한 연하의 남자는 경제적 책임을 지게 되어 이혼할 수가 있다.

丙子日柱의 재물은 金이다. 천간에 金이 없어 천간 乙木에서 庚金을 끌어와 乙庚合을 하면 국가 자리 辛金이 丙辛合으로 자격증을 취하게 된다. 辛金의 뿌리 酉金에 손기술을 가진 미용사로 일하게 된다. 이 명조에 丙丙이 있어 辛金을 끌어와 두 개의 辛金을 가위로 보면 미용사가 분명하다. 이분은 지금까지도 미용업을 하고 있다.

(癸巳大運 : 11~20세)

癸巳大運은 두 개의 丙火를 가려 어둡게 만드는 癸水를 官인 아버지로 볼 수 있다. 나를 어둡게 만든 아버지로 인해 가정환경이 좋지 않음을 예측할 수 있다. 지지에 巳火는 寅申巳亥로 새로운 개혁으로 고향을 떠나갈 수 있다고 해석할 수 있다. 16세 辛亥年, 경쟁자인 丙火와 辛金이 丙辛合으로 기술을 배우고 싶은 욕망이 강하다. 지지에 辰土, 亥子丑, 申子辰 탁수가 된다. 寅申巳亥로 고등학교에 진학하지 못하고 중학교만 졸업하고 멀리 고향을 떠날 수 있다. 17세 壬子年, 두 개의 丙火가 두 개의 壬水에 각각 뜰 수 있다. 경쟁자인 丙火를 엄마로 봤을 때 엄마가 깔고 있는 財 申金은 申子辰으로 딸에게 돈을 벌러 나가라는 압박이 있었을 것으로 보인다. 19세 甲寅年, 두 개의 丙丙으로 어두워져 있는 丙火를 큰 甲木이 가려야 내가 밝아진다. 지지에 寅木은 寅申巳亥가 되어 서울로 상경하여 甲木의 직업인 섬유회사에 다니게 되었다.

(壬辰大運 : 21~30세)

壬辰大運은 물이 많아지게 되면 백조의 호수를 만들어 丙火가 물 위에 아름답게 뜨기를 바라는 運이다. 자격증과 결혼을 하고 싶은 運이다. 결혼 시기는 21세 丙辰年, 3개의 丙火가 하나가 되고 지지에 申子辰으로 부부궁에 合을 이루어 연상의 남자와 결혼하면 좋다. 상담 결과, 22세 丁巳年, 연하의 남자와 연애 결혼하였다고 한다. 丁火가 시에 壬水와 丁壬合 乙木이 된다. 乙木에 꽃을 피우게 되면 지지에 巳火가 巳酉丑, 申子辰, 亥子丑 탁수되어 문제가 있게 된다.

23세 戊午年, 戊土가 壬水를 막아 안정은 되는데 지지에 午火가 子午卯酉가 되어 남편의 무능력 때문에 경제적으로 가정생활이 어렵고 힘들게 살아가게 된다. 26세 辛酉年, 경쟁자인 丙火와 合이 되어 국가자격증을 가진다. 丙辛合은 辛金의 뿌리 酉金은 巳酉丑이 된다. 손기술을 쓰는 미용사 자격증을 취득하게 된다.

(辛卯大運 : 31~40세)

辛卯大運은 丙辛合으로 경쟁자를 이기는 運이다. 32세 丁卯年, 丁壬合으로 官이 사라지고 지지에 子午卯酉가 되어 문제가 된다. 상담 결과, 남편이 교통사고로 사망하였다고 한다. 35세 庚午年, 36세 辛未年, 경쟁자인 丙火를 제거하고 내가 능력 발휘를 할 수 있다. 지지에 子午卯酉가 되어 돈을 많이 벌어도 申子辰이 되어 계속 흘러가는 물로 통장에 돈을 모을 수가 없다.

만약, 천간에 戊土가 있고 지지에 戌土가 있었다면 申酉戌의 金局이 되어 많은 돈을 모을 수가 있었을 것이다. 이렇게 글자 하나 차이로 내 運命이 바뀔 수 있다.

(庚寅大運 : 41~50세)

庚寅大運은 丙火에 큰 재물인 庚金이 월간에 乙木과 乙庚合 辛金으로 년에 경쟁자 丙火을 제거하는 運으로 한번 거쳐서 오는 남자를 만나면 좋다. 월간에 乙木이 끌어온 庚金의 뿌리 申金이 申子辰으로 나이가 많은 연상의 남자를 만날 수 있다. 경제적으로 도움을 주는 남자와 인연을 맺어 살아간다면 좋을 것이다.

(己丑大運 : 51~60세)

己丑大運은 월에 乙木이 己土에 심어지게 되어 작은 부동산을 취하게 된다. 지지에 丑土가 辰戌丑未가 된다. 丑土를 巳酉丑으로 酉金을 쓴다면 酉

金은 물상론으로 소리와 관련된 행위를 할 수 있을 것으로 예측할 수 있다. 54세 己丑年, 己土는 甲木을 끌어와 두 개의 丙火를 가려 부동산을 취하게 되었다. 甲木이 丙丙을 가리게 되어 태양이 밝아지면 새로운 일을 해보고 싶은 마음이 든다. 54세 己丑年, 55세 庚寅年, 56세 辛卯年까지 酉金의 행위인 노래방으로 돈을 벌 수가 있었다. 57세 壬辰年, 물이 많아지고 지지에 두 개의 辰土가 탁수되어 노래방을 접게 된다.

(戊子大運 : 61~70세)

戊子大運은 戊土가 壬水를 막아 호수가 되며 안정된 삶을 살 수 있다고 생각할 수 있다. 두 개의 丙火가 壬水에 뜨게 되어 혼란이 올 수 있는 運이다. 기회를 잘 선택해야 하는 시기로 본다. 65세 庚子年, 월간 乙木과 庚金이 乙庚合 辛金이 국가자리 년에 丙火를 丙辛合으로 경쟁자 제거하고 辛金이 된다. 지지에 辛金의 뿌리 酉金은 시지 辰土와 辰酉合, 년지 申金이 申酉戌 金局이 된다. 나이 많은 남자와 다시 인연이 되면 재물도 생길 수 있다. 하지만 시에 壬水의 연하남에게 마음이 가는 것은 丙火인 내가 壬水에 뜨고 싶은 마음이 든다. 재물을 택한다면 연상의 남자를 만나야 하고 사랑을 택한다면 연하의 남자를 만날 것이다. 본인의 선택을 물어본다면 실속 있는 연상의 남자를 택하라고 충고의 말을 해야 할 것이다.

(丁亥大運 : 71~80세)

丁亥大運은 시에 있는 壬水와 丁壬合 乙木이 되어 자식에게 작은 부동산을 증여하는 大運이다. 72세 丁未年, 시에 壬水와 丁壬合을 하여 乙木이 되어 부동산을 딸에게 증여하게 될 것이다.

◎ 4. 부모님의 결정 때문에 운명이 바뀐 명조

坤命	1984년 06월 13일(陰) 12:30 직업 : 영양사				오행	木	火	土	金	水
甲	丙	辛	甲			2	3	1	1	1
午	午	未	子							
91	81	71	61	51	41	31	21	11	1	
辛	壬	癸	甲	乙	丙	丁	戊	己	庚	
酉	戌	亥	子	丑	寅	卯	辰	巳	午	

〈원국해설〉

丙午日柱에 재물인 辛金과 丙辛合으로 묶여있다. 丙辛合으로 부모 자리와 함께 묶여있어 부모님의 의사에 따라 본인의 의지와 관계없이 움직이게 된다. 丙辛合이 풀렸다면 하늘을 날고 싶은 마음을 갖게 될 것이다. 甲木들에 꽃을 피우고 싶은 마음을 가지게 되었을 것이다. 이 판단은 마음을 읽어내는 남촌물상론 眼心法으로 유추한 가장 기본적인 해석을 할 수가 있다.

상담 결과, 본인은 비행기 승무원을 하려고 했으나 엄마의 만류로 가지 못했다고 한다. 이 명조를 보면 지지에 寅午戌과 子午卯酉의 개연성으로 볼 수가 있다. 寅午戌은 교육자로서 자질이 있는 것이다. 재물인 辛金을 사용하게 되면 지지에 辛金의 뿌리 酉金이 子午卯酉가 되는 명조가 된다는 것을 판단할 수가 있다. 역술인들은 '어떤 판단으로 미래를 예측하느냐?'의 중대한 갈림길에 서게 된다. 이런 경우 첫 번째 판단은 원국 해석과 大運을 보고 판단하여 삶의 질을 높이는데 기여해야 한다. 역술인들의 판단에 따라 운명이 바뀔 수가 있다는 것을 보면 얼마나 중요한 일을 하고 있는가를 알 수가 있다. 역학을 공부하는 사람들은 단순하게 상담하는 것이 아니라, 수행이나 내공의 깊이가 있어야 한다는 것을 우리 스스로 깨달아야 한다.

이분은 미래 運을 볼 때 木運으로 흘러 교육자의 길로 갔다면 크게 성장을 하게 될 것이다. 그러나 돈을 추구하는 金을 택하게 되면 가정의 문제가 발생하여 한번은 고초를 겪게 될 것이다. 원국에 丙辛合水로 官(남자)이 숨어 있어 드러낼 수 없는 남자의 문제가 발생하게 될 것이다. 결국 金을 사용하게 되면 子午卯酉가 되어 가정에 한번 문제가 발생하며 불화를 가져오게 되었다는 것을 상담 결과 검증되었다.

〈己巳大運 : 11~20세〉

己巳大運은 사주 원국에 두 개의 甲木 중에 년간 甲木을 甲己合으로 제거하게 된다. 甲己合의 乙木은 시의 甲木에 등라계갑을 하려고 한다. 지지에 巳火가 巳午未로 丙辛合이 풀어져 木火通明을 하게 된다. 18세 辛巳年, 辛金이 丙辛合을 풀어지게 하고 지지에 巳午未가 되어 문과를 택하게 된다. 19세 壬午年, 천간에 물이 오고 지지에 午火가 3개가 되어 寅午戌로 丙辛合이 풀어지게 된다. 甲木에 꽃을 피우게 되어 대학을 무난하게 진학하게 되었다.

〈戊辰大運 : 21~30세〉

戊辰大運은 천간 甲木이 戊土에 심어지는 大運이다. 戊土의 땅 외국으로 유학 가야 한다. 외국에서 교육자의 길로 가야 좋다. 넓은 땅에 가서 공부하게 되면 3개의 甲木이 하나가 된다. 甲木의 뿌리 寅木이 寅午戌로 공부를 잘할 수가 있어 甲木의 튼튼한 뿌리를 내릴 수가 있다. 만일 이분이 庚申의 나라 미국으로 유학 갔다면 丙火의 재물 庚金을 취할 수가 있다. 庚金의 뿌리 申金과 지지에 辰土가 申子辰으로 돈을 벌어가며 공부할 수가 있다. 甲木은 크게 성장하여 교육자로 교수를 예고하고 있다. 결정적 선택이 매우 중요하다. 그러나 월간 辛金의 뿌리 酉金과 지지 辰土와 辰酉合金으로 酉金을 재물로 탐하면 안 된다. 酉金은 子午卯酉가 되어 일시적인 것은 좋을지 모르나 먼 미래를 생각한다면 최고 수준인 박사과정을 수료해야 한다. 이분은 28세 辛卯年 결혼을 선택하였다고 한다. 丙辛合이 풀어져 결혼할 수는 있지만 지지에 子午卯酉가 될 때 결혼하면 반드시 이혼 문제가 발생하게 될 것이다.

(丁卯大運 : 31~40세)

丁卯大運은 丁火로 丙辛합이 풀어지게 되어 현실과 이상의 갈등과 丙辛합水의 官이 사라지는 것을 예측하게 된다. 大運에서 丁卯가 있어 子午卯酉가 되지만 木의 행위를 하게 되면 子午卯酉가 안 된다. 만일 그렇지 못하게 되면 부부 문제로 갈등을 겪게 된다. 37세 庚子年 재물이 온다. 丙辛합이 풀어지지 못하여 지지에 子水가 子午卯酉가 되어 부부 문제가 발생하게 되었다. 辛丑年 丙辛합水가 풀어져 밝아지면 숨겨 왔던 (官) 남자 문제가 밝혀지게 된다. 현재 내연의 남자 문제로 이혼 소송 중에 있었다. 월간에 辛金이 丙辛합으로 풀어지면 지지에 酉金이 子午卯酉가 되어 이혼하게 될 것으로 판단된다.

(丙寅大運 : 41~50세)

丙寅大運은 丙辛합이 풀어져 자유로워지는 運이다. 丙火가 풀어지면 시에 甲木이 꽃을 피우는 木火通明이 되어 木에 행위를 해야 한다. 교육에 관한 일을 해야 편안하다. 이분이 학교에 몸을 담았다면 훌륭한 교수로서 존경받았을 것이다.

(乙丑大運 : 51~60세)

乙丑大運은 乙木이 甲木에 등라계갑으로 제자들이 모이는 격이다. 지지에 丑土가 辛金의 뿌리 酉金이 巳酉丑으로 金을 끌어다 쓰게 되면 子午卯酉가 되어 구설수로 문제가 발생할 수가 있다고 大運에서 말해 주고 있다. 58세 辛酉年, 丙辛합이 풀어지고 지지에 子午卯酉가 된다. 이때 성씨가 유 씨의 남자와 돈거래를 하면 문제가 발생하여 고충을 겪게 될 것으로 판단한다.

(甲子大運 : 61~70세)

甲子大運은 3개의 甲木이 되어 한 개로 통합이 되는 運이다. 년에 甲木과 시에 甲木이 3개가 되어 마지막 좋은 運이 된다. 부모님이 소유한 건축물을 취할 수가 있다. 63세 丙寅年, 최고의 권위를 누리게 될 것이다. 이분의 명예가 크게 성장하는 좋은 大運이다.

(癸亥大運 : 71~80세)

癸亥大運은 하늘에서 비가 오는 형국이지만 癸水는 丙辛合을 풀어지게 한다. 丙火가 밝아져 우울함을 벗어나는 大運이다. 지지에 亥卯未 木의 행위를 하면 좋다. 그렇게 하지 못하게 되면 子午卯酉가 되어 우울증으로 고생할 수도 있다. 이때는 해외여행으로 자기 성찰의 시간을 갖는 것이 좋다.

※ 이분은 부모님의 고집으로 자식의 진로를 막는 명조다. 본인이 하고 싶은 것을 하게 해야 한다. 그리고 해외로 유학하여 공부하였다면 훌륭한 교수로 존경을 받았을 것이다. 결혼을 늦게 했더라면 좋았을 텐데 일찍 결혼을 선택하여 子午卯酉가 되었을 때 결혼하여 고초를 겪었다. 子午卯酉가 될 때 결혼하면 문제가 된다는 것은 이미 많은 상담을 통해서 검증된 사실이다.

5. 연구직 교수 명조

乾 命	1971년 02월 20일(陽) 12:30			오행	木	火	土	金	水
甲	丙	庚	辛		2	2	0	2	2
午	子	寅	亥						
95	85	75	65	55	45	35	25	15	5
庚	辛	壬	癸	甲	乙	丙	丁	戊	己
辰	巳	午	未	申	酉	戌	亥	子	丑

직업 : 연구직 교수

〈원국해설〉

이 명조는 청아한 명조이다. 사람이 반듯하고 마음이 착한 사람이다. 사주 원국에 땅이 없어 나무가 성장할 수가 없다. 년간 辛金과 일간 丙火가 丙辛合으로 묶여있어 木火通明을 할 수가 없다. 교수로서는 크게 성공하지 못한다. 丙子 일주는 丙火가 년에 辛金과 묶여있고 甲木이 살아갈 땅이 없어 능력 발휘가 어렵다. 丙辛合의 丙火는 丁火의 등불로 꽃을 피울 수가 있어 연구직 교수라 판단한다. 그러나 丙辛合이 풀어지게 되면 월에 있는 庚金의 부모님 재산을 취할 수 있게 된다. 일간 丙火가 년간 辛金과 丙辛合으로 자격증을 가질 수가 있다. 지지에 子午卯酉의 개연성 있고 寅申巳亥가 되어 개혁적인 일을 할 수가 있다.

이 명조는 土가 없어 해외로 유학 가면 능력 있는 교수가 될 수가 있다. 해외로 가면 나무를 심을 수 있는 새로운 땅을 취할 수가 있어 甲木이 살아갈 수가 있다. 바다를 건너가면 많은 물을 취할 수가 있다. 큰 나무는 새로운 태양이 비추게 되어 크게 성장하고 木火通明으로 꽃을 피울 수가 있어 유명한 교수가 될 수 있다. 외국으로 갔을 경우 새로운 丙火의 태양이 丙辛合이 풀어지게 한다. 木火通明이 되어 학문으로 능력을 발휘할 수가 있다. 丙辛合이 풀어지면 월에 부모 자리 庚金의 재물도 취할 수가 있게 된다.

국내에서 명예를 학문으로 발휘하고 싶지만 木이 뿌리를 내릴 땅이 없고 丙辛合으로 丁火의 등불이 되어 연구직 교수만 할 수 있다. 재물은 년에 辛金과 월에 庚金이 있어 사업성도 가지고 있는 사람이다. 木火通明으로 교수를 하더라도 충청권에서 교수를 하면 좋으며 건축이나 부동산의 일을 하여도 좋은 명조다.

(戊子大運 : 15~24세)

戊子大運은 甲木이 뿌리 내릴 땅이 와서 甲木의 나무가 살아갈 수가 있다. 일간 丙火는 丙辛合으로 묶여있어 甲木에 꽃을 피울 수가 없다. 木火通明이 될 수가 없어 능력 발휘가 안 된다. 丙辛合이 풀어지면 공부를 잘할 수가 있어 원하는 대학을 가게 될 것이다. 18세 戊辰年, 戊土의 땅이 오면 甲木의 나무는 뿌리를 내릴 수가 있어 공부를 잘한다. 지지에 辰土는 庚金의 뿌리 申金을 끌어와 寅申巳亥가 되어 고향을 떠나 대학을 가고 싶어 한다. 辛金의 뿌리 酉金이 이과로 마음을 결정하게 되지만 문과의 성향도 있다. 19세 己巳年, 己土는 甲木을 甲己合으로 乙木이 된다. 乙木이 월에 庚金과 乙庚合 辛金이 되어 丙辛合이 풀어진다. 丙火는 甲木에 꽃을 피우게 되어 수능시험 성적이 본래 실력보다 잘 나오게 된다. 본인은 서울로 대학을 갈 수가 있다. 원국에 나무가 살아갈 땅이 없어 서울에서는 중앙대학을 가야 한다. 수능시험의 점수가 낮다면 지지에 寅申巳亥가 되어 戊土의 땅을 찾아 충청권으로 국립대학교를 지망하면 탁월한 선택이다.

(丁亥大運 : 25~34세)

丁亥大運은 일간 丙火를 년에 辛金과 丙辛合을 丁火로 풀어지게 하여 丙丁 갈등도 있지만 일간 丙火가 밝아지면 丁火는 불빛을 잃어 갈등하지 않는다. 甲木에 丙火가 木火通明이 되어 능력을 발휘하게 된다는 것을 예측하게 된다. 25세 乙亥年, 乙木이 乙庚合 辛金이 되어 丙辛合을 풀어지게 한다. 지지에 寅亥合 木이 되어 지방대학에서 조교로 연구실에서 일하게 되었다. 26

세 丙子年, 丙辛合이 풀어지고 지지로 庚金의 뿌리 申金이 申子辰으로 부부 궁에 合을 이루어 결혼하게 되었다. 이것은 부모 자리 庚金에서 시작한 뿌리 申金은 부모가 선택해 준 사람과 결혼하게 되었다.

(丙戌大運 : 35~44세)

丙戌大運은 丙辛合이 풀어지게 되고 지지에 寅午戌로 丙火가 밝아져 학문으로 木火通明을 할 수가 있다. 부모 자리 庚金의 재물을 취할 수 있는 좋은 大運으로 볼 수가 있다. 36세 丙戌年, 丙辛合이 풀어지고 지지에 寅午戌이 되어 학교에서 승진이 되었다. 그해 丙火는 월간 庚金을 재물도 취하게 되어 부모의 도움으로 부동산을 매입하게 되었다. 39세 己丑年, 己土가 甲己合 乙木이 되어 乙庚合으로 丙辛合이 풀어지게 된다. 지지에 丑土는 亥子丑, 申子辰 탁수로 문제가 발생 되어 학교를 이직하고 싶어 한다. 43세 癸巳年, 癸水가 丙火를 어둡게 하여 丙辛合이 풀어지고 지지에 寅申巳亥가 되어 다른 학교로 이직하게 되었다.

(乙酉大運 : 45~54세)

乙酉大運은 월간 庚金과 乙庚合을 하면 辛金이 되어 丙辛合을 풀어지게 하는 大運이다. 일간 丙火는 부모 자리 庚金의 재물을 부모님이 증여하여 주신 재산으로 사업을 하여 돈을 벌고 싶은 마음이 든다. 언젠가는 사업을 하게 될 것이다. 지지에 子午卯酉가 되지만 木의 행위를 하거나 金의 행위를 하면 子午卯酉를 면할 수가 있다. 木과 火가 다 필요한 시점으로 재물과 학문이 동시에 오게 되면 투잡을 하게 될 것이다. 학교에 근무하면서 사업을 병행하여 동시에 하게 될 것이다. 그러나 大運은 10년 동안만 풀어지는 大運이 되어 10년 후에는 사업을 할 수가 없다.

(甲申大運 : 55~64세)

甲申大運은 두 개의 甲木을 심을 땅이 필요하다. 나무를 심을 땅이 필요하면 국내에서는 부동산을 하거나 사업을 하거나 戊土의 나라와 인연을 맺는 것이 방법이다. 지지에 申金이 寅申巳亥가 되어 새로운 개혁으로 국내보다 외국과 인연을 맺어 사업하면 좋다. 중국(戊辰)이나 미국(庚申)을 상대로 사업을 하게 되면 성공할 수가 있다. 미국을 상대하여 戊土의 땅에 나무를 심을 수가 있고 寅申巳亥, 申子辰이 되어 유통업을 할 수가 있다. 중국에서 사업을 한다면 木에 관한 의류에 관련된 사업이 좋다. 국내에서 사업을 한다면 충청권으로 가서 건설과 부동산에 관련된 사업을 하게 되면 좋다. 59세 己酉年, 己土가 시에 甲木과 甲己合으로 乙木이 되면 월간 庚金과 乙庚合 辛金이 된다. 丙辛合이 풀어지고 辛金의 뿌리 酉金이 子午卯酉가 되어 새로운 사업을 하기 위하여 학교는 사직하게 될 것이다.

(癸未大運 : 65~74세)

癸未大運은 癸水가 丙辛合을 풀어지게 한다. 癸水는 丙火를 어둡게 하여 丙火로서 木火通明은 끝이 난 셈이다. 이 경우 癸水를 이용하여 戊土의 땅을 불러와 부동산에 관련된 일을 하면 좋다. 지지에 未土는 巳午未가 되고 년에 丙辛合이 풀어진다. 丙火의 재물인 庚金과 辛金을 취할 수가 있다. 부인의 언니나 윗사람의 명의를 빌려 사용하게 되면 능력을 발휘하게 된다. 이 경우 甲木에 꽃을 피워 밝아지게 된다. 지지에 巳火가 寅申巳亥가 되어 새로운 일의 시작으로 부동산과 건설업에 투자하면 크게 성공하게 될 것이다.

6. 사립학교 교사 명조

坤命	1986년 06월 05일(陰) 10:30	직업 : 중학교 교사					
癸	丙	乙	丙	오행	木 火 土 金 水		
巳	辰	未	寅		2 3 2 0 1		

91	81	71	61	51	41	31	21	11	1
乙	丙	丁	戊	己	庚	辛	壬	癸	甲
酉	戌	亥	子	丑	寅	卯	辰	巳	午

〈원국해설〉

丙火日柱가 재물인 金이 없어 無財四柱다. 官은 시에 癸水가 있다. 원국에 두 개의 丙火(태양)에 비가 내리고 두 개의 등불이 있다. 사주 원국에 金이 없어 끌어오는 법칙을 응용하여 풀어 보자. 재물은 일간과 년간 두 개의 丙火가 辛金을 끌어온다. 월에 乙木도 庚金을 끌어와 丙辛合으로 辛金이 재물이 된다. 3개의 辛金을 만들어 강력하게 丙火를 끌어오게 된다. 국가에 공직을 원하고 있지만 시에 癸水가 있어 밝은 태양은 될 수가 없다. 3개의 辛金은 丙火를 끌어와 3:1로 丙辛合水하여 3개의 자격증을 취할 수 있는 명조가 된다. 자격증은 乙庚合으로 乙木에 의해 丙辛合水의 官이 되어 木에 의한 교사자격증을 가질 수 있는 명조다. 이 명조는 시에 있는 癸水가 丙火를 어둡게 하여 국립학교는 갈 수가 없으며 사립학교 교사는 할 수 있다. 상담 결과, 현재 중학교 교사를 하고 있었다. 천간에 나무가 살아갈 땅이 없다. 년지에 寅木이 甲木의 뿌리가 되어 대학에서 공부하면 寅木은 甲木을 끌어와 뿌리가 된다. 시에 癸水에서 戊土을 끌어와 戊癸合으로 己土가 되어 甲木을 불러올 수가 있다. 지지에 寅申巳亥가 되어 충청권 戊土의 땅에 甲木을 심을 수가 있어 충청권 대학을 선택하면 4년제 대학을 갈 수가 있다. 서울로 대학을 가면 전문대학 밖에 가지 못한다.

직업을 찾아보자. 남촌물상론의 財와 官의 觀法으로 판단하여 보면 丙火의 財는 金인데 사주 원국에 金이 없다. 金의 財는 천간 乙木과 지지에 寅木이 있다. 우선 丙火는 甲木에 꽃을 피우기 위해 존재한다. 그러면 木을 사용한 직업을 택하게 된다. 木은 교육, 건축, 사람을 상대하는 것으로 교육자가 될 수가 있다. 원국에 火가 강하고 金이 없어 화학과나 금속학과를 전공하게 되었다.

다음은 官에 官法으로 판단하여 보자. 丙火의 官은 癸水다. 癸水의 官은 土가 된다. 지지에 辰土, 未土가 있다. 辰土, 未土의 官은 木이다. 천간 乙木이 있고 지지는 甲木의 뿌리 寅木이 있다. 土의 땅에서 무엇을 할 수 있느냐가 답이다. 땅에는 나무를 심는 것으로 교육에 관한 직업이 된다. 천간에 乙木이 있고 시에 癸水에서 戊癸合 己土가 되면 甲木을 끌어올 수가 있다. 지지에 甲木의 뿌리가 寅木이 있다. 丙火를 흐리게 하는 癸水가 있어 국립학교가 아닌 사립학교에 중, 고등학교 교사임을 알 수가 있다.

(癸巳大運 : 11~20세)

癸巳大運은 두 개의 癸水가 되어 戊土를 불러오고 싶다. 지지에 두 개의 巳火가 巳酉丑으로 없는 酉金을 끌어오게 된다. 두 개의 丙火도 각각 辛金을 끌어와 金과 丙火의 관계는 火에 대한 화학, 물리, 과학에 관한 관심사가 높다. 천간에 두 개의 丙火에 비가 내리고 있어 어둡다. 18세 癸未年, 두 개의 癸水가 戊土를 불러 甲木을 심고 싶어 대학을 가려고 한다. 지지에 巳午未가 되어 丙火가 밝아지려고 한다. 19세 甲申年, 년지의 寅木이 있어 甲木의 뿌리가 된다. 지지에 申金이 寅申巳亥가 되어 집에서 멀리 떨어진 충청권의 대학으로 진학하게 되었다.

(壬辰大運 : 21~30세)

壬辰大運은 壬水와 癸水가 합하여 강물에 두 개의 丙火가 뜨게 되어 매우 혼란스럽다. 두 개의 丙火를 甲木으로 가리고 싶고 한 개의 丙火를 제거하고 싶은 마음이 든다. 癸水가 있어 태양을 어둡게 하여 중등교사 임용 시험에 낙방하게 된다. 25세 庚寅年, 월에 乙木과 乙庚合 辛金이 되어 경쟁자 丙火를 제거하고 丙辛合水(官)로 남자를 만나게 되었다. 26세 辛卯年, 丙辛合으로 경쟁자를 제거하게 된다. 지지에 卯木은 寅卯辰으로 부부궁이 합이 되어 결혼하게 되었다.

(辛卯大運 : 31~40세)

辛卯大運은 경쟁자를 제거하는 좋은 運으로 판단한다. 辛金이 경쟁자 丙火를 제거하여 태양이 밝아지는 運이다. 31세 丙申年, 3개의 丙火가 3:1 합으로 하나가 되어 중등교사 임용 시험에 합격하였다. 지지에 寅申巳亥로 새로운 변화가 오게 된다. 지방에 있는 중학교 교사로 바로 임용되었다. 35세 庚子年 월에 乙木과 乙庚合을 하여 辛金이 된다. 辛金은 丙辛合이 되어 경쟁자를 제거한다. 지지에 申子辰으로 申金이 寅申巳亥가 되어 새로운 개혁과 변화로 능력을 발휘하게 되어 3학년 담임교사로 자리를 차지하게 되었다.

(庚寅大運 : 41~50세)

庚寅大運은 월간 乙木과 乙庚合을 하여 辛金이 경쟁자를 제거하고 학교에서 승진하는 大運으로 예측한다. 寅木의 뿌리가 두 개가 되어 교무과장으로 승진하게 된 것이다. 41세 丙午年, 3개의 丙火가 하나가 되고 지지에 寅午戌과 巳午未가 되어 丙火가 밝아지게 되면 승진하게 될 것이다. 45세 庚戌年, 월간 乙木과 乙庚合을 하여 辛金이 한 개의 丙火를 제거한다. 또다시 승진의 기회가 올 것이다. 지지에 戌土가 寅午戌로 丙火가 밝아지게 되어 승진의 기회가 다시 한번 올 것이다.

(己丑大運 : 51~60세)

己丑大運은 己土가 甲木을 끌어오게 된다. 지지에 寅木이 있어 甲木의 뿌리가 되기 때문에 己土는 甲木을 끌어올 수가 있다. 두 개의 丙火는 태양을

甲木이 가리게 되어 좋은 大運으로 판단하지만 시에 癸水가 있어 丙火를 어둡게 하여 희비(喜悲)가 겹치게 된다. 55세 庚申年, 월간 乙木과 乙庚合으로 辛金이 되어 경쟁자를 제거한다. 지지에 寅申巳亥가 되어 마지막 승진으로 자리를 이동하게 될 것이다. 58세 癸亥年, 두 개의 癸水가 두 개의 丙火에 비가 내려 어둡게 된다. 지지에 寅申巳亥가 되면 스스로 학교를 떠나게 되어 명퇴하게 될 것이다.

(戊子大運 : 61~70세)

戊子大運은 시에 癸水와 戊土가 戊癸合을 하여 己土가 되면 월에 乙木은 己土에 심어지게 된다. 지지에 子水가 申子辰의 申金을 끌어오게 되면 寅申巳亥가 되어 乙木이 己土에 심어진다. 조용한 전원주택에서 살아가면 좋은 삶이 될 것이다.

(丁亥大運 : 71~80세)

丁亥大運은 두 개의 丙火가 癸水에 어두워져 丁火가 된다. 3개의 丁火가 가로등이 된다. 3개의 가로등은 정신세계와 관련이 있다. 마음 수양에 정진하여 주위 사람들에 정신적 지도자로 생활하게 된다면 본인의 건강과 마음의 평화로 신선한 삶이 될 것이다.

◎ 7. 대기업 회사원 명조

坤命	1981년 03월 04일(陰) 23:20			직업 : 대기업 회사원					
己	丙	壬	辛	오행	木	火	土	金	水
亥	辰	辰	酉		0	1	3	2	2
99	89	79	69	59	49	39	29	19	9
壬	辛	庚	己	戊	丁	丙	乙	甲	癸
寅	丑	子	亥	戌	酉	申	未	午	巳

〈원국해설〉

丙辰日柱에 財, 官이 다 있으나 원국에 丙火가 丙辛合으로 묶여있고 木이 없어 꽃을 피울 수 없다. 木을 끌어오는 五行은 시의 己土에서 甲木을 끌어올 수가 있다. 재물은 년에 辛이 일간 丙火와 丙辛合水로 자격증을 가질 수 있다. 대기업 자리에 財가 있고 金이 놀 수 있는 물은 월간 壬水에 있어 대기업 회사원의 명조다. 월에 壬水의 官이 己土에 탁수되어 남자와 관계는 좋은 관계가 아니라는 것은 쉽게 알 수가 있다. 국가 자리에 酉金이 있어 외국에서 유학하면 丙辛合이 풀어지고 辛金의 뿌리 酉金이 있어 외국어를 잘하는 선생님을 할 수가 있다. 국내에서는 아이티 회사에 다니면 지지에 탁수를 면할 수가 있다.

직업은 재물이 년에 辛酉로 국가 자리에 있고 년지 대기업 자리에 酉金이 있다. 두 개의 辰土와 辰酉합을 두 번 할 수가 있어 39세 전반전 인생과 39세 이후 후반전 인생으로 나누어 두 번 직업을 옮길 수가 있다. 지지에 辰酉合金으로 酉金을 쓰는 아이티 전자에 관한 일을 하게 될 것이다. 천간 辛金과 丙辛合이 되어 있어 金을 사용한 아이티 회사이다. 지지에 두 개 辰土와 년간 酉金이 되어 삼성전자에 다니는 회사원으로 금방 판단할 수 있다.

이 사주의 단점은 官은 월에 壬水가 있고 년에 辛金과 丙辛合水의 보이지 않는 官이 있다. 官을 지키는 己土의 제방이 약하여 무너질 수가 있다. 시의 己土에 나무가 심어지지 않으면 결혼도 어렵고 건강도 소화기 계통에 문제가 된다. 시에 己土가 壬水(官)에 탁수되어 남자관계는 좋아하지 않으며 결혼이 쉽지 않다는 것을 알 수가 있다. 己土는 甲木을 불러오면 탁수를 면할 수가 있지만 결혼은 하고 싶지 않다. 결혼은 丙辛合이 풀어질 때 할 수가 있으며 丙火와 辛金이 올 때와 丁火와 癸水가 오는 運에 丙辛合이 풀어진다. 丁火가 올 때는 丁壬合木을 하여 己土에 심어지면 결혼도 할 수가 있다. 그러나 부부궁에 합을 이루기는 어렵다. 이 명조의 문제점은 천간 己土의 탁수와 지지에서 亥子丑, 巳酉丑, 申子辰이 될 때는 탁수가 된다. 하던 일을 멈추게 되며 건강에 문제가 발생하게 되는 것이 단점이다.

(癸巳大運 : 9~18세)

癸巳大運은 癸水가 丙辛合을 풀어지게 하여 己土가 탁수가 되는 大運이다. 壬水와 癸水의 물이 많아지게 되어 己土의 官이 탁수가 된다. 결혼하기 전에 부친의 역할이 좋지 않아 가정이 편안하지 못하다. 丙辛合이 풀어져 丙火가 밝아지면 己土의 작은 땅에 壬水 官이 탁수되어 탁수된 물에 丙火가 뜰 수가 없다. 17세 丁丑年, 월간 壬水와 丁壬合 乙木이 己土에 심어진다. 지지에 巳酉丑이 되어 전자, 아이티를 꿈꾸는 학생이다. 18세 戊寅年, 戊土가 壬水의 제방이 된다. 己土에서 甲木을 불러와 지지에 寅木의 뿌리가 되어 튼튼한 甲木이 戊土에 심어지게 되어 공부를 잘한다.

(甲午大運 : 19~28세)

甲午大運은 甲木에 丙火가 꽃을 피우기 위한 大運이다. 19세 己卯年, 두 개의 己土가 강력하게 甲木을 불러온다. 지지에 寅卯辰이 되고 甲木에 뿌리가 되어 무난하게 대학을 진학하게 된다. 24세 甲申年, 시에 己土와 甲己合으로 乙木이 되어 년에 있는 辛金의 칼자루가 된다. 지지에 3개의 辰土와

辰酉合 金이 되어 삼성 인턴사원으로 취업하게 되었다. 25세 乙酉年, 乙木이 년에 辛金의 칼자루가 된다. 지지에 두 개의 辰土에 각각 辰酉合 金으로 재물이 되어 정직원이 되었다.

(乙未大運 : 29~38세)

乙未大運은 잘나가는 大運이다. 乙木이 시의 己土에 심어져 탁수가 되지 않고 대기업 자리의 辛金에 칼자루로 사용할 수가 있다. 조직 생활에 지장이 없는 편안한 大運이다. 31세 辛卯年에 승진하였다. 大運에서 乙木이 己土에 심어지고 丙辛合이 풀어진다. 지지에 亥卯未로 乙木에 뿌리가 되고 丙火가 壬水에 뜨게 되어 승진하게 된 것이다. 35세 乙未年, 己土에 乙木이 심어지고 지지에 亥卯未가 되어 작은 부동산을 매입하게 되었다.

(丙申大運 : 39~48세)

丙申大運은 丙辛合이 풀어지는 大運으로 지지에 申子辰과, 辰酉合金이 부부궁에 合이 되어 결혼하고 싶어진다. 그러나 巳酉丑, 亥子丑이 탁수가 될 때 문제가 되는 大運이다. 시의 己土에 나무가 심어지면 己土가 탁수를 면하게 된다. 부동산을 취하게 되거나 木의 행위를 하게 되면 탁수를 면할 수가 있다. 41세 辛丑年, 丙辛合이 풀어지고 壬水(官)가 탁수된다. 지지에 丑土가 巳酉丑, 亥子丑 탁수가 되면 회사를 퇴직할 수도 있다. 참고 견디면 44세 甲辰年 甲木이 己土에 甲己合으로 乙木이 되어 辛金의 칼자루가 된다. 지지에 3개의 辰土는 辰酉合金으로 하나가 될 수가 있어 승진의 기회가 다시 올 수가 있다. 참고 인내하는 것이 좋다. 지지에 부부궁이 合을 이루게 되어 사내에 함께 근무한 연하의 직원과 인연이 될 수가 있다.

(丁酉大運 : 49~58세)

丁酉大運은 丙辛合이 풀어지고 丙丁 갈등하겠지만 丁火가 월에 壬水와 丁壬合 乙木이 되어 己土에 심어져 안전하다. 지지에 辰酉合으로 가장 안정된

財運으로 볼 수가 있다. 49세 己酉年, 己土가 시에 己土와 2개의 己土가 강력하게 甲木을 불러온다. 지지에 辰酉合을 이루어 결혼하고 싶은 마음이 들게 된다. 이 시기에 부동산에 투자하여 상가를 매입하고 싶은 마음이 들게 될 것이다. 부동산을 매입하여 임대 사업을 하게 되는 좋은 運으로 볼 수가 있다. 57세 丁巳年, 丁壬合 乙木이 시에 己土의 땅에 심어지고 지지에 巳酉丑으로 상가를 매입하게 되면 노후에 안정된 생활을 할 수가 있다.

(戊戌大運 : 59~68세)

戊戌大運은 壬水를 막아줄 戊土가 오게 된다. 지지에 戌土가 辰戌沖으로 땅이 움직여 부동산으로 나무를 심게 되면 안정된 삶이 될 것이다. 辰戌沖을 면하려면 부동산에 투자하는 것이 좋다. 임대 소득의 상가를 매입하면 辰酉合金이 되어 辰戌沖을 피할 수가 있으며 부가가치가 높은 건물이 된다. 임대 소득으로 悠悠自適하게 살아가면 좋다.

(己亥大運 : 69~78세)

己亥大運은 두 개의 己土가 甲木을 끌어오고 지지에 두 개의 亥水가 寅亥合木으로 부동산에 투자할 수가 있다. 이때는 甲木을 끌어와 큰 것을 생각하면 안 된다. 그 이유는 지지에 甲木의 뿌리가 없기 때문이다. 두 개의 己土의 작은 땅에 나무를 심어 작은 주택으로 노후를 보내고 싶은 마음을 가지면 좋다. 작은 땅에 乙木은 지지에 亥卯未로 작은 부동산을 가지고 살아야 한다. 그렇지 못하게 되면 亥子丑 탁수되어 건강에 문제가 된다. 위장, 방광, 자궁의 문제로 산부인과의 검진이 필요하다.

8. 대기업 임원 명조

坤命	1982년 07월 03일(陰) 12:40 직업 : 대기업 임원					오행	木	火	土	金	水
甲	丙		戊		壬		1	2	2	1	2
午	子		申		戌						
96	86	76	66	56	46	36	26	16	6		
戊	己	庚	辛	壬	癸	甲	乙	丙	丁		
戌	亥	子	丑	寅	卯	辰	巳	午	未		

〈원국해설〉

丙子日柱다. 丙火가 官(子水)을 깔고 있어 본인이 돈을 벌어야 한다. 특히 丙火 일주는 집에 가만히 있지 못하고 밖에서 활동하는 팔자라고 본다. 천간이 甲, 丙, 戊, 壬水로 사주 구성이 좋다. 丙火가 년에 국가 자리 壬水에 뜨게 되어 명예를 가질 수 있다. 천간 월에 戊土가 있어 튼튼한 제방이 된다. 戊土에 甲木이 심어지고 지지에 戌土가 있어 탄탄한 제방으로 백조의 호수가 된다. 丙火의 태양이 년의 壬水에 뜨기 때문에 대기업에 근무해야 하는 명조가 된다. 천간에 갖출 수 있는 것은 다 갖추어져 있다.

지지에 子午卯酉의 개연성과 寅午戌, 申子辰으로 구성이 되어 있다. 申子辰과 寅申巳亥의 개연성이 있어 유통과 마케팅을 잘할 수가 있는 명조가 된다. 丙火는 寅午戌이 되면 일간 丙火가 밝아져 능력을 발휘할 수 있다. 壬水에 官이 申子辰이 되어 壬水(官)의 뿌리가 되며 壬水(官)를 풍요롭게 만들 수 있다. 지지에 午火와 戌土는 寅午戌이 되면 丙火가 밝아지게 되어 명예를 얻을 수가 있다. 壬水의 물(官)을 튼튼한 戊土의 제방으로 막고 戊土에 甲木의 나무가 심어지면 백조의 호수 위에 丙火가 뜨게 된다. 호수에는 많은 사람이 모이게 되며 사람을 상대하는 유통업이나 마케팅을 잘할 수 있으며 명예를 얻을 수가 있다. 남자와 결혼은 잘 이루어지지 않는다. 다시 말해서 여자가 官을 직업으로 사용하면 官(壬水) 위에 일간 丙火가 빛나고 있어 남자와 결혼이 잘 이루어지지 않는다. 이 명조는 조직 생활로는 성공할 수가 있다. 결혼은 문제가 되지만 여자의 경우 財가 돈이기 때문에 결혼에 대해서는 문제가 발생하지 않는다.

  재물은 일간 丙火가 辛金을 끌어온다. 지지에 申金이 있으며 월지 申金과 년지 戌土가 있다. 辛金을 끌어오면 뿌리 酉金이 오게 되어 申酉戌로 金局이 되어 큰 재물을 취할 수 있다. 또한 申酉戌은 官(물)을 풍요롭게 하여 돈과 명예가 동시에 온다. 일간 丙火가 물 위에 아름답게 뜨게 되면 돈과 명예를 함께 취할 수가 있는 것으로 판단한다.

(丙午大運 : 15~24세)

  丙午大運은 두 개의 丙火가 甲木에 꽃을 피워주는 大運으로 판단한다. 19세 庚辰年, 천간에 甲, 丙, 戊, 壬과 運에서 庚金까지 도와준다. 運에서 丙火가 오면 丙丙이 되어 어두워지지만 午火가 寅午戌로 甲木에 꽃을 피워주게 되어 좋은 대학에 합격하게 된다. 甲木이 寅午戌이 되어 甲木의 뿌리가 튼튼하여 두 개의 丙火도 가려 줄 수가 있다고 판단한다. 24세 乙酉年, 乙木이 월지에 申金이 있어 庚金을 끌어와 乙庚合 辛金이 丙辛合水로 官에 물을 만들 수가 있다. 지지로 辛金의 뿌리 酉金이 申酉戌로 金局이 되는 동시에 酉金으로 되기 때문에 전기, 전자, 아이티 회사에 취업하게 되었다.

(乙巳大運 : 25~34세)

  乙巳大運은 乙木이 월지에 申金이 있어 庚金을 끌어오게 된다. 乙庚合으로 辛金의 뿌리 酉金이 지지에 申酉戌이 되어 능력을 발휘하게 되는 大運으로 판단하게 된다. 지지에 巳火는 寅申巳亥와 子午卯酉의 개연성이 있어 새로운 개혁을 꿈꾸지만 어려움을 맞이하게 될 수도 있다. 30세 辛卯年, 辛金이 丙辛合을 하게 되어 일간이 묶이게 된다. 지지에 子午卯酉가 되어 회사를 떠나 이직하고 싶은 생각을 하게 된다. 31세 壬辰年, 물이 많아지고 지지에 辰戌沖이 되어 회사를 떠나 이직하였다.

(甲辰大運 : 35~44세)

甲辰大運은 두 개의 甲木이 되어 갑갑하다. 35세 丙申年, 두 개의 태양 丙丙으로 어두워지면 해외로 진출하는 것이 좋다. 40세 辛丑年, 辛金이 丙辛合으로 묶이게 되어 답답하다. 지지에 丑土가 巳酉丑으로 酉金을 끌어오면 지지에 申酉戌이 財局이 된다. 41세 壬寅年, 물이 많아지고 지지에 寅午戌로 새로운 태양이 밝아지면 새로운 회사로 이직하게 될 것이다. 甲辰大運에 辰土가 申子辰으로 남자로 판단을 한 것이 아니라 유통회사에서 능력을 발휘하게 된다.

(癸卯大運 : 45~54세)

癸卯大運은 癸水가 戊土와 戊癸合으로 己土가 된다. 시에 있는 甲木과 甲己合으로 乙木이 된다. 己土의 작은 땅에 乙木이 심어져 壬水에 官이 탁수를 면하게 된다. 다니던 직장이 불안하게 될 것이다. 지지에 子午卯酉가 되어 건강과 직장에 문제가 발생하게 될 것이다. 사전 건강검진으로 예방하는 것이 좋다. 해결 방법은 해외의 새로운 넓은 땅으로 가거나 외국계 회사로 이직하게 되면 해결이 될 것이다.

(壬寅大運 : 55~64세)

壬寅大運은 새로운 官(壬水)으로 물이 많아진다. 지지에 寅木이 寅午戌이 되어 甲木에 꽃을 피울 수가 있다. 좋은 大運으로 볼 수가 있다. 조직 생활은 성공할 수가 있지만 부부 인연은 없다고 판단한다. 60세 辛酉年, 丙辛合으로 묶이게 된다. 지지에 子午卯酉가 되어 성과급과 퇴직금으로 재물을 취할 수가 있고 퇴직하게 될 것이다. 수술할 수가 있으니 건강에 유의하는 것이 좋다.

(辛丑大運 : 65~74세)

辛丑大運은 일간이 丙辛합으로 묶이게 되고 지지에 巳酉丑, 申酉戌이 된다. 財運을 활용하지 못하게 되면 子午卯酉가 되어 건강에 이상이 올 수가 있다. 65세 丙寅年, 丙辛합이 풀어지고 지지에 寅午戌이 되어 甲木에 꽃이 피어 부동산에 투자하면 좋다. 지지에 寅木은 寅申巳亥가 되어 새로운 투자를 하려고 할 것이다. 이때는 해외와 거래를 할 때 재물을 모을 수가 있다. 국내에서는 어떤 경우라도 부동산 외에 다른 것에 투자하지 않는 것이 좋다. 외국계 유통회사에 고문으로 취업하게 되면 좋다.

(庚子大運 : 75~84세)

庚子大運은 천간 5개의 五行을 다 갖추게 된다. 모든 五行을 다 갖추게 되면 별로 걱정이 없다. 지지에 子水가 申子辰으로 물이 흐르게 된다. 세계를 유람 삼아 여행하거나 자기를 뒤돌아보는 성찰이 필요하다. 壬水의 官에서 庚金이 놀 수가 있어 명예를 얻을 수가 있고 경제적으로 편안하다.

◎ 9. 木이 없는 五行으로 博士가 된 명조

乾 命	1957년 09월 09일(陰) 20:40			직업 : 철학박사				
戊	丙	庚	丁	오행	木	火	土	金	水
戌	子	戌	酉		0	2	3	2	1
98	88	78	68	58	48	38	28	18	8
庚	辛	壬	癸	甲	乙	丙	丁	戊	己
子	丑	寅	卯	辰	巳	午	未	申	酉

〈원국해설〉

丙火 日柱가 꽃을 피워야 할 나무가 없다. 官을 깔고 있고 부모 형제 자리에 재물이 있어 부모의 혜택을 많이 받고 자란 사람이다. 년에 丁火와 일간 丙火가 있어 항상 현실과 이상의 세계로 갈등을 느끼고 마음이 편하지 못하다. 그렇기 때문에 없는 木을 추구하게 되어 늦게라도 배우고 싶은 욕망이 강하다. 甲木의 행위를 하게 된다면 丙丁 갈등도 해소를 시킬 수가 있다. 지지로 부모 자리에 庚金의 뿌리 申金이 있어 初運은 申酉戌로 부모덕으로 재물 福이 있는 명조가 된다.

지지에 庚金의 뿌리 申金이 오면 申酉戌이 되어 戌土가 끝까지 연결되어 財局으로 타고난 재물을 누리게 된다. 젊을 때는 庚金을 칼로서 건설 직업을 선택하면 능력을 발휘할 수가 있다. 후반기는 시의 戊土에 甲木을 심어 교육하게 되면 木火通明이 되어 편안한 삶을 유지하게 된다. 하지만 財運이 28세 이전에 끝나 일찍 결혼하면 한번 헤어질 수가 있다. 48세 이후 새로운 여자를 만나게 될 것이다.

사람들은 좋은 팔자를 타고났어도 어떻게 활용하고 사느냐에 따라 잘 살고 못사는 팔자가 된다. 이 명조의 특징은 木이 없어 木에 관한 일을 하여야 한다. 교육, 건축, 사람을 상대하는 일 중에서도 건설을 택한다면 시의 戊土에 甲木의 나무를 심을 수가 있다. 甲木은 庚金에 칼자루가 된다. 庚金을 칼로 사용하게 된다면 건설을 직업으로 택하게 되어 크게 성공한 사람이 될 것이다.

그러나 순수한 교육을 택하게 되면 없는 木을 길러내는 역할로 나무를 성장시키는 역할만 하여 큰 재물을 취할 수가 없다. 木을 성장시키려면 지지에 戊土를 활용하여 寅午戌로 丙火의 태양이 밝아지면 나무에 꽃을 피우게 된다. 지지에 寅木이 올 때 寅午戌이 되어 木火通明으로 甲木에 꽃을 피워 능력을 발휘할 수가 있다.

(己酉大運 : 8~17세)

己酉大運은 己土가 甲木을 끌어와 戊土에 심는다. 월지에 酉金이 申酉戌이 되어 부모로부터 재물 福이 많아 부모의 혜택을 잘 받고 살아가는 大運이다. 이때 甲木이 오면 월지 戊土가 寅午戌이 되어 甲木에 꽃을 피울 수가 있다. 부모 영역의 甲木으로 부모님이 교육사업을 하게 된 집안에 성장하게 된다. 16세 壬子年, 년에 丁火와 丁壬合 乙木이 乙庚合 辛金이 된다. 일간 丙火가 丙辛合으로 묶이게 되어 한때 어려움이 있게 되었을 것이다.

(戊申大運 : 18~27세)

戊申大運은 넓은 땅 戊土가 두 개가 된다. 두 개의 戊土의 땅에 두 개의 나무를 심게 되는 大運이다. 18세 甲寅年, 甲木이 戊土에 심어지고 꽃을 피울 수 있다. 지지에 寅木이 寅午戌이 되어 공부 잘할 수가 있지만 년간 부모 자리 丁火가 있어 현실과 이상에 갈등이 많다. 19세 乙卯年, 乙木이 월에 庚金과 乙庚合 辛金이 되어 丙辛合으로 일간이 묶이게 된다. 지지에 子午卯酉가 되어 원하는 대학을 가지 못하게 된다. 23세 己未年, 己土가 甲木을 끌어오고 지지에 未土가 亥卯未가 되어 원하는 학교에 진학하지 못한다. 25세 辛酉年, 辛金의 여자(법, 금융)와 관계가 되어 丙辛合으로 金의 행위를 하는 여자를 만나게 된다. 26세 壬戌年, 조상 자리에 丁火와 丁壬合 乙木이 乙庚合을 하게 되어 부모님의 학교 사업에 참여하게 될 것이다.

(丁未大運 : 28~37세)

丁未大運은 丁火는 丁壬合 乙木을 만들어 乙庚合 辛金으로 丙辛合이 된다. 부모님의 권유로 학교에 참여하게 되고 결혼하라는 大運으로 본다. 28세 甲子年, 甲木이 戊土에 심어지고 지지에 子水가 있어 申子辰으로 결혼할 수가 있다. 申子辰, 辰土가 오면 辰戌沖이 되어 좋은 결혼은 아니다. 결혼은 본인이 택한 결혼은 아니다. 그러나 지지에 未土는 亥卯未가 되어 子午卯酉가 될 때 결혼하게 되면 이혼하거나 별거로 살게 된다. 사실 이 명조는 결혼 시기가 大運으로 볼 때 별로 없다. 36세 壬辰年. 丁壬合 乙木이 乙庚合 辛金으로 丙辛合을 하게 되면 좋았을 것이다. 지지에 부부궁이 申酉戌, 申子辰이 될 때 결혼하면 경제적으로 좋은 여자가 인연이 된다.

(丙午大運 : 38~47세)

丙午大運은 두 개의 丙火가 丙丙으로 어두워지고 년간 丁火가 있어 현실과 이상의 갈등을 겪게 된다. 지지에 子午卯酉가 되어 부부궁에 문제가 발생하게 된다. 39세 乙亥年, 乙庚合 辛金이 되어 丙辛合이 묶이게 되며 지지에 子午卯酉가 되어 이혼하게 되는 運으로 본다. 또한 丙丙으로 어두워지기 때문에 새로운 태양 丙火을 찾아서 외국과 인연이 있다.

(乙巳大運 : 48~57세)

乙巳大運은 乙木이 월에 있는 庚金과 乙庚合을 하면 辛金이 된다. 지지에 뿌리 酉金이 되어 먹는 음식에 관한 일을 하거나 금융에 관한 일을 하게 되는 大運이다. 乙庚合으로 辛金이 될 때는 丙辛合으로 국가자격증을 가지게 된다. 53세 己丑年, 甲木을 끌어와 乙木이 乙庚合이 될 때는 부동산 자격증을 가지게 되고 부동산업을 하게 된다. 사실 이 사주는 申金을 사용한

申子辰으로 유통업을 하면 申酉戌이 되어 많은 돈을 벌 수가 있다.

(甲辰大運 : 58~67세)

　甲辰大運은 甲木이 오면 戊土에 심어지게 되어 대학원에 관심을 가지게 된다. 원국에 없는 木運이 오게 되면 木에 행위를 하게 된다. 甲木이 오면 木火通明이 되어 능력을 발휘할 수 있다. 이 명조는 木이 없어 항상 배우고 싶은 욕망이 강하다. 58세 甲午年, 대학원에 진학하고 싶은 마음이 들게 된다. 63세 己亥年, 己土는 甲木을 불러와 대학원 박사과정에 입학하게 된다. 66세 壬寅年, 壬水에 丙火의 태양이 뜨게 되며 지지에 寅午戌이 되어 甲木에 꽃을 피우게 되어 박사 학위를 받을 수가 있다.

(癸卯大運 : 68~77세)

　癸卯大運은 시에 있는 戊土와 戊癸合으로 己土가 되어 甲木을 불러와 배운 학문을 후학들에게 강의하고 싶다. 지지에 卯木은 子午卯酉가 되지만 木의 행위를 하게 되면 子午卯酉가 안 된다. 癸水가 丙火를 가리게 되며 戊癸合의 己土가 재야의 교육이 된다. 乙木이 庚金과 乙庚合의 辛金이 되면 일간 丙火가 丙辛合으로 묶이게 되니 재물을 탐하지 않는 것이 좋다.

(壬寅大運 : 78~87세)

　壬寅大運은 壬水가 丁壬合 乙木이 되어 乙木은 庚金과 乙庚合의 辛金으로 일간 丙火가 묶이게 된다. 재물만 탐하지 않으면 壬水에 丙火가 뜨게 되고 지지에 寅午戌이 되어 丙火가 밝게 빛나게 된다. 丙火가 甲木에 꽃을 피우는 역할만 하게 되면 노후가 편안하다. 木火通明을 학문으로 책을 쓸 때 명예를 얻을 수가 있다.

10. 유학 가면 교수를 할 수 있는 명조

坤命	1994년 09월 07일(陽) 12:40			직업 : 간호사					
甲	丙	壬	甲	오행	木	火	土	金	水
午	申	申	戌		2	2	1	2	1
100	90	80	70	60	50	40	30	20	10
壬	癸	甲	乙	丙	丁	戊	己	庚	辛
戌	亥	子	丑	寅	卯	辰	巳	午	未

〈원국해설〉

丙申日柱다. 丙火가 壬水(官)의 맑은 물 위에 아름답게 떠 있어 명랑하고 청아한 명조다. 丙火는 두 개의 甲木에 꽃을 피우려고 한다. 2개의 甲木이 있어 전공을 두 개 할 수 있다. 천간에 壬水를 막을 수 있는 제방이 없어 넓은 대륙을 끼고 있는 큰 나라를 찾아가야 한다. 미국이나 중국, 독일로 유학 갈 경우 좋은 명조가 되어 운명이 바뀌게 된다. 미국으로 유학하게 되면 미국은 庚申으로 많은 돈을 벌 수가 있다. 만일 중국으로 가게 된다면 중국은 戊辰으로 申子辰이 되어 물류 유통으로 돈을 벌 수 있는 명조가 된다. 어떤 나라로 가느냐에 따라 돈을 버는 패턴이 달라진다는 것을 남촌물상론으로 알 수가 있다.

재물은 大運이 29세까지가 財運으로 金의 행위로 돈을 벌려고 한다. 10대 辛未大運으로 辛金의 뿌리 酉金의 직업을 갖게 된다. 법, 의학, 간호학, 의약 등의 직업으로 돈을 벌어야겠다는 생각으로 학과를 택할 것이다. 이분의 직업은 현재 간호사의 직업이다. 30대 己巳大運으로 바뀌게 되면 간호사의 직업보다 의약에 관심이 많아 직업이 바뀌게 될 것이다. 30대 己巳大運은 寅申巳亥가 되어 해외로 유학 가게 될 것이다. 미국으로 유학 가게 되면 지지에 申金이 3개가 되어 의약이나 간호학으로 공부하게 된다. 의약에 관계되는 酉金의 행위를 하면 申酉戌로 金局이 되어 크게 돈을 벌 수가 있는 명조가 된다. 사람은 어떤 길을 택하느냐에 따라 운명이 바뀌게 된다. 우리 역술가들은 정확한 사주 풀이로 사람이 살아가는데 행복을 누릴 수 있도록 최선을 다해야 한다.

(辛未大運 : 10~19세)

辛未大運은 일간 丙火와 丙辛合으로 내가 묶이게 되고 辛金의 뿌리 酉金이 된다. 지지에 월지 申金과 년지 戌土가 있어 申酉戌의 金局이 된다. 金局은 일간 丙火의 재물이 되어 빨리 돈을 벌고 싶은 마음이 강하다. 18세 辛卯年 일간 丙火와 丙辛合을 하게 되어 辛金의 뿌리 酉金이 申酉戌이 된다. 酉金을 사용한 의약, 간호학, 생명공학 학과인 이과로 대학 가기로 결심하게 된다. 18세 辛卯年, 辛金이 일간 丙火와 丙辛合을 하게 되면 지지에 申酉戌로 金局이 된다. 酉金의 행위인 이과를 선택하게 된다. 19세 壬辰年, 대학을 가려고 하지만 壬水의 물이 많아지는 運으로 제방이 필요하다. 천간에 土가 없어 충청도의 학교를 선택하게 된다. 지지에 辰土는 酉金을 끌어와 申酉戌로 金局이 되어 辛金에 관한 간호대학을 지원하여 합격하게 된다.

(庚午大運 : 20~29세)

庚午大運은 천간의 五行이 다 있다. 丙火의 재물인 庚金이 오고 시지에 午火가 寅午戌로 甲木에 꽃을 피우게 되어 능력을 발휘하게 된다. 두 개의 申金이 있어 빨리 돈을 벌어야 한다는 집념이 강하게 온다. 22세 乙未年, 乙木이 庚金을 끌어와 乙庚合 辛金이 되고 일간 丙火와 合을 하게 되어 국가자격증을 취득하게 된다.

24세 丁酉年, 월에 壬水와 丁壬合 乙木으로 국가 자리 甲木에 등라계갑을 하게 되어 대학병원 간호사로 취업하게 되었다. 29세 壬寅年, 물이 많아지는 해이다. 천간에 土가 없어 넓은 땅 외국으로 가고 싶어진다. 30세 癸卯年, 태양이 어두워지게 되어 외국으로 가면 좋다. 미국으로 가게 되면 庚申

으로 申金 3개가 하나가 된다. 년지에 戌土가 있어 본인의 직업은 辛金을 쓰는 간호사 직업이나 의약을 전공하면 辛金의 뿌리 酉金이 된다. 지지에 酉金이 申酉戌이 되어 酉金의 학과인 약학대학원으로 다시 학교에 가게 될 것이다.

(己巳大運 : 30~39세)

己巳大運은 甲己合으로 한 개의 甲木을 제거하고 乙木이 되어 등라계갑을 하게 된다. 많은 학생들이 모이게 되는 大運이다. 31세 甲辰年, 3개의 甲木이 하나가 되고 지지에 부부궁이 巳酉丑, 申酉戌이 된다. 같은 업종의 남자와 결혼하게 될 것이다. 32세 乙巳年, 乙木이 庚金을 끌어와 乙庚合 辛金이 된다. 辛金의 뿌리 酉金으로 약학 대학원에 진학하게 될 것이다. 辛金의 뿌리 酉金이 오면 시시에 申酉戌로 財局이 되고 巳午未가 되어 丙火가 밝아지게 된다. 丙火는 甲木에 꽃을 피우게 되어 대학원에 합격하게 된다. 己土는 甲己合으로 경쟁자를 제거하고 乙木이 되어 등라계갑을 하게 된다. 지지에 巳午未와 寅申巳亥가 될 수 있는 개연성이 있어 丙火가 밝아지는 좋은 大運으로 판단할 수가 있다.

(戊辰大運 : 40~49세)

戊辰大運은 戊土가 壬水의 물을 제방으로 막아 제방 위에 나무를 심을 수가 있어 튼튼한 제방이 된다. 지지에 辰戌沖이 되어 제방에 나무를 심어야 한다. 땅이 움직이면 부동산을 취득하게 되고 새로운 땅에 나무를 심을 수가 있다. 학교에서 교수로 임용될 수가 있다. 41세 甲寅年, 3개의 甲木이 하나가 된다. 申子辰으로 물을 공급하게 되어 건축물의 부동산이 생길 수가 있다. 또한 3개의 甲木이 하나가 되고 戊土에 뿌리를 내릴 수가 있어 대학에서 교수가 될 수가 있는 때가 된다.

〈丁卯大運 : 50~59세〉

　丁卯大運은 월에 壬水와 丁壬合木으로 官(壬水)이 사라지고 乙木의 運으로 바뀌는 大運이다. 남편과의 문제로 볼 수가 있지만 官에 官法으로 보면 남편의 아버지는 지지에 戌土를 부모로 볼 수가 있다. 지지에 子水로 인하여 子午卯酉가 되어 시부모님이 문제가 된다는 것을 大運에서 예측한다. 54세 丁卯年, 大運이 예측한 대로 남편의 아버지가 사망할 수가 있다고 판단하면 정확하다.

〈丙寅大運 : 60~69세〉

　丙寅大運은 두 개의 丙火가 되어 어두워지는 大運이다. 학교 교수라면 퇴직하는 大運으로 판단할 수가 있다. 태양이 어두워지면 새로운 태양의 나라로 가고 싶은 것이다. 그러나 지지에 寅午戌이 되어 다시 밝아지게 되면 생각이 바뀌게 된다. 63세 丙子年, 丙火가 어두워지고 지지에 申子辰으로 학교에 교수라면 퇴직하려고 할 것이다. 64세 丁丑年, 丁火가 壬水의 官과 丁壬合木을 하여 官이 乙木으로 바뀌게 되어 퇴직할 것이다. 65세 戊寅年, 戊土가 壬水를 막아주고 甲木이 심어지게 되면 지지에 寅午戌이 되어 연구직으로 남아 일하게 될 것으로 판단된다.

〈乙丑大運 : 70~79세〉

　乙丑大運은 乙木으로 甲木에 등라계갑을 하게 된다. 지지에 丑土가 巳酉丑이 되면 申酉戌의 金局으로 丙火의 財局이 되어 경제적으로 편안하게 된다. 또한 巳午未가 되면 일간 丙火가 밝아지게 된다. 고목에 꽃을 피워 木火通明으로 지금까지 학문으로 연구한 저술을 책이나 논문을 발표하면서 노후를 보내면 좋은 명조이다.

11. 창의력은 좋으나 남 좋은 일을 하게 될 명조

乾命	1966년 12월 03일(陽) 04:05	직업 : 사업가	오행	木	火	土	金	水
庚	丙	己	丙						
寅	申	亥	午		1	3	1	2	1
92	82	72	62	52	42	32	22	12	2
己	戊	丁	丙	乙	甲	癸	壬	辛	庚
酉	申	未	午	巳	辰	卯	寅	丑	子

〈원국해설〉

丙申日柱다. 천간에 丙火가 두 개가 있어 밝지 못하다. 태양은 唯一無二한 존재로 밝아야 하는데 두 개의 태양이 있다. 일간 丙火는 지지에 財를 깔고 있다. 년에 丙火는 지지에 丙火의 뿌리 午火를 깔고 있어 년에 있는 丙火가 더 밝아질 수가 있다. 돈은 내가 벌어도 년에 丙火가 돈을 취하는 명조가 된다. 단, 癸水로 인하여 丙火가 어두워질 때나 運에서 辛金이 와서 丙辛合으로 경쟁자를 제거할 때 일간이 재물을 취할 수 있다.

일간 丙火는 시에 庚金과 일지 申金이 뿌리가 되어 재물 福이 좋아 재물을 취할 수가 있는 것처럼 보일 수가 있다. 그러나 나의 영역에 재물이 있어도 년에 丙火가 밝아지면 년간 丙火가 재물을 취하는 명조이다. 이 명조는 해외 가서 공부하면 좋은 명조가 된다. 외국에서 살았다면 새로운 丙火의 태양이 3개로 하나가 된다. 水氣運을 받아 태양이 壬水에 뜨게 되어 명예를 얻을 수가 있다. 넓은 땅에 甲木을 심을 수가 있어 공부도 잘할 수가 있다. 甲木에 丙火의 태양이 비추어 꽃을 피우게 되면 木火通明으로 배우고 닦은 학문으로 성공을 할 수 있다. 지지에 寅申巳亥가 되어 새로운 변화로 개혁할 수가 있다. 타고난 마케팅 전략으로 능력 있는 사업가로 변신할 수가 있으며 크게 성공할 수가 있는 사람이다.

그러나 국내에서 살아가면 일간 丙火는 어두운 丙火가 되어 천간 庚金의 재물과 지지에 申金의 재물은 년에 丙火가 寅午戌이 되어 재물을 취할 수가 있다고 판단할 수가 있다. 지지 午火가 丙火의 뿌리가 되어 시에 寅木이 寅午戌이 되면 국가 자리 대기업 자리에 丙火가 밝아진다. 년에 丙火는 대기업이나 국가 자리에 있는 丙火가 재물을 취하게 된다. 일간은 대기업에서 국가를 상대로 돈 버는 역할만 잘 할 수가 있다. 대기업에 돈을 벌면 년에 丙火가 가져가는 형국으로 조직 생활로 충실하면 좋은 사주가 된다.

국내에서는 결혼도 하기 어려운 사주가 된다. 부부궁에 財(申金)가 있어도 寅申巳亥가 되고 년에 丙火가 밝은 태양이 되면 천간 庚金과 지지 申金의 財를 취할 수가 있다. 국내에서는 결혼하기가 어렵다. 결혼하였다 하더라도 끝까지 가기에는 어렵다고 판단하게 된다. 지지에 官인 亥水가 시지에 寅木과 寅亥合을 하고 있다. 엄마가 경제적인 활동으로 살아가는 것으로 볼 수가 있다(財에 財와 觀法 적용)

(辛丑大運 : 12~21세)

辛丑大運은 경쟁자인 丙火를 제거하는 것은 좋지만 丙辛合水 癸水가 월간 己土가 탁수가 될 수가 있다. 교육하는 기간은 탁수를 면할 수가 있다. 지지에 丑土는 巳酉丑으로 寅申巳亥가 되어 새로운 변화가 오는 大運이다. 돈을 벌기 위해 고향을 떠나는 것으로 판단한다. 17세 壬戌年, 년에 丙火(부친)는 壬水(官) 때문에 己土가 탁수된다. 지지에 午火는 寅午戌로 丙火가 己土의 탁수된 물 위에 떠 재물을 취하게 된다. 부친으로 인하여 경제적 어려운 환경에 처하게 된다. 지지에 丑土가 巳酉丑의 酉金이 申酉戌이 된다. 년에 丙火가 밝아져 국립 공고로 진학을 할 수 있다. 학업의 어려움은 지지에 寅午戌이 되어 년에 丙火가 밝아져 큰 집이나 다른 윗사람의 도움으로 학교에 다니게 되었을 것이다. 19세 甲子年, 甲木이 甲己合으로 乙木이 된다. 乙木은 庚金과 乙庚合 辛金이 되면 丙辛合으로 경쟁자를 제거한다. 지지에 辛金의 뿌리 酉金이 申酉戌이 되어 돈을 벌기 위하여 대학은 가지 못하게 된다.

(壬寅大運 : 22~31세)

壬寅大運은 壬水에 의해 己土는 탁수가 된다. 그러나 지지에 寅午戌이 되면 己土는 甲木을 끌어와 甲己合으로 乙木이 된다. 시에 庚金과 乙庚合하면 丙辛合으로 경쟁자를 제거하여 취업이 가능하다. 24세 己巳年, 두 개의 己土가 甲木을 불러오고 지지에 巳火가 寅申巳亥가 되어 고향을 떠나 취업하게 된다. 이 大運은 해외를 가거나 외국과 거래하지 않으면 국내에서는 능력을 발휘하기가 어렵다. 29세 甲戌年, 월간 己土와 甲己合 乙木은 乙庚合 辛金이 丙辛合되어 경쟁자를 제거하여 회사에서 능력을 발휘한다. 지지에 寅午戌로 년에 丙火가 밝아져 일간 丙火가 일은 하고 공로는 윗사람이 가져가게 된다. 31세 丙子年, 3개의 丙火가 하나가 되며 지지에 申子辰이 된다. 부부궁이 合을 이루어 결혼할 수가 있지만 子午卯酉의 개연성으로 부부 문제로 가정을 지키기 어렵다.

(癸卯大運 : 32~41세)

癸卯大運은 癸水는 丙火를 어둡게 하여 丁火의 기질로 활동을 할 수가 있다. 천간 己土는 제방 역할을 할 수가 있다. 지지에 卯木은 寅卯辰이 되면 월에 己土는 甲木을 불러와 庚金의 칼자루가 된다. 여기서 甲木은 새로운 아이디어 개발로 능력을 발휘하게 되는 大運이다. 34세 己卯年, 두 개의 己土가 甲木을 불러와 지지에 寅卯辰이 되어 甲木의 뿌리가 된다. 새로운 아이디어 개발로 능력을 발휘하게 된다. 40세 乙酉年, 乙木이 己土에 심어지고 시에 庚金과 乙庚合 辛金이 되어 丙辛合으로 경쟁자를 제거한다. 지지에 酉金은 巳酉丑으로 酉金이 申酉戌과 寅申巳亥가 되어 능력을 발휘하게 된다.

(甲辰大運 : 42~51세)

甲辰大運은 甲木이 월에 己土와 甲己合 乙木이 되어 乙庚合으로 경쟁자를 제거하고 재물을 취할 수 있는 大運이다. 46세 辛卯年, 년에 丙火를 丙辛合

으로 일간 丙火가 태양이 밝아져 재물을 취할 수가 있다. 49세 甲午年, 甲己合 乙木이 시에 庚金과 乙庚合으로 년에 丙火와 丙辛合을 한다. 지지에 午火가 寅午戌이 되어 재물을 빼앗기는 運으로 남 좋은 일만 한다. 51세 丙申年, 3개의 丙火가 3:1로 합을 할 수가 있다. 지지에 申金이 있어 3개의 丙火가 하나가 되어 재물을 취할 수 있고 승진의 기회도 된다.

(乙巳大運 : 52~61세)

乙巳大運은 乙木이 乙庚合으로 辛金이 되고 년에 丙火와 丙辛合水로 경쟁자를 제거하지만 己土가 탁수의 개연성이 있다. 지지에 丙辛合으로 辛金의 뿌리 酉金이 申酉戌이 되어 많은 돈을 벌 수가 있다. 하지만 월에 己土가 탁수되어 한 방에 돈을 날릴 수가 있다. 55세 庚子年, 해외와 거래를 하면 3개의 丙火가 하나가 되며 지지에 申子辰이 된다. 3개의 丙火는 일간 丙申의 申金의 뿌리로 합을 하게 된다. 지지에 申子辰이 되면 유통 사업으로 많은 돈을 벌 수가 있다. 56세 辛丑年, 년에 丙火의 경쟁자를 제거하고 지지에 巳酉丑과 申酉戌이 財局이 된다. 일간 丙火가 庚金의 재물과 지지의 申金을 취하게 되어 많은 돈을 벌게 된다.

(丙午大運 : 62~71세)

丙午大運은 3개의 丙火가 년에 丙午의 뿌리를 찾아 합을 하게 된다. 대기업을 상대로 기술을 개발하면 대기업은 국가를 상대로 기술 자금을 받을 수가 있다. 회사에 많은 돈을 벌어주는 大運이다. 65세 庚戌年, 66세 辛亥年, 67세 壬子年, 해외를 상대로 영업하면 많은 재물을 취하게 될 것이다.

12. 丙火가 밝아져도 어디에 빛을 발산하느냐에 따라 운명이 달라지는 명조

坤 命	1967 11월 17일(陰) 12:59 직업 : 서양화가				오행	木	火	土	金	水
甲	丙	壬	丁		1	3	2	0	2
午	辰	子	未						
97	87	77	67	57	47	37	27	17	7
壬	辛	庚	己	戊	丁	丙	乙	甲	癸
戌	酉	申	未	午	巳	辰	卯	寅	丑

〈원국해설〉

丙辰日柱다. 五行에 金이 없어 無財四柱다. 일간 丙火의 태양이 밝게 떠 있으며 甲木에 꽃을 피울 수가 있어 木火通明이 되어 있다. 밝고 명랑한 사람이다. 천간에 丙火와 丁火가 있고 지지에 午火와 未土가 있어 巳午未의 개연성으로 火氣運이 강해 예술성이 있다. 단점은, 丙火의 태양이 壬水(官)에 아름답게 뜰 때 명예가 오는 것인데 년에 丁火와 월에 壬水(官)가 丁壬合을 하고 있다. 壬水(남편) 官이 년간 丁火와 丁壬合을 하고 있어 丙火의 태양이 壬水 물 위에 뜰 수가 없다. 丁壬合이 풀어질 때 丙火의 태양이 壬水에 뜨게 되어 예술성으로 명예를 얻을 수가 있다.

丙火 일간은 밝았을 때 능력을 발휘하게 된다. 태양이 밝아도 어떤 용도에 빛을 발산하느냐에 따라 운명이 달라진다. 이 사주 원국에서 시에 있는 甲木은 뿌리가 없지만 지지에 寅午戌이 될 때 木火通明으로 배우고 익히는 학문으로 능력을 발휘하게 된다. 47대 丁巳大運, 일간 丙火는 壬水에 뜰 수가 있다. 그동안 남편(壬水)의 굴레에서 벗어날 수가 없어 예술적 능력이 있어도 명예를 얻을 수가 없었다. 남편과 이혼하거나 독자적인 길로 가지 못하면 예술가로서 능력 발휘가 안 된다. 차라리 官(壬水)을 남편으로 사용

하지 않고 학교에 남아 교수로 활동하였다면 45세 이후는 작가로서 크게 명성을 떨칠 수가 있어 유명한 서양화가 되었을 것이다. 이분은 상담 결과, 51세 丁酉年 이혼하였으며 현재 서양화가로 활발히 활동하는 분이다. 이혼 시기는 51세 丁酉年, 丁壬合이 풀어지고 지지에 子午卯酉가 되어 이혼하였을 것으로 판단할 수가 있다.

직업을 官에 官法으로 보면 丙火의 官은 壬水인데 丁壬合 乙木으로 대학 교수의 길을 택했다면 유명한 교수가 되었을 것이다. 다음은 財에 官法으로 보면 丙火의 財인 金이 없다. 오직 일간 丙火 스스로 辛金을 끌어와 辛金의 뿌리 지지에 辰土에서 酉金을 辰酉合金으로 손기술과 말로서 돈을 벌 수가 있는 사람이다. 財와 官法 중에 이분은 官에 官法의 길을 택하여 살았다면 大運의 흐름대로 46대 丁巳大運부터 財와 官(명예)이 와서 편안한 삶이 되어 명예와 재물을 동시에 취하게 되는 명조가 되었을 것이다.

(甲寅大運 : 17~26세)

甲寅大運은 丙火가 두 개의 나무에 꽃을 피우게 되어 매우 혼란스러운 관계로 판단을 내리기가 어려웠을 것이다. 17세 癸亥年, 癸水가 丙火의 태양을 흐리게 할 수가 있다. 癸水가 원국에 丁壬合을 풀어지게 한다. 일간 丙火가 壬水에 뜨게 된다. 예술성으로 능력을 발휘할 수도 있으며 공부도 잘한 학생이다. 19세 乙丑年, 乙木이 丁壬合을 풀어지게 하여 丙火가 물 위에 뜨게 된다. 지지에 丑土는 巳酉丑, 巳午未가 되어 태양이 밝아진다. 탁월한 예술적인 소질로 대학을 무난하게 갈 수가 있다. 26세 壬申年, 官이 와서 丁壬合을 풀어지게 하여 남자가 보인다. 일간 丙火가 壬水의 물 위에 아름답게 뜨게 된다. 지지에 申子辰으로 부부궁에 합을 이루어 결혼할 수 있는 해로 볼 수가 있다.

(乙卯大運 : 27~36세)

乙卯大運은 丁壬合이 풀어진다. 26세 壬申年, 官을 남자와 결혼하지 않고 대학원을 갔다면 아주 좋은 大運이 된다. 지지에 卯木은 甲木의 뿌리를 寅卯辰으로 튼튼한 뿌리가 되어 교수의 길을 갈 수가 있었다. 대학원에 가지 못했다면 지지는 甲木에 뿌리가 되지 못하고 子午卯酉가 되어 편안하지 못한 길을 택하게 된다. 인생의 삶이 팔자가 바뀌게 된다. 이렇게 순간의 선택이 한 인간의 팔자를 바꿀 수 있는 중대한 갈림길에 있을 때 우리 역학자들은 올바른 인식으로 상담한다면 편안한 길로 가게 되었을 것이다.

(丙辰大運 : 37~46세)

丙辰大運은 두 개의 丙火가 뜨게 되니 더욱더 甲木이 필요하다. 그렇지 않으면 해외로 진출하여 3개의 태양을 하나로 만들어 가야 한다. 외국으로 가지 못하면 한 개의 甲木에 두 개의 태양이 비추는 격으로 어려움에 봉착하여 매우 혼란스러운 일이 발생하게 된다. 44세 庚寅年, 庚金의 財運이 온다. 壬水의 官(남편)과 丁火가 丁壬合 乙木이 되고 乙庚合 辛金이 되어 일간 丙火를 丙辛合으로 묶이게 된다. 丙辛合水가 되어 남편의 문제로 스트레스와 고통을 받게 된다.

(丁巳大運 : 47~56세)

丁巳大運은 丁壬合이 풀어지는 大運이다. 丁壬合이 풀어지는 것은 남편으로부터 벗어 나는 大運으로 볼 수가 있다. 일간 丙火는 새로운 壬水의 官에 태양이 뜨게 되니 예술적 활동으로 명예를 가질 수가 있게 되는 大運이다. 51세 丁酉年, 丁壬合이 풀어지고 지지로 子午卯酉가 되어 이혼하게 되었다. 지지에 酉金은 일지 辰土와 辰酉合을 하게 되니 경제적인 능력을 발휘할 수 있게 된다. 54세 庚子年, 乙庚合이 丁壬合 辛金의 재물로 묶이게 된다. 지지로 申子辰이 되어 물 위에 태양은 뜨고 싶지만 경제적으로 어렵다. 56세 壬寅年, 丁壬合이 풀어지고 지지에 寅木이 寅午戌이 되어 丙火가 밝아져 예술성으로 능력을 발휘하게 된다.

(戊午大運 : 57~66세)

戊午大運은 이분의 인생에 제일 좋은 大運으로 볼 수가 있다. 戊土는 官(壬水)의 제방이 되며 여기 戊土의 땅에 甲木이 뿌리를 내릴 수가 있다. 일간 丙火는 백조의 호수 위에 태양이 아름답게 비치게 되어 예술적 능력을 마음대로 발휘할 수 있어 명예를 크게 떨칠 수 있는 大運이다. 만일 대학 교수로 갔었다면 木火通明이 되어 교수로서 예술가로서 한꺼번에 두 마리의 토끼를 다 잡는 大運이 된다. 61세 丁未年, 62세 戊申年, 예술성으로 명성을 얻어 경제적 富로 노후가 충분하게 준비되는 해가 될 것이다.

(己未大運 : 67~76세)

己未大運은 己土는 시에 甲木을 甲己合 乙木이 되면 丁壬合을 풀어지게 할 수가 있다. 일간 丙火의 태양은 다시 壬水에 뜨게 된다. 예술성으로 활동을 원만하게 하게 될 것이다. 지지로 巳午未가 되어 丙火를 밝게 하여 능력을 발휘하게 될 것이다.

(庚申大運 : 77~86세)

庚申大運은 丁壬合 乙木이 乙庚合을 하게 된다. 辛金은 丙辛合을 하게 된다. 지지에 辛金의 뿌리 酉金과 庚金의 뿌리 申金은 申子辰이 되어 丙火가 물 위에 뜨게 되면 예술성으로 돈을 벌 수가 있다.

4장
丁火 日干

4장
丁火 日干

● 1. 대학 강사에서 CEO로 성장할 수 있는 명조

乾命	1985년 10월 05일(陽) 16:50	직업 : 생명공학 박사					
戊	丁	乙	乙	오행	木 火 土 金 水		
申	丑	酉	丑		2 1 3 2 0		
99	89	79	69	59	49	39	29	19	9
乙亥	丙子	丁丑	戊寅	己卯	庚辰	辛巳	壬午	癸未	甲申

〈원국해설〉

　丁丑日柱다. 원국에 官(水)이 없어 無官四柱다. 財는 지지에 申金과 酉金이 있어 보이지 않는 재물이 있다. 직업으로 官(명예)을 써야 하는데 일간 丁火에서 壬水(官)를 끌어와 丁壬合木으로 교육에 관한 일을 해야 한다. 丁壬合木으로 만들어진 3개의 乙木은 시의 戊土에 모여들게 된다. 3개의 乙木은 다시 庚金을 끌어와 乙庚合으로 辛金의 재물을 만들 수가 있다. 丁火 일간이 壬水(官)와 합을 하게 되면 재물과 명예를 동시에 취할 수 있는 명조가 된다.
　안심법으로 해석하면 일간 丁火의 등불은 큰 甲木에 등불을 달고 싶어 한다. 시에 있는 戊土의 땅에 甲木을 심어 높은 곳에 등불을 달아 멀리 빛을 비추고 싶다. 년, 월에 있는 작은 乙木들은 甲木에 등라계갑을 하면 교육자로서 자기의 명예를 쌓고 제자들과 함께 살아가기를 좋아하는 명조가 된다.

　직업을 선택하려면 官을 택할 것인지? 財를 택할 것인지? 결정해야 한다. 남촌물상론의 財에 觀法을 사용하여 보자. 丁火의 財는 金이며 金의 財는 木이 된다. 돈을 벌기 위해서는 木(교육)의 행위를 해야 한다. 大運의 흐름을 참작하여야 한다.

　천간에서 財을 만들 수 있는 五行은 乙木이다. 乙木에서 乙庚合으로 辛金이 되면 財을 만들 수 있다. 지지에 있는 財는 모두 丁火의 財다. 년에 있는 乙木이 庚金을 끌어오면 庚金의 뿌리는 지지에 있는 申金이 뿌리가 된다. 월에 있는 乙木이 庚金을 끌어와 乙庚合 辛金이 되면 월지 酉金이 뿌리가 된다. 乙庚合을 하게 되면 辛金이 되고 辛金은 丙火를 끌어와 자격증을 만들 수가 있다. 乙木으로 시작하여 丁火의 재물(金)을 만들 수가 있다. 살아있는 생명체인 乙木의 나무를 변화시켜 酉金으로 연구하는 생명공학을 전공하게 되었다.

　생명공학(biotechnology)이란? 생명체의 기능과 특징을 인간의 목적에 알맞게 활용하는 학문이다. 생명체의 연구 영역은 크게 미생물, 식물, 동물, 인체 등으로 나눌 수가 있다. 財物論에서는 생명공학을 다방면으로 설명하기가 매우 어렵다. 다만 본질을 벗어나지 않은 범위에서 설명할 수 있을 따름이다. 미생물이나 식물이나 동물의 관계에 대해서는 자세한 설명을 하지 않아도 된다. 필자는 항상 연구하고 실전에서 검증된 경험을 토대로 후학들에게 전수하게 될 것이다.

(癸未大運 : 19~28세)

　癸未大運은 시에 있는 戊土와 戊癸合으로 己土가 된다. 己土는 甲木을 끌어오게 되지만 뿌리 없는 나무다. 甲己合의 乙木들이 등라계갑 하려고 하지만 乙乙이 서로 엉키게 되어 있다. 엉키게 된 나무들을 金으로 해결하기 위하여 이과인 생명공학과를 지원하게 되었다. 대학은 어떻게 갔을까? 19세 癸未年 癸水는 시에 戊土와 戊癸合을 하여 己土가 된다. 己土는 甲木을 끌어오면 甲木에 등불이 높게 매달린다. 끌어온 甲木을 심으려면 戊土의 땅 충청으로 대학을 가면 된다.

(壬午大運 : 29~38세)

壬午大運은 丁火와 丁壬合으로 乙木이 되어 乙木이 3개가 된다. 乙木들은 강력하게 庚金을 끌어와 3:1 乙庚合 辛金이 되고 辛金은 丙火를 끌어와 꽃을 피우려 하게 된다. 乙木이 乙庚合에서 변화하는 과정이 생명공학과 관계가 있다. 지지에 子午卯酉의 개연성이 있지만 金의 행위를 하게 되면 子午卯酉를 피할 수가 있다. 33세 丁酉年, 丁壬合木이 되고 지지는 巳酉丑으로 부부궁에 合을 이루어 결혼하였다. 38세 壬寅年, 甲木의 뿌리 寅木으로 인해 천간 戊土에 甲木이 심어질 수가 있어 대학원에 진학하게 되었다.

(辛巳大運 : 39~48세)

辛巳大運은 財運이 온다. 辛金이 오면 지지에 酉金이 巳酉丑으로 酉金의 행위를 하면 재물을 취할 수가 있다. 辛金은 丙火를 끌어와 새로운 일을 하고자 할 것이다. 辛金이 丙火를 끌어오면 丙丁 갈등하게 될 것이다. 丙丁 갈등을 甲木으로 해결하려 하지만 학교를 그만두는 문제로 고민하게 된다. 45세 己酉年, 己土가 甲木을 불러오고 지지에 酉金이 두 번 巳酉丑으로 巳火가 寅申巳亥가 되어 대기업이 아닌 다른 기업체에 연구원으로 자리를 이동하게 될 것이다. 지지에 寅申巳亥는 직장 이동 등 새로운 변화를 추구하게 된다는 것을 의미한다.

(庚辰大運 : 49~58세)

庚辰大運은 년에 있는 乙木과 乙庚合 辛金이 되어 丙火를 끌어오게 된다. 국가에 연계되는 일만 하지 않으면 되고 자격증이나 특허등록은 괜찮다. 지지에 辰酉合金이 되어 연구 개발한 제품으로 특허 출원하게 되는 좋은 계기가 될 것이다. 지지에 辰酉合金으로 재물의 변화가 올 것이며 申子辰으로 해외도 진출할 기회가 될 것이다. 50세 甲寅年, 甲木이 시에 있는 戊土에 뿌리를 내리게 되면 甲木에 등불이 되어 연구한 논문이나 새로운 기술로 학교에서도 높이 평가받을 수 있다. 지지에 寅申巳亥가 되어 해외와 교류하면 좋은 運이 되리라 판단한다.

(己卯大運 : 59~68세)

己卯大運은 己土가 甲木을 끌어와도 지지에 木이 없어 甲木은 乙木의 성향이 된다. 3개의 乙木이 庚金과 3:1로 합이 되어 3개의 업체가 하나의 그룹으로 형성된다. 3개의 회사가 각각 모체를 기반으로 성장을 하게 될 것이다. 65세 己巳年, 己土는 甲木을 끌어와 甲己合 乙木이 3개의 乙木이 된다. 지지에 巳火가 巳酉丑을 두 번 할 수가 있다. 연구한 학문으로 능력을 인정받아 재물을 취하게 될 것이다.

(戊寅大運 : 69~78세)

戊寅大運은 戊土가 두 개의 땅이 된다. 두 개의 땅에 나무를 심어야 한다. 지지에 寅木이 오면 甲木을 끌어와 자식 자리에 庚金의 칼자루가 되어 자식에게 모든 권한이 주어진다. 부모 자리에 있는 甲木에 乙木들이 등라계갑을 하면 한 곳에 모여들게 되어 자식에게 경영권을 이관하게 될 것이다.

(丁丑大運 : 79~88세)

丁丑大運은 두 개의 丁火가 壬水를 끌어와 갑목에 등불이 되려고 할 것이다. 지지에 丑土는 3개의 丑土가 되어 酉金에 3:1로 巳酉丑을 할 수가 있어 나이가 들어도 돈 관리를 잘할 수가 있다. 82세 丙戌年 丙火가 오면 丙丁 갈등을 하게 된다. 지지에 戌土가 申酉戌로 財局이 된다. 申酉戌로 자식 자리까지 연결되어 재산을 자식에게 증여하는 것이 좋다.

2. 한 번의 기회를 놓치면 평생 후회를 하게 되는 명조

坤命	1967년 06월 02일(陽) 08:25 직업 : 음식점 직원					오행	木	火	土	金	水
甲	丁	乙	丁				2	3	2	1	0
辰	酉	巳	未								
91	81	71	61	51	41	31	21	11	1		
乙	甲	癸	壬	辛	庚	己	戊	丁	丙		
卯	寅	丑	子	亥	戌	酉	申	未	午		

〈원국해석〉

丁酉日柱다. 水가 없어 無官四柱다. 항상 마음속에 官(남자)에 대해 아쉬움이 있다. 일간인 丁火는 財(酉金)를 깔고 있고 년에 있는 경쟁자 丁火는 土를 깔고 있다. 문제는 官(남자)이 없는데 년간에 나와 같은 丁火가 있어 官(壬水)이 오면 먼저 취하게 된다. 나는 항상 남자의 그리움을 버릴 수가 없다.

지지에 뿌리를 보면 년에 丁未는 亥卯未로 官(남자)을 끌어올 수가 있다. 일간 丁酉는 지지에 酉金(財)이 巳酉丑이 된다. 金의 행위를 金生水로 물을 만들어 먹고 사는 문제로 바쁜 직업을 가지고 살아가게 된다. 酉金을 財로 사용하여야 없는 물(官)을 만들 수가 있다. 酉金은 입에서 샘물이 나오는 격으로 음식과 관계가 있는 것으로 판단한다. 酉金은 음식에 관한 직업을 연하의 남편을 만나 같이 영업하면 가정을 지키고 편안한 삶이 된다.

이분은 먹는 酉金의 직업을 하지 않으면 金生水 官(남자)이 끊어지게 되어 남자 문제가 발생하게 된다. 천간의 乙木이 庚金을 끌어오면 乙庚合 辛金이 된다. 지지에 辛金의 뿌리 酉金이 움직이게 된다. 辛金의 뿌리 酉金이 巳酉丑이 되어 부모로부터 작은 재물을 상속받게 될 것이다. 이런 경우에 부모로부터 재물을 받아 건축물을 사는 대신 음식에 관련된 사업에 투자하면 성공할 수 있다.

 이분은 상담 결과, 부모로부터 작은 건축물을 받아 연립주택에 부동산으로 투자하였다고 한다. 상속받은 돈으로 음식점을 하였다면 많은 돈을 벌었을 것이다. 팔자가 바뀌는 것은 순간의 선택이 중요하다. 어떤 선택을 하느냐에 따라 팔자가 바뀔 수가 있다는 것이다. 남촌물상론은 팔자를 바꿀 수가 있다고 판단한다. 천간의 乙木이 乙庚合을 하면 辛金이 된다. 지지에 辛金에 뿌리 酉金이 재물이 되어 음식에 관련된 사업을 했으면 성공했을 것이다. 시에 있는 연하의 남자를 만나 결혼했더라면 甲木에 丁火의 등불이 두 개가 매달려 밝게 빛나게 된다. 사람들이 모이게 되어 음식 사업도 번창했을 것이며 부동산도 생기게 되었을 것이다. 시지에 辰土가 辰酉合金(財)으로 연결되어 甲木 건축물과 酉金의 재물이 임대업으로 富를 누렸을 것으로 본다. 투자 시기를 한번 잘못 선택하게 되어 지금까지 평생 남의 음식점에 종업원으로 일하고 있다. 運이 올 때 어떤 것을 선택하느냐에 따라 운명이 좌우된다는 것을 알 수가 있다. 상담이 끝나고 이분은 음식점을 할 수 있는 좋은 기회가 있었는데 놓쳐버린 것을 지금까지도 후회하고 있다고 했다.

(丁未大運 : 11~20세)

 丁未大運은 丁火가 3개가 되어 강력하게 壬水(官)를 끌어오게 된다. 甲木에 3개의 등불이 매달리게 되어 공부를 열심히 해야 하는데 壬水의 官을 남자로 사용하여 일찍 이성에 눈을 뜨게 된다. 16세 壬戌年, 17세 癸亥年, 官運으로 흘러 일찍 남자를 알게 된다. 17세 亥卯未가 되어 고등학교에 진학하였다. 19세 乙丑年, 두 개의 乙木이 되어 庚金을 끌어오고 지지에 巳酉丑으로 돈을 벌기 위해 대학 진학은 못하게 된다.

(戊申大運 : 21~30세)

 戊申大運은 戊土에 甲木이 심어지고 두 개의 丁火의 등불이 달리게 된다. 無官四柱는 질서와 순서를 지키지 못해 좋은 기회를 놓치게 되면 문제가 된다. 21세 丁卯年, 3개의 丁火가 壬水(官)를 끌어와 丁壬合을 한다. 壬水(官)의 뿌리 亥水는 년지에 있는 未土와 亥卯未가 된다. 나보다 나이가 많은 남자를 선택하게 되면 남자를 빼앗기게 된다. 23세 己巳年, 시에 甲木과 甲己合 乙木이 庚金을 끌어와 乙庚合으로 酉金이 된다. 지지에 巳火가 辛金의 뿌리 酉金이 巳酉丑으로 辰土와 辰酉合을 하여 혼전임신을 하게 되었다. 상담 결과, 혼전 임신이 되어 25세 辛未年에 아기를 낳았다고 한다. 이분의 경우는 31세 丁丑年, 결혼하였다면 자기에 맞는 좋은 남자를 만나 편안한 삶을 살게 되었으리라 판단한다.

(己酉大運 : 31~40세)

己酉大運은 시에 甲木과 甲己合으로 乙木이 두 개가 된다. 乙木들은 庚金을 끌어와 돈을 벌기 위해서 직업 전선에 뛰어들게 된다. 乙木에서 乙庚合으로 辛金이 되면 뿌리 酉金이 巳酉丑으로 음식점에 취업하게 된다. 33세 己卯年, 월간 乙木에 심을 땅이 되어 시부모로부터 작은 부동산을 상속받아서 연립주택을 마련하게 되었다. 36세 壬午年, 官인 壬水가 년에 丁火와 丁壬合을 하여 乙木이 乙乙이 된다. 乙木은 庚金을 끌어와 돈에 관련된 남자와 문제가 된다. 이분은 상속받은 돈으로 大運에서 예측한 대로 먹는 것으로 酉金(음식점)의 사업을 했더라면 성공했을 것이다.

(庚戌大運 : 41~50세)

庚戌大運은 년에 乙木과 乙庚合을 하여 辛金(財)이 되고 지지에 酉金이 되어 음식점에서 지금까지 직원으로 생활하고 있다. 예측한 대로 연립주택을 매입하지 말고 음식점을 했다면 크게 돈을 벌어 운명이 바뀌었을 것이다. 지지에 申酉戌로 財局이 된다. 이분은 지금까지 음식점 영업하게 되었다면 큰돈을 벌 수가 있었을 것이다. 한 번의 기회는 나를 기다려 주지 않는다.

(辛亥大運 : 51~60세)

辛亥大運은 辛金의 재물이 온다. 지지에 亥水는 亥卯未가 되면 甲木의 뿌리가 되고 두 개의 丁火는 甲木의 등불 역할을 하게 된다. 辛金은 일지에 뿌리가 있어 丁火의 재물이 된다. 지지에 亥水는 년지에 있는 未土가 亥卯未로 寅申巳亥가 되어 부동산을 매입하면 좋다. 亥水의 官을 부동산으로 쓰지 않게 되면 남자 문제가 발생하게 된다. 지지에 亥卯未의 卯와 酉金이 子水를 끌어와 子午卯酉가 될 수 있는 개연성을 가지고 있어 문제가 될 수가 있다. 54세 庚子年, 亥子丑, 申子辰으로 탁수되어 남자 문제로 법적인 문제가 발생할 수가 있으니 조심해야 한다.

(壬子大運 : 61~70세)

壬子大運은 새로운 官(壬水)이 오게 되면 년에 경쟁자 丁火가 丁壬合으로 乙木이 두 개가 되어 다투게 된다. 지지에 子水의 官이 탁수되어 문제가 발생하게 된다. 지지에 子水는 亥子丑 탁수가 될 수가 있다. 子水는 子午卯酉가 되며 辰土에 탁수가 될 수 있어 사전에 건강검진을 받는 것이 좋다. 巳酉丑의 酉金이 탁수가 되면 자궁의 문제가 발생한다.

(癸丑大運 : 71~80세)

癸丑大運은 癸水의 비가 내려 丁火의 등불이 가로등으로 바뀌면 마음이 안정된다. 甲木은 가로등에 등불이 밝아져 자식들이 잘되는 運이다. 지지에 巳酉丑의 재물로 悠悠自適하게 사는 것이 좋다. 노후는 자식과 함께 여생을 보내면 편안할 것이다.

○ 3. 작은 정치를 해야만 하는 명조

坤 命	1962년 09월 06일(陽) 12:25			직업 : 지방의회 의원				
丙	丁	戊	壬	오행	木	火	土	金	水
午	未	申	寅		1	3	2	1	1
100	90	80	70	60	50	40	30	20	10
戊	己	庚	辛	壬	癸	甲	乙	丙	丁
戌	亥	子	丑	寅	卯	辰	巳	午	未

〈원국해설〉

丁未日柱다. 국가 자리에서 (官), 壬水와 丁壬合(木)을 하고 있어 국가에 관한 일을 하고 싶어 한다. 그러나 일간 丁火가 合을 하여 乙木이 월의 戊土에 심어지기 때문에 척박한 땅에서 뿌리를 내리기까지는 무한한 노력이 필요하다. 시에 丙火가 乙木의 꽃을 피워주고 있는 명조다. 낮에 뜨는 태양과 밤에 뜨는 달이 함께 있어 현실과 이상의 갈등을 겪어야 한다. 丁火日柱이 국가 자리 壬水(官)와 合을 하여 乙木으로 변하기 때문에 갈등을 느끼지 않아도 된다. 시에 있는 丙火를 이용하여 乙木에 꽃을 피워 국가의 일을 하며 살아가는 명조가 된다.

이 명조는 丁火가 壬水(官)에 의지해야만 자기를 지킬 수 있다. 丁壬合이 풀어지면 시에 丙火가 壬水의 官에 뜨게 된다. 나보다 어린 사람 丙火의 남자가 壬水의 官에 뜨게 되어 아주 불리한 여건에 처하게 된다. 丙火가 뜨면 지지에 寅午戌이 되어 丙火의 태양이 밝아지게 된다. 丁火(달)는 햇빛으로 인해 빛을 잃게 되어 어렵게 된다. 오직 官에 의해서 자기를 지킬 수가 있다고 생각한다. 국가에 일을 해야 하는데 아랫사람이 丙火가 壬水(官)에 뜨게 된다. 일간 丁火는 빛을 잃게 되어 선거에 낙선하게 된다. 壬寅大運에 丁壬合이 풀어지면 지지에 寅木이 寅午戌로 丙火가 밝아지게 되어 반드시 정치와는 멀어질 것으로 보인다. 이분이 다시 정계로 가려면 윗선인 중앙당의 신임이 필요하다. 그렇지 못할 경우 차기 61세 壬寅年, 지방선거에서 어려움을 겪게 될 것이다.

(丁未大運 : 10~19세)

丁未大運은 丁壬合이 풀어져 丙火가 壬水에 뜨고 지지에 寅午戌로 丙火가 밝아져 丁火는 자신을 드러낼 수가 없다. 지지에 寅申巳亥가 되어 고향에서 떨어진 학교로 가게 된다. 10세 辛亥年, 丙辛合으로 丙火를 제거하고 丁壬合木으로 戊土에 심어지게 되어 척박한 땅에 뿌리를 내려야 한다. 19세 庚申年, 財運이 오고 丁壬合 乙木이 乙庚合을 하여 辛金이 된다. 辛金은 시에 丙火를 丙辛合으로 辛金의 재물을 취하고 싶다. 辛金의 뿌리 酉金은 지지에 申酉戌로 金局이 寅申巳亥가 되어 돈을 벌기 위하여 대학을 포기하고 직장생활하게 되었다.

(丙午大運 : 20~29세)

丙午大運은 두 개의 丙火가 丙丙으로 어두워진다. 丙火가 지지에 午火를 달고 와 寅午戌로 밝아지면 일간 丁火는 빛을 발산할 수가 없어 어렵게 된다. 20세 辛酉年, 辛金이 시에 丙火를 丙辛合으로 제거하고 재물을 취할 수가 있다. 辛金의 뿌리 酉金이 되어 전자 회사에 취업하였다. 26세 丁卯年, 丁壬合이 풀어지고 지지에 亥卯未가 되어 부부궁에 합을 이루어 결혼하였다.

(乙巳大運 : 30~39세)

乙巳大運은 乙木으로 丁壬合木이 풀어지고 戊土에 乙木은 심어진다. 자유로운 활동을 하게 된다. 지지에 寅申巳亥가 되어 변화와 개혁의 꿈을 꾸게 된다. 丁火는 년에 壬水와 합을 하여 庚金을 끌어와 辛金이 되어 丙辛合이 된다. 국가의 일을 하고 싶은 마음을 항상 가지게 된다. 丁壬合 乙木의 마음은 지지에 申金이 있어 庚金의 재물을 탐하게 된다. 丁壬合 乙木이 되면 乙庚合으로 辛金이 되어 시에 丙火를 丙辛合으로 무력화시키려는 마음을 가지고 살아간다. 34세 乙亥年, 丁壬合이 풀어지고 丙丁 갈등을 겪게 된다. 지지에 寅申巳亥가 되어 새로운 개혁의 꿈을 갖고 여성단체에 가입하게 되어 이때부터 여성운동에 참여하게 되었다.

(甲辰大運 : 40~49세)

甲辰大運은 甲木이 戊土에 심어진다. 丁壬合 乙木이 甲木을 타고 올라가 등라계갑을 하게 되어 본래의 모습을 세상에 드러내는 시기이다. 이 大運은 항상 마음속에 품고 있던 甲木으로 대학에 진학하게 될 것이다. 지지에 辰土가 오면 천간 丁壬合 乙木이 움직이게 된다. 지지에 卯木이 寅卯辰으로 甲木의 뿌리가 되어 대학에 진학하게 된다. 寅木은 寅午戌이 되고 乙木은 튼튼한 甲木을 타고 올라가 갈 수가 있다. 시에 있는 丙火의 햇빛을 받게 되어 방송통신대학에 입학하게 되는 大運이라고 할 수 있다. 丁壬合木은 남편의 적극적인 후원을 말한다. 이유는 丁壬合의 乙木이 되어 甲木이 戊土에 심어지면 등라계갑을 하기 때문이다.

(癸卯大運 : 50~59세)

癸卯大運은 천간 癸水가 경쟁자 丙火를 어둡게 만들 수가 있다. 戊土와 戊癸合을 하여 己土가 되면 丁壬合 乙木을 己土에 심을 수가 있다. 己土는 甲木을 불러와 년지에 寅木에 뿌리가 되어 戊土에 심어진다. 국가 자리 壬水와 丁火가 합을 하여 乙木이 되면 甲木을 타고 올라가 등라계갑을 하게 된다. 지지에 寅木이 寅卯辰으로 뿌리가 튼튼하게 되어 정치에 입문하게 된다.

53세 甲午年, 甲木은 戊土에 심어지고 丁壬合 乙木은 등라계갑을 하게 된다. 지지에 寅木이 寅午戌로 꽃을 피우게 되어 지방선거에 당선이 되었다. 57세 戊戌年, 지지에 戌土가 오면 寅午戌로 丙火가 밝아지게 된다. 지지에

寅木의 뿌리가 발동하게 되면 大運에 戊癸合의 己土가 寅木의 뿌리 甲木을 불러오게 된다. 이때 다시 등라계갑을 하게 되어 당선하게 되었다.

59세 庚子年, 丁壬合 乙木과 乙庚合을 하여 辛金이 되면 시에 丙火를 丙辛合으로 제거하게 되어 경쟁자를 이기는 運이다. 庚金은 辛金이 된다. 시에 丙火가 丙辛合水로 戊土에 나무가 심어지지 않아 탁수되어 법적인 문제를 예고하는 해이다. 59세 庚子年, 丁壬合 乙木이 乙庚合을 하여 辛金이 된다. 辛金은 丙火와 丙辛合水가 7월 癸未月, 癸水가 戊土와 戊癸合으로 己土가 되어 壬水에 탁수가 되며 지지에 子午卯酉가 되어 법적조치를 받게 된다.

(壬寅大運 : 60~69세)

壬寅大運은 丁壬合이 풀어지면 丙火가 壬水에 뜨게 되어 官을 빼앗기게 된다. 戊土는 甲木의 나무를 심지 않으면 탁수의 개연성이 있다. 이 大運은 戊土에 甲木이 심어지고 다시 丁壬合木으로 등라계갑할 때 정치 運으로 작용할 것이다. 지지에 寅木이 오기 때문에 가능성은 배제할 수는 없다. 또한 寅申巳亥로 새로운 개혁을 하지 못하면 정치의 생명은 여기까지다. 61세 壬寅年, 선거에 출마한다면 윗선의 힘을 얻어야 丁壬合木이 될 것이다. 그러지 못하면 寅申巳亥의 개념(개혁)은 물거품이 될 것으로 본다.

(辛丑大運 : 70~79세)

辛丑大運은 丙火를 어둡게 하여 丁火로 변화시켜 丁壬合木을 풀어지게 하는 大運이다. 丁壬合木이 풀어져 정치와는 멀어지는 大運이다. 지지에 丑土가 巳酉丑으로 巳午未가 되어 丙辛合을 풀어지게 하여 丙火가 밝아진다. 조용한 전원주택을 택하여 悠悠自適하게 살아가는 것이 좋다.

◎ 4. 사립학교 교사의 명조

坤 命	1964년 01월 29일(陽) 00:25			직업 : 사립학교 교사					
庚	丁	乙	癸	오행	木	火	土	金	水
子	丑	丑	卯		2	1	2	1	2
94	84	74	64	54	44	34	22	12	2
乙	甲	癸	壬	辛	庚	己	戊	丁	丙
亥	戌	酉	申	未	午	巳	辰	卯	寅

〈원국해설〉

이 명조는 丁丑日柱다. 官(癸水)이 국가 자리에 있지만 癸水는 丙火를 가리기 때문에 국가 공무원은 어렵다. 천간에 乙木과 庚金이 乙庚合을 하고 있어 辛金이 되면 일간 丁火에 재물을 취할 수가 있다. 辛金에 뿌리 酉金이 巳酉丑을 하게 되어 재물을 만들 수 있다. 辛金은 丙火를 끌어와 丙辛合으로 국가 자격증을 취할 수가 있다. 그러나 국가 자리 癸水가 丙火를 흐리게 하여 공직자가 될 수는 없다. 자격증을 가지고 일하게 될 것이다. 酉金은 일간 丁火의 재물이 된다. 돈을 벌려면 酉金의 행위를 하게 되는데 酉金은 외국어, 아이티, 전자에 관한 일을 의미한다.

직업을 보면 乙木이 시에 있는 庚金과 합을 하여 辛金이 되면 재물을 취할 수가 있다. 乙木으로 재물을 만들어 乙木의 행위인 교육에 관한 일을 할 수가 있다. 이분은 乙木이 乙庚合으로 辛金의 재물을 취하게 된다. 지지에 辛金의 뿌리 두 개의 丑土와 巳酉丑으로 酉金을 쓰는 외국어 전공한 영어 교사가 되었다. 辛金이 丙火를 끌어오지만 癸水가 丙火를 가리기 때문에 국립학교 영어 교사가 아니라 사립학교 영어 교사로 살아가게 된다.

癸水에 官은 지지에 子水가 亥子丑 탁수되어 부부궁이 좋지 않다. 丑土 남편궁에는 巳酉丑으로 金을 사용하는 남편이다. 국가 자리에 남편인 癸水

에 金이 놀 수가 있다. 乙庚合으로 辛金이 되면 지지에 辛金의 뿌리 酉金이 巳酉丑으로 남편은 법, 금융, 분야의 일을 하나 癸水가 어둡게 하여 신분을 드러낼 수 없는 공무원일 것이라고 유추할 수 있다. 지지에 子水가 있어 丑土와 탁수의 개연성으로 볼 때 부부관계는 좋지 않다. 남편이 金의 일을 할 때는 문제가 발생하지 않지만 金의 일이 끝나면 탁수되어 부부 문제로 고통을 받을 것이다. 남편궁의 丑土는 巳酉丑으로 金을 사용하는 남자로 판단하여 숙살지권에 관한 일을 할 것으로 유추할 수 있다. 이 명조는 연하와 인연을 맺으면 노후가 편안할 것으로 보인다.

(丁卯大運 : 12~21세)

丁卯大運은 두 개의 丁火가 되고 지지에도 卯木이 두 개가 되어 복수 전공을 하게 될 것이다. 19세 壬戌年, 일간 丁火와 丁壬合 乙木이 되어 시에 庚金과 乙庚合을 하면 辛金이 된다. 辛金의 뿌리 酉金이 巳酉丑으로 탁수가 되지 않는다. 사주 원국이 어둡게 되어 火의 대학을 선택하게 되었다. 運에서 乙庚合이 풀어지면 庚金의 뿌리 申金은 申子辰, 亥子丑 탁수의 개연성이 있다. 酉金의 행위를 하면 탁수를 피할 수가 있다. 丑土는 酉金을 끌어와 巳酉丑이 되어 외국어 영문과에 진학하게 되었다. 丑土가 2개가 있어 복수 전공을 하게 된다.

(戊辰大運 : 22~31세)

戊辰大運은 26세 戊辰年, 戊土가 癸水와 合을 하여 己土가 되어 국가 자리 乙木이 심어지게 된다. 乙木은 庚金과 乙庚合 辛金이 되어 丙火를 끌어 온다. 지지에 寅卯辰으로 木의 뿌리가 되어 사립학교 교사로 임용이 되었다.

30세 癸酉年, 두 개의 癸水가 戊土를 불러오게 되어 아버지의 소개로 남자를 만나게 되었다. 癸酉年의 酉金이 지지에 巳酉丑으로 부부궁이 움직이게 되고 연애로 결혼하게 되었다. 그러나 이때의 결혼은 巳酉丑에 酉金이

子午卯酉가 되어 반드시 부부 문제가 발생하게 될 것이다. 子午卯酉가 되는 해는 결혼은 하지 않는 것이 좋다. 酉金의 행위를 할 때는 문제가 되지 않지만 酉金의 행위를 하지 못하게 되면 탁수되어 부부간에 문제가 된다.

(己巳大運 : 32~41세)

己巳大運은 己土에 乙木이 심어질 수가 있다. 교육자로서 능력을 발휘하는 때다. 己土는 甲木을 불러와 높은 가로등에 불빛이 될 수 있어 능력을 발휘할 수 있다. 지지에 甲木의 뿌리 寅木이 寅卯辰으로 튼튼한 뿌리가 되어 乙木은 甲木에 등라계갑을 할 수가 있다. 癸水가 물을 공급하게 되니 교육자로서 승진의 기회도 온다. 이때는 乙庚合으로 묶여있다고 판단할 수 있지만 교육으로 木의 행위를 하게 되면 乙庚合이 풀어진다. 乙木은 己土에 심어져 뿌리를 내릴 수 있고 지지에 巳酉丑으로 酉金의 행위를 하면 외국어 교사로 능력을 발휘할 수가 있다.

(庚午大運 : 42~51세)

庚午大運은 乙庚合이 풀어지게 되며 지지에 申子辰, 亥子丑 탁수가 된다. 학교가 싫어진다. 47세 庚寅年, 乙庚合이 풀어져 학교에서 퇴직하게 되어 학원 강사로 이직하게 된다. 乙庚合이 풀어지면 乙木의 뿌리가 지지에 卯木에 되어 학원에서 강의하게 된다.

(辛未大運 : 52~61세)

辛未大運은 辛金이 乙庚合을 풀어지게 한다. 辛金은 丙火를 끌어와 丙丁 갈등을 느끼게 된다. 새로운 일을 찾게 되어 학원을 그만두게 된다. 56세 己亥年까지 교육에 관한 일을 한다. 11월 乙亥月에 乙庚合이 풀어지고 지지에 亥水가 亥子丑 탁수되어 하던 일을 접었다. 지지에 亥水가 부부궁에 亥子丑 申子辰 탁수되어 부부가 이혼 소송을 하게 되었다. 부부궁에 官과 탁수가 되면 법적인 문제가 발생한다. 58세 辛丑年, 이혼 소송으로 끝나게 될 것이다.

(壬申大運 : 62~71세)

壬申大運은 일간 丁火와 丁壬合으로 묶이고 지지에 申子辰, 亥子丑 탁수되어 건강 문제로 고생하게 될 것이다. 70세 壬子年, 건강에 문제가 발생하게 되니 산부인과에서 사전 검진이 필요하다.

(癸酉大運 : 72~81세)

癸酉大運은 두 개의 癸水가 되어 戊土를 불러오고 싶어 한다. 官에 官法으로 丁火의 官은 癸水이고 癸水의 官은 戊土가 되어 땅에 나무를 심는 일을 하면 좋다. 木은 작은 乙木으로 전원주택을 택하게 되고 지지에 巳酉丑이 되어 부동산 상가를 이용한 임대업으로 살아가면 편안한 노후가 될 것이다.

5. 보건직 공무원 명조

坤命	1961년 04월 24일(陽) 06:25 　직업 : 보건직 공무원				오행	木	火	土	金	水
癸	丁	壬	辛		1	1	2	1	3
卯	亥	辰	丑						
94	84	74	64	54	44	34	24	14	4
壬	辛	庚	己	戊	丁	丙	乙	甲	癸
寅	丑	子	亥	戌	酉	申	未	午	巳

〈원국해설〉

丁亥日柱다. 국가 자리에 財(辛金)가 있고 官은 월에 壬水와 시에 癸水가 있다. 丁火 일간이 월간 壬水(官)와 丁壬合을 하여 乙木이 된다. 乙木은 국가 자리 辛金의 칼자루가 된다. 국가로부터 칼을 부여받아 칼자루를 갖게 된다. 辛金이 지지에 뿌리가 없어 辛金이 움직이면 丑土가 巳酉丑으로 辛金의 뿌리를 만들 수가 있다. 丁壬合의 乙木이 辛金의 칼자루가 되지만 권력을 가진 것이 아니라 辛金에서 丙火를 끌어오는 보건직 국가 공무원의 명조이다.

이분의 명조는 丁火 일간이 壬水와 丁壬合 乙木으로 官을 직업으로 사용하면 남자와는 인연이 어렵다. 이렇게 官을 직업으로 사용하였을 경우 결혼은 쉽지 않다. 일지에 官(亥水)을 깔고 있어 내가 벌어 가정을 이끌어 가야 한다.

지지에 亥水가 辰土, 丑土를 탁수로 만들 수가 있다. 金의 행위를 하게 되면 탁수를 면할 수가 있다. 金은 생명공학, 의약, 간호학 등으로 金의 행위를 하지 못하면 탁수되어 재물(金)을 취할 수가 없다.

결혼은 丁壬合木이 되면 지지는 亥卯未로 乙木의 뿌리가 되어 튼튼한 칼자루가 될 때 결혼하면 좋다. 辛金을 칼자루로 사용하지 않으면 丁壬合 乙

木이 된다. 지지에 乙木의 뿌리 卯木이 있어 亥卯未가 되면 부부궁이 合을 이루어 결혼하게 될 것이다. 본래는 丁壬合이 풀어질 때 결혼하여야 하는데 丁壬合으로 결혼한다면 반드시 풀어질 때 문제가 된다. 이 명조는 金을 사용하거나 木의 행위를 해야만 탁수를 면하게 된다. 亥卯未로 木의 행위인 교육을 하거나 金의 행위로 보건직 공무원이나 간호사를 하여야 부부궁에 탁수가 되지 않는다는 것을 알 수가 있다.

(甲午大運 : 14~23세)

甲午大運은 甲木이 오면 지지에 亥卯未가 甲木에 뿌리를 만들어 준다. 木運이 오게 되면 丁壬合 乙木이 甲木에 등라계갑을 할 수가 있다. 木은 교육으로 공부를 열심히 하게 된다. 甲木이 오면 지지에 寅卯辰이 되어 木의 뿌리를 형성하게 되어 학업에 충실하게 된다. 19세 己未年, 己土가 오게 되면 甲木을 불러오게 된다. 지지에 寅卯辰이 되어 뿌리가 튼튼하게 된다. 丁火는 丁壬合木 乙木이 되어 등라계갑을 하고 싶어 한다. 甲木을 택하여 대학을 가는 대신 丁壬合 乙木으로 辛金(財)을 택하게 된다. 대학 진학을 포기하고 취업을 선택하게 된다. 이렇게 어떤 길을 택하느냐에 따라 팔자가 바뀔 수가 있다. 20세 庚申年, 丁壬合 乙木과 乙庚合을 하게 되어 辛金이 된다. 년간 辛金과 두 개의 辛金이 되어 강력하게 丙火를 끌어오면 지지에 辛金의 뿌리가 辰酉合金이 되어 酉金의 행위인 보건직 공무원 시험에 합격할 수가 있었다.

(乙未大運 : 24~33세)

乙未大運은 丁壬合이 풀어진다. 지지에 未土는 亥卯未가 부부궁에 合을 이루어 결혼을 예측하고 있다. 乙木으로 丁壬合木이 풀어지고 지지에 亥卯未가 되면 결혼을 선택하게 될 것이다. 26세 丙寅年, 丙火가 국가 자리에 있는 辛金과 丙辛合을 하게 된다. 丙火가 丁火가 되어 丁壬合이 풀어지고 지지에 寅木이 寅亥合木으로 부부궁에 合을 이루어 같은 직장에서 사내 결혼을 할 수가 있다. 이분은 26세 丙寅年, 이전에 결혼하게 되면 亥子丑 탁수되어 결혼 생활은 파탄을 겪게 될 것이다. 그 이유는 大運에서 예측하듯이 부부궁이 亥卯未로 합을 이루지 못하면 丑土, 辰土가 亥水(官)로 탁수가 되기 때문이다.

(丙申大運 : 34~43세)

丙申大運은 국가 자리와 丙辛合을 하게 되면 丙火가 丁火가 되고 丁壬合木을 사용한 乙木이 풀어지게 된다. 지지에 申金은 申子辰, 亥子丑이 되어 亥水(官)가 탁수가 된다. 42세 壬午年, 丁壬合이 풀어지게 되면 남편으로부터 떠나고 싶어진다. 지지에 午火와 卯木과 辛金의 뿌리 酉金이 子午卯酉가 되어 남편과 이혼하게 되었다.

(丁酉大運 : 44~53세)

丁酉大運은 丁壬合木이 풀어지게 되면 辛金의 칼자루 역할을 할 수가 없어 직장의 문제가 발생하게 된다. 지지에 酉金은 亥子丑, 巳酉丑으로 官인 亥水가 탁수가 되니 건강 문제로 직장을 휴직하게 될 수가 있다. 50세 庚寅年, 丁壬合木의 乙木과 乙庚合을 하게 되면 辛金의 행위를 할 수가 있어 복직할 수가 있다. 丁壬合木으로 乙庚合을 하게 되면 辛金이 되어 헤어졌던 남편이 재결합 하자고 할 것이다.

(戊戌大運 : 54~63세)

戊戌大運은 정년으로 퇴직을 예고한다. 戊土는 시에 癸水와 戊癸合을 하여 己土가 되면 丁壬合 乙木이 己土에 심어진다. 57세 丁酉年, 丁壬合木이 풀어져 국가 자리에 칼자루를 놓게 될 때 퇴직하게 될 것이다. 시에 있는 癸水와 戊癸合火를 하게 되어 정신세계와 인연을 맺게 된다. 丁壬合 乙木은 (官) 壬水와 합을 하였을 때 辛金을 작은 칼로 사용하였다. 칼자루의 역할인 공직이 끝나면 다시 壬水(官)를 찾게 된다. 이혼한 남편과 재결합 가능성이 높다. 戊癸合으로 己土가 된 작은 땅에 丁壬合 乙木이 심어질 수가 있다. 건강 문제로 남편이 필요하기 때문이다. 지지에 辰戌丑未가 되어 탁수가 되면 신장병으로 고생하게 된다. 물이 탁수가 될 때 신장, 방광의 문제로 고통을 겪게 될 것이다. 壬水(官)와 丁火가 丁壬合 乙木이 되고 지지는 亥卯未가 되어 건강 때문에 퇴직 후에는 남편이 필요하다.

(己亥大運 : 64~73세)

己亥大運은 앞에 54대 戊戌大運에서 戊癸合이 되어 있던 己土가 풀어지는 運으로 탁수가 된다. 여기에서 착각할 수가 있다. 삶은 과거와 현재를 연결해서 보아야 한다. 사주는 인생이 펼쳐가는 드라마처럼 보아야 한다. 앞전 戊戌大運에 이어 연장선에서 지지에 亥水가 亥子丑의 丑土, 辰土가 탁수가 되면 운명을 장담하기가 어렵다고 판단할 수가 있다. 72세 壬子年, 丁壬合 木이 풀어지고 지지에 子水가 辰土, 丑土로 인해 탁수가 된다. 신장암 고통으로 어려움을 겪게 될 것이다. 사망하기 2주 전에 연락이 왔지만 병을 이기지 못하고 세상을 떠나게 되었고 한다.

※ 이 명조는 丁壬合木이 乙木으로 존재할 때 건강이 지속되지만 丁壬合이 풀어져 乙木이 없어진다. 지지에 亥卯未가 풀어져 亥水와 辰土, 丑土가 탁수되어 신장 문제로 고통을 받게 된다. 정신세계와 인연을 맺어 명상으로 마음을 안정시키고 일찍 자연에서 살아가면 좋았을 것이다.

6. 간호사 명조

坤命	1980년 12월 04일(陰) 04:40			오행	木	火	土	金	水
壬	丁	己	庚						
寅	亥	丑	申		1	1	2	2	2
91	81	71	61	51	41	31	21	11	1
己	庚	辛	壬	癸	甲	乙	丙	丁	戊
卯	辰	巳	午	未	申	酉	戌	亥	子

직업 : 간호사

〈원국해설〉

丁亥日柱다. 五行은 다 가지고 있다. 천간에서 壬水와 丁壬合 乙木이 되어 월의 己土에 乙木이 심어진다. 乙木은 국가 자리에 庚金과 乙庚合을 하게 되어 국가 자격증으로 살아가는 명조다. 지지에 寅申巳亥가 되어 활동적인 일을 하게 될 것이나 亥水와 丑土가 탁수 될 때는 官(남자)의 문제가 발생하게 될 것이다.

이 명조는 丁壬合이 풀어지게 되면 官(壬水)이 탁수되어 문제가 발생하게 된다. 丁壬合 乙木이 己土에 심어지게 되면 안전한 삶이 된다. 그러나 丁壬合木이 풀어지게 될 때는 월간 己土가 연하에 壬水(남자)가 탁수 되어 이혼하는 명조가 된다. 월의 己土에 乙木이 심어지면 좋은데 연하의 남자 壬水와 인연이 되지 못하면 결혼하기 어렵다. 반드시 연하의 남자를 선택하여 인연을 맺어야 좋다. 결혼이란 어떤 사람을 만나느냐와 어떤 행위를 하느냐가 매우 중요하다는 사실을 명심하여야 한다.

직업을 財와 官에 觀法으로 보자. 官에 官法으로 보면 丁火의 官은 壬水가 되지만 丁壬合 乙木의 官은 庚金이 官이 된다. 丁壬合 乙木으로 살아갈 때가 있고 丁壬合이 풀어지면 丁火로 살아갈 때가 있다. 이 두 가지 인생으로 살아가는 사주가 된다. 丁壬合 乙木의 官은 庚金과 乙庚合을 하고 있다.

乙庚合 辛金이 丙火를 끌어와 丙辛合으로 辛金의 자격증을 가지게 된다. 간호사 보건직 공무원의 직업을 가질 수가 있게 된다. 다음은 財에 觀法으로 보자. 丁火의 官은 壬水가 되지만 丁壬合이 되어 있어 乙木으로 보아야 한다. 乙木의 財는 월간 己土가 재물이 된다. 乙木의 財는 壬水의 官이 재물이 된다. 己土에 乙木을 심어 乙庚合의 辛金이 된다. 辛金은 丙火를 끌어와 丙辛合을 하게 되어 金의 행위로 가르치는 교육으로 강의나, 간호사. 요양보호사, 교육을 할 수 있는 자격증을 가진 사주가 된다.

(丁亥大運 : 11~20세)

丁亥大運은 丁壬合木이 풀어지는 大運이다. 己土의 官은 탁수가 된다. 丁火는 취할 수 없는 庚金의 財를 탐하게 된다. 돈을 벌어야겠다는 생각이 먼저다. 그러나 이 시기에는 공부하는 시기라서 乙木이 己土에 심어지지 않아 좋은 시기로 볼 수가 없다. 1세부터 20세까지는 亥子丑으로 官이 탁수되어 아버지의 사업 실패로 가정이 어려운 시절이 된다. 지지에 寅申巳亥가 되어 있어 고향을 떠나 학교 다니게 된다. 20세 己卯年, 두 개의 己土가 되어 甲木을 불러온다. 丁壬合 乙木은 甲木에 등라계갑으로 능력을 발휘할 수가 있다. 지지에 亥水는 亥卯未와 寅卯辰으로 壬水의 제방을 찾아 충청권 지방대학으로 가게 된다. 이때 甲木은 甲己合 乙木이 되면 년간 庚金과 乙庚合으로 辛金이 된다. 지지에 辛金의 뿌리 酉金이 巳酉丑으로 巳火가 寅申巳亥가 되어 집을 떠나 충청권으로 대학에 간호학과를 택하게 된다.

(丙戌大運 : 21~30세)

丙戌大運은 丁壬合木이 乙庚合으로 辛金이 된다. 辛金은 丙火를 끌어와 丙辛合으로 국가에 관한 자격증이나 국가에 관한 일을 하라는 예측이다. 22세 壬午年, 丁壬合 乙木을 풀어지게 하고 己土가 甲木을 불러와 국가 자리 庚金의 칼자루가 된다. 일간 丁火가 甲木에 등불이 매달려 간호사 국가 자격증 시험에 합격하게 된다. 26세 乙酉年, 대기업 자리 庚金과 乙庚合으로

辛金이 된다. 丁壬合 乙木이 辛金에 칼자루를 취하게 되어 서울대학병원에 취업하게 되었다. 결혼은 28세 丁亥年, 결혼은 봄에 하였다고 한다. 丁壬合이 풀어지면 월간 己土가 壬水의 官에 탁수가 된다. 지지에도 亥水가 탁수가 될 때 결혼하여 이혼의 문제가 발생하게 될 것이다.

(乙酉大運 : 31~40세)

乙酉大運은 乙木이 乙庚合을 풀어지게 하면 己土가 壬水의 官이 탁수가 된다. 32세 壬辰年, 천간 丁壬合이 풀어지고 己土가 壬水의 官이 탁수가 된다. 지지는 申子辰, 亥子丑으로 탁수되어 부부문제가 발생하게 된다. 33세 癸巳年, 癸水가 丁壬合을 풀어지게 하고 己土가 壬水의 官에 탁수가 된다. 지지에 巳酉丑, 申子辰 부부궁에 官이 탁수되어 巳火가 寅申巳亥로 각자의 길을 택하게 되어 이혼하였다.

(甲申大運 : 41~50세)

甲申大運은 월에 己土와 甲己合으로 乙木이 될 수가 있지만 시에 寅木이 있어 甲木이 뿌리가 된다. 丁壬合木이 풀어진다. 丁壬合 乙木은 국가 자리 庚金과 乙庚合을 하여 새로운 일을 하고 싶어 한다. 41세 庚子年, 두 개의 庚金이 乙木을 끌어와 두 개의 辛金이 된다. 두 개의 辛金은 丙火를 끌어와 壬水에 뜨게 되니 새로운 일을 하고 싶은 것이다. 42세 辛丑年, 새로운 태양을 찾아 해외를 가고 싶어 하여 미국에 갈 준비하고 있었다. 43세 壬寅年, 丁壬合이 풀어지면 壬水의 남친은 제방이 필요하여 먼저 넓은 땅을 찾아 미국으로 떠나게 된다. 지지에 壬水의 뿌리 亥水의 官이 寅申巳亥가 되어 남자 친구가 먼저 미국에 갈 수 있다. 월간 己土는 甲木을 불러오고 일간 丁火는 甲木에 등불이 되고 庚金에 칼자루가 되어 미국으로 가게 된다.

(癸未大運 : 51~60세)

癸未大運은 癸水가 丁壬合을 풀어지게 한다. 己土에 의해 官이 탁수되어 남자 문제가 발생하게 된다. 지지에 丁壬슴이 풀어지면 亥卯未가 풀어진다. 己土는 壬水 官이 탁수되어 남자 친구와 헤어지게 될 것이다. 미국에 가지 않고 한국에서 木의 행위를 하게 되면 金의 교육으로 사업을 잘할 수가 있다. 지지에 亥水와 丑土가 탁수가 되면 건강에 문제가 발생하게 될 수가 있어 사전 건강검진이 필요하다.

(壬午大運 : 61~70세)

壬午大運은 丁壬슴木이 풀어지게 되어 官이 탁수가 된다. 己土에 작은 乙木의 나무를 심어야 한다. 도시를 떠나 농촌 마을에 정착하여 살아간다면 건강을 지킬 수가 있다. 그렇지 못하면 官이 탁수되어 건강과 남자 문제로 고통을 받을 것이다. 지지에 寅申巳亥가 되어 새로운 넓을 땅(해외 또는 충청권)에서 살아간다면 편안할 것이다. 자원봉사 木의 행위를 하면 좋다.

(辛巳大運 : 71~80세)

辛巳大運은 辛金은 丙火를 끌어온다. 두 개의 辛金이 丙火를 끌어와 국가의 태양이 되어 시골의 작은 보건소에서 의료봉사하면서 살아가면 좋다. 항상 木이 부족하여 안정된 생활을 할 수가 없었다. 壬水(官)을 丁壬슴木으로 사회복지 木의 행위를 한다면 건강을 지킬 수가 있고 탁수가 되지 않는다. 지지에 寅申巳亥가 되어 활동을 충분하게 할 수가 있다. 사회에 봉사하고 살아간다면 편안한 여생을 보낼 수가 있다.

7. 광고와 인연이 있는 명조

乾 命	1976년 07월 04일(陽) 14:50 직업 : 광고 디자인									
丁	丁	甲	丙	오행	木	火	土	金	水
未	巳	午	辰		1	5	2	0	0
91	81	71	61	51	41	31	21	11	1
甲	癸	壬	辛	庚	己	戊	丁	丙	乙
辰	卯	寅	丑	子	亥	戌	酉	申	未

〈원국해설〉

丁巳日柱다. 水(官)와 金(財)이 없어 無官無財 사주다. 官은 국가 자리 대기업 자리에서 丙辛合水로 財, 官을 동시에 끌어온다. 그리고 일간과 시에서 두 개의 丁火가 丁壬合 乙木이 된다. 두 개의 乙木이 庚金의 財를 끌어올 수가 있다. 물이 없어 해외와 인연을 맺으면 좋으나 원국에 丙火가 떠 있다. 지지에 巳午未가 되어 태양이 밝아지면 해외에 가고 싶은 마음이 없다. 천간에 있는 두 개의 丁火에서 壬水를 끌어오고 丙火에서 丙辛合水로 물(官)과 辛金(財)을 끌어온다. 지지에 辛金의 뿌리 酉金이 일지 巳火와 巳酉丑이 되어 재물을 취할 수가 있어 대기업에 근무할 수가 있는 명조다.

년에 丙火가 辛金을 끌어오면 丙辛合水로 財, 官이 동시에 오고 일지 巳火와 巳酉丑이 되어 손기술로 살아가게 된다. 사주 원국에 火가 강하여 산업디자인이나 조소학과 쪽으로 전공하여 방송, 예술, 광고 일하게 된다. 이 명조는 丙火가 밝아지면 좋지 않다. 丙火를 丙辛合으로 辛金을 사용하게 되면 지지에 巳火는 辛金의 뿌리 酉金이 되어 巳午未가 되지 않는다. 巳火는 巳酉丑으로 財局이 된다. 丙火는 丙辛合을 하면 丁火의 기질로 바뀌어 3개의 丁火가 된다. 3개의 丁火는 壬水를 끌어와 丁壬合木으로 조직 생활하더라도 甲木에 등불이 되어 능력을 크게 발휘할 수가 있다.

천간에 丁火와 丙火가 있어 현실과 이상의 갈등을 느끼고 산다. 丙火가 丙辛合이 되어 丁火의 등불로 빛을 바꾸게 되면 현실과 이상의 갈등을 해소할 수가 있다. 丙火가 丙辛合을 하게 되면 지지에 巳火도 巳酉丑 金으로 바뀌게 되어 재물을 취하게 된다.

(丙申大運 : 11~20세)

丙申大運은 火가 강한데 火運과 財運이 동시에 온다. 태양과 달이 동시에 뜨게 되어 매우 혼란스럽고 목표가 없이 보내게 된다. 15세 庚午大運부터 財運이 오니 오직 빨리 돈을 벌어야겠다는 생각이 앞서게 된다. 18세 癸酉年, 丙火를 흐리게 하여 丁火가 3개 되어 丁火의 불빛이 강해지고 지지에 손재주를 의미하는 酉金이 오게 된다. 그때부터 미술을 공부하고 싶어진다. 19세 甲戌年, 甲木이 대학 교육인데 두 개의 甲木에 각각 등불이 매달려 대학에 가면 복수 전공을 하게 될 것이다. 지지에 戌土는 寅午戌이 되어 丙火가 밝아져 원하는 대학을 갈 수가 없게 된다. 이때 진로 상담은 물이 있는 수원이나 인천대학을 추천하면 좋다.

(丁酉大運 : 21~30세)

丁酉大運은 3개의 丁火가 壬水의 官을 끌어와 丁壬合 乙木이 되고 지지에 酉金이 부부궁에 합을 이루어 結婚도 할 수 있다. 丁酉大運에 결혼하지 못하면 다음 大運에는 결혼하기가 어렵다. 지지에 酉金이 巳酉丑으로 부부궁이 合이 되어 결혼하면 재물이 따르고 능력을 발휘하게 된다. 결혼 전까지는 재물을 모으기가 쉽지 않다. 26세 辛巳年, 년간에 丙火와 丙辛合을 하여 3개의 丁火가 甲木에 등불을 매달리게 되어 능력을 발휘할 수가 있다. 財, 官이 오게 되어 대기업에 취업하게 된다. 지지에 두 개의 巳火가 강력하게 酉金을 끌어와 여자보다는 돈을 택하게 되어 결혼하고 싶은 생각이 없다.

(戊戌大運 : 31~40세)

戊戌大運은 戊土가 癸水를 끌어와 丙火를 어둡게 할 수가 있다. 戊土에 월간 甲木이 심어지게 되어 대기업이 아닌 작은 기업의 책임자로 취업하게 된다. 지지는 천간 甲木의 뿌리 寅木이 寅午戌이 되어 丙火가 밝아지게 된다. 丙火가 丙辛合을 하여 丙火를 어둡게 하면 능력을 발휘할 수가 있다. 丙辛合 丁火와 두 개의 丁火는 甲木에 등불을 달게 되어 능력을 발휘하게 된다. 丙辛合이 되면 辛金의 뿌리 酉金이 巳酉丑이 될 수가 있다. 기술자로 일을 할 경우 본인에게 더 좋으나 甲木에 등불이 되어 관리직으로 일하게 된다. 甲木에 3개의 등불이 달리게 되어 책임자로 일을 할 수가 있다. 부부궁에 巳酉丑으로 여자와 인연을 맺으면 좋다.

(己亥大運 : 41~50세)

己亥大運은 己土가 甲己合을 하여 乙木이 되고 乙木은 庚金을 끌어와 乙庚合으로 辛金이 된다. 辛金은 년에 丙火와 丙辛合을 하게 된다. 지지에 寅申巳亥가 되어 새로운 사업을 하고 싶은 마음이 들게 된다. 지금은 조직 생활하지만 시간이 지나면 본인이 사업을 하게 될 것이다. 47세 壬寅年, 시에 丁火와 丁壬合木을 하게 되면 乙木이 되어 甲木에 등라계갑을 하게 되고 일간 丁火는 甲木에 등불이 되어 후배와 같이 일을 하려고 할 것이다. 지지에 寅申巳亥가 되면 새로운 개혁으로 사업을 추진하게 된다.

(庚子大運 : 51~60세)

庚子大運은 財運이 오는 大運이다. 庚金은 丙火의 재물이다. 내 사업을 할 경우 丁火는 나의 官인 壬水를 끌어와 丁壬合木으로 乙庚合을 하게 된다. 辛金이 되면 丙辛合으로 丙火는 丁火로 바뀌게 된다. 庚金의 뿌리 申金과 酉金이 申酉戌로 財局이 되어 많은 돈을 벌 수가 있다. 지지에 寅申巳亥의 개연성으로 해외와 마케팅사업을 할 경우 크게 돈을 벌 수가 있다. 58세 癸丑年, 癸水의 비가 내려 丙火가 丁火가 된다. 3개의 丁火는 甲木에 3개의 등불이 달리게 된다. 철탑 광고를 하게 되면 대형 광고 회사를 만들 수가 있어 많은 돈을 벌 수가 있다.

(辛丑大運 : 61~70세)

辛丑大運은 辛金의 財가 년간 丙火와 丙辛合을 하게 된다. 3개의 丁火가 甲木에 등불이 달려 명예와 재물이 동시에 오게 되어 삶이 편안하다. 지지에 巳酉丑과 辰酉合金이 金局을 이루게 되어 재물이 쌓이고 안정된 삶이 유지될 것이다. 부동산에 투자하려면 상가를 매입하여 임대 사업을 하게 되면 노후가 편안할 것이다.

(壬寅大運 : 71~80세)

壬寅大運은 기다리던 官이 오는 大運이다. 壬水는 시에 丁火를 丁壬合으로 경쟁자를 제거하고 丁壬合 乙木으로 甲木에 등라계갑을 한다. 지지에 寅木이 寅午戌로 甲木에 꽃을 피울 수가 있어 철탑 광고로 크게 성장을 하게 된다. 77세 壬申年, 경쟁자 丁火를 제거함과 동시에 乙木이 甲木에 등라계갑을 하게 된다. 지지에 申金이 있어 천간 庚金을 끌어올 수가 있다. 丁壬合 乙木이 乙庚合으로 辛金이 되면 년에 丙火는 丙辛合으로 丁火가 된다. 3개의 丁火는 甲木에 등불이 되고 능력을 발휘하게 되어 성공하게 될 것이다. 항상 심혈관에 주의가 필요하니 반드시 사전 검진이 필요하다.

8. 법조인 판사의 명조

乾 命	1961년 01월 09일(陰) 04:50			직업 : 법조인(판사)					
壬	丁	庚	辛	오 행	木	火	土	金	水
寅	亥	寅	丑		2	1	1	2	2
96	86	76	66	56	46	36	26	16	6
庚	辛	壬	癸	甲	乙	丙	丁	戊	己
辰	巳	午	未	申	酉	戌	亥	子	丑

〈원국해설〉

　丁亥日柱다. 재물은 년에 辛金과 월에 庚金이 있다. 官은 시에 壬水와 丁壬 合 乙木이 된다. 乙木은 월간 庚金과 乙庚合을 하여 辛金이 된다. 월간 庚金이 없었다면 국가 자리 辛金의 칼로서 숙살지권에 대한 검사와 같은 일을 할 것으로 판단 된다. 그러나 丁壬合 乙木은 월에 庚金과 乙庚合을 하여 두 개의 辛金이 된다. 두 개의 辛金은 丙火를 불러오고 지지에 寅午戌로 丙火를 밝게 하여 판사의 직업이 된다. 지지에 寅申巳亥의 개연성이 있어 이동이 자주 있는 사람이다.

　판사와 검사를 구별하여 판단할 수가 있을까? 알아보자. 그 이유는 丁壬合 乙木은 월에 庚金과 乙庚合을 하게 된다. 두 개의 辛金이 되어 강력하게 丙火을 끌어와 국가를 의미하는 태양으로서 역할을 한다. 국가가 정한 헌법을 위임받아 법을 집행하는 판사로서 생활하게 된다는 것을 알 수 있다. 이 명조에서 월간 庚金이 乙庚合이 안되었다면 丁壬合 乙木은 국가 자리 작은 칼 辛金의 칼자루가 되어 검사의 명조가 된다.

　이 명조의 특징은 丁壬合이 풀어지면 국가의 공직자로 역할은 마감하게 된다는 것이다. 지지에 丑土가 巳酉丑으로 辛金의 뿌리가 酉金이 있다. 巳

酉丑의 巳火는 寅申巳亥의 역할을 하게 된다. 국가의 공직자로 재직하면 2년마다 한 번씩은 정기적으로 인사 발령받아 자주 자리를 옮기게 되는 직업으로 볼 수가 있다. 공직이 끝나게 되면 寅申巳亥의 역할도 마감하게 된다. 지지에 두 개의 寅木이 있어 46세 이전과 이후의 寅木이 한 번씩 寅亥合木이 되어 金의 칼자루 역할을 하게 된다. 두 번 金의 행위를 할 수가 있다. 45세 이전에는 두 개의 辛金이 丙火를 끌어와 판사를 할 수가 있다. 45세 이후는 大運에서 財運이 오게 되면 財를 탐하게 된다. 46대 乙酉大運에서 乙木은 乙庚合 풀어지면 국가 자리 있는 辛金의 재물을 취하게 된다. 辛金의 뿌리 酉金이 년지 丑土와 巳酉丑을 하게 된다. 巳火가 寅申巳亥가 되어 새로운 일을 하게 된다. 년간 辛金은 丙火를 끌어와 丙辛合이 되어 자격증을 가지고 변호사로서 사회에 헌신하는 역할을 하게 될 것이다.

(戊子大運 : 16~25세)

戊子大運은 戊土가 천간 丁火의 官에 官으로 나무를 심을 수 있는 땅이 오게 된다. 지지에 甲木의 뿌리 寅木이 두 개가 있어 甲木을 끌어오게 된다. 甲木은 戊土에 심을 수가 있으며 丁壬合 乙木은 甲木에 등라계갑을 할 수가 있다. 乙木은 乙庚合도 할 수가 있어 辛金이 된다. 두 개의 辛金은 丙火를 끌어와 甲木에 꽃을 피워 木火通明으로 공부를 잘할 수 있는 大運이다.

18세 고등학교 2학년 戊午年, 戊土의 땅이 오면 甲木의 나무를 심을 수 있다. 천간에 없는 나무를 심기 위해 열심히 공부한다. 丁壬合 乙木은 등라계갑을 할 수가 있는 튼튼한 나무가 된다. 지지에 午火가 寅午戌이 되어 년간 두 개의 辛金이 丙火를 끌어와 甲木에 꽃을 피울 수가 있어 공부를 잘하게 된다. 문과인 법대를 지원하여 판검사를 목표로 火 대학인 서울대, 연세대, 한양대 경희대학을 꿈꾸게 된다. 19세 己未年, 己土가 甲木을 불러오면 지지에 寅木은 甲木에 뿌리가 되고 亥卯未가 되어 甲木의 뿌리가 튼튼하여 응시하는 학교마다 합격하게 된다. 고려대, 서울대 모두 합격하게 되어 당연히 서울대 법대를 택하게 되었다.

(丁亥大運 : 26~35세)

丁亥大運은 丁壬合이 풀어지는 大運이다. 丁火는 국가 자리에 있는 辛金을 재물로 취하게 된다. 지지에 두 개의 亥水는 각각 寅亥合木으로 庚金의 칼자루에 뿌리가 되어 두 개의 칼을 쥐게 된다. 이 大運은 국가 자리 재물을 취하게 되어 국가 공직으로 활동하게 된다. 26세 丙寅年, 丁壬合 乙木이 乙庚合으로 두 개의 辛金이 되어 있다. 국가 자리 辛金과 같이 두 개의 辛金은 丙火를 끌어와 사법 고시에 합격하게 되었다. 지지에 세 개의 寅木이 3:1로 寅亥合木으로 하나의 뿌리가 되어 숙살지권의 법조인으로 연수원에서 공부하게 된다. 29세 己巳年, 己土에 丁壬合 乙木이 심어진다. 乙木은 庚金과 乙庚合으로 두 개의 辛金이 되어 丙火를 끌어온다. 丙火가 국가의 의미로 검사보다 판사를 선택하게 된다. 지지에 寅申巳亥가 되어 판사로 임용되어 활동하게 된다. 이때부터 판사시보로 근무하게 된다. 土氣運이 약해 서울중앙지법 판사로 발령받게 되었다.

(丙戌大運 : 36~45세)

丙戌大運은 丙火가 뜨게 되면 승진으로 본다. 乙庚合으로 辛金이 두 개가 되어 丙火를 끌어오게 된다. 지지에 戌土가 寅午戌로 국가의 태양이 뜨게 되어 승진의 기회가 온다는 것을 예측하고 있다. 36세 丙子年, 丙火가 오고 지지에 寅申巳亥가 되어 승진과 동시에 인사 발령받게 된다. 41세 辛巳年, 3개의 辛金이 丙火를 끌어오고 지지에 寅申巳亥가 되어 부장판사로 승진이 되었다.

(乙酉大運 : 46~55세)

乙酉大運은 丁壬合 乙木이 乙庚合을 풀어지게 한다. 丁火는 년에 辛金의 財를 취하게 되니 자격증으로 돈을 벌기 위해 퇴직하게 되었다. 지지에 酉金은 년지에 丑土와 巳酉丑으로 辛金의 뿌리 酉金, 財運이 오게 되어 돈을 벌고 싶은 마음이 든다. 酉金의 巳火가 寅申巳亥가 되어 판사직을 마감하고 변호사로 활동하게 된다. 46세 丙戌年, 두 개의 辛金들이 丙火를 기다리고 있는데 丙火가 왔다. 지지에 午火는 寅午戌로 丙火의 뿌리가 되어 丙火를 밝게 하여 대형 로펌으로 취업하게 된다.

(甲申大運 : 56~65세)

甲申大運은 甲木이 월에 寅木이 있어 庚金의 칼자루가 된다. 丁壬合 乙木은 이때는 년간 辛金에 칼자루가 된다. 대형 로펌에서 자리를 굳히게 된다. 지지에 寅申巳亥가 되어 대외적으로 이름 있는 변호사로서 활동적인 삶을 살아가고 있다. 가장 좋은 전성기 大運으로 판단하면 된다.

(癸未大運 : 66~75세)

癸未大運은 태양을 가리는 大運이다. 戊癸合의 丁火는 기초에서 陽干과 陰干이 합하면 陽干은 陰干으로 바뀐다는 사실을 배웠다. 필자가 설명한 부분이 기초를 모르시면 이해가 가지 않을 때가 있을 것이다. 남촌물상 TV 유튜브을 통해 天干合의 원리를 자세하게 강의하였으니 참고하시기 바란다. 癸水가 丁壬合을 풀어 칼자루가 사라진다. 자격증으로 사용한 丙火를 흐리게 하여 태양의 역할을 할 수가 없어 하던 일을 멈추게 된다. 또한 癸水가 戊土를 불러와 己土가 되면 丁壬合 乙木이 己土에 심어져 노후를 전원생활로 悠悠自適하게 보내면 편안한 삶이 될 것이다.

9. 사우나 사업을 할 수 있는 명조

乾命	1948년 04월 14일(陰) 00:50 직업 : 사우나업					오행	木	火	土	金	水
庚	丁	丁	戊				0	3	2	1	2
子	未	巳	子								
95	85	75	65	55	45	35	25	15	5		
丁	丙	乙	甲	癸	壬	辛	庚	己	戊		
卯	寅	丑	子	亥	戌	酉	申	未	午		

〈원국해설〉

丁未日柱에 五行 중 木이 없는 명조다. 시에 庚金의 재물이 있다. 庚金의 재물은 丁火로 녹일 수가 없어 취하기가 어렵다. 25대 庚申大運과 35대 辛酉大運에 財運이 온다. 보통 財運이 올 때 돈을 벌고 싶어진다. 월간 丁火에서 丁壬合 乙木을 만들어 시에 庚金과 乙庚合으로 辛金이 되면 辛金을 財로 취할 수가 있다. 지지에는 巳火에 巳酉丑으로 財를 만들 수가 있다. 사주 원국에 木이 없다. 시에 庚金에서 乙木을 끌어올 수가 있다. 乙庚合이 되면 辛金은 재물이 된다. 지지에서는 未土을 깔고 있어 없는 木을 만들 수가 있다. 未土에서 丁壬合木이 乙木이 된다. 乙木은 시에 庚金과 乙庚合 辛金이 되면 재물을 취할 수가 있다. 지지에 亥卯未로 木의 뿌리를 만들 수가 있다. 월간 丁火는 지지에 巳火가 있어 巳酉丑으로 재물을 취할 수가 있다. 윗사람과 동업하면 월간 丁火가 재물을 가져간다. 윗사람과 동업하면 안 된다.

일간 丁火는 지지에 亥水가 亥卯未로 움직일 때 壬水를 끌어와 丁壬合木 乙木을 만들 수가 있다. 이때 乙木은 시에 庚金과 乙庚合을 하여 辛金으로 만들면 일간 丁火가 재물을 취할 수가 있다. 월에 丁巳의 巳火는 巳酉丑으로 財를 만들 수가 있다. 45세 후반에는 없는 木을 만들 수가 있어 부동산과 申子辰이 되어 물을 유통하여 돈을 벌 수가 있다. 이때부터 사우나 사업을 생각하게 된다.

이 명조의 특징은 丁火가 시에 庚金의 재물을 취할 수가 없다. 乙木을 이용하여 乙庚合으로 재물을 취하여야 한다. 丁火에서 丁壬合 乙木을 만들게 되면 시에 있는 庚金을 乙庚合으로 辛金이 되어 재물을 취할 수가 있다. 大運에서 財運이 오면 돈을 버는 것이 아니라 財運이 오지 않을 때 돈을 벌게 된다. 財運이 온다고 해서 다 돈을 버는 것은 아니다.

大運에서 財運 金이 오면 월에 丁巳에서 巳火가 巳酉丑으로 乙庚合 辛金을 가져가게 된다. 일간 丁火는 亥卯未만 하게 되어 있다. 월간 丁火에서 지지에 巳火가 있어 뿌리를 찾아가기 때문이다. 단 壬水의 運이 올 때 돈을 벌 수가 있다. 월간 丁火를 丁壬合으로 제거하여 乙木으로 만들 때 일간이 재물을 취하는 명조가 된다. 庚金의 재물을 취하려면 戊土의 척박한 땅을 개척하여야 한다. 황무지의 땅에 乙木의 나무를 심어 乙庚合을 하여 辛金이 되면 재물을 취하게 된다. 그 이유는 지지에 子水를 깔고 있어 나무에 물을 공급할 수가 있다. 戊土의 땅을 개척하여 나무를 심게 되면 편안한 여생을 보낼 수가 있는 명조로 해석한다.

지지에 巳午未의 개연성이 있고 木이 없어 火氣運이 강하게 되면 건강의 문제가 발생할 수가 있다. 지지에 子午卯酉가 될 수 있는 개연성이 있어 火氣運이 강할 때 건강의 문제가 발생할 수 있다.

(己未大運 : 15~24세)

己未大運은 己土가 甲木을 불러와 년의 戊土에 심고 싶어 학업에 대한 열정이 강하다. 己土가 甲木을 불러오고 지지에 木의 뿌리가 없어 甲木을 끌어와도 乙木이 되기 때문에 乙庚合으로 돈을 벌고 싶은 욕망이 강하다. 19세 丙午年, 대학에 진학하고 싶지만 갈 수가 없다. 丙丁 갈등을 해소하기 위하여 甲木으로 가려보고 싶지만 木의 뿌리를 만들 수가 없다. 지지에 巳午未가 되어 火氣運이 강해져 대학에 가지 못하게 된다. 20세 丁未年, 3개의 丁火가 丁壬合 乙木으로 戊土에 심어져 전문대학에 가게 되었다.

(庚申大運 : 25~34세)

庚申大運은 財運이 오지만 일간 丁火의 재물이 아니다. 지지에 寅申巳亥가 되어 새로운 기획으로 사업전략의 마케팅을 하고 싶어 한다. 이때는 조직 생활이 좋은데 大運에서 財運이 오게 되면 조직 생활보다 사업을 하려고 한다. 30세 丁巳年, 3개의 丁火가 하나가 되고 지지에 巳午未로 부부궁이 合이 되어 결혼하였다.

(辛酉大運 : 35~44세)

辛酉大運은 辛金이 丙火를 끌어오면 丙丁 갈등으로 현실의 세계와 이상의 세계 사이의 갈등을 겪게 된다. 새로운 甲木으로 해결하고 싶어 멀리 떠나고 싶어 한다. 지지에 酉金이 巳酉丑, 亥子丑 탁수가 된다. 답답함으로 인한 우울증으로 현실의 세계에서 본인이 꿈꾸는 이상의 세계로 탈피하고 싶은 마음이 든다. 이때는 지지에 未土가 亥卯未로 木의 뿌리를 만들면 丙丁 갈등이 해소된다. 36세 癸亥年, 년에 戊土와 戊癸合으로 己土가 되어 甲木을 끌어온다. 丙丁 갈등을 해소하기 위하여 새로운 땅으로 가고 싶어 한다. 지지에 亥卯未가 되면 寅申巳亥가 되어 없는 木을 찾아 동쪽으로 가출하여 집을 떠나게 되었다.

(壬戌大運 : 45~54세)

壬戌大運은 인생에 가장 좋은 大運이다. 壬水의 官이 월에 丁火와 丁壬合 乙木으로 경쟁자를 제거하게 되면 시의 庚金과 乙庚合으로 辛金의 재물을 취하게 된다. 일생에 제일 좋은 大運으로 볼 수가 있다. 乙庚合의 辛金은 월지 巳火가 巳酉丑으로 辛金의 뿌리가 되어 확실한 재물이 오는 大運으로 판단한다. 45세 壬申年, 월간 丁火와 丁壬合으로 경쟁자를 제거하고 乙木은 시에 庚金과 乙庚合으로 辛金으로 만들어 준다. 지지에 申酉戌로 財局이 되어 재물을 취하게 되었다. 48세 乙亥年, 乙木이 乙庚合으로 재물을 취하게 된다. 지지에 亥水는 亥卯未가 되어 작은 부동산을 취득하게 되었다. 49세 丙子年, 丙丁 갈등으로 현실과 이상의 갈등을 느낀다. 51세 戊寅年, 두 개의 戊土가 되어 두 개의 甲木이 필요하다. 넓은 임야를 매입하여 목장 부지로 사용하게 되었다.

(癸亥大運 : 55~64세)

癸亥大運은 癸水가 년에 있는 戊土와 戊癸合을 한다. 己土가 되면 甲木을 불러와 건축물에 관심이 많아지는 大運으로 판단한다. 지지에 亥水는 亥卯未로 건축물의 뿌리가 되며 寅申巳亥로 새로운 부동산을 매입하여야 한다. 57세 甲申年, 大運에서 예측한 결과로 甲木의 건축물을 매입하게 되었었다. 지지에 申子辰으로 水局이 되어 사우나 사업을 하게 되었다. 사주 원국에 木이 없어 송파구가 木의 五行으로 건물을 매입하였다. 64세 辛卯年, 辛金이 丙火를 불러와 火氣運이 강하게 되고 지지에 子午卯酉가 되어 뇌종양으로 수술을 받게 되었다.

(甲子大運 : 65~74세)

甲子大運은 甲木은 뿌리가 없는 木으로 乙木이 된다. 시에 庚金과 乙庚合 辛金이 되어 辛金은 丙火를 끌어온다. 지지에 巳午未가 되어 火氣運이 강하게 되어 丁火의 불빛이 보이지 않게 된다. 지지에 3개의 子水와 申子辰이 되면 申金은 寅申巳亥가 되어 사망에 이르게 되었다.

10. 법조인과 교수를 할 수 있는 명조

坤命	1991년 03월 03일(陰) 16:50 직업 : 변호사				오행	木	火	土	金	水
戊	丁	壬	辛			0	2	3	2	1
申	巳	辰	未							
96	86	76	66	56	46	36	26	16	6	
壬	辛	庚	己	戊	丁	丙	乙	甲	癸	
寅	丑	子	亥	戌	酉	申	未	午	巳	

〈원국해설〉

　丁巳日柱다. 재물은 있다. 木이 없어 戊土가 탁수가 될 수 있다. 木이 없어 항상 배우고 싶은 욕망이 강하다. 이 명조는 丁火 일간으로 살아가는 방법과 丁壬合 乙木으로 살아가는 두 가지 방법이 있다.

　官에 官法으로 해석하면 丁火의 官 壬水이고 壬水의 官은 戊土가 官이 되어 '나무를 심는 교육자의 길로 갈 것인가?'를 분석하면 된다. 丁壬合은 乙木으로 戊土의 척박한 땅에 乙木의 나무를 심고 싶은 마음은 아니다. 丁壬合 乙木은 년에 辛金이 官이 된다. 乙木은 국가 자리 辛金의 칼자루가 되어 숙살지권을 할 수 있는 법조인으로 살아갈 수가 있다. 그러나 대학원에 진학하게 되면 甲木을 심게 되어 교육자의 길로 갈 수가 있다. 교육자의 길을 택한다면 시의 戊土에 甲木을 심어 丁火의 등불이 높은 곳에서 멀리 빛을 발산할 수가 있다. 丁壬合 乙木은 甲木에 등라계갑을 하고 지지에 寅申巳亥가 되어 외국에서 유학하게 되면 官에 官法으로 교육자의 길이 될 수가 있다. 어떤 길을 택하느냐에 따라 사람의 운명이 달라지는 것을 알 수가 있다.

　財에 觀法으로 보면 일간 丁火의 財는 辛金이 되며 辛金의 財는 木이 된다. 일간을 丁壬合 乙木으로 보면 법조인으로 갈 것인가를 고민하는 명조가 된다. 일간 丁火와 나의 官(壬水)이 丁壬合木 乙木이 된다. 乙木은 국가 자리 辛金의 칼자루로 사용할 수가 있다. 辛金은 丙火를 끌어와 丙辛合을 하게 되면 국가 자격증을 가지고 살아가는 법조인이 될 수 있는 명조가 된다. 외국에서 법학을 공부하고 국내에서 법조인이 되어 대형 로펌에서 근무할 수가 있다. 국제 변호사로 일하게 되면 크게 능력을 발휘할 수가 있다.

명예를 추구하려면 官에 官法을 택하여 교육자의 길을 택해야 하는 명조가 된다. 財에 觀法을 택한다면 법조인으로 길을 택해야 할 것이다. 필자의 판단은 사주 원국 시의 戊土에 甲木의 나무를 심을 수가 있어 법학을 전공하면 법학 교수가 될 수 있다. 교육자의 길로 가게 된다면 두 가지 일을 다 할 수가 있다. 법학을 전공하여 법조인으로 대학원에 진학하여 공부하게 되면 법조인과 교수로 두 가지를 다 해결할 수 있을 것으로 판단으로 한다.

(甲午大運 : 16~25세)

甲午大運은 甲木은 戊土에 심어지고 丁壬合 乙木은 甲木에 등라계갑을 할 수가 있다. 지지에 午火는 寅午戌이 되어 대학을 갈 수가 있다. 지지에 寅午戌로 丙火를 끌어와 丙辛合을 하게 된다. 국가 자격증의 꿈을 가지게 되고 법학대학원 로스쿨에 입학하게 될 것이다. 18세 戊子年, 두 개의 戊土가 되면 두 개의 땅에 甲木을 심기 위해 전공 선택의 갈림길에 서게 된다. 지지에 子水가 申子辰으로 물이 많아진다. 나무를 심어야 한다는 생각으로 문과를 선택하게 된다. 19세 己丑年, 己土가 甲木을 불러오고 지지에 丑土가 巳酉丑으로 木과 金을 사용하는 법대에 진학하게 된다. 사주 원국에 木이 없어 고려대, 동국대를 지원하면 좋다. 24세 甲午年, 甲木이 戊土에 심어지고 지지에 寅午戌과 巳午未로 년에 辛金이 丙辛合으로 고려대 법학전문대학원 로스쿨에 합격하게 되었다.

(乙未大運 : 26~35세)

乙未大運은 丁壬合木이 풀어지는 것도 된다. 乙木이 년에 辛金의 칼자루가 된다. 지지에 巳午未가 되어 丙火가 丙辛合으로 변호사 자격증을 취득할 수가 있다. 26세 丙申年, 국가 자리 辛金과 丙辛合을 하여 변호사 자격증 취득하게 되었다. 27세 丁酉年, 丁壬合이 풀어지고 지지에 巳酉丑으로 부부궁이 合을 이루어 결혼하게 되었다. 29세 己亥年, 己土가 甲木을 불러와 辛金의 칼자루가 되고 지지에 亥水가 亥卯未 되어 木의 뿌리가 된다. 대형 로펌에 취업하게 되었다. 사실 이 명조로 보면 29세 己亥年, 己土는 甲木을 불러와 戊土에 심어야 한다. 외국으로 유학 갔다면 대학교수를 할 수 있는 명조가 된다. 사람은 그 시기에 무엇을 선택하느냐가 중요하다.

(丙申大運 : 36~45세)

丙申大運은 丙辛合을 하면 丁壬合이 풀어진다. 戊土에 나무를 심어야 한다. 변호사로 일한다면 로펌에서 실력을 인정받는 사람이 될 것이다. 마음은 丙火가 丙辛合으로 丁火가 되면 丁壬合이 풀어지는 생각을 하게 된다. 독립적으로 로펌을 하고 싶은 마음을 갖게 된다. 38세 戊申年, 39세 己酉年, 40세 庚戌年, 41세 辛亥年, 변호사로서 능력을 발휘하여 실력 있는 변호사로 인정받게 된다. 41세 辛亥年, 두 개의 辛金이 되어 두 개의 칼자루가 필요하다. 두 개의 칼자루는 두 사람 이상 함께하는 로펌을 설립하게 될 것으로 판단 된다.

(丁酉大運 : 46~55세)

丁酉大運은 丁壬合이 풀어지는 大運이다. 지금까지 丁壬合 乙木으로 辛金의 칼자루를 사용하였는데 이제는 그 행위를 하고 싶지 않게 될 것이다. 丁壬合이 풀어질 때를 대비하여 외국이나 대학원에서 공부하라고 예측한 것이다. 학교에 진출하여 교수를 하였다면 좋았을 것이다. 甲木에 丁火의 등불이 높게 달려 능력을 발휘할 수가 있었을 것이다. 이런 명조를 풀어 보면 어릴 때 진로 상담이 얼마나 중요한 것인가를 알 수가 있다.

(戊戌大運 : 56~65세)

戊戌大運은 두 개의 戊土에 두 개의 甲木을 심어야 한다. 만일 교육계로 진출하였다면 丁壬合이 풀어지면 甲木의 나무를 심을 수가 있다. 부동산을 매입하였다면 부가가치가 높아져 안정된 삶이 되었을 것이다. 65세 乙亥年, 丁壬合木이 풀어지고 일간 丁火가 년간 辛金의 재물을 취할 수가 있어 변호사를 두고 돈을 벌 수가 있다. 지지에 寅申巳亥가 되어 일을 병행하면서 경치 좋은 산촌에서 悠悠自適하게 살아가는 것도 좋은 선택이 될 것이다.

(己亥大運 : 66~75세)

己亥大運은 己土가 甲木을 불러오고 지지에 寅申巳亥가 되어 새로운 일을 하고 싶어 한다. 시의 戊土에 甲木을 심어 丁火의 등불을 높이 비추려고 한다. 이 시기에는 甲木은 교육이 아니라 어진 마음으로 사회에 봉사하고 바쁘게 움직이는 大運으로 노후를 보람 있게 살아 보려고 노력해야 할 것이다.

* 이 명조의 특징은 법을 전공한 법조인으로 살아갈 것인지? 교육의 길로 갈 것인지? 를 잘 판단해야 한다는 것이다. 어떤 진로를 선택하는가에 따라 이렇게 삶이 바뀌게 된다는 것을 예측할 수 있다. 명리학을 공부하신 도반님들께서도 사람들이 살아가는 데 우리들이 등대와 같은 중요한 역할을 하고 있다는 것에 대한 깊은 사명감을 가지고 매사에 임해야 할 것이다.

11. 은행원 명조

乾命	1959년 9월 22일(陽) 00:50			오행	木	火	土	金	水
庚	丁	癸	己		0	1	2	2	3
子	未	酉	亥						
95	85	75	65	55	45	35	25	15	5
癸	甲	乙	丙	丁	戊	己	庚	辛	壬
亥	子	丑	寅	卯	辰	巳	午	未	申

〈원국해설〉

丁未日柱에 財, 官은 있지만 木이 없다. 木은 교육으로 학교 시절에는 없는 木을 만들려고 무한한 노력이 필요하다. 丁火 일간이 천간에 재물은 시에 있는 庚金이다. 그러나 丁火는 庚金을 녹일 수가 없어 財를 취할 수가 없다. 庚金을 財로 취하기 위해서는 庚金을 辛金으로 바꾸어야 한다. 庚金을 辛金으로 바꾸기 위해서는 乙木이 乙庚合하여 辛金을 만들어야 한다. 국가 자리 己土에서 甲木을 끌어와 甲己合 乙木이 된다. 시에 庚金과 乙庚合하여 辛金으로 바뀌면 재물을 취할 수 있게 된다. 재물을 취하기 위해서는 金의 행위를 하고 싶다. 지지에 월지 酉金이 국가 자리 亥水에 놀 수가 있어 金의 행위를 할 수가 있다. 金의 행위는 법, 금융, 경제, 경영이다. 국가 정책 기관인 은행에 근무할 수 있게 된다. 初運이 金으로 흘러 35대 己巳大運까지 金의 행위를 할 수가 있다. 45대 戊辰大運 이후부터는 金의 행위를 할 수가 없다. 戊土가 戊癸合으로 己土가 되면 국가 자리 己土에서 두 개의 己土가 강력하게 甲木을 끌어온다. 甲木의 뿌리 寅木은 년지 亥水와 寅亥合 木으로 甲木의 뿌리가 된다. 지지에 寅申巳亥가 되어 새로운 변화를 예고한다.

남촌물상론의 財와 官에 觀法을 보자. 丁火의 官은 癸水이고 癸水의 官은 년에 己土가 된다. 己土가 탁수되어 己土의 땅에 나무를 심어 乙庚合 辛金이 되면 재물을 취할 수가 있다. 다음은 財에 官法으로 보자. 丁火의 財는 庚金이고 庚金의 財는 木이지만 木이 없다. 木을 만드는 五行은 己土에서 甲木을 끌어와 甲己合 乙木이 된다. 乙木은 乙庚合 辛金으로 바뀌면 丁火는 재물을 취할 수 있다. 財와 官에 官法 모두 재물을 취하는 결론은 답이 같다. 乙木으로 농사를 지어 乙庚合을 하여 재물을 취하는 것이 농협은행이 된다. 상담 결과, 이분은 단위농협에 근무하였다고 한다.

(辛未大運 : 15~24세)

辛未大運은 辛金은 丁火의 재물이 된다. 辛金이 丙火를 끌어와 현실과 이상의 세계에서 갈등을 느끼게 되지만 癸水 부모의 도움으로 丙火가 丁火로 두 개가 된다. 17세 乙卯年, 乙木은 乙庚合이 되어 辛金으로 빨리 돈을 벌겠다는 집념이 강하다. 지지는 亥卯未로 木의 뿌리가 되어 실업 학교인 상업고등학교로 진학하게 된다. 18세 丙辰年, 현실과 이상의 갈등으로 고민하게 된다. 지지에 辰土가 辰酉合金이 되어 은행 시험을 목표로 공부하게 된다. 19세 丁巳年 두 개의 丁火가 년간 己土에서 甲木을 끌어와 등불이 된다. 지지에 巳火는 巳酉丑으로 金局이 된다. 甲木의 뿌리 寅木이 년지 국가 자리 亥水와 寅亥合으로 甲木에 뿌리가 된다. 甲木으로 庚金에 칼자루가 되어 농업은행 시험에 합격하게 된다.

(庚午大運 : 25~34세)

庚午大運은 두 개의 庚金이 되어 두 개의 칼자루가 필요하다. 丁火일주가 결혼이 제일 좋은 시기는 丁壬合 乙木이 乙庚合을 하고 지지에 酉金이 巳火를 끌어와 巳午未가 되면 부부궁에 合을 이루어 같은 금융업에 종사하는 여자와 인연이 있다. 결혼은 大運에서 예측한 대로 子午卯酉가 되면 결혼 시기로는 좋은 때가 아니라는 것을 알 수 있다. 29세 丁卯年, 결혼하였다고 한다. 참고하시고 풀어보시기 바란다.

(己巳大運 : 35~44세)

己巳大運은 보편적으로 좋은 運으로 볼 수 있다. 두 개의 己土가 甲木을 끌어와 庚金의 칼자루가 되고 지지에 甲木의 뿌리 寅木이 亥水와 寅亥合木으로 뿌리가 되어 튼튼한 칼자루가 된다. 丁火는 甲木에 등불이 된다. 37세 乙亥年, 乙木이 乙庚合을 하고 지지에 亥卯未가 되어 승진도 하였다. 그러나 39세 丁丑年, 외환위기로 IMF가 오는 시기였다. 두 개의 丁火가 丁壬合을 하려고 하지만 木의 뿌리가 형성되지 못한다. 지지에 丑土가 亥子丑으로 酉金이 탁수되어 금융권에 문제가 발생하게 된다. 개인의 運은 國運을 이길 수 없다는 것을 명심해야 한다.

44세 壬午年, 壬水의 官이 일간 丁火와 丁壬合 乙木이 乙庚合을 한다. 己土에 나무가 심어지지 않아 농협의 터전 己土가 탁수된다. 지지에 午火가 子午卯酉와 寅申巳亥가 되어 다니던 은행을 명퇴하게 되었다.

(戊辰大運 : 45~54세)

戊辰大運은 戊土가 戊癸合으로 두 개의 己土가 강력하게 甲木을 불러와 庚金에 칼자루가 된다. 庚金의 재물을 취하기 위해서 건설회사에 취업하게 되었다. 지지에 辰土가 申子辰, 亥子丑으로 酉金이 탁수 되면 돈을 벌고 싶어도 벌지 못한다. 탁수가 될 때는 건강도 좋지 못하다. 본래 이 명조는 소화기 계통과 비뇨기과에 문제가 있다.

(丁卯大運 : 55~64세)

丁卯大運은 두 개의 丁火가 가로등에 등불이 되려고 한다. 지지에 亥卯未가 되어 돈을 벌겠다고 노력은 많이 하지만 노력한 만큼 실리를 얻지는 못한다. 두 개의 丁火는 동업하면 안 된다. 지지에 亥卯未가 되면 대기업 자리의 己土가 木의 氣運으로 甲木이 甲己合을 하여 乙木이 된다. 乙木이 乙庚合을 하게 되면 대기업의 브랜드를 이용하여 사업을 하게 된다. 지지에 亥卯未가 되어 천간의 木을 끌어오는 경우는 결실이 약하다.

(丙寅大運 : 65~74세)

丙寅大運은 丙丁갈등 즉 현실과 이상 세계의 갈등으로 만감이 교차한다. 癸水가 있어 丙火는 丁火가 되어 두 개의 丁火가 된다. 지지에 寅木이 寅亥 합을 하면 천간 己土는 甲木에 두 개의 丁火가 등불이 되어 부동산에 투자하게 되면 노후 대책이 될 것이다.

(乙丑大運 : 75~84세)

乙丑大運은 시에 庚金과 乙庚합을 하여 辛金이 되면 조상에서 받은 己土에 乙木을 심어 시에 庚金과 합을 한 辛金의 재물은 자식 자리에서 만들어진다. 乙木의 뿌리 卯木이 亥卯未가 되어 부동산을 증여하게 된다. 80세 戊午年, 癸水와 戊癸합이 되어 탁수가 된다. 지지에 午火가 子午卯酉가 되면 건강에 문제가 될 것으로 판단된다. 건강에 이상이 올 수가 있으니 사전 건강검진이 필요하다.

12. 내과 의사 명조

乾命	1980년 10월 13일(陰) 16:35 직업 : 내과 의사					오행	木	火	土	金	水
戊	丁		丁		庚		0	2	1	4	1
申	酉		亥		申							
96	86	76	66	56	46	36	26	16	6		
丁	丙	乙	甲	癸	壬	辛	庚	己	戊		
酉	申	未	午	巳	辰	卯	寅	丑	子		

〈원국해설〉

丁酉日柱다. 많은 원국에 木이 없어 항상 배우고 싶은 욕망이 강하다. 木을 만드는 五行은 년에 국가 자리 庚金에서 乙木을 끌어올 수가 있다. 지지에 亥水가 亥卯未로 木을 만들 수가 있으며 지지 전체가 金으로 재물로서 구성되어 財物福이 많은 명조다. 사주를 전후반으로 나누어도 두 개의 丁火가 있어 각각 金의 행위를 할 수가 있다. 두 사람이 같은 일을 하고 있다는 것을 알 수가 있다

일간 丁火의 재물이 년에서 시작하여 지지에 財局으로 연결되어 있다. 乙木을 끌어와 乙庚合에 자격증만 가지면 乙庚合으로 辛金이 되어 재물을 취할 수가 있다. 년에 庚金을 辛金으로 바꾸면 지지에 財局을 이루어 많은 돈을 벌 수가 있다. 일간 丁火와 월에 丁火에서 지지에 亥水가 있어 壬水를 끌어올 수가 있다. 丁火는 壬水와 丁壬合 乙木으로 년에 庚金과 乙庚合 辛金이 되어 재물을 취할 수가 있다. 일간 丁火의 부인은 酉金을 깔고 있어 같은 의사 직업을 가지고 함께 돈을 벌게 된다.

지지에 金들은 亥水에 놀 수가 있으며 물이 부족하면 스스로 金生水의 물을 만들 수가 있어 자수성가 사주다. 지지에 申金과 酉金 亥水가 있어 천간

丁火에서 壬水를 끌어와 丁壬合 乙木이 乙庚合 辛金이 되어 辛金의 뿌리 酉金의 행위를 한다. 의약, 의학, 생명공학, 보건학, 아이티, 전자 등의 행위를 하면 된다. 지지에 酉金은 巳火를 끌어와 寅申巳亥가 되어 활동적이며 마케팅 전략으로 사업도 잘할 수가 있다. 大運을 보면 초년의 大運이 土運으로 시작하여 26세부터 65세까지 金의 행위를 할 수가 있다. 그중에서도 46대 壬辰大運은 인생의 전성기로 볼 수 있다. 66세 甲午大運부터 큰 건축물로 부동산을 취하게 될 것이다.

안심법으로 돈을 벌면 무엇을 하려고 할까? 천간 시에 戊土가 있어 돈을 벌면 甲木을 심어 큰 부동산을 가지려고 노력할 것이다. 丁火의 재물은 酉金이 되며 酉金의 재물은 木이 된다. 지지에 亥水가 亥卯未로 木局을 이루게 되면 큰 건축물을 가지고 싶은 것이 꿈이다. 부동산으로 큰 건축물을 취하면 두 개의 丁火의 등불을 달아 멀리 빛을 비추게 되어 명예를 이루고 싶은 마음을 가지게 되어 무한한 노력을 하게 될 것이다.

(己丑大運 : 16~25세)

己丑大運은 己土가 甲木을 끌어오고 싶다. 배우고 싶은 욕망이 강하게 느껴지는 大運이다. 木은 엄마로서 없는 木의 행위를 하려니 엄마는 얼마나 힘이 들겠는가? 자식에 대한 교육의 열정이 매우 강하게 작용한다. 어떻게 해서라도 자식에게 甲木에 丁火의 등불을 달아 주려는 마음이 매우 강하다. 18세 丁丑年, 3개의 丁火가 된다. 丁火는 壬水를 끌어와 丁壬合 乙木으로 乙庚合 辛金이 되어 丙火를 끌어오게 된다. 지지에 辛金의 뿌리 酉金이 巳酉丑으로 寅申巳亥가 되어 집을 떠나 과학고등학교에 입학하게 되었다. 20세 己卯年, 己土가 甲木을 불러와 戊土에 심어진다. 지지에 亥水가 亥卯未로 甲木의 뿌리가 되어 의과대학에 입학하게 되었다. 22세 辛巳年, 丁火의 뿌리 巳火가 酉金과 巳酉丑이 되어 부부궁에 합을 이루어 같은 학과의 여자와 사귀게 된다.

(庚寅大運 : 26~35세)

　庚寅大運은 庚金의 재물이 오고 두 개의 庚金은 두 개의 丁火에서 丁壬合 乙木을 끌어와 合을 하려고 한다. 乙庚合은 辛金으로 丙火를 끌어와 丙辛合으로 자격증을 예측한다. 지지에 寅木이 寅申巳亥가 새로운 일에 시작을 예측하고 있다. 28세 丁亥年, 3개의 丁火가 하나가 되어 丁壬合 乙木이 된다. 전공의 과정을 마치고 전문의 자격증으로 취업하게 된다. 지지에 亥水는 丁壬合木 乙木의 뿌리를 만들고 지지에 亥卯未, 亥子丑이 되어 내과 의사로서 활동하게 된다. 33세 壬辰年, 壬水가 丁壬合으로 경쟁자를 제거하고 乙木은 년에 庚金과 乙庚合 辛金이 되어 辛金의 뿌리 酉金이 부부궁에 辰酉合金이 되어 같은 직업을 가진 의사와 결혼하게 되었다.

(辛卯大運 : 36~45세)

　辛卯大運은 辛金은 丙火를 끌어와 丙丁 갈등이 된다. 甲木을 戊土의 땅에 나무를 심어 꽃을 피우고 싶은 마음이 든다. 새로운 땅에 나무를 심고 싶은 마음은 개인병원을 개원하려는 마음을 가지게 된다. 지지에 卯木이 亥卯未가 되어 시의 戊土에 나무를 심게 된다. 木은 건축물로 병원을 개원하게 된다. 지지에 亥卯未가 되면 천간 丁火에서 壬水를 끌어와 丁壬合 乙木이 된다. 乙木은 乙庚合을 하게 되면 두 개의 辛金이 강력하게 丙火를 끌어와 새로운 일을 시작하려고 한다. 43세 壬寅年, 丁壬合 乙木이 乙庚合 辛金이 되어 丙火를 끌어와 새로운 시작으로 병원 개원한다. 지지에 寅申巳亥와 寅亥 合木이 되어 마케팅 전략으로 병원 경영을 잘할 수가 있다.

(壬辰大運 : 46~55세)

　壬辰大運은 壬水가 丁壬合 乙木으로 경쟁자를 제거하고 년에 庚金과 乙庚合 辛金이 丙火를 끌어온다. 지지에 申子辰 水局으로 金이 원활하게 놀 수 있어 많은 돈을 벌 수가 있다. 전반과 후반으로 나누면 두 개의 申金이 되어 후반에는 申金이 申子辰이 된다. 물이 많아지면 金이 놀 수가 있다. 시의 戊土에 나무를 심고 싶은 마음이 든다. 戊土는 癸水를 끌고 올 수가 있어 피부과를 하나 더 개원하고 싶은 마음을 알 수가 있다. 眼心法을 이용하면 정확하게 마음을 읽어 내어 현재 진행하고 있는 과정을 알 수가 있는 觀法이다. 48세 丁未年, 3개의 丁火가 3:1로 丁壬合을 하여 3개 진료과를 증설 운영을 할 수가 있다. 지지에 亥卯未로 戊土에 나무를 심을 수가 있어 한 건물에 3개 과로 진료를 할 수가 있다.

(癸巳大運 : 56~65세)

癸巳大運은 시에 戊土를 활용하라는 大運이다. 戊土와 癸水가 戊癸合을 하여 己土가 되면 甲木을 불러와 나무를 심으라는 예측이다. 피부과에서 많은 돈을 벌 수가 있다. 지지에 寅申巳亥와 寅亥合木으로 부동산을 매입하면 좋다. 60세 己未年, 己土가 甲木을 불러와 戊土에 심어지면 지지에 亥卯未가 되어 부동산을 매입하게 된다. 63세 壬戌年, 丁壬合으로 경쟁자를 제거하고 乙庚合 辛金이 된다. 지지에 申酉戌이 되어 金局이 되니 많은 돈이 들어오는 해로 볼 수가 있다. 65세 甲子年, 甲木이 戊土에 심어지고 지지에 申子辰으로 물이 공급되니 순순한 자금력으로 큰 건축물이 되어 부동산을 갖게 될 것이다.

(甲午大運 : 66~75세)

甲午大運은 戊土에 심어진 큰 甲木의 건축물에 두 개의 등불이 달려 명예를 얻을 수가 있다. 노년은 부동산으로 富를 누릴 수가 있으며 지지에 午火는 寅午戌과 申酉戌로 財局이 되어 자식에게 부동산을 증여하는 것도 좋다.

5장
戊土 日干

5장
戊土 日干

◎ 1. 無官四柱가 정치를 하고 싶은 것은 왜일까?

坤命	1970년 09월 16일(陰) 19:35 직업 : 시의원				오행	木	火	土	金	水
壬	戊	丙	庚			0	1	5	1	1
戌	辰	戌	戌							
93	83	73	63	53	43	33	23	13	3	
丙	丁	戊	己	庚	辛	壬	癸	甲	乙	
子	丑	寅	卯	辰	巳	午	未	申	酉	

〈원국해설〉

 이 명조는 無官四柱다. 천간에 五行 중 木이 없어 탁수가 될 수 있다. 원국에 木(官)을 만들어주는 五行은 국가 자리 庚金이 乙木을 끌어온다. 乙庚合을 하여 辛金이 되면 월에 丙火와 丙辛合水로 재물을 만들 수가 있다. 사주에 木이 없으면 만학도가 되어 늦게까지 공부하게 되는 것이 특징이다. 官은 남편이 되거나 직업이다. 년간 庚金에서 끌어온 乙木의 남자가 官이 된다. 乙木은 넓은 땅 戊土에 살아가게 되어 남편은 끈기와 인내력이 좋은 사람이다. 여자는 甲木의 官을 추구하게 되어 부부의 갈등은 항상 존재한다. 乙木의 남편을 무시하는 경향이 있다. 시에 壬水에서 丁火를 끌어와 丁

壬合 乙木이 된다. 일간 戊土에서 癸水의 財를 끌어와 戊癸合 己土가 甲木을 끌어올 수가 있다. 어떤 행위를 하느냐에 따라 官, 木을 만들 수 있는 조건이 많다.

사주 원국 천간 五行 중에 木이 없어 배우고 싶은 욕망이 강하다. 木은 교육, 건축, 사람을 상대하는 것으로 판단한다. 년에 庚金이 있어 건설과 부동산에 관련된 일을 해야 한다. 년간에 庚金은 乙木을 끌어와 乙庚合을 하면 辛金이 된다. 辛金은 월간 丙火와 丙辛合을 하게 되면 건축기사나 부동산 자격증을 가질 수가 있다.

시에 壬水가 이분의 재물이다. 壬水의 재물에서 官(丁壬合木)인 乙木을 만들어 국가 자리 庚金과 乙庚合으로 국가에 대한 명예를 가지려고 하는 마음이 강하다. 일반적으로 木이 없어 부동산에 관한 일을 하고 있다고 판단하기 쉽다. 그러나 이 명조는 木(官)이 생기게 되면 庚金을 칼로 사용하려고 하는 마음이 앞서게 된다. 庚金과 합을 먼저 하게 되면 권력을 우선 사용하고 부동산은 두 번째가 되는 것이다. 상담 결과, 지금도 시의원을 하면서 부동산 공부를 하고 있었다. 일간 戊土의 뿌리가 지지에서 辰戌沖을 하고 있기에 부동산에 관심을 많이 가지고 있다. 이런 분들은 어느 대학을 좋아할까? 사주에 木이 없는 사람은 대부분 木의 대학인 고려대, 동국대, 건국대 등을 좋아하게 된다.

(甲申大運 : 13~22세)

甲申大運은 無官四柱에 官(木)이 와서 戊土에 심어져 학업에 대한 욕망이 매우 강하다. 그러나 지지에 申金이 일지의 辰土와 申子辰으로 水局에 재물을 만들고 싶어 돈에 대한 욕심을 갖게 된다. 19세 戊辰年, 고등학교 3학년 때는 두 개의 戊土의 땅에 甲木을 심고 싶어 하지만 甲木의 뿌리가 없다. 지지에 辰土가 申子辰으로 재물을 형성하게 되고 가정 형편상 대학을 포기하고 돈을 벌려는 마음으로 취업을 결심하게 된다.

(癸未大運 : 23~32세)

癸未大運은 戊癸合이 己土가 되어 甲木을 끌어오고 싶어 한다. 지지에 未土가 亥卯未로 木의 뿌리를 만들어 결혼하고 싶어 한다. 24세 癸酉年, 戊癸合이 己土가 되어 甲木을 끌어와 심게 되어 본인이 선택한 남자를 만나 결혼하게 된다. 甲木은 戊土에 심어지고 지지에 辰土와 酉金合을 하여 부부궁에 合을 이루어 결혼하게 되었다. 30세 己卯年, 己土가 甲木을 불러오고 지지에 3개의 戌土와 寅午戌로 丙火가 밝아진다. 배우고 싶은 욕망이 앞서고 부동산을 가지고 싶어한다. 丙火는 壬水에 뜨게 되어 빨리 결실을 맺고 싶어 한다.

(壬午大運 : 33~42세)

壬午大運은 壬水의 財運이 온다. 많은 물을 남기 위해서는 제방이 든든해야 한다. 많은 재물을 지키기 위해 제방에 甲木의 나무(木)을 심고 싶어진다. 지지에 午火가 寅午戌로 나무에 꽃을 피우고 싶은 마음으로 대학에 가고 싶다. 35세 甲申年, 공부하고 싶어 대학에 진학하려고 한다. 제방을 지키기 위해서는 木의 행위를 해야 하므로 한국방송통신대학교에 진학하게 되었다. 戊土 일간 無官四柱에 木(官)이 없는 사람은 학구열이 매우 강하다는 것은 상담을 통해 검증된 사실이다.

(辛巳大運 : 43~52세)

辛巳大運은 辛金이 丙火와 丙辛合水로 국가에 관련된 정치를 하고 싶다. 45세 甲午年, 甲木이 戊土에 심어지고 지지에 寅午戌이 되어 대학원에 진학하게 되었다. 48세 丁酉年, 丁壬合 乙木이 국가 자리의 庚金과 乙庚合을 하여 辛金이 된다. 辛金은 월에 丙火와 丙辛合을 하여 국가에 관한 일을 하려고 결심하게 된다. 지지에 酉金이 辰酉合金을 이루고 申酉戌이 되어 金生水로 재물을 만들어 경제적으로 편안하다. 49세 戊戌年, 6월 戊午月에 지방자치단체 시의원에 당선이 되었다.(당선된 이유를 다같이 한번 풀어 보세요)

51세 庚子年, 두 개의 庚金이 부딪치니 시끄러운 일이 발생함을 예측하게 된다. 지지에 辰土가 申子辰이 되어 재물이 戊土에 지하수 샘물이 된다. 甲木이 천간에 심어지지 않아 물을 흡수할 수가 없어 탁수가 된다. 7월 癸未月, 癸水가 일간 戊土와 戊癸合으로 己土가 되어 壬水에 탁수가 된다. 지지에 未土는 辰戌丑未가 되어 땅이 움직이니 법적인 문제가 발생하게 되었다.

(庚辰大運 : 53~62세)

庚辰大運은 두 개의 庚金이 庚庚으로 국가 자리와 대결 구도로 보인다. 불꽃 튀는 경쟁이 될 것이다. 지지에 2개의 辰土가 辰戌沖이 되어 용암이 폭발하게 된다. 甲木이 오고 寅午戌이 되면 가능할 수가 있다. 문제가 되는 大運으로 볼 수가 있다. 53세 壬寅年, 지방 시의원 선거 2선에 출마하게 될 것이다. 壬寅年, 물이 많아지게 되면 戊土의 제방 역할을 할 수가 있지만 나무를 심을 수가 없다. 두 개의 壬水는 丁火를 끌어올 수가 있지만 어렵다. 丁火運이 와서 丁壬合 乙木이 되었으면 당선이 가능하다.

(己卯大運 : 63~72세)

己卯大運은 己土가 甲木을 끌어와 甲己合 乙木이 되어 국가 자리 庚金과 합을 하여 辛金이 된다. 辛金은 丙火를 끌어오게 되어 정치에 대한 미련을 버리지 못하게 된다. 戊土에 木은 官으로 無官四柱의 특징이 끝까지 官의 꿈을 버리지 못한다는 것은 상담을 통해 증명된 사실이다. 官에 욕심을 버리고 가정에 충실하는 것이 좋다.

(戊寅大運 : 73~82세)

戊寅大運은 두 개의 戊土의 땅이 오니 甲木이 나무를 심고 싶은 마음이다. 甲木은 官으로 정치에 미련을 버리지 못하고 있다. 빨리 미련을 버리고 부동산을 하면서 건설회사와 관계를 맺어 일한다면 좋은 결과가 있을 것이다.

◎ 2. 법조인으로 대학교수를 하는 명조

坤命	1980년 05월 22일(陰) 08:30			오행	木	火	土	金	水
丙	戊	壬	庚						
辰	寅	午	申		1	2	2	2	1
99	89	79	69	59	49	39	29	19	9
壬	癸	甲	乙	丙	丁	戊	己	庚	辛
申	酉	戌	亥	子	丑	寅	卯	辰	巳

〈원국해설〉

戊寅日柱다. 모두 陽으로 구성된 陽八通 四柱다. 지지에 官인 寅木을 깔고 있지만 천간에 木이 없다. 꽃을 피울 수 있는 태양도 있고 나무가 성장할 수 있는 물도 충분하다. 지지에 甲木의 뿌리 寅木은 천간 戊土의 땅이 있어 甲木의 행위를 하고 싶은 마음은 건설과 교육에 관심이 많다. 년에 庚金의 칼이 있어 무토에 나무를 심게 되면 칼자루 역할도 충분하다. 眼心法으로 볼 때 木에 대한 열망이 강해서 교육에 관한 일을 하고 싶다. 칼과 칼자루는 건설이 되고 甲木에 꽃을 피우는 것은 교육이 된다. 초년 大運이 28세까지 金運으로 흘러 권력을 다루는 숙살지권에 대한 일을 먼저 하게 된다. 남자 사주라면 건설에 관련된 일을 하고 싶어 한다. 초년에 국가 자리 庚申으로 국가에 대한 일 중에서 숙살지권에 대한 마음을 가질 수밖에 없다. 사주 원국에 칼자루가 없어 숙살지권에 대한 국가의 일을 하더라도 오래 하고 싶은 마음이 없다. 29세부터 木運으로 흘러 木의 행위인 교육, 건축, 사람을 상대하는 것 중에서 교육을 선택하게 될 것이다. 시에 丙火가 있어 甲木의 행위를 늦게까지 하면 木火通明으로 꽃을 피울 수가 있다. 지지에 寅卯辰이 되면 甲木의 뿌리가 튼튼하여 끝까지 할 수가 있다.

재물은 초년에는 부모로부터 많은 혜택을 보고 살았다. 지지에 寅申巳亥의 개연성이 있어 언제든지 새로운 개혁의 의지가 있다. 다만 지지에 官의 뿌리 寅木이 있어 교육의 뿌리가 되기 때문에 학교와 인연을 맺어 살아가게 된다. 지지에 寅申巳亥의 개연성이 있어 大運이 바뀌게 되면 새로운 변화로 직업 변동이 있을 것이다.

(庚辰大運 : 19~28세)

庚辰大運은 두 개의 庚金이 칼이 되어 두 개의 칼자루가 필요하다. 大運이 金運으로 흘러 숙살지권에 대한 야망을 가지게 된다. 19세 戊寅年, 두 개의 땅에 두 개의 甲木을 심으려고 하지만 寅木이 지지에 뿌리가 있어 더 큰 욕심을 갖게 된다. 천간에서 甲木을 끌어올 五行이 없다. 노력한 만큼 성적이 나오지 않아 재수하게 된다. 다음 해가 20세 己卯年, 己土가 甲木을 끌어오면 지지에 寅卯辰으로 木의 뿌리가 튼튼하게 되어 시에 丙火가 꽃을 피울 수가 있다. 본인이 가고 싶은 木의 대학 고려대학교에 합격하게 된다. 사주 원국에 寅木의 뿌리가 있고 천간에 木이 없어 고려대학교를 선택하였다. 木 대학인 고려대 법대에 합격하게 되었다. 만일 저에게 상담하였다면 서울대학을 추천하였을 것이다. 丙火는 壬水에 뜬다. 지지에 寅午戌이 되어 나무만 심어지면 木火通明이 되기 때문이다. 대학을 졸업하고 25세 甲申年, 법학전문대학인 로스쿨에 합격하게 되었다.

(己卯大運 : 29~38세)

己卯大運은 己土가 甲木을 끌어오고 지지에 寅卯辰이 되어 원국의 庚金을 칼자루로 사용할 수가 있다. 30세 己丑年, 로펌에 입사하게 되어 변호사로 일하게 되었다. 己土가 甲木을 불러오고 지지에 丑土가 巳火를 불러와 寅申巳亥로 새로운 일을 시작하게 되었다. 34세 癸巳年까지 로펌에 근무하다가 癸水가 戊癸合 己土가 되어 甲木을 끌어와 심고 싶은 마음으로 바뀐 것이다. 35세 甲午年, 대학원으로 마음을 바꾸어 옮기게 되었다. 35세 甲午年,

결혼하여야 한다. 대학원을 선택하지 말고 官인 甲木을 결혼으로 선택해야 한다. 甲午年 甲木이 심어지고 지지 부부궁에 합을 이루어 결혼하면 좋다. 상담 결과, 기회를 놓쳤다고 한다. 결혼의 기회를 놓치면 결혼은 어렵다.

(戊寅大運 : 39~48세)

戊寅大運은 두 개의 戊土 땅이 되어 두 개의 甲木을 심으려고 할 것이다. 39세 戊戌年, 두 개의 戊土의 땅에 두 개의 甲木을 심고 싶은 마음이다. 일도 해야 하고 결혼도 해야 하는 두 가지 마음이다. 지지에 寅木이 부부궁이 움직여 일간 戊土에 甲木을 심을 수가 있어 결혼하게 된다. 20세 己卯年에 만나 오랫동안 알고 지낸 후배와 결혼하게 되었다. 40세 己亥年, 己土가 甲木을 끌어오고 지지에 부부궁이 寅亥合이 되어 천간에 甲木이 심어져 결혼하게 되었다. 지지에 亥水가 부부궁에 寅亥合木이 되고 寅申巳亥가 된다. 외국에 떨어져 근무하는 남편을 따라간다. 41세 庚子年, 아기를 출산하게 되어 지금 학교는 휴직 상태이다. 42세 辛丑年, 원국 시에 丙火와 丙辛合을 하여 태양이 어두워진다. 새로운 태양이 뜨는 나라로 가고 싶어진다. 지지에 丑土가 巳火를 불러와 寅申巳亥가 되어 다시 한국으로 오게 될 것이다. 44세 癸卯年, 일간 戊土와 戊癸合 己土가 되어 甲木을 끌어오면 다시 일하고 싶어진다. 46세 乙巳年, 乙木이 국가 자리 庚金과 合을 하게 되면 본인 명의로 국가자격증을 사용하여 일하고 싶은 마음으로 바뀌게 될 것으로 본다.

(丁丑大運 : 49~58세)

丁丑大運은 丁火가 월에 壬水와 합을 하여 乙木이 된다. 국가 자리의 庚金과 乙庚合을 하여 국가자격증을 사용하게 될 것이다. 지지에 丑土가 巳火를 불러 寅申巳亥가 되어 본인이 직접 법무법인을 설립하여 새로운 시작으로 변호사의 자격증을 사용하게 된다는 것을 예측하게 된다. 50세 己酉年, 己土가 甲木을 끌어와 戊土에 심어지고 지지에 酉金이 辰酉合金으로 申酉戌

이 되어 돈을 잘 벌게 될 것이다.

(丙子大運 : 59~68세)

丙子大運은 원국의 丙火와 大運의 丙火가 두 개가 되어 壬水에 뜨게 된다. 丙丙 두 개의 태양을 甲木으로 가리고 싶은 마음이다. 丙火를 가리는 것은 甲木이기 때문에 큰 부동산에 마음이 갈 것이다. 64세 癸亥年, 戊土와 戊癸合을 하면 戊土가 己土가 되어 甲木을 불러온다. 지지에 일지의 寅木과 寅亥合을 하면 자기 소유의 큰 부동산이 생기게 될 것이다. 노후 대책으로 큰 힘이 되리라 판단한다.

(乙亥大運 : 69~78세)

乙亥大運은 년에 庚金과 乙庚合 辛金이 되어 시에 丙火와 丙辛合水로 물이 많아지게 되며 어두워진다. 천간 壬水에 탁수되어 당뇨병으로 고생할 수가 있으니 사전 건강에 유의하여야 한다. 지지에 寅亥合木이 자식 자리 辰土와 寅卯辰으로 木局이 되어 부동산을 자식에게 증여하는 것이 좋다.

(甲戌大運 : 79~88세)

甲戌大運은 일간 戊土에 甲木이 심어지고 지지에 寅午戌로 꽃을 피울 수가 있어 木火通明이 된다. 이 시기에 책을 집필하여 출판하게 되면 좋은 평을 받을 수가 있으며 후학들로부터 존경받는 인물이 될 것이다. 80세 己卯年, 己土가 甲木을 불러와 戊土에 심어지게 되며 지지에 寅卯辰으로 甲木의 뿌리가 된다. 천간 甲木에 시의 丙火가 꽃을 피워 木火通明이 되어 책을 집필한다면 좋은 작품이 될 것이다.

3. 숙살지권 자격증을 가진 자의 사무원으로 사는 명조

乾 命	1967년 12월 10일(陽) 16:18			직업 : 변호사 사무장					
庚	戊	壬	丁	오행	木	火	土	金	水
申	申	子	未		0	1	2	3	2
91	81	71	61	51	41	31	21	11	1
壬	癸	甲	乙	丙	丁	戊	己	庚	辛
寅	卯	辰	巳	午	未	申	酉	戌	亥

〈원국해설〉

戊申日柱에 官(木)이 없는 無官四柱다. 戊土의 官인 木이 없어 항상 배움에 욕망을 가지게 된다. 그러나 지지에 木의 뿌리가 없어 木의 행위를 하더라도 오래 갈 수가 없다. 木은 교육, 건축, 사람을 상대하는 일을 의미한다. 金과 木이 만나면 칼과 칼자루 역할이 되며 戊土에 나무를 심으면 교육에 관한 일을 할 수가 있다. 運에서 甲木이 올 때는 부동산과 관계가 있을 것이다.

이 명조는 국가 자리 년에 丁火와 월에 壬水가 丁壬合 乙木이 되어 戊土에 심을 수가 있다. 乙木의 나무는 戊土의 척박한 땅에 살아야 하지만 지지에 木에 뿌리가 없어 어렵다. 丁壬合 乙木은 庚金과 乙庚合을 하게 된다. 乙庚合을 하면 木의 역할은 거기까지이다. 지지에 庚金의 뿌리 申金이 있어 칼자루가 없는 칼이 된다. 칼자루인 木의 뿌리가 없기에 칼을 사용할 수가 없다. 乙木이 戊土에 심어질 수 있을 때 庚金의 칼자루 역할을 하지만 木의 뿌리가 없어 官(木)의 역할과 칼자루 역할을 하지 못한다. 天干合의 원리는 남촌물상론에서만 사용하고 있는 역학계 최초의 학문으로 사용하고 있다.

국가 자리에서 만들어진 丁壬合 乙木(官)은 시에 庚金과 合을 한다. 庚金이 辛金이 되어 丙火를 끌어와 월간 壬水에 뜨게 되면 국가에 관련된 일을 하게 된다. 국가자격증을 가지고 있는 변호사 사무실, 법무사 사무실에 고용직으로 일을 할 수가 있다. 천간에서 丁壬合 乙木이 되면 지지에 未土가 亥卯未로 천간 木(官)의 뿌리를 만들 수는 있다. 그러나 천간에 木이 없어 한시적으로 丁壬合 乙木이 될 때 木의 역할을 할 수가 있다.

국가공무원은 국가에 공직으로 일을 하는 사람으로 국가로부터 권력을 위임받아 국민에게 봉사하는 역할을 한다. 이 명조는 일간이 戊土의 땅에 丁壬合 乙木이 戊土에 심어져 뿌리 없는 나무로 직접 권력을 다루는 직업이 아니라 간접적인 업무 보조원으로 木의 행위인 행정에 관한 업무를 도와주는 역할을 할 수 있다.

(庚戌大運 : 11~20세)

庚戌大運은 金運으로 두 개의 庚金이 되어 두 개의 칼자루가 필요하다. 칼을 사용한 숙살지권에 대한 마음을 어렸을 때부터 갖게 된다. 그러나 본인이 官(木)이 없어 타고난 칼자루로 사용할 수가 없다. 戊土의 官은 木이고 木의 官은 庚金으로 官을 추구하고 있다. 남촌물상론에서는 官에 官法을 사용한다. 일간 戊土의 官은 木이요 木의 官은 金을 의미한다. 사주 원국에 丁壬合 乙木이 乙庚合으로 구성되어 있다. 19세 乙丑年, 乙木이 오면 丁壬合이 풀어져 乙木으로 전문대학을 선택하여야 한다. 그러나 충청권 대학에 가면 두 개의 戊土의 땅이 되어 두 개 대학을 선정하여 4년제 지방대학에 진학하게 된다. 지지에 丑土가 巳酉丑으로 金의 뿌리가 되어 법대로 진학하였다.

(己酉大運 : 21~30세)

己酉大運은 戊土의 마음은 己土가 甲木을 불러 戊土에 심어 뿌리를 내리고 싶지만 지지에 木의 뿌리가 없어 심을 수가 없다. 아무리 공부 잘해도 칼자루가 생길 수가 없어 고시에 합격할 수가 없다. 만일 고시 공부하려면 동해안 낙산사와 같은 태양이 뜨는 동쪽에서 甲木을 택하여 공부해야 한다.

고시는 5차례나 보았지만 모두 낙방하였다고 한다. 어떤 곳에서 공부해야 하는가는 매우 중요하다.

(戊申大運 : 31~40세)

戊申大運은 두 개의 戊土에 나무를 심어야 한다는 것을 예시하고 있다. 고시보다는 공무원을 선택해야 하나? 취업해야 하나? 두 갈림길에 서게 된다.

지지에 3개의 申金이 하나가 되어 부부궁에 합을 이루어 결혼을 예고하고 있다. 33세 己卯年, 己土는 甲木을 끌어오고 丁壬合 乙木은 등라계갑을 한다. 乙木은 시에 庚金과 乙庚合을 하여 辛金의 칼자루가 된다. 지지에 亥卯未로 국가 자리 년지 未土에서 木의 뿌리가 되어 숙살지권의 자격증을 가진 변호사 사무실에 취입하게 되었다. 38세 甲申年, 甲木이 戊土에 심이지고 지지에 3개의 申金이 하나가 되어 申子辰으로 부부궁에 合을 이루어 38세 甲申年, 8월 壬辰月에 결혼하였다.

(丁未大運 : 41~50세)

丁未大運은 국가 자리에 丁壬合이 풀어지면 탁수가 된다. 이때는 확실한 직업이 없이 임시직으로 일하게 된다. 그러나 이런 분은 丁壬合이 풀어지게 되면 탁수가 된다. 탁수가 되면 가정생활이 무너지게 된다. 46세 壬辰年, 丁壬合이 풀어지고 지지에 申子辰이 되어 이혼하였다. 丁火는 壬水와 丁壬合이 풀어지면 지지에 亥卯未도 안 된다. 국가 자리 년지 未土에 의해 木의 뿌리 亥卯未가 되었을 때 임시직으로 일하게 된다.

(丙午大運 : 51~60세)

丙午大運은 丙火는 국가에 관한 일을 하고 싶을 것이다. 丙火는 木에 꽃을 피우고 싶어 한다. 木은 이 사주에 官으로서 원국에 丁壬合木이다. 丙火는 丁壬合木이 되었을 때 꽃을 피우거나, 木運이 올 때 꽃을 피울 수가 있지만

木火通明은 안 된다. 53세 己亥年, 己土가 甲木을 끌어오고 지지에 亥水가 년지에 未土와 亥卯未가 되어 木의 뿌리가 된다. 새로운 나무가 심어지게 되어 새로운 여자와 재혼하게 되었다. 국가 자리에서 亥卯未가 되어 새로 재혼한 부인은 국가공무원과 인연이 있다.

55세 辛丑年, 辛金이 丙火를 끌어오는 運이라서 국가에 관한 일을 하고 싶어 한다. 지지에 丑土가 巳酉丑으로 巳火를 끌어오면 년지에 未土는 亥水를 끌어와 寅申巳亥를 만들게 된다. 국가에 관한 정치인의 하수인으로 역할을 할 것이다. 58세 甲辰年, 戊土에 새로운 甲木이 심어지게 되고 부부궁은 申子辰으로 여자 문제가 발생하게 될 수가 있다. 가정에 충실하게 사는 것이 좋다.

(乙巳大運 : 61~70세)

乙巳大運은 시에 있는 庚金과 乙庚合을 하게 되면 丁壬合木이 풀려서 壬水가 탁수가 될 수 있다. 庚金이 辛金의 작용으로 정치인을 가까이 두고 하수인으로 세월을 보내게 된다. 이분의 官(木)은 가상의 木으로 명예를 추구하게 되면 항상 壬水의 財가 탁수가 된다. 부부생활도 원만하지 못하니 정치에 관한 행위를 하지 않는 것이 좋다. 지지에 巳火가 움직이게 되면 寅申巳亥가 되어 항상 바쁘게 움직이며 살아가게 될 것이다.

(甲辰大運 : 71~80세)

甲辰大運은 戊土에 甲木이 심어지지는 좋은 大運으로 본다. 지지에 申子辰으로 水局이 되니 甲木이 성장할 수가 있어 부동산을 가지면 가장 안정된 삶이 될 것이다.

4. 두 번 결혼해야 하는 명조

坤 命	1972년 12월 13일(陽) 12:30 직업 : 교육 강사				오행	木	火	土	金	水
戊	戊	壬	壬			1	1	2	0	4
午	寅	子	子							
92	82	72	62	52	42	32	22	12	2	
壬	癸	甲	乙	丙	丁	戊	己	庚	辛	
寅	卯	辰	巳	午	未	申	酉	戌	亥	

〈원국해설〉

戊寅日柱다. 물(財)이 많고 金이 없다. 그러나 천간에 戊土가 두 개나 있어 제방으로 물을 막을 수 있는 여력이 충분하다. 이분은 넓은 땅 戊土에 나무를 두 번 심을 수가 있다. 木은 戊土 일주의 官이다. 木은 교육, 건축, 사람을 상대하는 것을 의미한다. 이분은 金이 없어서 건축에 관한 일은 할 수가 없다. 오직 땅에 나무를 심는 것이 이분의 명조에서 할 일이다. 官인 木은 여자 사주에 남자와 교육과 부동산에 관한 일을 의미한다. 그 일에만 충실하면 편안한 명조다.

천간에 戊土가 두 개가 있어 木인 官(남자)을 戊土에 두 번 심을 수가 있다. 두 번 결혼할 수가 있다는 말이다. 그 이유는 지지에 甲木의 뿌리 寅木이 寅午戌로 시지에 午火까지 연결되어 있다. 시의 戊土에 연결된 뿌리가 되기 때문에 두 번 결혼하게 된다는 것이다. 상담 결과, 이분은 32대 戊申 大運에 이혼하였다고 한다. 나중에 두 번째 결혼하게 된다면 후배의 남자가 될 수가 있다. 시의 戊土에 심어진 甲木(官)의 뿌리가 寅午戌로 연결되어 甲木에 꽃을 피우게 된다. 연하의 남편에 대한 내조를 아주 잘할 것이다. 자식 자리 戊土에 甲木이 심어지면 자식과도 인연이 되어 좋은 관계를 유지하게 될 것이다. 만일 戊土가 시가 아닌 월에 있다면 부모가 두 번 결혼하지 않으면 내가 두 번 결혼할 수가 있다는 것으로 상담하면 적중률이 높을 것이다. 지지에 酉金이 오면 子午卯酉가 될 때 항상 조심해야 한다. 없는 金이 오면 좋을 것이라는 생각은 오판이다. 子午卯酉는 남촌물상론에서 가장 좋지 않은 결과로 판단한다.

(庚戌大運 : 12~21세)

庚戌大運은 庚金이 많은 물을 만들기 때문에 좋은 運이 아니다. 소녀 시절에 어려움을 겪게 된다. 지지에 寅午戌 이지만 나무가 없는 땅에 꽃을 피울 수가 없다. 寅午戌로 甲木의 꽃을 피우고 싶지만 천간에 木이 없어 가상의 丙火가 壬水에 뜨게 되어 돈과 명예를 갖고 싶은 마음이 강하다. 19세 庚午年, 대학에 진학을 하고 싶다. 지지에 寅木이 있어 甲木을 심고 싶은 마음이다. 庚金은 乙木을 끌어 올 수가 있다. 戊土의 땅에 乙木이 심어져 전문대학으로 진학하게 된다. 척박한 戊土의 땅에 乙木이 심어지고 지지에 木의 뿌리 寅木이 있어 힘은 들지만 잘 견딜 수가 있다.

(己酉大運 : 22~31세)

己酉大運은 己土가 甲木을 끌어와 戊土에 심고 싶어 한다. 지지에 甲木의 뿌리 寅木이 있어 일간 戊土의 땅에 甲木이 심어지게 된다. 지지에 寅午戌로 부부궁에 合을 이루어 결혼을 예측하게 된다. 그러나 酉金이 와서 지지에 子午卯酉가 될 때 결혼하면 원만한 결혼 생활을 하지 못하게 된다. 결혼 시기가 매우 중요하다는 것은 임상을 통해서 검증된 사실이다. 상담 결과, 이분은 子午卯酉가 되는 26세 丁丑年, 결혼하였다고 한다. 한 번의 선택이 평생을 좌우한다는 말이 있다. 년에 있는 壬水와 丁壬合 乙木이 되어 戊土에 심어지고 지지에 亥子丑 탁수와 子午卯酉가 될 때 결혼하였다고 한다. 언젠가 丁壬合이 풀어질 때 이혼하게 될 것이다.

(戊申大運 : 32~41세)

　戊申大運은 넓은 땅인 戊土가 세 개가 된다. 새로운 땅에 나무(官)를 심고 싶은 마음의 변화를 예측하고 있다. 지지는 원국의 子水와 申子辰으로 뿌리만 있는 寅木에 많은 물을 공급하게 되어 뿌리를 썩게 만든다. 천간에 木이 없고 뿌리만 있어 많은 물로 인해 寅木의 뿌리에 문제가 발생하게 된다. 木의 뿌리는 탁수가 될 때 官에 문제가 발생하여 법적인 문제가 된다. 37세 戊子年, 세 개의 戊土와 세 개의 子水가 된다. 子水의 재물이 오면 戊土로 제방이 되어 甲木을 심어야 한다. 甲木은 부동산으로 건축물에 투자하면 좋다. 38세 己丑年, 己土는 甲木을 끌어오고 지지에 丑土는 巳酉丑, 亥子丑으로 탁수되어 酉金이 子午卯酉가 되어 이혼하게 되었다. 사주 원국에서 말했듯이 子午卯酉가 될 때 결혼하면 이혼하거나 별거하게 되며 좋지 않다고 앞에서 설명하였다. 지지에 丑土가 巳酉丑으로 酉金이 子午卯酉가 문제가 되어 이혼하게 되었다는 것을 알 수 있다. 실제 이분은 38세 己丑年 이혼하였다고 한다.

(丁未大運 : 42~51세)

　丁未大運은 년에 壬水와 丁火가 丁壬合 乙木이 되어 戊土에 심어진다. 乙木은 官으로서 남자와 교육에 관한 문제를 예측하고 있다. 지지에 未土는 亥卯未, 巳午未가 되어 남자가 마음에 드는 사람일 것이다. 丁壬合 乙木의 남자로 戊土의 척박한 땅에 심어진다. 세월이 지나면 만족하지 못한 남자라고 생각한다. 乙木은 작은 교육에 관한 일이다. 戊土에 甲木이 심어져야 하는데 乙木이 심어져 만족하지 못하여 후회한다. 乙木의 관계는 항상 戊土의 땅에는 적합하지 않아 문제가 된다.

(丙午大運 : 52~61세)

　丙午大運은 만일 지금까지 교육에 관련된 일을 하였다면 丙火가 甲木에 꽃을 피울 수가 있었을 것이다. 새로운 일을 시작해도 좋다. 丙火의 새로운 태양이 꽃을 피우게 된다. 지지에 寅木이 寅午戌이 되어 부동산업을 하면 좋은 결과를 얻을 수 있다. 교육에 관한 일을 해도 木火通明에 좋은 결과로 편안한 삶을 살게 될 것이다. 52세 癸卯年, 시에 戊土와 戊癸合으로 己土가 되면 己土는 甲木을 끌어와 일간 戊土에 심어지게 됨을 예측한다. 부동산에 투자하면 부가 가치가 높은 건물이 되어 노후가 보장될 것이다. 55세 丙午年, 丙火는 천간 壬水에 뜨게 되어 명예가 오고 지지에 午火가 寅午戌로 甲木에 꽃을 피우게 된다. 甲木에 꽃을 피우게 되면 결과물을 얻을 수가 있어 많은 재물을 취하게 되어 돈과 명예를 동시에 얻게 될 것이다.

(乙巳大運 : 62~71세)

乙巳大運은 乙木이 戊土에 심어지는 運이다. 乙木은 척박한 戊土의 땅에 심어지면 작은 건축물로 보아도 좋다. 작은 乙木은 없는 庚金을 끌어와 乙庚合을 하여 辛金이 된다. 辛金의 뿌리 酉金이 되어 재물을 만드는 작은 상가에 투자하면 좋다. 乙木(官)은 남자와의 관계를 항상 주의해야 한다. 酉金은 지지에 子午卯酉가 되어 사기성이 있는 남자가 된다. 성씨로 보면 李 씨의 남자를 만나지 말아야 한다. 대신 朴 씨의 남자는 좋은 남자이다.

(甲辰大運 : 72~81세)

甲木이 戊土의 땅에 심어지고 甲木에 뿌리가 있어 튼튼한 나무가 되어 안정된 삶이 될 것이다. 만일 甲辰大運이 일찍 왔다면 가정도 안정되었을 것이고 자식들도 잘되었을 것이다. 이렇게 사람들은 자기 뜻과 마음대로 되지 않는 것이다. 이분은 해외로 가서 공부하였다면 훌륭한 교수가 되었을 것으로 판단 된다.

◎ 5. 어떤 사람을 선택하는가에 따라 팔자가 바뀌게 된다.

坤 命	1947년 03월 20일(陽) 23:15 직업 : 화장품 사업				오행	木	火	土	金	水
癸	戊	癸	丁			1	1	2	0	4
亥	戌	卯	亥							
91	85	75	65	55	45	35	25	15	5	
癸	壬	辛	庚	己	戊	丁	丙	乙	甲	
丑	子	亥	戌	酉	申	未	午	巳	辰	

〈원국해설〉

戊戌日柱다. 경제 관념이 투철한 사람이다. 사주 원국에 물(財)은 많은데 財를 만드는 金이 없다. 戊土 일주는 땅에 나무를 심어 물을 흡수하여 재물을 취하는 방법이 있고 물이 없다면 땅을 파서 물을 만들어 재물을 취하는 방법도 있다. 戊戌의 땅이 튼튼한 제방이 되어 있어 양쪽에 물을 가두는 명조가 된다. 본래 전반기가 바닷물이라면 후반기는 제방으로 막아 뒤편에 작은 민물이 되어야 한다. 바닷물보다 후반기 물이 많아 반대로 되어 있는 사주가 된다. 물이 역순환 관계가 된다. 사주 원국 戊土에 심을 木(官)이 필요한데 월지에 卯木의 官이 뿌리만 있다. 官(木)이 약하여 남편의 역할이 부족함을 알 수가 있다. 본인이 생활 전선에서 직접 일해야 한다.

이분이 하고자 하는 일을 財와 官에 觀法으로 풀어 보자. 먼저 財에 觀法으로 보면 戊土의 財는 癸水이고 癸水의 財는 丁火이다. 戊土에서 癸水와 합하여 戊癸火로 癸水를 끌어와서 재물을 만들어야 한다. 이것이 土는 피부이고 火는 아름답게 하는 것이 화장품이 된다.

다음은 官에 觀法으로 풀어 보자. 戊土의 官은 지지에 卯木이고 卯木의 官은 金이다. 金을 끌어오는 五行은 없다. 지지에 亥卯未를 해도 전반 40세 이전에는 (木) 교육에 관한 일을 할 수가 있다. 하지만 戊土에 乙木이 살아가기에는 매우 어려운 환경이다. 사주 원국에 물이 많지만 金이 없어 원천수의 물을 만들 수가 없다. 고인 물은 오래가면 오염수가 되어 탁수가 되면 나무가 살아갈 수가 없다. 木은 교육으로 木에 행위를 할 수가 있다.

이 명조는 戊癸合火로 본인이 희생을 감수하여 재물을 취해야 하는 상황이 된다. 戊癸火는 피부와 관련된 화장품 일을 할 수가 있다. 년에 丁火가 있어 대기업의 제품으로 아름다운 피부 관련된 일을 하게 되지만 나무가 심어지지 않아 戊癸合이 탁수되어 건강에 문제가 되는 명조가 된다.

(乙巳大運 : 15~24세)

乙巳大運은 乙木이 戊土에 심어지는 運이다. 大運에서 官이 오는 마지막 運으로 부친이 일찍 사망하는 運으로 볼 수가 있다. 乙木은 척박한 戊土의 땅에 심어지는 것이다. 조건이 갖추어지지 않은 남자를 만나게 되는 大運이다. 17세 癸卯年, 3개의 癸水가 하나가 되어 戊癸合으로 己土가 된다. 乙木이 심어져 고등학교에 진학하게 된다. 19세 乙巳年, 乙木이 戊土에 심어지며 지지에 巳火가 巳酉丑으로 寅申巳亥가 되어 돈은 벌기 위해 고향을 떠나게 된다. 23세 己酉年, 己土가 甲木을 끌어와 심고 싶은 마음이다. 지인의 소개로 남자를 만나게 되어 그해, 11월 乙亥月에 3개의 亥水가 亥卯未가 乙木에 뿌리가 되어 동거를 시작하게 되었다.

(丙午大運 : 25~34세)

丙午大運은 丙火가 癸水 물에 뜨게 되어 새로운 일을 시작하게 된다. 지지에 子午卯酉가 되어 어떤 일을 해야 하는가를 먼저 생각하는 大運이다. 지지에 午火가 있어 아름답게 하는 일을 찾아 일하게 된다. 25세 辛亥年, 辛金이 丙火를 끌어와 새로운 일을 시작하게 된다. 지지에 亥卯未가 木局이 되어 학습지 일을 시작하였다. 28세 甲寅年, 甲木이 戊土에 심어져 높은 甲木의 나무에 등불이 높이 달려 학습지 일은 하지 않는다. 28세 甲寅年, 甲

木이 戊土에 심어지고 지지에 寅午戌이 될 때 결혼하였다면 생활이 안정되어 행복한 삶이 되었을 것이다. 결혼 시기가 매우 중요하다. 28세 甲寅年, 戊土에 甲木이 심어져 丁火의 등불이 되어 官을 직업으로 사용하게 된다. 지지에 寅午戌과 寅申巳亥가 되어 아름다움을 추구하는 화장품 방문판매 사원으로 일하게 되었다.

(丁未大運 : 35~44세)

丁未大運은 두 개의 등불을 甲木에 달고 싶은 마음이다. 등불을 달게 된다는 해석은 새로운 사업을 시작하겠다는 것을 뜻한다. 한 점포에서 두 개의 동일 업종으로 사업을 하는 것으로 볼 수 있다. 두 개의 사업 중 하나는 소매점과 또 하나는 도매 형태의 사업을 뜻하게 된다. 큰 나무에 두 개의 등불을 밝히게 된다는 것은 같은 건물 같은 장소에서 도소매업을 하게 된다는 의미도 된다. 지지에 未土가 亥卯未가 되어 木에 뿌리만 있는데 丁火의 등불을 달게 된 것이다. 한마디로 자본 능력이 없이 사업을 시작하였다고 판단한다. 37세 癸亥年, 癸水가 3개가 되어 戊癸合으로 己土가 되어 甲木을 끌어오게 된다. 지지에 亥卯未로 甲木의 뿌리가 되어 사업을 시작하게 된다. 이 명조의 특징은 金이 없어 사업을 하더라도 금융의 힘을 빌려 사업을 하게 된다.

(戊申大運 : 45~54세)

戊申大運은 두 개의 癸水가 戊癸合으로 묶이게 되어 두 개의 己土가 된다. 두 개의 己土는 甲木을 심고 싶다. 戊土의 땅이 사라지고 甲木을 끌어와 甲己合으로 己土의 땅이 무너진다. 지지에 申金이 寅申巳亥가 되어 새로운 변화를 예측한다. 천간에서 戊癸合으로 묶이면서 물이 사라졌다. 癸水에서 戊癸合火로 화장품으로 재물이 생겼는데 木으로 바뀌게 되니 자금의 흐름이 막히게 되어 힘든 사업으로 본다. 47세 癸酉年, 3개의 癸水가 戊癸合으로 己土가 되어 甲木을 합을 하여 자금줄이 막히게 된다. 지지에 酉金이

子午卯酉가 되어 사업이 부도를 낼 수밖에 없어 파산을 맞이하게 된다. 지지에 申酉戌이 되어 戊癸합의 己土가 무너져 땅이 없어지며 재물이 탁수가 된다. 부도를 의미하게 된다. 이때부터 申金이 탁수되어 폐, 대장에 문제가 발생하게 되었다.

(己酉大運 : 55~64세)

己酉大運은 己土는 甲木을 끌어오고 지지에 亥卯未로 甲木의 뿌리를 만들고 싶지만 酉金이 子午卯酉 형태가 되어 본인의 건강에 문제를 예측하고 있다. 항상 없는 五行이 와서 좋을 수도 있지만 子午卯酉가 되는 것은 좋지 않다. 지지에 酉金이 와서 폐와 대장에 문제가 발생할 수가 있다는 것을 알 수가 있다. 62세 戊子年, 일간이 두 개의 戊土가 戊癸합으로 묶이게 되며, 지지에 子水가 子午卯酉가 되어 9월 癸酉月 고려대학병원에 입원하여 12월 甲子月 17일 辛酉일에 사망하게 되었다.

※ 이 명조의 특징은 戊戌로 튼튼한 제방이 있다. 남촌물상론으로 보면 戊戌의 제방을 중심으로 양쪽에 물이 있고 나무가 심어지지 않는 제방으로 볼 수가 있다. 전반기와 후반기로 나누어 보면 전반의 물은 바닷물로 후반기의 물은 바다를 막아 작은 민물로 볼 수가 있다. 전반기 바닷물은 丁火가 있고 亥卯未로 그나마 제방을 지킬 수가 있다. 그러나 후반기의 물은 완전한 바닷물보다 더 많은 물이 역류 되어 있는 것으로 판단하면 쉽게 이해할 수가 있다. 다시 말해서, 제방이 거꾸로 되어 있는 사주가 된다. 이런 사주는 구성이 아주 좋지 않은 명조로 볼 수가 있다.

◎ 6. 의류 사업으로 성공한 명조

乾 命	1964년 09월 06일(陽) 06:00			직업 : 의류 사업					
乙	戊	壬	甲	오행	木	火	土	金	水
卯	午	申	亥		3	1	2	1	1
91	81	71	61	51	41	31	21	11	癸
壬	辛	庚	己	戊	丁	丙	乙	甲	甲
午	巳	辰	卯	寅	丑	子	亥	戌	酉

〈원국해설〉

이 명조는 五行은 다 있다. 제일 많은 것은 木이다. 五行이 다 있을 때는 많은 五行을 내가 제일 잘하는 것으로 판단해야 한다. 戊午 일주에 木이 많다는 것은 넓은 땅에 나무를 심을 수가 있다는 말이다. 나무를 심는 것은 木에 관한 일을 하게 된다는 것을 의미한다. 木은 물상론에서 교육, 건축, 사람을 상대하는 것을 기본 베이스로 본다. 나머지는 사주 구성에 따라 木의 쓰임새를 맞추어 직업을 판단하게 된다. 戊土 일주에 木은 官이다. 나무가 살기 위해서는 물이 필요하다. 천간의 壬水는 戊土 일간의 재물에 속한다. 사주 구성을 보면 戊土에 甲木을 심으면 지지에 寅卯辰으로 甲木에 뿌리가 되며 申子辰의 개연성이 있다.

이 명조는 재물 福을 타고난 사람이다. 戊土에 甲木을 심으면 물을 흡수하여 재물을 취할 수가 있다. 지지에 申子辰으로 물을 공급할 수가 있다. 甲木에 꽃이 피게 되면 더 많은 재물을 취하게 될 것이다. 지지에 子午卯酉의 개연성을 가지고 있다. 일지에 午火가 있어 寅午戌이 되면 木을 아름답게 하는 역할을 하게 된다. 천간 시에 乙木이 있어 년간 甲木에 등라계갑을 할 수가 있고 乙木이 庚金을 끌어오면 지지에 申金이 申子辰으로 많은 재물을 공급할 수 있다. 지지에 午火는 寅午戌로 아름답게 꽃을 피워준다. 木은

金(칼)으로 다듬어 줄 수가 있어 의류 패션 사업의 직업을 갖게 된다. 甲木에 꽃을 피우면 많은 물을 취하게 되어 의류 사업으로 돈을 벌 수가 있다. 천간 壬水의 재물과 지지에 申金이 申子辰으로 많은 물을 공급할 수 있어 재물이 된다. 木의 행위만 하면 많은 돈을 벌 수가 있다. 51세 戊寅大運부터 해외와 인연을 맺으면 더 많은 재물을 취할 수가 있어 재물과 명예가 동시에 온다.

(甲戌大運 : 11~20세)

甲戌大運은 두 개의 甲木이 되어 두 개의 땅이 필요하여 욕심이 많아진다. 지지에 戌土가 寅午戌로 꽃을 피우고 싶은 마음이 든다. 木을 官으로 사용하게 되면 교육에 전념하여 대학을 가고 싶은 마음으로 공부를 열심히 한다. 18세 辛酉年, 고등학교 2학년이다. 공부하여야 하는데 辛金이 丙火를 끌어오니 아름다운 것에 생각이 많아 멋이 늘어진다. 천간 辛金의 뿌리 酉金이 子午卯酉가 되니 공부는 하지 않고 친구들과 놀기에 바쁘다. 19세 壬戌年, 물이 많아져 甲木이 일간 戊土에 심어진다. 대학을 가야 하는데 지지에 戌土가 寅午戌로 甲木(官)에 꽃을 일찍 피워 결과를 맺게 되니 돈을 벌기 위해 대학을 포기하게 되었다.

(乙亥大運 : 21~30세)

乙亥大運은 두 개의 乙木이 되어 년에 있는 甲木에 등라계갑을 하려고 한다. 대기업 의류에 관한 회사에 취업하게 된다. 지지에 寅申巳亥가 되어 기술적인 것보다 영업을 위주로 활동하게 된다. 언젠가는 개인 사업을 하겠다는 생각으로 회사에 근무하게 된다. 23세 丙寅年, 丙火가 년간 甲木에 꽃을 피우게 된다. 지지에 寅木은 寅午戌이 되어 꽃을 피우게 되어 대기업에 취업하게 되었다. 27세 庚午年, 시에 있는 乙木과 乙庚合을 하여 辛金이 된다. 辛金은 丙火를 끌어와 甲木에 꽃을 피우게 되어 능력을 발휘할 수가 있다. 지지에 두 개의 午火는 寅午戌이 되어 부부궁에 합을 이루어 결혼하였다.

그러나 乙木이 乙庚合으로 辛金의 뿌리 酉金이 子午卯酉가 되어 결혼 생활에 문제가 될 것을 예측하고 있다.

(丙子大運 : 31~40세)

丙子大運은 인생에서 제일 좋은 運이다. 丙火는 甲木에 꽃을 피우게 하고 지지에 子水는 申子辰으로 戊土의 甲木을 성장하게 한다. 지지는 재물인 水局이 되어 甲木이 물을 흡수하여 많은 돈을 벌게 된다. 35세 戊寅年, 두 개의 戊土의 땅에 나무를 심어야 한다. 하나의 땅은 국내가 되며 또 하나의 땅은 해외의 땅으로 중국을 택하여 사업을 시작하여 많은 돈을 벌었다. 새로운 戊土(땅)가 오게 되어 많은 나무를 심고 싶은 마음으로 재물에 대한 욕심이 생기게 된다. 지지에 寅木은 寅午戌과 寅卯辰으로 甲木이 戊土에 심어지게 되고 많은 물(財)을 끌어오게 되어 사업이 빈창하게 된다. 돈을 벌어 부동산에 투자하면 좋다.

(丁丑大運 : 41~50세)

丁丑大運은 丁火가 월에 壬水와 丁壬合을 하게 된다. 丁壬合은 乙木으로 변하게 壬水의 재물이 사라지고 두 개의 乙木들이 甲木에 등라계갑을 한다. 이때는 여러 곳에서 제품을 수입하고 생산하여 국내에서 도소매로써 돈을 벌게 된다. 지지에 丑土가 巳酉丑으로 寅申巳亥가 되어 해외와 인연을 맺어 돈을 벌게 된다. 42세 乙酉年, 43세 丙戌年, 44세 丁亥年, 많은 돈을 벌었다. 丁亥年, 丁壬合木이 되어 부동산에 투자하여 재산이 크게 증식되었다. 45세 戊子年, 건축물을 매입하여 임대 사업으로 성장을 하게 되었다.

(戊寅大運 : 51~60세)

戊寅大運은 새로운 땅이 왔다. 새로운 땅에 나무를 심고 싶은 마음으로 부동산에 투자하게 된다. 55세 戊戌年, 부동산을 매입하여 현재 부동산 가격이 올라 지금은 많은 부동산으로 富를 누리고 있다. 그러나 새로운 戊土

에 나무를 심어야 하는데 나무를 심지 않고 부부궁의 午火가 寅午戌로 꽃을 피우려 한다. 午火의 부인이 寅午戌로 물(水)을 마르게 한다. 辰戌冲으로 용암이 폭발하여 재산을 탕진하게 되고 부부 문제가 발생하게 된다. 57세 庚子年, 새로운 사업을 구상하여 시작하려고 한다. 시에 乙木과 庚金이 乙庚合 辛金으로 변하여 辛金의 뿌리 酉金의 행위를 하려고 한다. 이때부터 중국을 상대로 게임 사업을 하려고 하지만 실패의 가능성이 크다고 판단한다. 이분은 酉金을 사용하면 子午卯酉가 되어 실패의 가능성이 크다. 木의 일과 부동산으로 투자하면 안전한 삶을 유지할 것이다.

(己卯大運 : 61~70세)

己卯大運은 己土가 년에 甲木과 甲己合을 하게 되면 두 개의 乙木이 된다. 乙木은 큰 甲木이 작아진 것으로 판단한다. 부동산이 큰 건물에서 작은 건물로 바뀌게 된다. 시에 乙木과 乙乙이 되면 庚金을 끌어와 官에 官으로 법적인 문제로 이어지게 될 것이다. 두 개의 乙木이 강력하게 庚金을 끌어오면 결국은 官인 乙木 마저 사라지게 되어 부인과 이혼하게 될 것이다. 항상 강의 시간에 子午卯酉가 될 때 결혼하면 반드시 문제가 된다는 것은 상담을 통해 증명된 사실이다.

※ 이분의 명조는 오직 木에 행위를 해야 한다. 戊土의 재물(水)을 甲木으로 취해야만 일생이 편안하다. 부인의 화려함으로 인하여 결국 재물은 파괴되고 망하게 될 것이다.

7. 화류계 여성으로 운명을 타고난 명조

坤命	1988년 04월 28일(陰) 07:50	직업 : 화류계					
丙	戊	戊	戊	오행	木	火	土	金	水
辰	戌	午	辰		0	2	6	0	0
92	82	72	62	52	42	32	22	12	2
戊	己	庚	辛	壬	癸	甲	乙	丙	丁
申	酉	戌	亥	子	丑	寅	卯	辰	巳

〈원국해설〉

이 명조는 無官無財 사주다. 원국에 官인 木이 없고 財, 水가 없다. 戊土 일주가 땅에 나무를 심어야 하는데 심을 木(官)이 없고 물이 없어 아주 척박한 삶이 예상된다. 金이 없어 財(水)을 생산할 수 없으니 이러한 명조를 풀기는 쉽지 않다. 그러나 남촌물상론으로는 쉽게 감명할 수 있다.

우선 財와 官(木)을 어디에서 만들 수 있는가를 생각해 보자. 천간에 재물을 만드는 五行은 3개의 戊土에서 癸水의 물(水)을 끌어오지만 탁수가 된 돈이다. 그다음 官을 만드는 五行은 어디에서 만들 수 있을까? 戊土에서 돈을 벌기 위해서 癸水를 끌어와 戊癸合이 己土가 된다. 己土는 甲木의 官을 불러온다는 사실은, 이미 天干合의 원리에서 배웠다. 돈을 벌기 위해서 戊土일주가 癸水를 불러와 戊癸合을 하게 되면 己土가 된다. 탁수된 물속에서 己土는 甲木인 官을 불러온다는 것은 남자를 불러오게 되는 것으로 판단하여 화류계 여성이 하는 행위로 판단한다.

戊癸合으로 己土가 甲木을 끌어와 탁수된 물에 노는 남자를 상대로 돈을 벌게 된다는 사실을 알 수가 있다. 천간에 戊土가 3개가 되어 있는 것은 戊土가 3:1로 하나가 되어 집단생활을 하고 있다고 판단하게 된다.

우리 역학 공부를 하는 사람들은 중요한 위치에 있다고 생각한다. 우리 사회에서 판사 검사만 사람을 죽이고 살리는 숙살지권의 역할을 한다고 생각한다. 그러나 역학계에 있는 우리들의 말 한마디에 사람을 죽일 수도 있고 웃게 할 수도 있다는 것은 등대와 같이 항해하는 배에 나침판이 되어 중요한 위치에 있다고 생각한다. 이분에게도 미래를 잘 살아갈 수 있도록 방향을 설정해 주는 등대 역할을 해야 할 것이다.

제가 상담하면서 이분에 직업을 화류계 여성이라고 정확하게 맞추었다. 상담 결과, 본인이 화류계 여성이라는 사실을 인정하였다. 우리는 이분에게 앞으로 가야 할 길을 설명을 설정해 주어야 한다. 이분의 사주 원국에 戊土가 3개가 되어 戊癸火는 丁火의 기질로 3개의 丁火는 바로 촛불이 된다. 이분이 묻고자 한 것은 불안정한 삶을 벗어나려면 앞으로 어떻게 살아야 하는가였다. 우리들은 이분의 질문에 정확한 답을 줄 수가 있어야 한다. 남촌물상론의 觀法은 어렵지 않다. 기초반에서 丁火는 촛불이란 답을 얻을 수가 있다. 3개월만 동해안 낙산사에서 자기를 뒤돌아보고 성찰할 수 있도록 설명하였고 낙산사에 가겠다는 답을 얻었다. 3개월 후에 다시 방문하겠다고 약속해 주었다. 필자가 동해안 낙산사로 가보라는 이유는 남촌물상론을 공부하게 되면 누구나 알 수가 있다. 동쪽에는 바닷물이 財가 되며 동쪽은 木의 氣運이다. 財와 官이 동시에 해결되었다. 자세한 것은 기초반 강의를 공부하면 된다.

(丙辰大運 : 12~21세)

丙辰大運은 새로운 丙火가 오게 되어 丙丙으로 태양이 어두워지게 된다. 官(木)이 없는 상태에서 丙丙으로 부모의 도움이 될 수가 없다. 官인 木이 살아가기에 모든 여건이 좋지 않아 아버지의 역할을 기대할 수가 없다. 어머니는 丙火가 엄마인데 마른 땅을 더 마르게 하니 식구들과 함께 살기가 어렵다. 19세 丙戌年, 丙丙으로 어두워지고 지지에 寅午戌로 다시 丙火가 밝아지게 되지만 땅이 마르게 된다. 木이 살아갈 수가 없어 대학을 포기하게 된다. 20세 丁亥年, 丙丁으로 현실과 이상 세계의 갈등을 느끼며, 12월 壬子月에 돈을 벌기 위해 화류계로 진출하게 되었다.

(乙卯大運 : 22~31세)

乙卯大運은 작은 乙木의 남자(官)들이 척박한 땅에 모여들게 된다. 26세 癸巳年, 3개의 戊土가 3:1로 戊癸合을 하게 되어 인기를 독점하게 된다. 지지에 巳午未로 丙火가 밝아지고 한때는 업계에서 잘나가는 화류계 여성이었다. 마음에 둔 남자가 있었는데 27세 甲午年, 28세 乙未年, 동거하다가 상처만 남기고 떠나게 된다. 동거한 남자는 巳午未가 되어 물(財)을 마르게 하여 나의 돈만 착취하고 떠나게 된다.

(甲寅大運 : 32~41세)

甲寅大運은 甲木(官)인 남자와 관계가 이루어질 것이다. 그러나 지지에 寅木이 오면 寅卯辰이 되는 것이 아니라, 천간에 丙火가 있어 寅午戌이 먼저 이루어진다. 甲木에 꽃을 피우게 되면 戊土의 재물인 물(財)을 흡수하게 되는데 물(돈)이 마르면 甲木은 戊土에서 떠나게 된다. 사귀던 남자는 오래 있을 수가 없다.

이분이 辛丑年, 8월 丙申月에 방문한 이유를 내정법으로 판단해 보자. 34세 辛丑年, 辛金은 시에 있는 丙火와 丙辛合을 하여 어두워지는데 8월 丙申月에 다시 丙辛合이 풀어져 丙丙으로 다시 어두워지니 답답한 마음이다. 丙丙을 해소하기 위하여 甲木이 필요하여 남자 문제를 묻고자 찾아온 것이다. 지지에 丑土에서 巳酉丑, 辰戌丑未가 되어 변화를 추구하게 된다. 새로운 길을 모색하기 위하여 방문하게 된 것을 내정법으로 판단하면 정확하다. 남촌물상론을 공부하신 분들은 별도로 내정법을 배우지 않아도 된다.

(癸丑大運 : 42~51세)

癸丑大運은 3개의 戊土와 3:1로 戊癸合을 하게 된다. 화류계의 포주로서 생활하며 돈을 많이 벌게 될 것이다. 戊癸合으로 丁火가 되어 정신세계로 僧道之命의 길을 가면 좋다. 동쪽의 사찰 낙산사나, 설악산 신흥사가 가장 마음을 수양할 수 있는 좋은 곳으로 생각이 판단된다. 새로운 길을 모색하는 것이 좋다.

(壬子大運 : 52~61세)

壬子大運은 壬水는 丁火를 끌어오게 되어 정신세계로 가면 모든 일이 편안해진다. 지지에 申子辰으로 탁수가 되지만 사바세계에서 정신세계로 가면 이러한 삶이 해결된다. 승도지명의 길을 가면 행복한 삶이 될 것이다. 55세 壬戌年, 정신세계로 가게 될 것이며 지지에 辰戌沖으로 용암이 폭발하게 된다. 56세 癸亥年, 戊土와 3:1로 戊癸合이 이루어져 丁火가 되어 정신세계로 입문하게 될 것이다.

(辛亥大運 : 62~71세)

辛亥大運은 새로운 일을 하게 된다. 시에 丙火와 辛金이 丙辛合이 되면 丙火는 丁火가 된다. 정신세계에서 상담업을 하게 되면 돈을 벌 수가 있다. 丙辛合의 재물을 지키려면 탁수가 되지 않게 해야 한다. 초야에서 정신세계의 교육과 자기 성찰로 悠悠自適하게 살아가는 것이 좋다.

※ 이분은 탁수의 세계에서 삶을 살아가게 되는데 無官無財로 남자와 재물은 인연이 없다. 남자를 만나게 되면 재물의 손실이 오게 되며 물(돈)이 마르면 남자는 내 곁을 떠나게 된다. 정신세계로 가게 되면 노후에 편안한 삶이 될 것으로 판단한다.

8. 가업을 승계한 명조

乾 命	1992년 09월 24일(陰) 16:20			직업 : 건설회사 회사원				
庚	戊	庚	壬	오행	木	火	土	金	水
申	辰	戌	申		0	0	3	4	1
97	87	77	67	57	47	37	27	17	7
庚	己	戊	丁	丙	乙	甲	癸	壬	辛
申	未	午	巳	辰	卯	寅	丑	子	亥

〈원국해설〉

이 명조는 五行 중에 木(官)이 없어 無官四柱이며 木에 꽃을 피울 火도 없다. 庚金의 칼은 두 개가 있지만 칼자루가 없는 것이 단점이다. 戊土에 甲木의 나무를 심게 되면 庚金의 칼자루가 생기게 된다. 천간에서 木을 끌어올 수 있는 五行은 庚金이 乙木을 끌어와 戊土에 심어지게 된다. 壬水의 물은 戊土가 제방 역할을 할 수가 있다. 년간 壬水에서 丁壬合 乙木으로 戊土에 심을 수가 있다. 지지에 申子辰으로 水局이 되어 재물을 만들 수가 있다. 47세 이전에는 戊戌로 제방이 되어 백조의 호수가 될 수가 있다. 48세 이후부터 지하수 물이 흐르고 申子辰으로 水局과 申酉戌로 金局의 개연성을 가지고 있어 金과 관계되는 일을 할 수가 있다.

이분의 직업은 없는 木(官)의 행위를 하여야 안정을 찾을 수가 있다. 木은 교육, 건축, 사람을 상대하는 것이다. 그중에서도 건축을 택하면 戊土에 木을 심는 행위로 나무가 심어지는 것으로 본다. 칼과 칼자루가 되어 건설회사에서 일하게 된다. 년에 있는 壬水(財)가 丁壬合木이 되면 戊土는 탁수가 되지 않는다. 丁壬合木은 壬水가 년에 있어 대기업에 속한다고 판단한다. 확인 결과, 이분은 대기업 건설회사에 근무하고 있었다. 이분은 대학교 진학도 木의 학교를 택하게 된다. 木의 학교는 고려대, 건국대, 동국대 등이다.

가업의 승계는 천간 부모 자리 월에 庚金과 시에 庚金이 있다. 지지는 년지에 申金과 시에 申金이 있어 申酉戌 金局으로 연결되어 가업을 승계하게 된다. 이분의 부친께서도 건설회사를 운영하고 있었으며 차후 부모님이 하시던 회사를 승계하게 될 것이다. 지지에 辰土와 戌土가 辰戌冲을 하고 있어 酉金으로 辰酉合金을 만들면 申酉戌이 되어 많은 재물을 만들 수가 있다.

(壬子大運 : 17~26세)

壬子大運은 물이 더 많아지는 大運이다. 戊土의 땅에 나무를 심어 물을 막을 수 있게 제방을 더욱 튼튼하게 해야 하는 運이다. 땅이 무너지지 않기 위해서는 반드시 木이 필요하다. 木의 행위인 공부를 열심히 해야 한다. 18세 己丑年, 己土는 甲木을 끌어와 戊土에 심을 수가 있어 공부를 잘하는 학생이다. 지지에 丑土가 巳酉丑으로 酉金을 끌어와 申酉戌이 되어 공대 건축과를 목표로 공부하게 된다. 19세 庚寅年 대학을 가야 한다. 3개의 庚金이 乙木을 끌어오게 되면 지지에 寅木이 乙木의 뿌리가 된다. 원국에 木이 없어 고려대 건축과를 택하게 되었다. 이때의 대학은 木의 대학을 선택하게 된다. 26세 丁酉年 취업 시험에 합격하였다. 丁火는 년에 壬水와 丁壬合을 하여 乙木이 된다. 乙木은 월에 庚金과 乙庚合을 하여 辛金이 된다. 천간에서 辛金운 丙火를 끌어오고 지지에 辛金의 뿌리 酉金이 申酉戌이 되어 대기업에 취업하게 되었다.

(癸丑大運 : 27~36세)

癸丑大運은 원국의 戊土와 戊癸合을 한다. 戊土는 己土가 되어 甲木을 불러와 나무를 심으라는 예측이다. 이때 나무를 심는 것은 결혼으로 판단한다. 지지에 巳酉丑, 申子辰, 일지의 辰土와 辰酉合을 하여 申酉戌이 될 때와 寅卯辰이 되어 부부궁에 합이 될 때가 좋다. 32세 癸卯年, 戊土가 戊癸合으로 己土가 甲木을 끌어온다. 지지에 辰土와 卯木이 寅卯辰이 되어 甲木의 뿌리가 되어 결혼하면 좋다. 32세 癸卯年 결혼을 못하면 33세 甲辰年, 결혼할 수가 있다. 지지에 申子辰이 되면 부모님이 선택한 여자와 결혼할 수가 있다. 35세 丙午年, 승진이 되는 해다. 丙火가 壬水에 뜨고 지지에 寅午戌로 새로운 태양이 뜨게 되어 승진이 가능하다고 볼 수가 있다.

(甲寅大運 : 37~46세)

甲寅大運은 좋은 大運이다. 甲木이 戊土에 심어지고 지지에 寅午戌과 寅卯辰이 되어 명예와 재물이 동시에 오는 大運이다. 42세 癸丑年, 일간 戊土와 戊癸合을 하게 되면 戊癸合이 己土가 되어 甲己合으로 乙木이 된다. 乙木은 부모 자리 월에 庚金과 乙庚合을 하게 되어 辛金이 된다. 지지에 丑土가 巳酉丑으로 酉金을 끌어와 일지 辰土와 辰酉合을 하게 된다. 이때 申酉戌 金局으로 연결되어 아버지의 회사에 입사하게 될 것이다.

(乙卯大運 : 47~56세)

乙卯大運은 두 개의 庚金을 제거하라는 의미도 된다. 부모 자리에 庚金이 乙庚合을 하게 되면 월간 庚金과 乙庚合으로 辛金이 된다. 辛金의 뿌리 酉金이 申酉戌이 되어 자식에게 승계 작업이 시작될 것이다. 지지에 卯木은 寅卯辰이 되어 튼튼한 戊土에 뿌리를 내리게 되어 안정된 삶이 유지된다. 49세 庚寅年, 3개의 庚金이 하나로 合을 하게 되면 辛金이 되어 丙火를 끌어오면 회사를 총괄하게 된다. 庚金의 뿌리 申金이 申子辰으로 물이 되어 해외와 인연을 맺으면 좋다.

(丙辰大運 : 57~66세)

丙辰大運은 丙火는 국가자리 壬水에 뜨게 되어 명예를 얻을 수가 있다. 또한 丙火는 木에 꽃을 피우기 위한 大運이다. 대기업에 하도급 공사를 맡을 수도 있다. 지지에 辰辰으로 두 번 申子辰을 할 수가 있어 국내와 외국과의 거래가 활발할 것으로 본다. 해외로 진출하지 못할 경우 국내에서 일간 戊土에 많은 건축물을 수주하지 못하면 어려움을 겪게 될 수도 있으니 반드시 위기에 승부수를 던져 반전시키는 것이 좋다.

(丁巳大運 : 67~76세)

丁巳大運은 국가 자리에서 丁壬合木이 된다. 국가에서 시행한 관급공사를 수주하여 공사하는 것이 좋다. 지지에 寅申巳亥가 되어 새로운 개혁으로 바쁘게 살아야 한다. 이때는 대기업이나 LH공사 같은 하도급 공사를 수주하는 것이 좋다. 또한 해외에서 건설공사를 하면 좋은 결과를 얻을 수가 있다.

(戊午大運 : 77~86세)

戊午大運은 두 개의 戊土의 땅에 甲木의 나무를 심게 되며, 지지에서 寅午戌이 되어 회사의 명예가 올라가고 두 개의 기업으로 성장을 할 수가 있다. 이 명조는 2명의 아들을 둘 수가 있으며 자식에게 가업을 승계하여도 좋다.

※ 이 명조는 오직 木의 행위를 하여야만 좋은 사주다. 木의 행위를 하지 않으면 흙탕물이 되어 어려움을 겪게 된다. 건설업으로 木의 행위로 해외와 인연을 맺어 살아가게 되면 삶이 편안할 것이다.

9. 내과 의사 명조

坤命	1984년 08월 06일(陰) 14:20	직업 : 소화기내과 의사		
己	戊	壬	甲	오행
未	戌	申	子	

					木	火	土	金	水
				오행	1	0	4	1	2
98	88	78	68	58	48	38	28	18	8
壬	癸	甲	乙	丙	丁	戊	己	庚	辛
戌	亥	子	丑	寅	卯	辰	巳	午	未

〈원국해설〉

戊戌日柱는 경제 관념이 철저하다. 五行 중에 火가 없다. 천간 국가 자리 甲木은 시에 己土와 甲己合으로 官(甲木)이 묶여 乙木이 되어 있다. 넓은 땅 戊土와 己土가 있다. 甲己合 乙木이 戊土에 심어지게 되면 甲木은 乙木의 역할을 할 수가 있어 탁수는 되지 않는다. 乙木은 지지에 申金이 있어 庚金을 끌어와 乙庚合으로 辛金이 丙辛合으로 자격증을 가지게 된다. 재물은 월에 壬水와 지지에 子水가 있어 申子辰으로 水局이 된다. 일간 戊戌이 튼튼한 제방이 되어 큰 호수를 이루고 있다. 부모의 덕으로 재물 福은 좋은 사람이다. 五行 중에 火가 없어 밝음이 적으므로 항상 웃는 모습으로 사람을 상대하는 것이 좋다.

이 명조를 보면 천간에 넓은 땅이 있고 甲木의 官이 있지만 甲木의 뿌리가 없는 것이 단점이다. 甲己合으로 乙木의 성향이 되어 官(木)이 약하다. 甲己合이 풀어질 때가 좋다. 官인 木을 성장시키기 위해서는 木火通明이 될 때까지 열심히 공부해야 한다. 넓은 땅이 있으므로 건축물을 가지고 있는 배우자나 木을 사용한 교수와 인연을 맺으면 좋다.

官을 보면 천간에 甲己合으로 乙木이 되어 있고 지지에 申金이 있어 乙木

이 庚金을 끌어와 乙庚合을 하면 辛金이 된다. 일지에 戌土가 있어 寅午戌이 될 때 丙辛合으로 자격증을 가지게 되면 좋다. 천간에 壬水와 지지에 申金과 子水가 있어 金이 물에서 놀 수가 있다. 金을 사용한 직업을 가져야 한다. 金을 사용한 법, 금융, 경제, 경영, 의학, 의약 등의 직업을 택하게 되어 내과 의사가 되었다. 땅이 많고 탁수의 개연성으로 내과 의사를 택하게 된다. 사람의 위장은 여러 가지 혼합물을 음식물로 섭취하게 되므로 소화기 내과 의사로 판단하면 좋다.

재물은 천간의 壬水와 지지의 子水가 있고 지지에 申金이 申子辰으로 水局이 財局이 된다. 또한 申酉戌이 金生水로 많은 재물을 만들 수 있다. 천간 戊土와 지지에 戌土가 튼튼한 제방 역할을 하여 많은 물을 담수 할 수 있고 나무만 심으면 많은 재물을 취할 수 있는 명조다.

(庚午大運 : 18~27세)

庚午大運은 지지에 申金의 뿌리가 있어 庚金이 숙살지권에 대한 욕망을 가지게 된다. 지지에 午火가 寅午戌이 되어 壬水에 丙火가 뜨게 되면 명예도 온다. 19세 壬午年, 壬水의 많은 물을 木의 나무가 물을 흡수하여 성장하는 運이다. 지지에 戌土가 있어 寅午戌로 甲木을 끌어와 木火通明이 되어 원하는 대학에 무난하게 진학하게 된다. 27세 庚寅年, 甲己合의 乙木이 乙庚合으로 辛金이 丙火를 끌어오고 丙辛合의 자격증이 되어 의사고시에 합격한다. 지지에 戌土가 寅午戌로 丙火의 뿌리가 되어 천간에 丙火를 끌어올 수가 있어 의사고시에 무난하게 합격이 된다. 이때부터 의사면허증을 갖게 되었다.

(己巳大運 : 28~37세)

己巳大運은 甲己合이 풀어지게 되면 甲木은 戊土에 심어지게 되어 나무가 성장하게 된다. 지지에 巳火는 巳午未와 寅午戌로 꽃을 피울 수가 있고 대학병원에서 본인의 입지를 굳히게 된다. 지지에 巳火가 巳酉丑이 申酉戌이 되어 물이 많아진다. 甲木의 역할이 크다. 甲木의 뿌리 寅木과 巳火가 寅申巳亥가 되어 바쁜 일정으로 생활하게 된다. 31세 甲午年, 結婚運이 오지만 지지에 子午卯酉가 되어 결혼 못하게 된다.

(戊辰大運 : 38~47세)

戊辰大運은 넓은 땅이 온다. 넓은 땅에 나무를 심고 싶은 마음이 든다. 이때는 대학원에 가서 나무를 심으면 좋다. 38세 辛丑年, 辛金이 丙火를 끌어오고 싶으나 지지에 辰戌丑未로 탁수되어 의료사고가 발생할 수가 있다. 39세 壬寅年, 대학원에 진학하였다. 사주 원국에 火가 없어 火 대학인 서울대, 연세대, 한양대, 경희대학원에 입학하면 좋다. 39세 壬寅年, 한양대학원에 입학하였다. 41세 甲辰年, 甲己合이 풀어져 甲木이 戊土에 심어질 수 있고 지지는 申子辰으로 승진을 할 수 있다. 43세 丙午年, 丙火가 壬水에 뜨고 지지에 寅午戌로 甲木이 일간 戊土에 심어지고 부부궁이 合이 되어 결혼하면 좋다.

(丁卯大運 : 48~57세)

丁卯大運은 월에 壬水와 丁壬合 乙木이 되어 甲己合이 풀어지면 지지에 寅卯辰이 되어 대학의 교수로 갈 수 있다. 51세 甲寅年, 대학교수가 되어 학교로 가게 될 것을 예측하고 있다. 이분이 바라는 것은 넓은 땅에 나무를 심는 것이므로 병원보다는 학교를 택하게 될 것이다.

(丙寅大運 : 58~67세)

丙寅大運은 이분의 인생에 제일 좋은 大運이다. 천간 甲木에 꽃이 피고 지지에 寅午戌이 되어 丙火가 밝아지게 된다. 명예와 富를 함께 누릴 수 있는 大運으로 판단한다. 학교에서 木火通明에 학문으로 좋은 운이며, 부동산으로도 좋은 運이기 때문에 생애 최고의 運으로 볼 수가 있다. 66세 己巳年, 甲己合이 풀어지고 지지에 寅申巳亥 되어 새로운 개혁의 꿈을 안고 학교를 떠나게 될 것이다.

(乙丑大運 : 68~77세)

　乙丑大運은 甲己合이 풀어지고 乙木의 작은 나무가 己土에 심어지게 된다. 乙木은 庚金을 끌어와 辛金이 되면 지지에 申酉戌로 金의 뿌리가 튼튼하여 시골의 작은 병원을 가지고 사회에 봉사하며 전원생활을 누리면 가정적으로 화목하게 된다. 자식들이 부모의 甲木에 등라계갑을 하여 함께 어울려 노후를 편안하게 보내게 될 것이다.

※ 이분의 명조는 평범한 사주로 보이지만 부모의 재물도 좋고 넓은 땅과 작은 땅이 있다. 不動産으로 건축물이 필요하며 배우고 싶은 욕망도 강하다. 戊土와 戌土가 있어 재물인 물을 제방으로 튼튼하게 막을 수가 있다. 재물 福은 좋으나 지지에 官인 甲木의 뿌리가 없는 것이 단점이다. 그리고 火가 없어 甲木에 꽃을 피우기 위하여 늦게까지 공부하고 싶은 욕망이 강하다. 58 丙寅大運, 태양이 뜨기 때문에 木火通明으로 배우고 익힌 학문으로도 성공을 할 수 있다. 배우자로 교수나 건축물을 가진 분은 만나면 평생 富를 누리며 살게 될 것이다.

10. 대기업 회장 명조

乾 命	1910년 02월 12일(陽) 19:20			직업 : 이병철 회장					
壬	戊	戊	庚	오행	木	火	土	金	水
戌	申	寅	戌		1	0	4	2	1
97	87	77	67	57	47	37	27	17	7
戊	丁	丙	乙	甲	癸	壬	辛	庚	己
子	亥	戌	酉	申	未	午	巳	辰	卯

〈원국해설〉

戊申日柱에 陽으로만 되어 있는 陽八通 四柱다. 재물인 물을 막을 수 있는 튼튼한 제방을 가지고 있다. 壬水의 재물을 戊土로 막을 수 있지만 제방에 나무가 심어지지 않아 탁수가 될 수 있다. 사주 원국에 火가 없어 밝음이 적다. 년에 庚金에서 乙庚合 辛金이 되어 丙火를 끌어온다. 외국과 인연을 맺으면 좋다. 특히 丙午의 나라 일본과 인연이 확실하다. 지지는 寅申巳亥의 개연성이 있어 항상 활동적으로 바쁘게 움직여야 한다.

먼저 財를 보면 천간에 두 개의 戊土가 癸水를 끌어올 수가 있다. 년에 庚金은 乙木을 끌어와 乙庚合 辛金이 되어 丙辛合水로 재물을 끌어올 수가 있다. 두 개의 戊土가 癸水와 戊癸合火로 財가 되고 壬水는 丁火의 財를 끌어온다. 일간 戊申은 지지에 申金이 재물을 만들 수가 있다. 월간 戊土는 甲木의 뿌리가 있어 부모가 甲木을 심어 물을 흡수하는 역할을 한다. 戊土와 戊土가 큰 제방을 2개로 많은 재물을 저장할 수 있는 댐을 만들 수가 있어 재벌 사주라는 것을 알 수 있다. 이 명조는 월지 寅木이 官이다. 戊土에 甲木이 심어지면 완벽한 명조가 된다. 두 개의 戊土에서 戊癸合을 하면 두 개의 己土가 되어 甲木을 끌어와 나무를 심으려는 욕망이 강하다.

다음은 官(木)에 대하여 한번 풀어 보자. 천간에 두 개의 戊土가 戊癸合을 하면 두 개의 己土가 된다. 두 개의 己土가 甲木을 불러오면 많은 물(財)을 취할 수가 있다. 또한 두 개의 甲木이 년에 있는 庚金의 칼자루 역할도 할 수 있어 국가에 공헌할 수가 있다. 다시 말하면 국가가 칼날이 되고 甲木의 칼자루를 잡게 된다. 국가와 손을 잡으면 크게 도움이 된다는 것을 알 수 있다. 지지에 官의 뿌리 寅木이 있어 천간에 甲木을 심을 수가 있다. 木은 교육사업으로 성균관 대학교, 중동고등학교 등 교육사업도 하고 있다.

지지는 寅申巳亥의 개연성이 있어 활동적으로 움직여야 한다. 일지에 申金과 시지에 戌土가 있어 酉金만 있으면 申酉戌로 金局이 된다. 많은 재물을 만들게 되는 원동력을 자식 자리에서 찾을 수가 있다. 酉金은 전자, 전기, 컴퓨터, 아이티가 된다. 자식 자리에서 申酉戌이 되어 이건희 회장이 삼성전자를 승계하게 되었다.

(庚辰大運 : 17~26세)

庚辰大運은 두 개의 庚金이 乙木을 끌어와 두 개의 戊土에 심게 된다. 나무를 심는다는 것은 결혼을 의미한다. 부모 자리에 甲木의 뿌리 寅木이 있어 부모의 권한으로 18세 丁卯年, 결혼하게 되었다. 시에 있는 壬水와 丁壬合 乙木과 두 개의 庚金에서 乙木을 끌어와 3개가 된다. 3:1로 乙庚合을 하여 辛金이 되면 酉金이 申酉戌로 부부궁에 합을 이루어 부모님의 권유로 인한 강제 결혼으로 판단하게 된다. 실제 결혼이 좋은 해는 24세 癸酉年이다. 癸水가 경쟁자를 제거하고 지지에 酉金이 申酉戌로 부부궁에 方合이 되어 결혼하면 좋았다고 판단한다. 26세 乙亥年, 년에 있는 庚金과 乙庚合 辛金이 丙火를 끌어와 새로운 일을 시작하게 된다. 지지에 寅申巳亥가 되어 새로운 마케팅으로 사업을 시작하게 된 것으로 판단한다.

(辛巳大運 : 27~36세)

辛巳大運은 辛金은 없는 丙火를 끌어와 새로운 사업을 꿈꾸는 시기이다. 지지에 巳火가 寅申巳亥로 개혁적인 마케팅으로 운송업과 해운업 등 해외와 인연을 맺으면 좋은 시기이다. 지지에 巳火는 酉金과 申酉戌로 金局이 金生水가 되어 많은 물을 생산할 수가 있어 좋다. 酉金은 입으로 먹는 것을 해외와 거래하면 크게 돈을 벌 수가 있을 것이다. 29세 戊寅年, 3개의 戊土가 하나가 되어 동업하게 되고 대구에서 삼성상회를 설립하게 되었다. 당시 동업자는 조홍재(효성그룹 창업자) 회장이다.

(壬午大運 : 37~46세)

壬午大運은 두 개의 壬水로 물이 많아져 땅에 나무를 심지 않으면 탁수가 될 소지가 있다. 새로운 官으로 나무(木)를 심게 되면 성공할 것이다. 午火는 지지에 寅木과 戌土가 있어 寅午戌이 된다. 천간에 丙火가 뜨게 되어 일본과 거래하면 좋다. 41세 庚寅年, 두 개의 庚金이 乙木을 불러와 乙庚合으로 辛金이 丙火를 불러온다. 지지에 寅午戌 火局으로 화재로 인해서 크게 재물 손실을 보게 된다. 43세 壬辰年, 물이 많아지게 되어 木(회사설립)의 행위를 해야 한다. 43세 壬辰年, 제일제당, 44세 癸巳年, 제일모직(마카오 신사가 유행하던 시절)을 설립하여 대한민국의 부자가 탄생하게 되었다.

"이병철 회장은 三利가 있으면 三害"가 있다는 유명한 명언을 남겼다.
"겸손한 자 흥하고 교만한 자 망하지 않는 자 없다." 역시 유명한 말이다.

(癸未大運 : 47~56세)

癸未大運은 한 개의 戊土와 戊癸合을 하게 되면 경쟁자를 제거한다. 戊癸合이 己土가 되어 甲木을 끌어와 戊土에 심어 재물을 취하게 되는 大運이다. 48세 丁酉年, 丁火가 시에 壬水와 丁壬合 乙木이 년간 庚金이 乙庚合으로 辛金이 되어 丙火를 끌어온다. 酉金은 지지에 申酉戌로 대한민국 최초로 공채사원을 모집하게 되었다. 보험업, 신세계 백화점, 전주 제지회사를 설립한 大運이다.

56세 乙巳年, 庚金과 乙庚合을 하게 되면 辛金이 丙火를 끌어와 丙火가 壬水에 뜬다. 지지에 巳火가 巳酉丑 酉金을 끌어와 申酉戌로 재물을 만들려고 한다. 천간에 나무가 심어지지 않아 탁수되어 문제가 될 것이다. 巳火가 寅申巳亥가 되어 새로운 사업을 꿈꾸게 된다.

(甲申大運 : 57~66세)

甲申大運은 甲木을 戊土에 심게 되는 大運이다. 국가 자리에서 칼을 이용하게 되기 때문에 국가와 관계되는 大運이다. 많은 회사를 설립할 大運으로 회사가 번창할 최고의 기회가 오는 大運이다.

57세 丙午年, 丙火가 壬水에 뜨고 지지에 寅午戌이 되어 밝아진다. 지지에 寅午戌로 火局이 되면 탁수된 물에 丙火가 뜨게 되어 문제가 발생한다. 한비사건과 사카린 밀수 사건이 터진다. 丙午年 5월달 癸巳月 戊癸合 己土가 탁수가 되고 지지에 巳火가 巳酉丑으로 酉金이 申酉戌이 되어 많은 물이 탁수되어 재물에 손실 가져오게 되었다. 57세 丁未年, 자식 자리 壬水와 丁壬合이 乙木이 되어 자식과 관계가 있다. 乙木은 년에 庚金과 乙庚合을 하게 되어 辛金이 丙火를 끌어와 새로운 사업을 자식에게 권한을 주게 된다. (이건희 회장 TBC 방송국에 입사) 60세 己酉년, 己土가 甲木을 끌어오고 지지에 酉金이 申酉戌이 되어 삼성전자 회사를 설립하게 된다. 申酉戌이 되면 金生水로 크게 재물을 만들 수가 있다. 이때부터 중앙개발, 한국종합병원, 중앙일보, 동양방송, 삼성전자, 삼성전관, 제일합섬, 삼성전기, 삼성코닝, 호텔신라, 삼성석유화학, 삼성중공업, 용인자연농원 등을 설립하였다.

(乙酉大運 : 67~76세)

乙酉大運은 乙木이 국가 자리와 乙庚合 辛金으로 丙火를 끌어와 일본과 인연이 있다. 丙火를 이용한 항공 사업, 지지에 酉金을 사용하면 申酉戌로 좋은 大運이다. 삼성항공과 일본 산요(SNAYO)를 삼성전자와 합병을 하게 되었다.

(丙戌大運 77~87세)

丙戌大運은 丙火가 자식 자리 壬水에 뜨게 되어 자식에게 불빛을 비추는 형태이다. 78세 丁卯年, 丁火가 丁壬合 乙木이 되어 년에 있는 庚金과 合을 하게 되면 辛金이 되어 丙火를 끌어와 지지에 寅午戌로 火局이 된다. 지지에 寅午戌로 火局이 되며 卯木은 子午卯酉가 되어 사망에 이르게 된 것이다.

※ 이병철 회장의 사주를 남촌물상론으로 풀어보면서 더 많은 것을 유추할 수가 있었지만 전체의 사건을 풀기에는 짧은 시간으로 요약하여 정리하였다. 시간이 지난 지금은 사망 이후라서, 현재의 시점에서 추명보다는 실제 사건으로 남촌물상론의 觀法으로 정리하였으니 참고하시기 바란다.

11. 미국 텍사스주 한국인 검사

坤 命	1988년 10월 11일(陰) 18:20			직업 : 현직 검사					
辛	戊	癸	戊	오행	木	火	土	金	水
酉	寅	亥	辰		1	0	3	2	2
94	84	74	64	54	44	34	24	14	4
癸	甲	乙	丙	丁	戊	己	庚	辛	壬
丑	寅	卯	辰	巳	午	未	申	酉	戌

〈원국해설〉

이 명조는 미국에서 활동하고 있는 검사의 사주다. 현재 이분의 엄마는 미국에서 교수로 활동하고 있으며 2024년 미국에서 남촌물상TV 유튜브를 보고 한국에 찾아오셔서 딸 사주를 상담하였다.

戊寅日柱다. 사주 원국에 불(火)이 없고 일지에 官을 깔고 있어 자신이 활동해야 한다. 火(태양)가 없어 외국으로 가고 싶은 생각이 있다. 국내에서는 능력 발휘가 안 되는 명조다. 외국으로 가게 되면 시에 辛金이 새로운 丙火와 합을 하게 되어 金의 자격증을 가질 수가 있다. 외국의 넓은 땅으로 가게 되면 또 다른 戊土가 생겨 戊土가 3개가 된다. 戊土가 3:1로 합을 하게 되면 己土가 甲木을 불러온다. 甲己합으로 乙木이 辛金의 칼자루가 되어 숙살지권을 발휘할 수가 있다.

이 명조의 官은 일지 寅木으로 寅申巳亥의 개연성을 가지고 있다. 년지에 辰土와 시지에 酉金이 辰酉合金으로 구성이 되어 있다. 일지 官의 뿌리 寅木이 寅亥合木으로 官의 뿌리가 튼튼하여 돈보다는 명예를 추구하게 된다. 초년 大運은 金運으로 칼을 쓰는 검사로 활동을 할 수가 있다. 金運이 끝나면 木(官)을 사용한 판사로 임용이 가능한 명조다. 34대 己未大運, 己土가

甲木을 불러 戊土에 심어지면 지지에 亥卯未와 寅卯辰으로 官의 뿌리가 튼튼하게 된다. 직접 칼을 사용한 검사보다는 판사로서 명예를 가지고 살아가게 될 것이다. 38세 乙巳年, 乙木은 辛金의 칼자루가 되며 辛金은 丙火를 끌어온다. 지지에 巳火는 시지에 酉金과 巳酉丑이 辛金의 뿌리가 되어 판사 임용으로 좋은 해가 된다.

(辛酉大運 : 14~23세)

辛酉大運은 원국에 辛金과 大運에서 辛金이 두 개가 되어 丙火를 강력하게 끌어오고 싶은 마음으로 외국으로 유학을 생각한다. 14세 辛巳年, 두 개의 辛金이 丙火를 끌어오고 지지에 巳火가 寅申巳亥가 되어 미국으로 유학을 떠나게 되었다. 21세 戊子年, 3개의 戊土가 戊癸合으로 己土가 되면 甲木을 끌어와 辛金의 칼자루가 되어 법학을 전공으로 선택하였다. 대학은 寅申巳亥로 집에서 떨어진 곳으로 가게 되었다.

(庚申大運 : 24~33세)

庚申大運은 큰 칼 庚金과 원국에 辛金의 작은 칼이 된다. 지지에 申金은 寅申巳亥로 새로운 개혁적인 꿈을 꾸게 된다. 24세 辛卯年, 두 개의 辛金이 丙火를 끌어오고 지지에 寅卯辰이 된다. 官의 뿌리 甲木을 불러 꽃을 피우게 되어 변호사 시험에 합격하게 되었다. 27세 甲午年, 甲木이 戊土에 심어지고 지지에 寅午戌로 꽃을 피우게 되어 연방 검사 시험에 합격하여 검사로 활동하게 되었다.

(己未大運 : 34~43세)

己未大運은 己土가 甲木을 불러와 戊土에 심고 싶은 마음이 든다. 지지에 未土가 亥卯未와 寅卯辰으로 官의 뿌리가 튼튼하게 된다. 木을 칼자루로 사용하고 싶은 마음으로 검사를 떠나 판사로 일하고 싶은 생각을 하게 된다. 37세 甲辰年, 甲木이 戊土에 심어지고 辰酉合金으로 법조인인 남자와 결혼하게 될 것이다. 38세 乙巳年, 乙木은 辛金의 칼자루가 되며 辛金은 丙火를 끌어온다. 지지에 巳火는 시지에 酉金과 巳酉丑으로 辛金의 뿌리가 되어 판사 임용으로 좋은 해가 된다. 39세 丙午年, 판사로 임용될 수가 있다. 丙火가 辛金과 丙辛合을 하게 되고 지지에 寅午戌로 甲木에 꽃을 피우게 되면 판사 임용이 가능하게 될 것이다. 만일 판사로 임용이 되었다면 41세 戊申年, 3개의 戊土가 하나로 合을 하게 되면 단독판사가 아닌 합의부 판사로 승진하게 될 것이다.

(戊午大運 : 44~53세)

戊午大運은 3개의 戊土가 하나가 되는 일생에 가장 좋은 大運으로 판단한다. 경쟁자를 하나로 통합하고 지지에 寅午戌이 되어 甲木에 꽃을 피우게 된다. 판사로서 승진과 명예를 동시에 얻을 수 있는 가장 좋은 運으로 판단한다. 51세 戊午年, 판사로서 최고의 자리도 가능하다. 大運에서 예측한 년도가 바로 51세 戊午年이 된다. 甲木의 나무는 꽃을 피우게 되면 결과를 맺게 되어 승진의 기회가 올 것이다.

(丁巳大運 : 54~63세)

丁巳大運은 丁火는 壬水를 끌어와 丁壬合 乙木으로 辛金의 칼자루가 되어 판사보다는 변호사로 활동하게 된다. 지지에 寅申巳亥로 새로운 일을 택하게 된다. 55세 壬戌年, 판사로서 마감하게 된다. 壬水와 癸水가 合을 하여 물이 많아져 탁수의 개연성이 있다. 지지에 辰戌冲이 되어 하던 일을 마무리하게 될 것이다. 61세 戊辰年, 3개의 戊土가 癸水와 戊癸合으로 己土가 되어 甲木을 끌어와 官에 뿌리가 튼튼하게 되어 변호사로 마지막 최고의 자리에 오르게 될 것이다.

(丙辰大運 : 64~73세)

丙辰大運은 시에 辛金과 丙辛合水로 물이 많아진다. 65세 壬申年, 물이 많아지고 탁수가 된다. 지지에 申金이 寅申巳亥로 申子辰, 亥子丑 탁수되어 건강에 문제가 생기게 될 것이다. 사전 검진이 필요하며 건강 문제로 변호사직을 떠날 수도 있다.

(乙卯大運 : 74~83세)

乙卯大運은 乙木이 戊土에 심어지면 지지에 寅卯辰으로 뿌리가 튼튼해지는 大運이다. 乙木은 작은 나무로 미국에서도 따뜻한 남쪽 지방에서 조용히 화초를 가꾸면서 悠悠自適하게 여생을 보내는 것이 좋다. 한국은 甲寅의 나라이므로 고국 땅으로 와서 살아도 좋다.

※ 미국의 판사는 정년이 없다. 65세 이르러 재직 기간이 15년이 넘으면 스스로 원로 판사의 지위를 선택할 수 있다. 판사 신분과 봉급은 그대로 유지되니 그 자리는 법률상 공석으로 취급하며 후임 판사를 새로 임명할 수가 있다. 미국연방 법원은 1심은 오로지 단독 재판으로 하며 항소심은 철저히 동등한 3인 합의부로 운영된다. 1심 판사로 한번 임명되면 항소심 판사로 임명되지 않는 한 단독판사로 평생 근무하게 된다.

12. 결혼하지 않으면 富를 누리는 명조

坤 命	1988년 09월 10일(陰) 13:55 직업 : 회사원					오행	木	火	土	金	水
己	戊	壬	戊								
未	申	戌	辰				0	0	6	1	1
94	84	74	64	54	44	34	24	14	4		
壬	癸	甲	乙	丙	丁	戊	己	庚	辛		
子	丑	寅	卯	辰	巳	午	未	申	酉		

〈원국해설〉

戊申日柱다. 원국에 土가 많고 木이 없어 無官四柱다. 木에 꽃을 피울 火도 없다. 결론은 남자하고 인연이 없어 결혼이 어렵다. 타고난 재물은 있지만 木이 없어 탁수가 된다. 건강에 문제가 발생할 수가 있으며 능력 발휘가 잘 안 된다. 넓은 땅에 많은 나무(官)를 심고 싶은 명조다.

천간 년에 戊土와 일간 戊土가 강물을 사이에 두고 있어 엄마와 강을 건너 바라보고 있다. 두 개의 戊土 모두가 官(木)을 기다리는 심정이다. 木의 뿌리가 없어 엄마와 딸 모두 남자와 인연이 없다. 일간 戊申은 지지에 申金을 깔고 있다. 申金과 戌土가 있어 申酉戌의 개연성으로 金局이 되면 물(財物)을 만드는 역할은 할 수가 있다. 년에 戊土 엄마는 辰土를 깔고 있어 辰酉合金으로 酉金을 사용한 유흥업 물장사를 하는 엄마가 된다. 지지에 申金과 辰土가 있어도 월지에 戌土가 가로막아 申子辰을 할 수가 없어 유통에 관한 일을 할 수가 없다.

남자와 인연이 없는 것은 천간 시의 己土에서 甲木을 끌어오면 甲己合 乙木이 된다. 지지에 甲木의 뿌리가 없어 乙木이 되어 己土에 심어지게 된다. 戊土에 심어지지 않는 것은 남자와 인연이 없다고 판단한다. 월에 壬水에서

丁火를 끌어와 丁壬合 乙木이 되어도 시에 己土의 땅에 심어진다. 지지에 木의 뿌리도 壬水의 뿌리 亥水는 亥卯未가 되어 시의 己土에 뿌리가 된다. 어찌 남자와 인연이 있겠는가? 官(木)이 와도 모두 己土에 빼앗기게 된다. 국내에서는 결혼이 잘 안 되어 결혼할 수가 없다.

해결 방법은 해외와 인연을 맺게 되면 없는 새로운 丙火의 태양이 물 위에 뜨게 되어 명예와 재물이 동시에 오게 된다. 대륙을 낀 戊土의 나라에 가면 戊土는 3개의 戊土가 하나가 된다. 戊土와 지지에 戌土가 있어 백조의 호수가 된다. 己土에서 甲木을 끌어오면 壬水의 뿌리 亥水가 亥卯未로 甲木에 뿌리가 되어 甲木을 끌어와 戊土에 심을 수가 있다. 외국에서 공부하였다면 잘할 수가 있다. 새로운 태양이 甲木에 꽃을 피워 木火通明이 된다. 甲木(官)이 심어지면 새로운 남자를 만나 결혼할 수가 있다는 것을 알 수가 있다. 미국으로 가서 전자공학으로 아이티를 전공하면 酉金이 된다. 시지에 申金과 戌土가 申酉戌로 金局이 되면 많은 재물을 만들 수가 있어 富를 누릴 수가 있다. 이것이 팔자를 바꿀 수 있는 방법이다.

(庚申大運 : 14~23세)

庚申大運은 庚金은 乙木을 끌어와 탁수를 해결한다. 시의 己土에 나무를 심어 공부하고 싶은 마음이 든다. 그러나 庚金의 뿌리 申金이 申子辰으로 많은 돈을 벌고 싶은 생각이 앞선다. 酉金의 행위를 하여야 申酉戌로 재물을 만들 수가 있다. 17세 甲申年, 공부를 잘하면 돈을 벌게 될 것이라고 생각한다. 공부를 열심히 하여 좋은 대학에 가고 싶어 한다. 하지만 甲木은 시에 己土가 甲己合 乙木이 되어 학교를 빨리 졸업하여 돈을 벌려 한다. 18세 乙酉年, 乙木이 시의 戊土에 심어지고 酉金이 申酉戌이 되어 고등학교 때부터 아르바이트로 돈을 벌기 시작한다. 19세 丙戌年, 丙火가 壬水의 물에 뜬다. 탁수가 되는 물에 丙火가 뜨게 되면 능력 발휘를 할 수가 없어 대학에 갈 수가 없다. 20세 丁亥年, 월간 壬水와 丁壬合 乙木이 되어 시의 己土에 심어져 산업체 전문대학에 가게 된다.

(己未大運 : 24~33세)

己未大運은 두 개의 己土가 甲木을 끌어와 戊土에 심으려고 한다. 지지에 未土, 戌土, 辰土, 辰戌丑未로 모두가 甲木의 뿌리가 될 수가 없어 남자와 인연이 없다. 국내에서 甲木을 심을 수가 없다면 해외로 눈을 돌려 볼 수가 있다. 己未大運은 두 개의 己土가 甲木을 끌어오면 甲木은 戊土에 심어지게 된다. 甲木은 뿌리 없는 木(官)으로 남자를 만나도 오래 갈 수가 없으며 스쳐 지나가는 인연에 불과하다.

(戊午大運 : 34~43세)

戊午大運은 3개의 戊土가 하나가 되고 시의 己土에서 甲木을 불러와 戊土에 심어지게 된다. 지지에 戌土가 寅午戌의 개연성이 있어 남자(甲木)를 많이 기다린다. 지지에 午火는 甲木이 오면 寅午戌이 되어 丙火가 壬水의 물에 뜨게 된다. 조직 생활에서는 명예를 얻을 수가 있다. 지지에 午火는 巳午未로 巳火에 巳酉丑의 金에 관한 일을 하게 된다. 酉金이 申酉戌로 부부궁에 合이 되어 결혼을 선택할 수가 있다. 그러나 甲木이 오면 항상 시에 己土가 甲己合으로 官을 빼앗기는 격이다. 甲己合에 乙木은 庚金을 끌어와 庚金은 일지 申金의 뿌리가 되어 己土에 갔다가 오는 남자가 된다. 시의 己土에서 甲己合 乙木으로 戊土의 땅으로 오게 된다. 戊土의 땅에 甲木을 심어야 되는데 乙木이 심어지게 되어 결혼하더라도 만족하지 못하여 불만이 쌓이게 될 것이다. 38세 乙巳年, 乙木이 己土에 심어지게 된다. 지지에 巳火가 巳酉丑으로 酉金이 申酉戌로 부부궁에 合을 이룰 수가 있다. 연하의 친구에 남친을 빼앗아 오는 인연이 있을 수가 있다. 42세 己酉年, 두 개의 己土가 甲木을 끌어오고 지지에 酉金의 뿌리가 申酉戌로 부부궁에 合이 되었다. 연하의 남자와 인연이 있다는 것을 확인할 수가 있다. 항상 연하에게 남자를 빼앗기고 빼앗아 오고 복잡한 인연이다.

(丁巳大運 : 44~53세)

丁巳大運은 월에 壬水와 丁壬合 乙木은 시의 己土에 심어진다. 지지에 巳火가 巳酉丑으로 申酉戌이 되어 항상 연하 친구의 남자와 인연이 될 수밖에 없다. 47세 甲寅年, 남자와 인연이 있다. 甲木은 시에 己土와 甲己合 乙木이 되어 戊土에 심어진다. 乙木의 남자는 庚金을 끌어와 일지 申金의 뿌리를 찾고 싶어 戊土에 심어지고 싶어 한다. 乙庚合을 하면 酉金이 申酉戌이 되어 또 문제가 된다. 지지에 寅木은 寅申巳亥가 되어 연하의 친구 남친과 멀리 떠나게 될 수도 있다. 酉金이 申酉戌로 부부궁에 合을 이루어 己土에 심어질 남자를 끌어와 자기 것으로 만들게 되지만 오래 갈 수가 없다.

(丙辰大運 : 54~63세)

丙辰大運은 丙火가 壬水에 뜨게 되면 지지에 戌土와 午火가 寅午戌이 되어 己土에서 甲木을 끌어오려고 할 것이다. 지지에 寅午戌은 寅木이 甲木을 끌어와 일간 戊土에 심게 된다. 부동산에 투자하면 재물을 취하게 된다. 57세 甲子年, 甲木이 戊土에 심어지고 지지에 申子辰으로 水局이 된다. 甲木이 성장하니 투자한 부동산에 부가 가치가 높아지게 된다. 59세 丙寅年, 지지에 寅午戌로 丙火을 불러와 壬水에 뜨게 된다. 丙火는 甲木에 꽃이 피게 되어 부동산으로 富를 누릴 수가 있다. 남자(官)를 멀리하고 부동산에 투자할 때 많은 돈을 벌 수가 있다. 官을 남자로 사용하면 寅午戌로 물이 마르게 되어 재물 손실이 온다.

(乙卯大運 : 64~73세)

乙卯大運은 乙木은 己土에 심어지고 지지에 卯木은 亥卯未로 작은 건축물이 된다. 친정엄마와 관계로 판단하면 좋다. 卯木은 년에 辰土와 卯辰이 되면 시에 己土가 甲木을 불러와 뿌리가 寅卯辰이 된다. 년에 戊辰의 뿌리가 寅卯辰이 되어 부모를 모시고 함께 살아가면 큰 건축물이 된다. 68세 乙亥年, 乙木이 己土에 심어지고 己土는 甲木을 끌어온다. 년에 戊辰의 뿌리가

寅卯辰이 되어 부모와 함께 살아가면 큰 건축물이 되어 노후를 준비하는 것이 좋다. 지지에 부모 자리 壬水의 뿌리 亥水가 亥卯未가 된다. 엄마의 상속으로 작은 부동산을 취할 수가 있으니 함께 살아가면 좋을 것이다.

(甲寅大運 : 74~83세)

甲寅大運은 甲木이 戊土에 심어지고 지지에 寅木이 寅午戌이 되어 甲木의 건축물을 가지고 생활할 수가 있다. 75세 壬午年, 壬水의 물이 강물이 되어도 戊戌로 튼튼한 호수가 된다. 지지에 午火가 寅午戌이 되어 물 위에 丙火의 태양이 뜨게 된다. 甲木에 꽃을 피워 평탄한 삶을 누리고 살아가게 된다.

※ 甲木(官)을 남자로 사용하지 않는다면 富를 누리는 명조다.

6장
己土 日干

6장
己土 日干

◎ 1. 김밥집으로 성공한 사례

坤 命	1973년 09월 30일(陽) 18:39 직업 : 김밥집 운영				오행	木	火	土	金	水
癸	己	辛	癸		0	1	2	3	2
酉	巳	酉	丑						
93	83	73	63	53	43	33	23	13	3
辛	庚	己	戊	丁	丙	乙	甲	癸	壬
未	午	巳	辰	卯	寅	丑	子	亥	戌

〈원국해설〉

이 명조는 己土日柱가 재물(水)과 탁수되어 있다. 官인 木이 없어 無官四柱가 된다. 木을 끌어오는 五行은 일간 己土에서 甲木을 끌어오게 된다. 내가 선택한 남자다. 甲木이 작은 己土의 땅에 뿌리를 내리게 되면 남편에 문제가 발생하겠구나! 하는 판단이 들게 된다. 지지에 木의 뿌리를 끌어오는 五行은 찾을 수가 없다. 木이 뿌리를 내리지 못할 것이다.

이 명조의 官을 보면 23대 甲子大運, 결혼하게 되면 반드시 문제가 발생하게 된다. 甲木이 甲己合으로 乙木이 심어지면 뿌리 없는 乙木이다. 水氣

運이 올 때 己土의 작은 땅에 심어진 乙木은 빨리 성장을 하게 되어도 지지에 뿌리를 내리지 못하고 고사할 것이다. 지지에 子午卯酉의 개연성이 있어 巳酉丑, 金局으로 바위 위에 석부작으로 살다가 시간이 지나면 남편이 떠나가거나 사망에 이르게 될 것이다.

결혼은 어느 때 누구를 만나느냐가! 그 시기가 중요함을 알 수가 있다. 지지로 부부궁에 合이 되었는지가 매우 중요하다. 지지에 子水는 부부궁에 合을 할 수가 없고 亥子丑 탁수의 개연성도 있다. 33대 乙丑大運, 乙木이 己土에 심어지고 지지에 巳酉丑을 두 번 할 수가 있다. 한번 결혼에 실패한 남자와 결혼하게 되면 평탄하게 갈 수가 있다. 우리의 財와 官의 觀法으로 직업을 보자. 己土의 財는 癸水가 된다. 癸水의 財는 지지에 巳火가 財가 된다. 巳火에서 巳酉丑으로 되어 있어 酉金은 입으로 음식에 관계되는 직업을 택해야 한다.

사주 원국에 재물을 만들 수 있는 五行은 金이 된다. 물이 많아지면 작은 땅 己土가 불안하여 나무를 심어야 안정된다. 다시 말해서 결혼해야 한다. 천간 월간에 辛金이 있으며 지지에 辛金의 뿌리 酉金이 2개가 있다. 巳酉丑이 金生水로 입에서 샘물이 솟아나는 격으로 먹는 음식점 영업으로 재물을 모을 수가 있다. 酉金이 두 개가 있어 체인의 형식으로 점포를 운영할 수가 있다. 상담 결과, 김밥집을 12개의 점포를 체인 형식으로 운영하고 있었다.

(壬戌大運 : 3~12세)

壬戌大運은 일간 己土는 물이 많아져 땅이 무너지는 運이다. 10세 壬戌年, 壬水의 물이 많아져 己土의 땅이 무너지게 된다. 지지에 戌土는 申酉戌로 金局의 개연성이 있다. 申酉戌이 되면 지지에 丑土가 탁수되어 어린아이에게 문제가 발생할 수가 있다. 보통 이런 경우 酉金으로 丑土가 탁수되어 성인으로부터 성추행을 당하거나, 불행한 사태가 발생할 수가 있어 주의하여야 한다.

(癸亥大運 : 13~22세)

癸亥大運은 물이 많아지고 정신적으로 문제가 된다. 환경을 바꾸어야 한다. 우울증이 올 수가 있다. 농촌을 택하여 부모님의 고향이나 할머니와 함께 살아가는 것이 좋다. 상담 결과, 년지 丑土에 친할머니가 살고 있는 고향에서 학교에 다닐 수가 있었다고 한다. 17세 己巳年, 두 개의 己土가 甲木을 불러온다. 지지에 巳火가 巳酉丑으로 甲木의 나무에 물을 공급하여 실업학교에 다닐 수가 있다. 19세 辛未年, 두 개의 辛金이 丙火를 끌어오고 지지에 巳午未로 대학을 포기하고 취업하려고 한다. 21세 癸酉年, 3개의 癸水가 3:1로 합하고 두 개의 己土가 뿌리 없는 甲木을 끌어온다. 월간 辛金의 뿌리 酉金이 3개가 하나가 되어 巳酉丑으로 회사 경리로 취업하게 되었다. 두 개의 己土에서 甲木을 끌어와 내가 남자를 선택하게 된다. 뿌리 없는 남자를 만나게 된 것이다. 無官四柱는 금사빠 사주다. 뿌리 없는 남자는 정착을 할 수가 없어 언젠가는 떠나게 될 것이다.

(甲子大運 : 23~32세)

甲子大運은 己土가 甲己合을 하여 내가 선택한 남자다. 지지에 亥子丑 탁수가 될 때 결혼하면 안 된다. 23세 乙亥年, 乙木은 己土에 심을 수가 있어 뿌리 없는 나무를 선택하게 되었고 지지에 亥水가 亥子丑으로 탁수가 될 때 결혼하게 되었다. 甲木이 己土에 심어지나 지지에 水運이 오면 결혼하기에는 적절하지 못한 시기를 예시하고 있다. 乙木이 심어져 결혼했지만 지지에 부부궁이 합을 이룰 수가 없다. 乙木은 庚金運이 올 때 乙庚合을 하게 되면 뿌리 없는 木이 되어 乙木이 사라지는 관계로 부부 문제가 발생하게 될 것이다.

(乙丑大運 : 33~42세)

乙丑大運은 乙木이 己土에 심어지고 부부궁에 合을 이루게 되면 결혼하기에 알맞은 시기가 된다. 지지에 두 개의 丑土와 두 개의 酉金이 巳酉丑으로 한번 거쳐서 오는 남자와 결혼하면 편안한 결혼이 된다. 두 개의 酉金에서 재물을 만들 수가 있다. 지지에 酉金을 巳酉丑으로 체인으로 음식점을 하게 되어 여러 개의 점포를 운영하게 된다. 41세 癸巳年, 김밥집을 운영하게 되었다. 이때 3개의 癸水는 己土의 재물이 3개가 되어 체인 형식을 취하게 된다. 만일 乙木이 己土에 심어지지 않았다면 재물은 없었을 것이다. 無官四柱에 官(木)이 끝나게 되면 남편과는 인연이 멀어지게 되는 것이며 주말 부부나 떨어져 사는 것이 좋다.

(丙寅大運 : 43~52세)

丙寅大運은 無官四柱로 官(木)運이 끝나는 大運이다. 남편과 인연은 여기까지가 될 수가 있다. 丙寅大運은 월에 있는 辛金과 丙辛合을 하여 물이 많아지고 지지에 寅申巳亥의 개연성으로 문제가 발생하게 된다. 48세 庚子年, 庚金이 己土에 심어진 乙木과 乙庚合을 하여 乙木 官이 사라지게 된다. 49세 辛丑年, 두 개의 辛金이 丙火를 끌어온다. 丙火를 끌어와도 두 개의 癸水가 흐리게 하여 丁火가 된다. 丁火가 丁壬合 乙木으로 己土에 심고 싶지만, 지지에 木에 뿌리가 없어 탁수가 된다. 1월 己丑月 원국에 두 개의 己土가 甲木을 끌어오고 재물인 癸水가 탁수되어 경제적 위기를 맞게 된다. 지지에 두 번 丑土가 巳酉丑으로 金局이 되어 금융권의 시달림에 견딜 수가 없다. 己土에 심었던 乙木이 乙庚合으로 사라져 남편의 문제가 발생하게 된다. 상담 결과, 이분의 남편은 49세 辛丑年 2월 庚寅月 27일 乙巳日에 극단적 선택으로 사망하였다.

(丁卯大運 : 53~62세)

丁卯大運은 己土에 나무를 심고 싶은 마음이 든다. 丁壬合 乙木의 나무가 지지에 卯木이 뿌리를 내릴 수가 없다. 丁壬合 乙木은 가상의 木이며 실제 드러낼 수 없는 남자로 스쳐 가는 인연이 될 것이다. 남자와는 인연이 없어 종교에 의지하며 전원생활을 하는 것이 좋다.

◎ 2. 國會議員 비서관 명조

坤命	1970년 02월 08일(陽) 04:20			직업 : 국회의원 비서관				
丙	己	戊	庚	오행	木	火	土	金	水
寅	未	寅	戌		2	1	4	1	0

91	81	71	61	51	41	31	21	11	1
戊	己	庚	辛	壬	癸	甲	乙	丙	丁
辰	巳	午	未	申	酉	戌	亥	子	丑

〈원국해설〉

己未日柱다. 사주 원국에 水(財)가 없어 無財四柱다. 월간 戊土에서 재물을 끌어온다. 戊癸合을 하여 己土가 되어 甲木을 끌어온다. 甲木을 끌어와도 월간 戊土에 甲木이 심어진다. 시에 丙火가 辛金을 끌어와 丙辛合水가 되면 己土 일주에 재물이 된다. 지지에 일지 未土가 亥卯未를 하면 亥水가 재물이 된다. 천간에 官(木)이 없고 지지에 寅木이 두 개 있어 官을 두 번 쓸 수가 있다. 戊土는 戊癸合을 하면 己土가 되어 두 개의 己土가 강력하게 甲木을 불러와 庚金의 칼자루 역할을 하게 된다.

이 명조는 己土에서 甲木을 끌어와 甲己合 乙木이 심어지면 官이 된다. 이때 乙木은 년에 庚金과 乙庚合을 하면 辛金이 되어 시에 丙火와 丙辛合水가 되면 재물이 생긴다. 丙火를 끌어오는 것은 지지에 寅木과 년에 戌土가 寅午戌을 하게 되어 항상 국가에 관한 일을 하고 싶은 마음을 가지게 된다. 그러나 甲木을 끌어오면 월간 戊土에 甲木을 심어주는 역할을 하게 된다. 월지에 甲木의 뿌리 寅木이 있기 때문이다. 戊土에 甲木이 심어지면 년지 戌土가 寅午戌로 甲木에 꽃을 피워주는 역할을 할 수가 있다. 결과는 일간 己土가 甲己合을 하여 乙木으로 만들어, 년에 있는 庚金과 乙庚合을 하여 辛金을 만들게 된다. 辛金은 시에 丙火와 丙辛合水로 재물을 만들 수가 있어 국가에 관한 일을 하게 된다. 상담 결과, 이분은 국회의원 비서관으로 일하고 있었다.

우리의 官法, 財와 官에 官法으로 한번 찾아보자. 우선 財에 觀法으로 보면 己土의 財는 물인데 물이 없다. 월에 戊土에서 癸水를 끌어온다. 물(水)의 財는 丙火가 된다. 戊土에서 戊癸合으로 己土가 되면 두 개의 己土는 甲木을 끌어와 년간 庚金에 칼자루가 된다. 丙火는 甲木에 꽃도 피워줄 수가 있으며, 甲木은 국가 자리 庚金의 칼자루 역할을 하게 된다.

다음은 官에 官法으로 풀어 보자. 己土의 官은 木이다. 천간에 木이 없지만 지지에 寅木이 두 개가 있다. 木의 官은 일간 己土에서 甲木을 끌어와 甲己合 乙木이 된다. 乙木은 국가 자리 庚金에 乙庚合 辛金이 되어 丙火와 丙辛合水가 되어 재물을 만든다. 財에 觀法 풀어 보아도 같은 답이 나온다. 乙木이 오면 己土에 심어지고 국가 자리 庚金과 乙庚合을 할 수가 있다. 己土는 甲木을 끌어와 지지에 甲木의 뿌리 寅木이 있어 국가 자리 庚金의 칼자루가 된다. 국가에 일을 할 수 있다는 것을 알 수가 있다.

(丙子大運 : 11~20세)

丙子大運은 丙火가 두 개의 丙丙이 되어 어두운 大運이다. 甲木이 丙丙을 가리고 싶지만 일간 己土가 甲木을 끌어오면 월지에 寅木이 있어 월간 戊土에 심어지게 된다. 다시 말해서, 윗 형제들 때문에 대학을 포기 하게 된다. 19세 戊辰年, 넓은 땅에 나무를 심고 싶은 생각은 있으나, 己土가 甲木을 불러와도 己土에 심을 수가 없어 대학을 포기한다. 지지에 申子辰으로 재물이 오니 취업하기로 결심하였다.

(乙亥大運 : 21~30세)

乙亥大運은 乙木은 일간 己土에 심을 수가 있고 乙木은 년에 庚金과 乙庚合을 하게 되어 남편은 乙庚合으로 군인, 경찰 공무원과 인연이 있다. 26세 乙亥年, 乙木이 일간 己土에 심어지고 지지에 亥卯未가 되어 결혼하게 되었다. 상담 결과, 남편은 경찰직 공무원으로 검증되었다.

(甲戌大運 : 31~40세)

甲戌大運은 己土는 甲木을 끌어와 월간 戊土에 심어지게 된다. 甲木은 시에 丙火가 꽃을 피워주게 된다. 지지에 寅木이 寅午戌로 丙火를 밝게 해주어 대학에 가고 싶은 大運이 된다. 35세 甲申年, 한국방송통신대학교에 진학하였다. 甲木은 일간 己土와 甲己合을 하여 乙木이 된다. 乙木은 년에 국가 자리 庚金과 乙庚合을 하여 辛金이 된다. 辛金은 시에 丙火와 丙辛合水로 물을 만들 수가 있다. 辛金의 뿌리 酉金은 지지에 申酉戌이 되어 金生水로 물을 만들어 나무를 성장하게 하여 한국방송통신대학교에 합격하게 되었다.

(癸酉大運 : 41~50세)

癸酉大運은 癸水가 월에 戊土와 戊癸合을 하여 두 개의 己土가 甲木을 끌어와 庚金에 칼자루 역할을 하게 된다. 45세 甲午年, 일간 己土와 甲己合을 하면 乙木이 되어 년에 庚金과 乙庚合을 하고 시에 있는 丙火를 끌어와 丙辛合水로 財를 만든다. 이때 국회의원 비서관으로 일하게 되었다.

(壬申大運 : 51~60세)

壬申大運은 원국에 물이 없었는데 壬水의 커다란 물이 온다. 지지에 寅申巳亥의 개연성으로 새로운 개혁을 꿈꾸는 大運이다. 물이 오게 되니 己土는 甲木을 끌어와 국가 자리 庚金의 칼자루가 되어 정치에 참여하고 싶다. 53세 壬寅年, 지방자치 선거가 있다. 4월 甲辰月 선거에 출마를 결심하게 된다. 나무가 성장하는 물이 오고 甲辰의 甲木이 월지에 심어지고 辰戌丑未가 된다. 지지에 寅木이 3개가 되니 출마의 경선자도 3명 이상이 경합하게 될 것이다. 세 개의 寅木이 뿌리를 튼튼하게 구축하여 당선 가능성이 충분하게 된다. 57세 丙午年, 지방자치 선거가 있다. 두 개의 丙火가 있어 일간 己土

는 甲木을 불러와 가리고 싶다. 두 사람이 경합하게 될 것이다. 같은 당에서 경쟁자가 만만하지 않을 것으로 판단한다. 丙午年 3월 辛卯月. 辛金은 丙火를 제거하고 亥卯未로 甲木의 뿌리를 만들 수가 있어 경쟁자를 이기고 두 사람이 함께 공천받게 될 것이다. 4월 壬辰月이다. 없는 물이 오면 戊土는 제방 역할로 호수가 되면 나의 영역 시에 있는 丙火가 물에 뜨게 되어도 탁수의 가능성이 있다. 일간 己土에서 甲木을 끌어오면 시지 寅木이 뿌리가 된다. 甲己合 乙木으로 만들어야 당선이 확실하다고 판단할 수가 있다. 정치는 항상 상대가 있어 단정하기는 어렵지만 상대방의 사주를 알면 정확하게 판단할 수가 있다. 경쟁자의 사주와 대조하면 누가 더 강한 氣運으로 보고 유리하는가를 판단하면 알 수가 있다.

(辛未大運 : 61~70세)

辛未大運은 시에 丙火와 丙辛合水를 하게 되어 丙火가 어둡게 된다. 정치보다 丙辛合水 辛金으로 새로운 일을 시작하여 재물을 취할 수가 있다. 辛金의 뿌리 酉金이 申酉戌 金局이 되어 金의 행위를 하면 돈을 많이 벌 수가 있다. 金은 요양원을 운영하면 칼자루 甲木을 끌어와 사회복지 사업으로 활동하면 노후가 편안할 것으로 판단한다.

◎ 3. 연예인 기자

坤 命	1984년 10월 19일(陰) 16:54			직업 : 기자				
壬	己	乙	甲	오행	木	火	土	金	水
申	酉	亥	子		2	0	1	2	3

92	82	72	62	52	42	32	22	12	2
乙	丙	丁	戊	己	庚	辛	壬	癸	甲
丑	寅	卯	辰	巳	午	未	申	酉	戌

〈원국해설〉

己酉日柱다. 己土는 구획이 정리된 작은 땅이다. 년에 있는 甲木과 甲己合을 하고 있다. 언젠가는 甲木이 성장을 하면 己土는 무너지게 될 것이다. 부부관계가 힘들어지는 때가 올 것이다. 결혼은 반드시 풀어질 때 하여야 한다. 甲己合이 풀어져서 乙木이 심어질 때 결혼하면 안전하게 살아갈 수가 있다. 乙木은 그때 甲木에 등라계갑을 하면 된다. 사주는 청아하지만 申子辰, 亥子丑, 寅申巳亥, 巳酉丑, 子午卯酉 개연성을 가지고 있다. 사주 원국에 火가 없다. 천간에 火를 만들어 주는 五行은 시의 壬水에서 丁火를 끌어오게 된다. 丁壬合 乙木이 甲己合을 풀어지게 한다. 乙木은 己土에 심어진다. 乙木은 대기업 자리 甲木에 등라계갑을 할 수가 있다. 이분은 없는 五行을 찾아서 일하게 될 것이다. 火는 방송, 예술, 종교, 교육, 언론의 일을 하게 된다. 이 명조는 사주가 어두워 밝아지려는 마음으로 火의 직업을 택하게 된다.

사주 원국에 甲己合은 乙木이 되어 두 개의 乙木이 庚金을 끌어오게 된다. 庚金이 움직이게 되면 지지에 申金이 움직여 寅申巳亥로 활동적인 일을 하게 된다. 寅申巳亥는 五行 중에서 일지의 酉金이 巳火를 끌어오고 寅申巳亥가 되어 없는 火를 사용하게 된다. 巳火가 움직이면 시에 있는 壬水에서

丁火를 끌어와 丁火에 대한 일을 하게 된다. 결국, 壬水의 재물에서 丁火을 끌어오고 지지에 巳火가 巳酉丑으로 酉金이 된다. 말로서 표현하는 일을 하며 巳火는 지지에 寅申巳亥가 되어 활동적인 일을 하게 된다.

직업을 보기 위해서 財에 觀法을 적용하면 己土의 財는 壬水가 되며 壬水의 財인 火가 없다. 壬水에서 丁火를 끌어와 甲木에 등불이 되어 丁火의 일 하게 된다. 壬水에서 끌어온 丁火는 가로등이 되어 년에 있는 甲木의 나무에 높게 매달려 세상을 밝게 해주는 역할을 하게 된다. 바로 이것이 기자의 직업이 된다. 참고로 정치부기자, 사회부기자, 문화, 예술, 분야의 기자를 구분할 줄 알아야 한다. 이분은 상담 결과, 현재 문화부 연예인 기자 생활을 하고 있었다.

(癸酉大運 : 12~21세)

癸亥大運은 물이 많아지는 大運이다. 己土가 무너질 수가 있다. 많은 물을 감당하기 위하여 넓은 땅을 가지고 싶은 욕망이 강하며 甲木을 심고 싶은 마음이 든다. 부족한 것을 채우기 위해서는 무한한 노력이 필요하다. 19세 壬午年, 壬水의 큰물이 오며 땅이 무너지는 형국으로 己土에 나무를 심을 수가 없어 대학을 가지 못했다. 그 이듬해인 20세 癸未年, 지지에 亥卯未로 대학을 1년 늦게 진학하게 되었다.

(壬申大運 : 22~31세)

壬申大運은 물이 많아지게 되면 새로운 땅을 찾아 고향을 떠나서 새로운 땅으로 가게 된다. 넓은 땅 중국(戊辰)으로 가면 좋은데 갈 수가 없다. 26세 己丑年, 甲己合이 풀어져 월간 乙木이 己土에 심어져 남자를 만나게 된다. 27세 庚寅年, 庚金이 乙庚合으로 辛金이 되어 펜촉으로 글을 쓰는 일을 한다. 지지에 寅申巳亥가 되어 활동하는 기자로 취업하게 되었다. 31세 甲午年, 甲己合이 풀어지게 되고 지지에 寅午戌인 戌土가 申酉戌로 부부궁이 움직여 결혼하였지만 子午卯酉가 될 수가 있어 여건이 갖추어지지 않을 때 결혼을 한 것으로 본다.

(辛未大運 : 32~41세)

辛未大運은 辛金이 丙火를 끌어오고 지지에 未土는 亥卯未가 된다. 官의 뿌리가 튼튼하게 되어 사내에서 본인의 입지를 굳히게 된다. 38세 辛丑年 辛金이 丙火를 끌어오게 된다. 지지에 丑土가 巳火를 끌어와 寅申巳亥가 되어 새로운 변화가 온다. 지금까지 해온 기자 생활을 접고 새로운 일을 하고 싶은 마음이 든다. 이분은 상담 결과, 외국계 회사에서 스카우트 제의가 들어와 방문한 손님이다. 이분은 항상 어두운 세계에서 살아왔기 때문에 외국을 많이 선호했을 것이다. 39세 壬寅年, 많은 물이 오게 되고 물을 따라 해외로 가기를 원할 것이다. 지지에 寅申巳亥가 되어 이직하게 될 것으로 판단한다.

(庚午大運 : 42~51세)

庚午大運은 월에 乙木과 乙庚合을 하게 된다. 庚金이 辛金으로 변하여 지지에 辛金의 뿌리 酉金이 되어 金이 강해지게 된다. 부부궁인 지지에 酉金이 子午卯酉가 되어 부부 문제로 어려움을 겪게 될 것이다. 년에 있는 甲木이 뿌리가 없어 乙木의 성향으로 두 개의 乙木이 된다. 子午卯酉가 될 때 결혼하면 항상 문제가 된다는 사실은 사례를 통해 검증된 사실이다.

(己巳大運 : 52~61세)

己巳大運은 甲己合이 풀어지는 大運이다. 乙木이 己土에 심어진다. 지금까지 甲己合으로 부부 인연을 맺고 살았지만 甲己合이 풀어지게 되면 두 개의 己土가 甲木을 끌어오기 때문에 부부 문제가 발생하게 된다. 지지에 寅申巳亥가 되어 이별 수가 생길 수가 있다. 이때 주말 부부나 떨어져 사는 것이 좋다. 이분의 여자는 해외에서 남편은 국내에서 서로 떨어져 살 확률이 높다. 그렇게 되면 부부관계가 유지될 것이나, 그렇지 못하게 되면 부부관계가 유지되기는 어렵다고 본다.

(戊辰大運 : 62~71세)

戊辰大運은 壬水를 막아줄 땅이 오게 된다. 戊土는 甲木이 심어져야 한다. 甲木은 남자로도 판단할 수가 있고 부동산으로도 판단할 수가 있다. 戊土에 년의 甲木이 과연 심어질 수가 있을까? 甲木은 새로운 戊土가 오면 새로운 땅을 찾게 될 것이다. 시에 있는 壬水의 제방이 되어 땅에 심어질 수가 있다. 지지에 辰土는 亥子丑, 巳酉丑으로 탁수가 될 것이다.

지지에 申子辰이 되어 재물인 물이 오게 되고 戊土의 땅에 나무를 심어서 안정된 삶을 살아야 한다. 이때 남자인 官을 사용하게 되면 부동산을 사용할 수가 없다. 해결 방법은 부동산으로 나무를 심는 것이 좋다. 戊土에 년의 甲木이 심어지게 된다는 것은 나를 떠나 다른 여자의 땅 戊土에 甲木이 심어지게 된다는 것이다.

(丁卯大運 : 72~81세)

丁卯大運은 시에 있는 壬水와 丁壬合 乙木이 되고 지지에 亥卯未가 되어 작은 나무들이 甲木에 등라계갑을 하게 된다. 건축물 임대소득으로 살아가는 것이 좋다. 이 大運에도 木을 官인 남자로 사용하게 되면 매우 혼란스러운 삶을 살아가게 된다. 부동산으로만 관리하게 되면 노후가 편안해질 것이다.

◎ 4. 장애 자녀가 있는 명조

坤命	1960년 09월 08일(陽) 02:10 직업 : 미용사					오행	木	火	土	金	水
	乙	己	乙	庚			2	0	2	2	2
	丑	亥	酉	子							
91	81	71	61	51	41	31	21	11	1		
乙	丙	丁	戊	己	庚	辛	壬	癸	甲		
亥	子	丑	寅	卯	辰	巳	午	未	申		

〈원국해설〉

己土日柱가 두 개의 乙木(官)이 己土에 뿌리를 내리려고 한다. 국가 자리에 庚金과 乙庚合을 할 수가 있고 지지에 酉金이 있어 손기술을 사용하여 살아가게 된다. 원국에 火가 없어 아름다움을 추구하는 국가 자격증을 갖게 된다. 월지에 酉金이 시지에 있는 丑土와 巳酉丑으로 끝까지 合을 하여 酉金의 손기술의 일을 오랫동안 하게 될 것이다. 부모가 하던 일이 자식 자리까지 合이 이루어져 자식도 같은 업종을 할 수가 있다. 상담 결과, 아들도 미용업을 하고 있었다. 부동산으로 판단해 보면 乙木이 두 개가 있어 두 채의 작은 집을 가질 수가 있다. 문제점으로는 지지에 丑土가 딸이 된다. 亥子丑, 巳酉丑이 탁수가 될 개연성이 있다. 己土의 뿌리 丑土는 엄마의 딸이 되고 丑土가 탁수 되면 딸자식이 장애인이 될 수가 있다. 상담 결과, 첫째 딸이 장애인이다.

이 명조의 또 하나의 문제점은 己土가 甲木을 끌어와 甲己合을 하면 甲木이 乙木이 된다. 세 개의 乙木이 년간 庚金과 乙庚合을 하여 乙木들이 사라진다. 己土의 官은 乙木이다. 일간 己土가 乙木으로 변하여 사라지면 남편이 사라지거나 부부가 이별하게 되는 명조다. 40대 庚辰大運, 45세 甲申年, 남편 문제가 발생하지 않았느냐고 물었더니, 그해 사망하였다고 눈물을 흘리는 것을 볼 때 마음이 아프다. 딸의 문제를 설명하였는데 역시 장애인의 딸이 있었다. 남촌물상론으로 쉽게 알 수 있는 것은 정말 좋은 학문이라는 것을 실감하게 된다. 이 명조를 가지고 두 사건을 검증하였더니 사주가 이렇게 정확한 줄 몰랐다고 말한다. 사람의 운명이 사주팔자에 따라 정확하게 나타나는 것을 보니 정말 사주팔자는 속일 수가 없다는 것을 알았다고 말한다.

(甲申大運 : 1~10세)

甲申大運은 5세 甲辰年, 甲木은 일간 己土와 甲己合을 하여 乙木이 되고 지지에 申子辰, 亥子丑 탁수되어 부친이 사망하였다. 甲己合 乙木이 3개가 되어 년간 庚金과 乙庚合을 하게 되어 乙木이 사라져 아버지가 사망하였다. 7세 丙午年, 子午卯酉가 되어 어머님도 집을 떠나게 되었다.

(癸未大運 : 11~20세)

癸未大運은 癸水의 재물이 온다. 癸水가 끌어오는 넓은 땅에 대한 욕심이 많아지게 된다. 넓은 땅에는 나무를 심고 싶은 마음이 들어 배우고자 하는 욕심이 강해진다. 지지에 亥卯未가 되어 木의 뿌리가 나의 官이기 때문에 가장의 역할을 해야 한다고 판단한다. 19세 戊午年, 戊土에 甲木을 심고 싶은 마음으로 대학을 가고 싶어 하지만 지지에 午火가 子午卯酉가 되어 경제적인 사정으로 대학을 포기하고 가장으로 책임을 지게 된다. 20세 己未年, 두 개의 己土가 강력하게 甲木을 불러오게 된다. 두 개의 乙木들은 등라계갑으로 모여들게 된다. 구미시에 있는 木의 회사인 의류업계 봉제 회사에 다니게 되었다.

(壬午大運 : 21~30세)

壬午大運은 재물인 壬水가 와서 돈을 벌어야겠다는 마음이 든다. 壬水는 丁火를 끌어와 丁壬合 乙木으로 3개의 乙木이 己土에 심어지게 된다. 동생들을 불러와 함께 생활하게 된다. 乙木은 년에 庚金과 乙庚合 辛金이 된다. 辛金의 뿌리가 지지에 酉金이 있어 손기술로 능력을 발휘하게 된다. 마음은 乙庚合 辛金에 丙火를 끌어오기 때문에 자격증을 가지고 싶다. 23세 壬戌年, 물이 많아져 甲木을 심고 싶은 마음이 든다. 지지에 戌土가 년에 庚金의 뿌리 申金이 申酉戌이 되어 같은 회사의 남자 선배와 경제적 문제로 동거를 시작하게 되었다. 甲木의 남자는 己土의 땅을 버리고 戌土를 찾아가게 되어 헤어지게 되었다.

(辛巳大運 : 31~40세)

辛巳大運은 辛金이 丙火를 끌어오게 되고 월에 乙木은 칼자루가 된다. 지지에 辛金의 뿌리 酉金이 되어 巳酉丑으로 金의 행위를 하게 된다. 31세 庚午年, 두 개의 庚金과 두 개의 乙木이 乙庚合을 하게 된다. 辛辛으로 丙火를 끌어와 辛金의 뿌리 酉金에 손기술을 가진 미용사 시험에 합격하게 된다. 이분은 31세 庚午年, 결혼하였다고 한다. 두 개의 乙木과 두 개의 庚金이 각각 合을 하게 된다. 두 개의 乙木은 두 개의 땅이 필요하다. 일간 己土에 두 개의 乙木을 심을 수가 없다. 지지에 子午卯酉가 될 때 결혼하게 되면 반드시 문제가 된다. 33세 壬申年, 임신하게 되었다. 지지에 申子辰, 亥子丑 탁수되어 장애인 딸을 갖게 되었다.

(庚辰大運 : 41~50세)

庚辰大運은 官이 庚金과 乙庚合으로 묶이게 되는 大運이다. 지지에 申子辰, 亥子丑으로 탁수되어 가장 불행한 大運이다. 45세 甲申年, 甲木이 甲己合으로 乙木이 되고 천간에 3개의 乙木이 년에 庚金과 3:1로 乙庚合을 하여 官이 사라진다. 지지에 申子辰, 亥子丑 탁수되어 남편이 교통사고로 사망하였다. 결혼 시기가 중요함을 새삼 느낀다.

(己卯大運 : 51~60세)

　己卯大運은 大運에서 己土가 사주 원국에 己土와 두 개의 己土가 되어 각각 乙木에 심어지게 된다. 두 채의 부동산으로 大運에서 예측하고 있다. 56세 乙未年, 작은 부동산을 취득하여 재건축으로 새로운 아파트가 생기게 된다. 60세 己亥年, 조합주택의 재건축으로 아파트가 건설되고 63세 壬寅年, 3월 癸卯月 입주할 예정이라 한다.

(戊寅大運 : 61~70세)

　戊寅大運은 戊土에 새로운 땅이 오고 새로운 세상을 꿈꾸게 된다. 65세 甲辰年, 申子辰, 亥子丑 탁수되어 건강이 좋지 않아 하던 일을 접게 될 것이다. 65세 甲辰年, 일간 己土와 甲己合을 하게 되면 乙木이 되어 乙庚合으로 칼자루가 사라지게 된다. 지금까지 해온 미용업을 자식에게 넘겨주고 싶다. 상담 결과, 본인 역시 65세 되면 하던 미용사를 하지 않겠다고 한다. 66세 乙巳年, 3개의 乙木이 년에 庚金과 乙庚合으로 官이 사라지게 되어 자식에게 미용업을 승계하게 될 것이다. 만일 계속 일하면 67세 丙午年, 子午卯酉가 되어 건강에 이상으로 문제가 될 것이다.

(丁丑大運 : 71~80세)

　丁丑大運은 丁火가 乙木의 자식 자리에 꽃을 피우게 된다. 아들이 엄마가 하던 일을 하게 되는데 엄마가 도움을 주게 될 것이다. 지지에 丑土는 자식 자리 딸을 말한다. 딸과 함께 살 것이다. 巳酉丑, 申子辰으로 탁수되어 손목과 무릎이 좋지 못하게 되어 사전에 검진받아 건강을 지키는 것이 좋다.

◎ 5. 남편에게 돈을 많이 주면 이혼하게 되는 명조

坤 命	1990년 10월 24일 (陰) 20 : 40 직업 : 미용업					오행	木	火	土	金	水
甲	己	戊	庚								
戌	酉	子	午				1	1	3	2	1
91	81	71	61	51	41	31	21	11	1		
戊	己	庚	辛	壬	癸	甲	乙	丙	丁		
寅	卯	辰	巳	午	未	申	酉	戌	亥		

〈원국해설〉

己酉日柱다. 己土는 가정적인 장점도 있지만 반면에 소극적이며 내정 간섭이 심하다. 이 명조는 일간 己土와 시에 甲木이 甲己合으로 묶여있다. 甲己合으로 乙木이 되면 년에 庚金과 乙庚合이 된다. 庚金은 辛金으로 변하게 되면 辛金의 뿌리가 지지에 酉金 있어 작은 손기술로 활용하여 일을 할 수가 있다. 乙庚合의 辛金으로 변하면 년지 午火가 있어 丙火를 끌어와 아름다움을 추구하는 자격증을 가질 수가 있는 명조가 된다. 지지에 午火와 시에 戌土가 있어 寅午戌의 개연성과 子午卯酉가 되어 변화를 추구하는 명조가 된다. 己土의 財는 물(水)인데 지지에 戌土와 酉金이 있고 천간에 庚金이 있어 庚金의 뿌리는 지지에 申金에서 만들 수가 있다. 申金은 申酉戌로 金局을 이루게 되면 金生水로 많은 재물(水)을 생산하게 되어 돈은 많이 벌 수가 있다.

그러나 문제가 있다. 申酉戌로 많은 물을 생산하여 돈이 되면 己土는 남편 甲木에 물(돈)을 자주 주어 甲木의 나무는 성장한다. 甲木의 나무가 성장하면 己土의 땅은 무너지게 되어 부부 생활을 끝까지 유지하기가 어렵다. 이 명조는 연하의 남편과 인연이 있다. 일간 己土는 시에 연하의 남편 甲木과 甲己合으로 묶여있어 甲己合있다. 甲己合이 풀어지거나 水運이 올 때 물의 공급이 많아지면 己土의 땅이 무너지게 된다. 己土의 땅이 무너지면 연하 甲木의 남자는 월간 戊土의 땅으로 옮겨가게 될 것이다. 연하의 남자와 인연을 맺게 되면 시간이 지나면 부부 문제가 발생하게 되어 이혼할 수가 있다. 31세 甲申大運에 甲己합이 풀어지고 지지 申金이 申酉戌이 부부궁에 합을 이루어 결혼하면 좋다. 그 이전에 결혼하였다면 31세 大運에 이혼하게 된다. 甲木으로 풀어지면 문제가 된다. 乙木으로 풀어져 결혼하면 이혼하지 않는다.

(丙戌大運 : 11~20세)

丙戌大運은 丙火는 甲木에 꽃을 피우고 싶지만 甲己합으로 乙木이 되어 년간 庚金과 乙庚합을 하게 되면 辛金이 된다. 辛金은 丙火와 丙辛합을 하게 되어 자격증으로 일찍 돈을 벌고 싶은 마음이 강하게 든다. 17세 丙戌大運에서 예측한 대로 기술을 배우기 위해 실업계 고등학교로 진학하게 된다. 19세 戊子年, 새로운 戊土가 하나 더 오게 되니 甲木을 더 심고 싶다. 甲己합으로 甲木이 묶여있어 이동하기 어렵다. 지지에 木의 뿌리가 없고 子午卯酉가 되어 대학을 포기하게 된다.

(乙酉大運 : 21~30세)

乙酉大運은 乙木이 甲己합을 풀어 줄 수가 있어 결혼을 예측하기도 한다. 乙木이 乙庚합으로 辛金이 되면 丙火를 끌어와 丙辛합으로 자격증을 가질 수가 있는 大運이 된다. 지지로 辛金의 뿌리 酉金이 있어 기술적인 자격증으로 돈을 벌 수가 있다. 24세 癸巳年, 戊癸합이 己土가 되어 甲己합이 풀어진다. 지지는 酉金이 申酉戌이 되어 부부궁이 합을 이루어 결혼하게 되었다. 戊癸합 己土가 甲己합을 풀어지게 하여 내가 선택한 남자와 결혼하게 된다. 24세 癸巳年, 癸水가 월간 戊土와 戊癸합이 되고 지지에 巳酉丑으로 부부궁에 합이 되어 일찍 결혼하면 이혼하게 된다.

(甲申大運 : 31~40세)

　甲申大運은 甲己合이 풀어지게 되면 甲木은 월간 戊土에 심어지고 싶어 할 것이다. 甲木은 뿌리가 없는 甲木으로 생각하지만 시지에 戌土와 년지에 午火가 있다. 甲木의 뿌리 寅木이 寅午戌이 되면 甲木의 뿌리가 되어 바람기가 많은 남자가 된다. 35세 甲辰年, 甲己合이 풀어지면 甲木은 월간 戊土에 심어진다. 지지로 辰土가 辰戌沖을 하게 되면 이혼하게 된다. 상담 결과, 남편이 사업하면 좋을까? 질문이다. 甲己合이 풀어지면 甲木은 戊土에 심어지게 되어 이혼하게 된다는 사실을 알아야 한다. 甲木이 戊土에 심어지면 지지로 申子辰이 되어 돈이 많은 연상의 여자를 만나 이혼하게 될 것이다.

(癸未大運 : 41~50세)

　癸未大運은 財運이 온다. 癸水와 월간 戊土의 戊癸合으로 己土가 되니 월간 戊土로 인하여 甲己合이 풀어지게 된다. 지지로 未土는 巳午未가 되지만 亥卯未와 子午卯酉가 되어 가정에 문제가 발생하게 되는 大運으로 볼 수가 있다. 남자를 만나지 말아야 한다. 43세 壬子年, 甲己合으로 된 甲木에 水生木으로 많은 물을 주게 되는 해가 된다. 己土에 심어진 甲木에 물을 주게 되니 己土의 땅이 파괴되어 부부 생활에 문제가 발생하게 될 것이다. 甲木과 己土의 관계는 여자가 남편에게 돈을 많이 주면 반드시 가정을 버리고 다른 땅으로 이주하게 된다는 것을 반드시 명심해야 할 것이다. 이 명조는 돈을 많이 벌게 되면 반드시 부동산으로 건축물을 戊土에 심어 놓아야 가정을 지킬 수가 있다. 그렇게 되면 시에 甲木이 이주할 땅이 없어 도망을 갈 수가 없다. 甲己合의 乙木은 월간 戊土에 심어진 甲木에 등라계갑으로 살아가게 된다. 부부 갈등과 가정 문제를 남촌물상론으로 해결할 수 있는 비법이다.

(壬午大運 : 51~60세)

　壬午大運은 壬水의 재물이 甲己合에 물을 공급하면 己土의 땅은 파괴될 수가 있다. 지지로 午火는 寅午戌로 甲木에 꽃을 피우려고 한다. 그러나 甲己合 乙木이 되어 乙木에 꽃을 피우게 된다. 乙木은 년에 庚金과 乙庚合을 하여 辛金이 되고 지지의 午火는 寅午戌로 천간 丙火를 끌어온다. 乙庚合의 辛金과 丙辛合水 재물을 취하게 되며 자격증의 기술로 돈을 벌 수가 있다.

(辛巳大運 : 61~70세)

辛巳大運은 두 개의 辛金이 된다. 辛金이 지지에 巳火를 달고 오기 때문에 丙辛合을 풀어지게 하는 것이 아니라, 辛辛으로 두 개의 辛金이 된다. 두 개의 辛金의 뿌리로 각각 巳火와 午火의 뿌리가 되어 두 개의 사업장을 하게 된다. 巳午未와 巳酉丑으로 볼 수가 있다. 합을 우선으로 巳火는 巳酉丑으로 두 개의 사업체를 운영할 수가 있다.

(庚辰大運 : 71~80세)

庚辰大運은 乙庚合이 된 庚金이 풀어지게 되니 하던 일을 마감하게 된다. 년에 庚金으로 乙庚合이 풀어지면 지지로 申酉戌이 되어 戌土가 申酉戌로 金局으로 바뀌게 된다. 철벽같은 재물의 벽을 허물게 되어 자식에게 재물을 물려줄 수가 있게 된다.

※ 이 명조의 특징은 己土 일간 여자가 남편에게 돈(水)을 많이 주게 되면 가정이 파괴될 수가 있다는 것, 이번 명조를 통해 확실하게 답을 얻을 수가 있다. 가정을 지키고 살기 위해서는 남편에게 돈(水)을 많이 주면 안 된다. 월간 己土에 甲木이 심어져 있어 물(돈)을 많이 주면 나무가 성장하여 己土의 땅이 파괴된다. 남편 甲木(官)은 다른 넓은 戊土의 땅을 찾게 되어 가정이 깨어진다.

6. 3번 나무를 심을 수가 있어 3번 결혼하게 된 명조

乾命	1979년 04월 22일(陽) 08:42 직업 : 3번 결혼				오행	木	火	土	金	水
戊	己	戊	己			0	0	8	0	0
辰	未	辰	未							
96	86	76	66	56	46	36	26	16	6	
戊	己	庚	辛	壬	癸	甲	乙	丙	丁	
午	未	申	酉	戌	亥	子	丑	寅	卯	

〈원국해설〉

己未日柱다. 사주 전체가 土로만 구성이 되어 있는 사주다. 보통 고전에서는 승도지명(僧道之命)이란 용어를 사용하여 스님 사주라고 말한다. 그러나 남촌물상론의 해석은 다르다. 無官無財 사주다. 己未 일주가 년에 己未가 있어 국적이 두 개 전공을 두 개 할 수가 있고 결혼도 두 번 할 수가 있다고 남촌물상론에서는 말한다.

이 명조는 전반과 후반으로 85세 수명을 반으로 나누어 45세로 판단을 하자. 45세 이전까지는 大運이 火運과 木運을 간다. 45세 이후에는 水運과 金運에 財運으로 흐르고 있다. 20대 이전에는 火運으로 땅을 말리는 현상으로 생활을 어렵게 살아간다. 20대 이후부터는 木運으로 나무를 심는 교육에 관한 일을 하지만 원국에 물이 없어 능력을 발휘하기가 어렵다. 己土는 官(木)을 끌어올 수가 있다. 재물은 戊土에서 癸水(水)를 불러와 재물을 만들 수가 있다. 사주 원국에 없는 官(木)과 財(水)를 만들려면 무한한 노력이 필요하다. 국내에서는 아무리 노력해도 능력 발휘가 안 된다. 남촌물상론에서는 팔자는 바꿀 수 있어야 하고 바꾸어져야 한다고 필자는 주장한다. 사람은 타고난 팔자가 중요하지만 인생에 어떤 배우자를 만나느냐에 따라 팔자가 바뀔 수가 있고 국내에서 안 될 경우는 환경을 바꾸어 살 필요가 있다. 해외와 인연을 맺어 살아가면 팔자가 바뀔 수 있다는 것은 실관을 통해 밝혀진 사실이다.

　이 명조는 일간이 己土이기 때문에 대륙을 끼지 않은 나라 주로 섬지방 영국, 호주, 일본, 한국에서는 제주도에 환경을 바꾸어 살면 된다. 인생이 바뀐 경우를 많은 상담을 통해서 알 수가 있었다. 이 명조는 원국에 물이 없어 해외를 가면 물을 건너가 물이 생겨 재물을 취할 수가 있다. 새로운 땅에서 공부하면 木을 심는 것과 같아 官(木)을 취할 수가 있다. 원국에 火(태양)가 없지만 외국에 가면 지구 반대편에 태양이 뜨는 것으로 판단한다. 태양이 햇빛을 비추게 되면 나무가 꽃을 피울 수가 있다고 판단한다. 나무가 성장하게 되면 木火通明으로 공부도 잘할 수가 있게 된다. 이렇게 외국으로 가서 살게 되면 새로운 환경을 접하게 된다. 새로운 문화를 배우게 되면 팔자를 바꿀 수 있게 된다고 판단할 수가 있다. 역학계 최초로 팔자는 바꾸어져야 하고 바꿀 수 있다고 주장한 사람이 필자이다.

　이 명조의 大運이 45세부터 癸亥大運으로 실제로 癸水(財)가 오고 癸水가 戊癸合으로 己土가 되면 3개의 己土의 땅이 된다는 것을 알 수가 있다. 지지에 亥水는 亥卯未가 된다. 大運에서 예측한 대로 45세 癸卯年, 戊癸合 己土가 되어 3개의 작은 땅이 된 것이다. 지지에 卯木은 亥卯未가 되어 부부궁에 木局이 된다. 상담 결과, 己土가 甲木을 불러와 새로운 가정을 꾸미기 위해 亥卯未로 건축물을 짓고 있었다.

〈丙寅大運 : 15~24세〉

　丙寅大運은 丙火의 태양이 꽃을 피우는 역할을 하여야 하지만 木이 없다. 지지에 寅木은 천간 두 개의 己土가 甲木을 끌어와 나무를 심고 싶어 하지만 물이 없어 성장하기가 어렵다. 18세 丙子年, 지지에 子水의 물이 오지만 丙火의 햇빛으로 물을 마르게 하여 경제적으로 어려움을 겪게 된다. 19세 丁丑年, 丁火가 壬水를 끌어와 丁壬合 乙木이 되어 공부하고 싶은 욕망이 강하다. 지지에 丑土가 巳酉丑으로 酉金을 끌어와 金生水로 물(財)을 만들게 된다. 돈을 벌어야겠다는 마음으로 대학을 포기하게 되고 기술을 배우기로 한다. 23세 辛巳年, 丙火가 丙辛合水로 물(財)을 만들 수가 있고 지지에 부부궁이 巳午未가 되어 일찍 결혼하게 되었다. 無官의 특징으로 질서 순서를 잘 지키지 않는다. 금사빠 사주가 된다.

(乙丑大運 : 25~34세)

乙丑大運은 乙木이 己土에 심어지면 새로운 땅에 심게 되어 다른 여자를 만나게 된다. 33세 辛卯年, 辛金이 丙火를 끌어와 丙辛合水 (財)로 여자를 만나게 된다. 지지에 亥卯未로 한번 거쳐서 오는 여자가 된다. 지지에 년지 未土에서 亥卯未를 한번 하고 일지 未土와 亥卯未가 되어 한번 이혼한 여자를 만나게 되었다. 23세 辛巳年, 지지에 巳午未로 부부궁에 합으로 물이 마르고 자식이 생기지 않아 이혼하게 되었다. 33세 辛卯年. 지지에 亥水가 亥卯未로 물이 되어 온 새로운 여자와 다시 재혼하게 되었다.

(甲子大運 : 35~44세)

甲子大運은 甲木은 일간 己土와 甲己合으로 乙木이 되어 나무를 심게 된다. 새로운 여자와 인연을 맺게 됨을 예측하고 있다. 37세 乙未年, 새로운 여자를 만나 지금까지 사귀고 있었다. 일간에 乙木이 심어지고 부부궁에 지지로 3개의 未土가 亥卯未가 되어 연상의 여자를 만나게 된다. 己土의 작은 땅에 乙木의 나무가 심어져 부부궁에 亥卯未로 합을 이루어 마음에 드는 여자가 된다.

(癸亥大運 : 45~54세)

癸亥大運은 월에 戊土와 癸水가 戊癸合으로 己土가 된다. 3개의 己土가 되어 甲木을 끌어와 시의 戊土의 땅에 甲木의 나무를 심을 수가 있어 건축물을 짓게 될 것이다. 첫째 애견 교육장, 두 번째 애견숍, 세 번째는 커피숍을 하고 싶어 한다. 상담 결과, 3가지 사업을 하겠다고 찾아온 손님이다. 이분의 명조는 癸亥大運이 일생에 가장 좋은 大運으로 전성기가 시작되는 運으로 본다. 필자가 제주로 가면 어떠냐고 했더니 그렇지 않아도 제주로 계획하고 있다고 한다. 45세 癸卯年, 지금 사귀고 있는 여자와 결혼하면 좋겠다고 상담하게 되었다.

(壬戌大運 : 55~64세)

壬戌大運은 큰물 (財)이 오게 되는데 土氣運이 강하기 때문에 나무를 심는 부동산으로 투자해야 한다. 지지에 戌土가 辰戌丑未로 땅이 움직이기 때문에 부동산에 투자해야 한다. 辰土에 辰酉合金으로 상가 임대 사업으로 2개 이상의 상가를 소유할 수가 있다. 건축물도 己土와 未土가 2개 있어 2개 이상의 건축물을 취하게 될 것이다. 부동산에 투자하지 못하면 노후가 어렵게 된다.

(辛酉大運 : 65~74세)

辛酉大運은 辛金은 丙火를 끌어와 丙辛合水로 재물을 만들 수가 있으며 酉金은 辰酉合金의 임대소득으로 재물을 취하게 된다. 悠悠自適하게 평온하게 살아가는 것이 좋다. 또한 酉金이 시에 있는 辰土와 辰酉合을 하기 때문에 자식에게 상가를 상속하게 될 것이다.

7. 세무공무원

坤 命	1992년 09월 05일(陰) 17:40　직업 : 세무공무원				오행	木	火	土	金	水
癸	己	己	壬			0	0	2	4	2
酉	酉	酉	申							
98	88	78	68	58	48	38	28	18	8	
己	庚	辛	壬	癸	甲	乙	丙	丁	戊	
亥	子	丑	寅	卯	辰	巳	午	未	申	

〈원국해설〉

己酉日柱다. 五行 중에서 木과 火가 없는 無官四柱다. 官(木)이 없고 나무를 꽃 피울 火가 없어 밝음이 없는 사람이다. 천간에 두 개의 己土는 같은 己土가 되어 일간 己土는 본인이고 월간 己土는 엄마이다. 지지에 金으로 연결되어 있다. 酉金이 3개 申金이 하나 金局으로 되어 있다.

이 명조에서 지지 전체가 재물을 만드는 金이 있어 이분이 잘할 수 있는 일은 金의 일을 해야 한다. 官(木)이 없어 아버지의 역할이 부족하고 엄마가 두 번 결혼을 한 명조로 본다. 만일 엄마가 이혼하지 않았을 경우 내가 두 번 결혼할 수가 있다. 또한 官인 木이 없어 항상 공부하고 배우고 싶은 욕망이 강하다.

이분의 사주는 火가 없어 어두운 사람이다. 지구 반대편 새로운 땅으로 가면 태양이 뜨게 되어 해외와 인연이 있다. 상담 결과, 미국에서 7년 거주하고 귀국하였다고 한다. 그러나 이분은 미국이 잘 맞지 않은 선택이었다. 己土의 나라인 유럽, 영국, 호주, 일본, 뉴질랜드 국가를 선택하였다면 외국 생활이 편안하였을 것이다. 미국을 택하게 되면 외국 생활이 힘들게 된다. 미국은 五行이 庚申으로 판단하여 끌어온 甲木을 칼자루로 사용하기가 힘들기 때문이다.

　국내에서는 두 개의 己土가 甲木을 불러와도 뿌리가 없다. 甲木은 乙木의 성향이 되어 庚金을 끌어와 乙庚合을 하게 된다. 金의 행위로 국가 자격증을 가지고 살아갈 것이다. 이분은 지지에 金으로 연결되고 천간 두 개의 己土가 甲木과 合을 한다. 甲木이 乙木으로 변하면 庚金을 끌어와 乙庚合으로 辛金이 된다. 辛金의 뿌리 酉金이 되어 국가 공무원 중 金에 관련된 세무직 공무원으로 일하고 있다. 이분은, 법, 금융에 관한 공무원도 할 수가 있지만 어두운 곳에서 생활하는 공무원으로 국정원 같은 곳에서 일을 할 수가 있는 명조다. 세무직 공무원 중에서도 조사과 같은 곳에서 일하게 되면 능력을 발휘하는 명조다.

(戊申大運 : 8~17세)

　戊申大運은 戊土는 시에 있는 癸水와 戊癸合을 하게 되면 3개의 己土가 되어 甲木을 끌어오고 싶다. 甲木의 官은 뿌리가 없는 甲木으로 뿌리를 내리지 못하여 재물이 탁수되어 어려움을 겪게 된다. 월에 己土(엄마)도 탁수되어 엄마의 혜택을 받지 못하게 된다. 8세 己卯年, 3개의 己土가 甲木을 불러와 엄마는 官을 찾아가게 된다. 지지에 子午卯酉가 되어 엄마가 집을 떠나고 어려운 생활을 하게 된다. 10세 辛巳年, 辛金은 새로운 태양 丙火를 끌어오게 된다. 지지에 巳火는 寅申巳亥가 되어 외국으로 떠나게 되었다. 본래는 辛金의 뿌리가 酉金이다. 지지에 년지가 申金이 되어 미국행을 하였다고 판단한다. 미국에 가면 어려움을 겪게 되어 힘든 생활이 된다. 17세 戊子年, 시에 癸水와 戊癸合을 하여 3개의 己土가 되어 새로운 甲木을 끌어와 甲木은 東洋木으로 한국에 가고 싶다.

(丁未大運 : 18~27세)

　丁未大運은 丁火가 국가 자리 壬水와 丁壬合, 乙木이 되어 己土에 심어지고 싶어 한다. 18세 己丑年, 3개의 己土가 甲木을 끌어온다. 지지에 丑土가

巳酉丑으로 寅申巳亥가 되어 다시 한국으로 귀국하게 되었다. 19세 庚寅年, 庚金이 오고 두 개의 己土에서 甲木을 끌어와 칼자루가 될 수가 있다. 지지에 寅木은 甲木의 뿌리가 되어 고려대학에 합격하였다. 27세 戊戌年, 시에 癸水와 戊土가 戊癸合으로 己土가 3개가 된다. 己土는 甲木을 불러오고 지지에 戌土가 申酉戌로 金局을 이루어 세무직 공무원에 합격하였다.

(丙午大運 : 28~37세)

丙午大運은 丙火가 국가 자리 壬水에 뜨고 싶은 마음이다. 丙火는 木을 꽃피우기 위한 존재로 보면 좋다. 그러나 두 개의 己土가 甲木을 끌어와야 꽃을 피우게 된다. 안심법으로 보면 공부해서 국가 자격증을 취득하는 大運으로 판단할 수가 있다. 丙火가 辛金을 끌어오게 되면 지지에 酉金의 뿌리가 움직이게 되어 결혼도 예측하게 된다. 31세 壬寅年, 물이 더 많아지게 되어 나무를 심고 싶은 마음이 든다. 나무를 심고 싶은 마음은 사주 원국에 金이 많아 金에 대한 회계사 자격증 공부를 할 수 있게 된다. 33세 甲辰年, 합격할 수가 있다. 壬水의 뿌리 亥水와 지지에 寅木이 寅申巳亥가 되면 해외 부동산에 투자해도 좋다. 적절한 결혼 시기는 34세 乙巳年이다. 己土에 乙木이 심어지고 지지에 巳酉丑으로 부부궁에 合이 이루어질 때 결혼하면 좋을 것이다.

(乙巳大運 : 38~47세)

乙巳大運은 乙木이 己土에 심어지고 乙木은 庚金을 불러와 辛金이 된다. 辛金의 뿌리 酉金은 지지에 3개의 酉金이 巳酉丑으로 하나가 되면 한 부서의 책임자로 승진할 기회가 온다. 38세 己酉年, 3개의 己土가 되어 강력하게 甲木을 불러온다. 지지에 寅申巳亥가 되어 승진으로 자리를 이동할 수가 있다. 46세 丁巳年, 壬水와 丁壬合 乙木으로 己土에 심어진다. 지지에 巳火가 3개의 酉金과 3:1로 巳酉丑合이 되어 부서의 책임자로 승진의 기회가 될 것이다.

(甲辰大運 : 48~57세)

甲辰大運은 甲木이 월에 甲己合으로 경쟁자를 제거하는 運이다. 승진의 기회도 되지만 지지에 3:1로 辰酉合을 하게 되면 개인 사업을 할 생각을 가지게 된다. 48세 己未年, 3개의 己土가 甲己合을 하게 되면 乙木이 되어 乙庚合으로 辛金이 丙火를 끌어오게 된다. 지지에 未土는 亥卯未로 亥水가 寅申巳亥로 연결되어 퇴직하고 회계사 사무실을 운영하게 될 것이다.

(癸卯大運 : 58~67세)

癸卯大運은 두 개의 癸水는 戊土를 불러와 戊癸合 己土가 되면 3개의 己土로 부동산을 매입하면 좋다. 상가 건물에서 酉金의 金生水로 임대소득이 될 수 있는 부동산을 취득하게 될 것이다. 58세 己巳年, 3개의 己土가 甲木을 끌어오고 3개의 酉金이 巳酉丑으로 3개의 상가 건물을 매입하여 부동산으로 소득을 취하게 될 것이다.

(壬寅大運 : 68~77세)

壬寅大運은 壬水가 丁火를 끌어와 丁壬合木의 부동산으로 마음이 가게 된다. 이분은 작은 부동산을 여러 개 가지면 좋다. 국내에서는 큰 부동산을 가지면 작은 땅이 무너지기 때문에 작은 부동산을 가지면 편안하다. 그러나 해외에서는 큰 부동산을 가져도 좋다.

8. 중소기업 사장

乾命	1969년 10월 21일(陽) 08:40			직업 : 중소기업 사장					
戊	己	甲	己	오행	木	火	土	金	水
辰	巳	戌	酉		1	1	5	1	0
94	84	74	64	54	44	34	24	14	4
甲	乙	丙	丁	戊	己	庚	辛	壬	癸
子	丑	寅	卯	辰	巳	午	未	申	酉

〈원국해설〉

己巳日柱다. 사주가 土로 구성이 되어 있으나 물이 없어 나무가 살 수 없다. 년간 조상 자리에 己土와 일간 己土가 있어 조부모가 두 번 결혼할 수가 있다. 己土 일주에 재물인 물(水)이 없어 無財四柱다. 나무를 키우려면 물을 건너 해외로 가거나 국내에서는 외국계 회사에 다니면 좋다. 해외를 상대로 사업을 하면 능력을 발휘할 수 있다. 국내에서는 크게 성장을 하지 못한다.

사주 원국에 물(財)를 만드는 五行은 천간에서 찾아야 한다. 시에 戊土가 癸水를 끌어와 戊癸合을 하여야 재물을 취할 수가 있다. 3개의 己土가 되어 월간 甲木과 3:1로 합하여 乙木이 된다. 乙木은 庚金을 끌어오면 지지에 辛金의 뿌리 酉金은 申酉戌로 金局이 되어 金生水로 물을 만들 수가 있어 큰 재물을 만들 수 있다. 酉金은 巳酉丑, 辰酉合金으로 酉金의 행위를 해야만 재물을 만들 수가 있다.

지지에 酉金과 戌土가 있어 申金을 끌어오면 申酉戌로 金局이 되어 재물을 만들 수가 있다. 酉金은 작은 손기술로 먹고사는 것이다. 戊癸合은 己土가 3개가 되어 甲己合을 하게 되면 3개의 작은 부동산을 가질 수 있는 명조다. 단점은 戌土와 辰土가 있어 辰戌沖으로 용암이 폭발할 수가 있다. 辰

酉合을 하면 辰戌沖을 면할 수가 있다. 己土 일주는 큰 것을 욕심부리면 실패하게 된다. 구획이 정리된 땅 己土에 乙木의 나무를 심는 것으로 작은 부동산을 3개를 가질 수 있게 된다.

(壬申大運 : 14~23세)

壬申大運은 뿌리 없는 甲木에 壬水의 많은 물이 오게 되어 나무가 살기가 어렵다. 지지에 申金이 申酉戌로 金局이 되어 바위에 나무가 심어진 석부작(石附作)이 된다. 지지에서 申酉戌은 金局이 되어 물을 만들 수가 있다. 18세 丙寅年, 甲木이 꽃을 피우고 싶어 대학을 가려고 마음을 갖게 된다. 지지에 寅申巳亥가 되어 고향을 떠나 유학가고 싶다. 19세 丁卯年, 丁火로 甲木에 꽃을 피우고 싶어 丁火의 대학 한국방송통신대학교나 사이버대학교에 갈 수가 있다.

(辛未大運 : 24~33세)

辛未大運은 辛金이 丙火를 끌어와 甲木에 꽃을 피우려 한다. 지지에 巳午未가 되어 결혼을 예측하기도 한다. 24세 壬辰年, 財運이 오고 지지에 申酉戌이 되어 중소기업에 취업하게 되었다. 25세 癸酉年, 戊癸合으로 己土가 되어 3개의 己土가 甲木과 合을 한다. 지지에 巳酉丑으로 부부궁에 합을 이루어 여자를 만나게 된다. 상담 결과, 26세 甲戌年, 결혼하였다고 한다. 실제 결혼 시기는 좋은 시기가 아니다. 두 개의 己土가 각각 合을 하려고 하지만 戌土가 辰戌沖이 되어 문제가 발생한다. 결혼한다면 29세 丁丑年, 丁火가 甲木에 꽃을 피워주고 지지 부부궁에 合을 이룰 때가 더 좋다. 巳酉丑으로 부부궁의 合을 택하게 되면 金生水로 재물복이 많은 여성을 만날 수가 있다. 巳酉丑으로 金局이 되면 금융권에 있는 사람과 결혼하게 된다. 지지에서 巳午未 合으로 결혼하면 물을 마르게 하여 재물이 따르지 않는다. 巳酉丑으로 金局이 되고 부부궁의 合을 할 때 결혼하면 金生水가 되어 재물을 만드는 여성이 될 것이다.

(庚午大運 : 34~43세)

庚午大運은 庚金은 甲木의 칼자루가 필요하다. 36세 甲申年, 두 개의 甲木이 되어 甲己合으로 두 개의 乙木이 된다. 乙木은 庚金을 끌어오게 되고 지지에 申金이 申酉戌로 재물이 형성되는 運으로 새로운 국면을 맞이하게 된다. 38세 丙戌年, 천간에 丙火가 오고 지지에 巳午未가 되어 다니던 회사가 부도 위기에 처해 어려움을 겪게 되었다. 39세 丁亥年, 丁火가 壬水를 끌어오고 지지에 寅申巳亥가 되어 다니고 있던 회사를 丁火의 엄마 도움으로 인수하게 된다.

(己巳大運 : 44~53세)

己巳大運은 3개의 己土가 甲木과 甲己合을 하게 되어 3개의 작은 부동산이 늘어나는 大運이다. 지지에 巳酉丑이 되어 金生水로 재물을 만들 수가 있어 부동산에 투자하기 좋은 大運이다. 부동산에 투자하면 부가가치가 높은 부동산이 될 것으로 판단한다. 45세 癸巳年, 시에 戊土가 戊癸合으로 3개의 己土가 되어 甲木을 끌어와 부동산을 자식 명의로 나누어 취득하게 된다. 상담 결과, 51세 己亥年, 己土가 3개가 되어 부동산을 취득하였는데 지금은 가격이 높아져 재산이 늘어났다고 자랑한다.

(戊辰大運 : 54~63세)

戊辰大運은 넓은 땅 戊土가 오게 되어 더 많은 나무를 심고 싶어 부동산에 욕심이 생기게 된다. 지지에 辰土가 辰酉合金도 되지만 辰戌沖이 되어 욕심을 부리게 되면 문제가 발생하게 되니 욕심을 부리지 않는 것이 좋다. 55세 癸卯年, 시에 戊土와 戊癸合으로 己土가 된다. 3개의 己土는 甲木을 끌어오고 지지에 寅卯辰이 되어 부동산을 매입하게 된다. 58세 丙午年, 丙火가 寅午戌로 물이 마르게 되어 甲木이 불에 타는 격이다. 어차피 손해를 보고 부동산을 처분하게 될 것이다.

(丁卯大運 : 64~73세)

　丁卯大運은 丁火가 壬水를 끌어와 丁壬合木이 되면 甲木의 뿌리가 寅卯辰으로 튼튼한 甲木에 뿌리가 된다. 丁火에서 壬水를 끌어오는 것은 해외와 인연을 맺어 사업을 추진하는 것이 좋다. 64세 壬子年, 천간에 물이 오고 지지에 申子辰, 申金이 申酉戌로 재물이 형성된다.

(丙寅大運 : 74~83세)

　丙寅大運은 건강에 문제가 된다. 심혈관의 문제가 발생하게 되니 건강에 유의해야 한다. 丙火가 오면 寅午戌이 되어 심혈관의 문제가 발생하게 될 것이다. 78세 丙寅年, 丙火가 甲木을 마르게 하면 간경화증으로 고생하게 될 것이다. 지지에 寅午戌이 되어 火局이 되면 심혈관의 문제가 발생하게 된다. 사전 검진을 반드시 받아야 한다.

9. 평사원에서 회사 중역까지 가는 명조

乾命		1962년 06월 10일(陽) 06:50		직업 : 회사원				
丁	己	丙	壬	오행	木	火	土	金	水
卯	卯	午	寅		3	3	1	0	1

99	89	79	69	59	49	39	29	19	9
丙	乙	甲	癸	壬	辛	庚	己	戊	丁
辰	卯	寅	丑	子	亥	戌	酉	申	未

〈원국해설〉

　己卯日柱다. 五行 중에서 金이 없는 명조다. 년에 국가 자리 壬水가 시에 丁火와 合을 하여 丁壬合 乙木이 된다. 재물(壬水)이 乙木으로 변하여 일간 己土의 땅에 심어져 있다. 원국에 없는 五行 金을 만들려면 월에 丙火가 辛金을 끌어와 丙辛合水를 해야만 재물(水)을 만들 수가 있다. 다시 말하면 丙火로 인해서 물(財)을 만들기 때문에 火에 관한 일을 하게 된다. 지지는 년지 寅木과 월지 午火가 寅午戌로 丙火의 氣運을 강하게 만들어 火에 대한 전기회사에서 근무하게 되었다.

　남촌물상론으로 부인의 직업을 알아보자. 국가 자리 壬水가 시에 丁火와 합을 하여 乙木이 되어 己土의 땅에 심어지는 것은 乙木을 부인으로 볼 수가 있다. 물상론에서 土 일주는 땅에 나무가 심어질 때 결혼이 가능하다는 것은 이미 기초반에서 배웠다. 남촌물상론은 五行을 초월하는 학문이다.

　이 명조는 부부궁에 卯木이 있어 乙木의 뿌리가 되니 乙木을 부인으로 판단할 수가 있다. 지지에 년지 국가 자리 寅木과 부부궁에 卯木이 合을 이루어 일주의 己土에 심어지고 乙木의 뿌리 卯木이 寅卯辰이 된다. 천간 己土에 심어진 乙木은 없는 庚金을 불러와 合을 이루게 되면 乙庚合이 되어 부인은 국가 공무원이 될 수가 있다. 이 명조에 부인의 직업을 알 수 있다. 乙木이 없는 官은 丁壬合 乙木이 庚金을 끌어와 乙庚合 辛金이 되어 丙火를 끌어오기 때문에 국가 공무원을 할 수가 있다. 乙木의 官(金)을 직업으로 유추하면 五行으로 군인, 경찰, 세관원, 제복을 입은 공무원 된다. 상담 결과, 이분의 부인은 공무원으로 세관에 근무하고 있었다.

　기초반에서 배운 官에 官法을 적용하게 되면 부인의 직업을 쉽게 판단할 수가 있다. 남촌물상론은 기초만 잘 이해하게 되면 어떤 명조를 보아도 부인의 직업도 유추할 수 있는 아주 좋은 학문이라는 것을 알 수가 있다. 저 역시 고전을 오랫동안 공부하였지만 남자 사주로 부인의 직업까지 알 수 있는 것은 한 번도 배운 적이 없었다. 이제부터는 남촌물상론의 새로운 觀法으로 부인의 직업도 유추할 수 있는 것은 우리 남촌물상론으로 판단할 수 있는 가치 있는 觀法이다.

(丁未大運 : 9~18세)

　丁未大運은 丁壬合이 풀어지는 大運으로 己土가 탁수가 되는 大運이다. 그러나 지지에 未土는 亥卯未로 己土가 甲木을 불러와 공부해야 한다. 지지에 巳午未가 되면 火氣運이 강해지기 때문에 火에 관한 일을 해야겠다는 마음으로 전기, 전자에 관한 직업을 가지려고 진로를 결정하게 된다.

　17세 戊午年, 戊土의 제방으로 壬水를 막아주고 지지에 午火가 寅午戌로 丙火의 태양이 壬水에 뜨게 되어 전기, 전자에 관심을 가지게 된다. 火에 학교인 이과를 택하게 된다. 일간 己土가 甲木을 불러온 것은 지지에 寅木의 뿌리가 있어 甲寅으로 학업에 충실하게 된다. 18세 己未年, 일간 己土와 두 개의 己土가 되어 甲木을 불러오고 지지에 未土가 亥卯未와 巳午未로 甲木의 뿌리가 형성되어 대학에 진학하게 될 것이다.

(戊申大運 : 19~28세)

　戊申大運은 戊土가 壬水를 막아주고 丁壬合 乙木이 庚金을 끌어와 乙庚合

을 하여 辛金이 된다. 辛金의 뿌리 酉金이 되어 아이티 전자공학 공과대학을 가게 된다. 庚金의 뿌리 申金이 지지에 寅申巳亥가 되어 새로운 개혁의 마음으로 복수전공을 하게 된다. 20세 辛酉年, 辛金이 丙辛合으로 자격증을 따고 싶은 마음으로 전공 외 다른 자격증을 원하게 된다. 지지에 酉金이 申酉戌이 되어 없는 五行을 추구하여 전자, 전기, 컴퓨터로 복수전공을 하게 된다. 21세 壬戌年, 丁壬合이 풀어지고 丙火가 壬水에 뜨게 되어 전자공학과 대표를 하게 되었다. 28세 己巳年, 두 개의 己土가 甲木을 불러와 년지 寅木의 뿌리가 된다. 지지에 巳午未가 되어 丙火가 밝아져 전기회사에 취업하게 되었다.

(己酉大運 : 29~38세)

己酉大運은 두 개의 己土가 甲木을 불러온다. 지지에 酉金이 오면 천간 丙火가 辛金을 끌어오게 된다. 지지에 辛金의 뿌리 酉金이 子午卯酉가 된다. 전자나 아이티 회사에 근무하게 되면 酉金을 사용하게 되어 子午卯酉가 되지 않는다. 30세 辛未年, 월에 丙火와 丙辛合을 하게 된다. 지지에 巳午未와 亥卯未가 되어 어머님의 소개로 金의 직업을 갖는 여성과 결혼하게 되었다. 지금의 부인이 세관에 근무한 여성이다.

(庚戌大運 : 39~48세)

庚戌大運은 이 명조에 좋은 大運으로 본다. 丁壬合 乙木이 乙庚合을 하여 辛金이 된다. 辛金은 월에 丙火와 丙辛合을 하게 되며 지지에 寅午戌로 丙火의 태양이 밝아져 壬水에 뜨게 된다. 승진의 기회로 능력을 발휘하게 된다. 41세 壬午年, 丁壬合木이 풀어지고 지지에 寅午戌로 태양이 壬水에 뜨게 되어 최연소 상무이사로 승진하게 되었다. 일간 己土는 지지에 寅木과 卯木이 있어 甲木을 불러오게 된다. 지지에 寅卯辰으로 甲木의 뿌리가 튼튼하게 되면 탁수가 되지 않는다.

(辛亥大運 : 49~58세)

辛亥大運은 월에 丙火와 丙辛合을 하여 辛金이 된다. 丙辛合의 丁火는 丁壬合 乙木이 辛金의 칼자루가 되어 통솔자로 역할을 하게 된다. 지지에 亥卯未와 寅亥合木이 되어 칼자루의 뿌리가 튼튼하게 되어 승진의 기회가 온다. 50세 辛卯年, 辛金이 丙辛合이 되고 지지에 3개의 卯木이 寅卯辰이 되어 전무이사로 승진하게 되었다.

(壬子大運 : 59~68세)

壬子大運은 壬水가 丁壬合木을 풀어지게 하는 大運이다. 己土는 탁수가 된다. 지지에 子水가 子午卯酉가 되어 木의 뿌리 역할을 할 수가 없다. 지금까지 丁壬合 乙木이 일간 己土에 심어져 탁수는 안 된다. 丁壬合이 풀어지게 되면 己土는 탁수가 된다. 지지에 子午卯酉가 되면 회사를 퇴직하는 大運이다. 그러나 이분은 67세까지 회사를 떠나지는 않을 것이다. 퇴직과 동시에 회사에서 고문으로 남게 될 것으로 판단한다. 63세 甲辰年, 까지는 회사에 근무하고 64세 乙巳年, 퇴직하게 될 것이다. 乙木이 丁壬合을 풀어지게 하고 지지에 寅申巳亥로 퇴직하게 되지만 巳午未가 되어 丙火가 밝아지게 되면 다시 고문이 되어 회사를 떠나지는 않을 것으로 판단한다.

(癸丑大運 : 69~78세)

癸丑大運은 丙火를 어둡게 하고 丙火는 丁火가 되어 丁壬合을 풀어지게 한다. 지지에 巳酉丑으로 子午卯酉가 되어 회사를 그만두게 될 것이다. 71세 壬子年, 丁壬合이 풀어지게 되면 己土는 탁수된다. 壬水의 뿌리 子水가 子午卯酉가 되어 고문직을 사임하게 될 것이다.

10. 대기업 사원이 벤처기업 사장이 되는 명조

乾命	1985년 11월 15일(陰) 04:40			직업 : 준재벌				
丙	己	戊	乙	오행	木	火	土	金	水
寅	亥	子	丑		2	1	3	0	2
97	87	77	67	57	47	37	27	17	7
戊	己	庚	辛	壬	癸	甲	乙	丙	丁
寅	卯	辰	巳	午	未	申	酉	戌	亥

〈원국해설〉

己亥日柱다. 사주 원국에 작은 己土의 땅과 큰 戊土의 땅을 가지고 있다. 년에 乙木이 일간 己土에 심어져 대기업에 근무한 명조다. 사주 원국에 金이 없어 金의 행위를 하고 싶어 한다. 년에 乙木에서 庚金을 끌어와 乙庚合 辛金이 된다. 辛金은 시에 丙火와 丙辛合을 하게 되면 辛金의 뿌리 酉金과 년지에 丑土가 巳酉丑이 되어 전자, 전기, 아이티 회사에 근무할 수가 있다. 巳酉丑의 巳火는 寅申巳亥가 되어 항상 새로운 창의성을 가지고 도전하는 사람이다. 이 명조는 己土의 땅에 년간 乙木이 심어지면 戊土의 땅에는 일간 己土가 甲木을 끌어와 戊土에 심을 수가 있다. 甲木의 뿌리 寅木은 亥水와 寅亥合木으로 합을 하게 되어 甲木의 뿌리가 된다. 일간 己土는 甲木을 끌어와 월간 戊土에 심을 수가 있다. 戊土에 심어진 甲木에 일간 己土에 심어진 乙木이 등라계갑 할 수가 있어 좋은 명조가 된다. 甲木은 일간 己亥의 亥水가 寅亥合 木으로 甲木의 뿌리를 일간이 가지고 있어 甲木을 다스릴 수가 있다. 지지에 亥水와 子水가 있어 탁수의 개연성이 있다. 회사를 운영하더라도 일간 己土가 甲木의 동업자를 戊土에 심어지면 甲木의 뿌리인 寅木이 나의 영역인 시지에 있다. 내 마음대로 조정할 수 있는 명조가 된다.

(丙戌大運 : 17~26세)

丙戌大運은 두 개의 丙火가 어디에 꽃을 피울 수가 있겠는가를 판단해야 한다. 일간 己土에서 甲木을 끌어와 두 개의 태양을 가리고 싶다. 지지에 戌土가 寅午戌로 국가 자리와 대기업 자리에 있는 乙木에 꽃을 피우게 된다. 끌어온 甲木에 꽃을 피우고 싶은 大運으로 판단한다. 항상 이런 분의 꿈은 대기업이나 국가 공직자 대한 이상과 꿈을 가지게 된다. 17세 辛巳年 고등학교 1학년이다. 辛金이 시에 있는 丙火와 丙辛合을 하게 되면 辛金의 뿌리 丑土가 巳酉丑으로 酉金의 행위인 아이티를 목표로 꿈을 가지게 되어 열심히 공부하게 된다. 19세 癸未年, 월에 戊土와 戊癸合을 하면 2개의 己土가 되어 甲木을 끌어온다. 지지에 未土가 亥卯未로 寅亥合木이 甲木의 뿌리가 튼튼하게 되어 대학을 가게 된다. 지지에 寅申巳亥가 되어 집에서 떨어진 곳으로 대학을 가게 된다. 26세 庚寅年, 년에 乙木과 乙庚合을 하여 辛金이 시에 丙火와 丙辛合으로 대기업에 취업하였다.

(乙酉大運 : 27~36세)

乙酉大運은 두 개의 乙木이 강력하게 庚金을 끌어오게 되면 지지에 庚金의 뿌리 申金이 寅申巳亥가 되어 새로운 개혁의 꿈을 실현하고자 한다. 29세 癸巳年, 월간에 戊土와 戊癸合을 하여 2개의 己土가 된다. 己土는 甲木을 끌어와 丙火에 꽃을 피우게 된다. 지지에 巳酉丑으로 새로운 아이티 제품을 개발하여 회사에 큰 도움을 주는 일이 생긴다. 31세 乙未年, 乙木이 己土에 심어지고 지지에 亥卯未가 되어 결혼하게 되었다. 36세 庚子年, 년간 乙木과 乙庚合으로 辛金이 시에 丙火와 丙辛合을 하게 되고 지지에 寅申巳亥가 되어 새로운 제품을 개발하여 회사를 떠나고 싶은 마음이 든다.

(甲申大運 : 37~46세)

甲申大運은 아주 좋은 大運이다. 甲木이 일간 己土와 합을 하게 되면 지지에 寅木이 亥水와 寅亥合을 하여 甲木에 뿌리를 만들어 준다. 甲木이 戊

土에 심어져도 나의 뿌리가 될 수가 있다. 甲木은 월간 戊土에 심어져야 좋다. 동업자를 선정해 甲木을 심어 甲己合을 하여 乙木이 된다. 甲木이 戊土에 심어지면 乙木은 甲木에 등라계갑을 하게 되어 甲木을 나의 의지대로 조정할 수가 있다. 지지에 寅申巳亥가 되면 새로운 개혁으로 사업을 시작하려고 다니던 회사를 퇴직하게 된다. 자기 회사를 설립하기 위함이다. 37세 辛丑年, 辛金이 丙辛合을 하고 지지에 酉金을 움직여 巳酉丑으로 새로운 아이티 제품을 개발하여 절대적인 가치 상승으로 많은 돈을 벌게 되었다. 40세 甲辰年, 일간 己土와 甲己合을 하는 것이 아니라, 년간 乙木이 일간 己土에 뿌리를 내리고 있어 甲木은 戊土에 심어지게 된다. 일간 己土에 乙木은 월간 戊土에 심어진 甲木에 등라계갑을 하게 된다. 甲木을 새로운 땅 戊土에 심게 되면 지지에 甲木의 뿌리가 寅卯辰이 되어 회사의 사옥을 만들 수가 있고 상상한 회사를 설립하게 될 것이다.

(癸未大運 : 47~56세)

癸未大運은 월에 戊土와 戊癸合을 하여 2개의 己土가 되면 강력하게 甲木을 불러온다. 지지에 亥卯未가 甲木의 뿌리를 형성하게 되어 많은 財(水)를 흡수하게 되면 富를 축척하게 된다. 50세 甲寅年, 일간 己土와 甲己合을 하여 乙木이 된다. 두 개의 乙木은 庚金을 끌어와 지지에 庚金의 뿌리 申金이 寅申巳亥가 된다. 새로운 개혁의 변화로 해외와 인연을 맺어 마케팅 전략으로 무역업을 한다면 크게 돈을 벌 수가 있다.

(壬午大運 : 57~66세)

壬午大運은 큰 재물이 온다. 壬水의 재물이 와도 戊土가 제방이 되어 안전한 재물이 될 수가 있다. 지지에 午火가 寅午戌로 천간 丙火가 밝아지면 戊土에 甲木을 심을 수가 있다. 부동산을 매입하게 되면 부가가치가 높은 건물이 된다. 58세 壬戌年, 壬水로 큰 재물을 취할 수가 있다. 지지에 戊土가 튼튼한 제방의 역할을 할 수가 있다. 己土가 甲木을 끌어오면 많은 물을 취할 수가 있어 부동산을 매입하게 되어 부가가치가 높은 건물이 될 것이다.

(辛巳大運 : 67~76세)

辛巳大運은 辛金이 丙辛合으로 辛金이 되면 지지에 丑土는 辛金의 뿌리 酉金이 巳酉丑으로 물을 생산할 수가 있다. 회사가 아이티, 전자 사업을 한다면 좋은 결과가 있다. 68세 壬申年, 壬水의 재물이 오고 戊土로 제방을 막을 수가 있다. 지지에 申金이 寅申巳亥가 되어 새로운 변화와 개혁을 하게 된다. 69세 癸酉年, 월간에 戊土와 戊癸合으로 두 개의 己土가 되어 강력하게 甲木을 불러온다. 甲木을 戊土에 심을 수가 있어 새로운 사업을 확장 시킬 수가 있다. 70세 甲戌年, 일간 己土와 甲己合으로 乙木이 되어 두 개의 乙木이 庚金을 끌어오면 지지에 寅申巳亥가 되어 해외로 사업을 확장하여 진출하면 좋다.

(庚辰大運 : 77~86세)

庚辰大運은 년간 乙木과 乙庚合을 하게 되면 辛金이 되고 辛金의 뿌리 酉金이 巳酉丑, 亥子丑, 申子辰으로 탁수되어 건강에 이상이 오게 된다. 金이 탁수되어 폐, 대장에 문제가 발생할 수가 있어 반드시 사전 건강 검진이 필요하다.

11. 부부 인연이 깨지는 명조

乾 命	1963년 04월 06일(陽) 03:42 직업 : 요식업					오행	木	火	土	金	水
丙	己	丙	癸				3	2	2	0	1
寅	卯	辰	卯								
91	81	71	61	51	41	31	21	11	1		
丙	丁	戊	己	庚	辛	壬	癸	甲	乙		
午	未	申	酉	戌	亥	子	丑	寅	卯		

〈원국해설〉

　己卯日柱에 財와 官은 다 있다. 원국의 五行 중에 金이 없다. 己土일주는 돈을 벌기 위해서는 나무를 심어 물(財)을 흡수하여 재물을 취하는 방법이 있다. 그렇지 못하면 金을 사용하여 金生水로 재물을 만드는 방법이 있다. 일간 己土의 땅에는 작은 나무를 심을 수가 있어 큰물을 흡수할 수가 없다. 지지에 卯木이 두 번 寅卯辰을 할 수가 있어 두 번 결혼할 수가 있다. 甲木의 뿌리 寅木이 있어 己土의 땅에 甲木이 심어지게 된다. 나무가 성장하면 己土의 작은 땅이 파괴된다. 己土의 땅이 파괴되면 탁수가 될 수가 있다. 두 번 寅卯辰을 할 수가 있어 가정에 문제가 발생하게 되고 이혼하거나 별거 생활을 할 수가 있게 된다.

　이분은 어떤 직업을 가져야 좋을까? 직업을 택하는 것은 보통 없는 五行을 택하게 되는 경우가 많다. 원국의 년에 癸水의 재물이 있다. 그러나 재물을 만들 수 있는 金이 없다. 金을 만들 수 있는 五行은 두 개의 丙火에서 金을 끌어와 丙辛合水로 財를 만들 수가 있다. 두 번 이상 직업을 바꿀 수가 있다. 천간에 丙火가 辛金을 끌어오면 지지에 辛金의 뿌리 酉金이 辰土와 合을 할 수가 있다. 辰酉合金이 되면 金生水로 재물을 만들 수가 있다. 酉金은 여기서 기술적인 것과 먹는 것으로 판단한다. 항상 없는 五行을 만들려면 무한한 노력이 필요하다. 상담 결과, 처음에는 엔지니어의 기술자로 직장생활을 하였으며 지금은 요식업을 하고 있었다.

직업은 남촌물상론의 觀法인 財에 觀法을 써보자. 먼저 財에 觀法으로 판단하면 己土의 財는 癸水 물이 되고 癸水의 財는 두 개의 丙火가 된다. 천간 丙火가 어떤 작용을 하느냐에 직업이 있는 것이다. 원국에 丙火가 辛金을 끌어와 丙辛合水로 재물을 만들 수가 있다. 辛金의 뿌리 酉金은 辰酉合金이 되어 손기술이나 먹는 것이다. 酉金을 사용하는 것이 직업이 된다는 것을 알 수가 있다.

(甲寅大運 : 11~20세)

甲寅大運은 甲木을 일간 己土와 甲己合을 하고 지지에 寅卯辰으로 木局을 이루어 공부하고 싶은 욕망이 강하다. 사주 원국에 甲木이 심어질 땅이 己土이기 때문에 가정환경이 좋지 못함을 알 수가 있다. 甲己合의 乙木은 庚金을 끌어와 乙庚合 辛金이 되고 지지에 酉金이 辰酉合을 하여 빨리 돈을 벌고 싶어 한다. 18세 庚申年, 庚金의 뿌리 申金은 지지에 申子辰 水局이 되어 돈을 벌 수 있다. 金의 행위를 하면 돈을 벌 수가 있다고 판단 이과를 택한다. 지지에 申金과 천간 丙火는 丙申이 되면 전자, 전기, 컴퓨터와 관계가 있다. 컴퓨터나 기술을 배울 수 있는 공업고등학교에 진학하려고 한다. 19세 辛酉年, 丙火와 丙辛合을 하면 지지에 辛金의 뿌리 酉金이 되어 일찍 취업할 수가 있다.

(癸丑大運 : 21~30세)

癸丑大運은 財運이 오니 돈을 벌려고 한다. 지지에 丑土가 酉金을 끌어와 巳酉丑으로 엔지니어로 일하게 된다. 두 개의 癸水는 戊土를 끌어와 戊癸合을 하여 己土가 되어 甲木을 불러온다. 甲木의 뿌리 寅木이 지지로 부부궁에 寅卯辰으로 합을 이루게 되어 결혼도 예상할 수가 있다. 26세 戊辰年, 戊土가 년에 癸水와 戊癸合으로 己土가 된다. 두 개의 己土는 甲木을 끌어오면 지지에 寅卯辰이 되어 부부궁에 合을 이루어 결혼하게 된다. 그러나 지지로 寅卯辰이 두 번 할 수가 있어 결혼도 두 번 할 수가 있다. 상담 결과, 24세 丙寅年, 3개의 丙火가 하나가 되고 지지로 부부궁에 寅卯辰이 되어 결혼하였다고 한다. 이분은 甲己合을 하여 己土에 甲木이 심어지게 되어 시간이 지나면 이혼하게 된다.

(壬子大運 : 31~40세)

壬子大運은 壬水의 財運이 오면 大運에 문제가 발생한다. 財運이 온다고 해서 돈을 많이 버는 것이 아니라, 財運을 일간이 감당을 못할 때 사업을 하게 되면 대부분 망하게 된다. 망하지 않는 방법은 바로 팔자를 바꾸는 방법이 있다. 첫째 己土의 땅으로는 壬水의 재물을 감당하지 못해 戊土가 필요하다. 넓은 대륙을 낀 땅을 가진 나라와 거래를 하거나 내가 외국에 가서 살았을 경우 팔자가 바뀌게 된다. 36세 戊寅年, 戊土가 戊癸合으로 두 개의 己土가 되어 甲木을 끌어오게 된다. 새로운 나무를 심고 싶어져 가정에 문제가 된다. 40세 壬午年, 큰 壬水의 물이 오게 되어 일간 己土가 파괴되고 지지에 子午卯酉가 되어 이혼하게 되었다.

(辛亥大運 : 41~50세)

辛亥大運은 월에 丙火와 丙辛合을 하게 되면 丙火가 한 개만 남게 된다. 전반전의 직업은 여기서 마무리가 된다. 辛金의 뿌리 酉金이 기술적인 엔지니어로서 마무리가 辛亥大運까지가 된다. 지지에 亥水가 亥卯未가 되어 새로운 가정을 꾸미려고 하는 마음도 가지게 된다. 亥水의 여자는 해외와 인연이 있는 사람이다. 이분의 결혼은 지지에 寅卯辰이 되어 甲木이 己土에 심어지게 되기 때문에 항상 가정에 문제가 따른다. 49세 辛卯年, 丙辛合水가 되고 지지에 辛金의 뿌리 酉金이 辰酉合과 亥卯未가 되어 베트남 여자와 결혼하였다.

(庚戌大運 : 51~60세)

庚戌大運은 庚金이 乙木을 끌어와 己土에 심어진다. 지지에 戌土가 辰戌 沖을 하게 되면 지금까지의 엔지니어 삶은 여기에서 끝이 나고 새로운 직업을 갖게 된다. 51세 癸巳年, 새로운 일을 시작하게 된다. 두 개의 癸水가 戊癸合으로 두 개의 己土가 되어 甲木을 끌어와 새로운 나무를 심게 된다. 지지에 寅申巳亥가 되어 새로운 일을 시작하려고 한다. 지지에 巳火가 巳酉 丑으로 酉金을 사용하게 되는데 이때부터 음식과 관련된 일을 하게 되었다. 55세 丁酉年, 辰酉合金이 되어 본인 명의로 음식점을 개업하게 되었다.

(己酉大運 : 61~70세)

己酉大運은 두 개의 己土가 되어 甲木을 끌어오게 되면 또 다른 甲木을 심게 된다. 지지에 酉金이 亥卯未 할 때 결혼했던 卯木에 酉金이 상처를 주게 되어 베트남 여자와의 관계를 청산하려고 할 것이다. 64세 丙午年, 3개의 丙火가 하나의 태양이 되며 지지에 午火가 寅午戌로 辰戌沖이 되어 지금의 베트남 여자와는 이혼하게 될 것이다.

(戊申大運 : 71~80세)

戊申大運은 년간 戊土와 戊癸合이 되면 고향을 찾아 가게 된다. 두 개의 己土가 되어 고향과 지금 살던 곳을 오가며 悠悠自適하게 살아가는 것이 좋다.

12. 제빵 기술자 직업으로 富를 누리게 된 명조

乾命	1982년 07월 25일 (陽) 11:20 직업 : 식품업					오행	木	火	土	金	水
己	己	丁	壬				0	2	4	1	1
巳	酉	未	戌								
95	85	75	65	55	45	35	25	15	5		
丁	丙	乙	甲	癸	壬	辛	庚	己	戊		
巳	辰	卯	寅	丑	子	亥	戌	酉	申		

〈원국해설〉

己酉日柱다. 원국 五行 중에 木이 없어 無官四柱다. 재물은 대기업 자리에 壬水의 재물이 있고 財를 만드는 金은 巳火와 酉金이 있어 巳酉丑의 손기술로 재물을 만드는 명조가 된다. 官은 대기업 자리에서 년에 壬水의 재물과 월에 부모 자리 丁火가 丁壬合木으로 없는 乙木의 官을 만들 수가 있다. 乙木은 己土에 심어진다. 두 개의 己土에서 甲木을 끌어오고 싶지만 지지에 木의 뿌리가 없다. 乙木의 나무는 일간 己土의 작은 땅에 나무를 심게 된다. 대기업에 힘을 빌려 官(木)을 만들어 직업으로 삼아 일하게 된다. 己土의 작은 땅에 乙木이 심어져 큰 부자는 될 수가 없다. 내가 노력한 만큼만 돈을 버는 명조가 된다.

우리들의 비법 財와 官에 官法으로 직업을 풀어 보자. 財의 觀法으로 보면 己土의 財는 대기업 자리 壬水이고 壬水의 財는 丁火이다. 丁壬合 乙木으로 己土의 官을 만들게 된다. 대기업 자리 壬水(財)에서 官을 만들어 己土에 심게 된다. 대기업 직원이 아니라 대기업 체인을 중심으로 마케팅 영업을 하는 것으로 보면 된다.

다음은 官에 官法으로 한번 풀어 보자. 己土의 官은 木이다. 木이 없어 대기업 자리 壬水와 월간에 丁火가 丁壬合 乙木으로 官을 만들 수가 있다.

木의 官은 지지에 酉金이 巳酉丑의 酉金을 사용하는 것으로 財와 官法이 같은 酉金을 사용한 정확한 직업을 알 수가 있다. 상담 결과, 이분은 대기업 대리점으로 제빵업을 하고 있었다.

이 명조의 특징은 결혼이 어렵다는 것이다. 大運에서 결혼 運이 오지 않는다. 결혼은 보통 일반적으로 생각하기에는 丁壬合 乙木이 심어지면 결혼하겠다고 생각하게 되지만 이 명조의 특징은 甲辰年, 運이 왔을 때 결혼이 이루어진다. 43세 甲辰年, 甲己合을 하여 甲木은 시에 己土의 경쟁자를 제거하고 월간 丁火와 년간 壬水가 丁壬合 乙木이 일간 己土에 심어진다. 지지에 辰土가 辰酉合이 되어 결혼하게 된다. 월간 丁火의 엄마가 丁壬合 乙木으로 심어지기 때문에 엄마가 주선한 결혼이 이루어지게 된 것이다.

(己酉大運 : 15~24세)

己酉大運은 3개의 己土가 되어 강력하게 甲木을 불러와 3:1로 合을 하려고 한다. 木의 뿌리가 없어 3개의 己土의 땅에 丁壬合 乙木이 어디에 뿌리를 내릴 수가 없어 어렵게 된다. 지지에 酉金이 巳酉丑 金局으로 재물을 만들게 된다. 大運에서 일찍 돈을 벌려고 한다는 것을 예측하고 있다. 18세 己卯年, 3개의 己土가 甲木을 강력하게 끌어온다. 지지에 亥卯未로 木의 뿌리가 되어 학업에 전진하게 된다. 19세 庚辰年, 庚金은 丁壬合 乙木이 乙庚合을 하게 되어 辛金이 된다. 辛金의 뿌리 酉金은 지지에 辰土가 辰酉合金으로 식품공학과를 지망하여 대학에 진학하게 된다.

(庚戌大運 : 25~34세)

庚戌大運은 丁壬合 乙木과 乙庚合을 하게 되면 辛金이 되어 丙火를 끌어와 새로운 일을 하려고 할 것이다. 지지에 巳午未와 申酉戌로 金局이 되어 재물을 만들 수가 있다고 생각하게 되어 사업을 하고 싶어 한다. 29세 庚寅年, 丁壬合 乙木과 乙庚合으로 辛金이 되어 지지에 酉金이 巳酉丑이 된다. 지지에 寅木이 寅申巳亥가 되어 새로운 개혁으로 일찍 사업을 하고 싶은 마음을 갖게 된다. 이때 사업을 하게 되면 실패하게 된다. 이 시기는 조직 생활이 좋다. 상담 결과, 31세 壬辰年, 丁壬合이 풀어질 때 사업을 시작하게 되었으니 실패하였다고 본다. 이 명조는 丁壬合 乙木이 풀어지면 庚金을 끌어올 수가 없어 사업은 실패한다.

(辛亥大運 : 35~44세)

辛亥大運은 丁壬合의 乙木이 辛金의 칼자루가 되는 大運이다. 지지에 亥卯未가 되어 조직 생활로 능력을 발휘하게 된다. 38세 己亥年, 3개의 己土가 甲木을 끌어오고 지지에 亥卯未가 甲木의 뿌리가 되어 3팀의 팀장으로 승진할 수가 있다. 43세 甲辰年, 일생에 처음 결혼의 幸運이 오는 해가 된다. 甲己合으로 경쟁자를 제거하고 지지에 辰土가 辰酉合金으로 부부궁이 合을 이루게 되어 결혼 運이 오게 된다. 44세 乙巳年, 乙木이 일간 己土에 심어지고 지지에 巳酉丑이 되면 바로 혼전 임신도 가능하다. 43세 甲辰年, 44세 乙巳年, 반드시 결혼해야 한다. 이번에 결혼의 기회를 놓치게 되면 결혼을 못하게 될 수도 있다. 상담 결과, 44세 乙巳年, 3월 己卯月 결혼하기로 하였다고 한다.

(壬子大運 : 45~54세)

壬子大運은 壬水가 丁壬合을 풀어지게 한다. 丁壬合이 풀어지면 보이지 않았던 壬水의 재물이 눈에 보이게 되고 丁火의 등불을 甲木에 달려고 할 것이다. 원국 2개의 己土가 甲木을 요구하고 있음을 알 수가 있다. 壬水의 큰물을 제방으로 막으려고 부동산을 취하려고 할 것이다. 여기에 丁火의 엄마가 甲木의 등불이다. 부동산을 매입하게 되면 엄마의 적극적인 도움을 받게 될 것이다. 여기까지가 안심법의 기본 해석이다. 51세 壬子年, 大運에 예측한 바와 같이 부모의 도움으로 53세 甲寅年, 부동산을 취득하게 될 것이다.

(癸丑大運 : 55~65세)

　癸丑大運은 癸水가 戊土를 불러와 戊癸合을 하려고 할 것이다. 戊癸合이 되면 3개의 己土가 되어 3곳에 나무를 심을 수가 있어 분점을 개설로 프랜차이즈 사업을 확장하게 될 것이다. 지지에 巳酉丑으로 현재하고 있는 제빵업의 사업을 하게 되는 大運이다. 58세 己未年, 3개의 己土에 나무를 심게 되어 체인으로 사업을 확장하게 된다. 자식 자리에 己土까지 연결되는 것으로 보아 자식에게 사업을 승계하려고 준비하게 될 것이다.

(甲寅大運 : 65~74세)

　甲寅大運은 甲木의 건축물로 지지에 寅木이 寅午戌로 결과를 얻으려고 할 것이다. 큰 건축물 甲木의 부동산을 매입하면 안 된다. 시에 己土가 甲己合을 乙木이 丁壬合 乙木을 풀어지게 한다. 한 개의 己土가 남아 탁수가 되니 소화기 계통에 문제가 발생하게 될 것이다. 지지에 寅木은 寅申巳亥가 되어 새로운 변화를 추구하게 될 것이다. 68세 己巳年, 3개의 己土가 되면 지지에 巳酉丑으로 본인이 직접 하는 사업은 마지막이 될 수가 있다. 69세 庚午年, 乙庚合으로 辛金이 되면 丙火를 끌어와 새로운 태양이 뜨게 된다. 지지에 巳午未가 되어 자식에게 하던 사업을 승계하게 될 것이다.

(乙卯大運 : 75~84세)

　乙卯大運은 건강에 문제가 발생하는 大運이 된다. 乙木은 丁壬合木을 풀어지게 하며 천간 己土는 탁수되어 소화기 계통에 문제가 된다. 천간 丁壬合木이 풀어지면 지지에 卯木이 亥卯未를 할 수가 없어 子午卯酉가 된다. 건강에 문제가 될 수가 있어 건강 검진을 철저하게 받아야 한다.

7장 庚金 日干

7장
庚金 日干

1. 중국에서 한국으로 온 이유는?

坤命				1959년 08월 16일(陽) 04:30			직업 : 중국교포				
戊		庚		壬		己	오행	木	火	土	金	水
寅		午		申		亥		1	1	2	2	2
98	88	78	68	58	48	38	28	18	8		
壬	辛	庚	己	戊	丁	丙	乙	甲	癸		
午	巳	辰	卯	寅	丑	子	亥	戌	酉		

〈원국해설〉

庚午日柱에 官을 깔고 있어 여자가 돈을 벌어야 한다. 천간에 庚金이 놀 수 있는 壬水의 물이 탁수되어 있다. 탁수를 면하려면 년에 己土 땅에서 甲木을 끌어와 시에 있는 戊土의 땅에 甲木의 나무를 심어야 한다. 戊土에 심어진 甲木을 일간 庚金이 재물로 취할 수가 있다. 庚金은 오직 돈이 필요한 명조다. 년에 있는 己土가 甲木을 끌어와 자식 자리에 있는 戊土에 심을 수 있다. 자식에게 재물을 물려줄 생각으로 살아가게 된다. 천간에 丙火(태양)가 없어 해외와 인연을 맺으면 좋다. 지지에 寅申巳亥가 되어 새로운 변화를 하고 싶어 동쪽에 태양이 뜨는 나라로 돈(甲木)을 벌려고 甲寅의 나라 한국으로 자식과 함께 와서 살고 있다.

　庚金은 칼자루가 생겼을 때 결혼하게 된다. 甲木이 오면 년에 있는 己土가 甲己合으로 乙木이 되어 乙庚合을 하게 된다. 지지에 寅午戌로 火局이 되어 오직 불타는 정열로만 결혼하게 된다. 18대 甲戌大運에 결혼하게 되면 乙庚合으로 묶여서 결혼하기 때문에 乙庚合이 풀어지면 이혼하게 된다. 한국에 살게 되면 물을 건너오기 때문에 태양이 물 위에 뜨게 된다. 년에 己土는 甲木을 불러와 시의 戊土에 심어지게 된다. 연하의 남자와 결혼하면 이혼하지 않는다. 물 위에 뜨는 丙火는 甲木에 꽃을 피우게 되어 한국 사람과 결혼하게 되면 이혼하지 않는다.

　庚金日柱에 官(午火)을 깔고 있으면 남편의 무능함으로 인해 여자가 官을 사용하기 때문에 밖에 나가 돈을 벌어야 한다. 큰 칼인 庚金은 甲木(財)의 칼자루가 필요하며 재물에 욕심이 강하지만 뜻대로 될 수가 없다. 한국으로 오는 목적은 칼자루 즉 재물이 필요하기 때문이다. 한국은 甲寅의 나라로 시의 戊土에 甲木을 심어야 하겠다는 마음으로 자식과 함께 한국으로 귀화하게 된 것이다.

(癸酉大運 : 8~17세)

　癸酉大運은 癸水는 시에 있는 戊土와 合을 하여 己土가 되어 년에 己土와 己己로 강력하게 甲木의 財를 끌어온다. 지지에 子午卯酉가 되어 어렸을 때부터 궁핍하게 살아가게 되었다. 시에 戊癸合으로 두 개의 己土가 되어 甲木을 끌어온다. 甲木은 지지에 寅木의 뿌리가 되어 甲木을 끌어오게 된 것이다. 지지는 大運의 酉金은 巳酉丑이 되어 巳火가 寅申巳亥로 일찍 돈을 벌기 위해 고향을 떠나 삶의 변화로 어려운 과정을 겪게 된다.

(甲戌大運 : 18~27세)

　甲戌大運은 甲木이 년에 己土와 合을 하여 乙木이 된다. 乙木은 일간 庚金과 乙庚合을 하게 되어 辛金이 된다. 辛金은 丙火를 끌어오게 되고 시지에 寅木이 寅午戌로 부부궁에 合을 이루어 결혼을 예측한 大運이다. 24세 壬戌年, 물이 많아지고 己土가 甲木을 끌어온다. 지지에 戌土가 寅午戌이 되어 부부궁에 合을 이루어 결혼했다. 己土에서 끌어온 甲木은 乙木이 되어 乙庚合으로 辛金이 된다. 辛金은 丙火의 官을 불러오고 지지에 寅午戌로 부부궁에 合이 되어 결혼하게 된 것이다. 庚金은 甲木의 칼자루가 끼워졌을 때 결혼하여야 하지만 官(火)을 끌어와 이루어진 결혼은 문제가 된다.

(乙亥大運 : 28~37세)

乙亥大運은 乙木은 일간 庚金과 合을 하여 내가 묶이게 되고 지지에 亥水가 寅申巳亥가 된다. 大運에서는 칼자루 乙木이 庚金의 재물로 인하여 庚金이 辛金으로 변하게 된다. 辛金은 丙火를 불러와 지지에 寅午戌이 되어 남편이 사라지는 大運이다. 36세 甲戌年, 년에 己土와 甲木이 合을 하여 己土가 파괴되어 탁수가 된다. 甲己合의 乙木은 일간 庚金과 乙庚合을 하여 辛金이 된다. 辛金이 丙火를 끌어오면 지지에 寅午戌로 火局이 되어 남편과 사별하였다. 물상론은 金을 칼로 보고 칼자루를 남자로 보는 오행을 초월한 학문이다.

(丙子大運 : 38~47세)

丙子大運은 새로운 태양(官)이 오고 있다. 새로운 태양 丙火가 오면 새로 시작하고 싶은 마음과 새로운 태양의 나라로 가고 싶은 마음이 생기게 된다. 지지에 子水가 申子辰으로 물이 움직이면 寅申巳亥가 되어 새로운 개혁으로 멀리 떠나고 싶어진다. 丙火의 새로운 태양은 甲木에 꽃을 피우고 싶은 마음이 항상 존재하고 있다. 甲木은 庚金의 재물과 칼자루이기에 甲寅을 찾아 한국으로 가고 싶어 한다.

39세 丁丑年, 월에 壬水와 丁壬合이 乙木으로 변하여 乙庚合을 하여 辛金이 된다. 辛金은 丙火를 끌어오고 지지에 寅木이 寅申巳亥로 변화를 예고한다. 丁壬合 乙木은 일간 庚金과 合을 하여 辛金이 된다. 辛金이 丙火를 끌어와 새로운 태양의 나라에 가기로 결심하게 된다. 지지에 丑土가 巳火를 끌어와 寅申巳亥로 甲寅의 나라 한국으로 오게 되었다.

(丁丑大運 : 48~57세)

丁丑大運은 丁火는 사주 원국 壬水와 丁壬合 乙木이 되고 일간 庚金과 乙庚合을 하면 辛金이 된다. 丁丑大運의 丑土는 巳酉丑으로 酉金에 관한 일을 하게 된다. 酉金은 손재주나 먹는 것에 해당하는 행위로 아이티, 전자 회사에 다니거나 식당에서 일하게 된다. 이분은 핸드폰 조립회사에 다니다가 지금은 음식점에서 일하게 된다.

(戊寅大運 : 58~67세)

戊寅大運은 戊土로 壬水를 막기 위해 튼튼한 제방이 된다. 시지에 寅木이 움직이면 戊土에 甲木을 심고 싶은 마음이다. 戊土에 甲木을 심는다는 것은 부동산이 움직이는 大運으로 판단한다. 61세 己亥年, 두 개의 己가 강력하게 甲木을 끌어오게 되고 지지에 寅申巳亥로 살던 연립주택의 재개발로 아파트를 짓게 되었다. 지금은 재건축이 시작되어 65세 癸卯年에 입주가 가능하게 될 것이다. 65세 癸卯年, 시에 있는 戊土와 戊癸合으로 己土가 되어 甲木을 불러온다. 새로운 부동산이 생기는 運으로 재건축한 아파트로 이사를 하게 될 것이다.

(己卯大運 : 68~77)

己卯大運은 두 개의 己土가 되어 甲木을 불러와 시의 戊土에 심어지게 된다. 새로운 부동산이 움직이는 大運이다. 76세 甲寅年, 자식 자리인 시의 戊土에 甲木이 심어져 부동산을 자식에게 상속할 수가 있다. 지지에 寅木이 뿌리가 되어 자식에게 증여하게 될 것이다.

◎ 2. 숙살지권을 가진 명조

乾命	1967년 12월 02일(陽) 19:40 직업 : 경찰공무원					오행	木	火	土	金	水
丙	庚	辛	丁				0	2	2	2	2
戌	子	亥	未								
99	89	79	69	59	49	39	29	19	9		
辛	壬	癸	甲	乙	丙	丁	戊	己	庚		
丑	寅	卯	辰	巳	午	未	申	酉	戌		

〈원국해설〉

庚子日柱이다. 일간 庚金은 남촌물상론에서 큰 칼로 보는데 칼자루가 없다. 칼자루 木이 없어 無財四住다. 庚金은 칼자루가 필요하며 남녀 관계는 금사빠 사주로 표현한다. 칼자루인 甲木이 오면 결혼하는 運으로 본다. 이분의 마음을 안심법으로 보면 항상 칼자루(木)를 가지고 싶어 한다는 것은 재물에 욕심이 많다는 것을 알 수 있다. 그런 마음을 사주 원국에서 찾아야 한다.

국가 자리 년에 丁火가 丁壬合木으로 칼자루를 만들어 줄 수가 있다. 지지에 子水가 있어 申子辰으로 水局이 될 수가 있다. 亥水가 있어 亥卯未로 칼자루의 뿌리를 만들 수가 있다는 것을 알 수 있다. 이분이 살아가기 위해서는 국가 자리 丁火에서 乙木의 재물을 만들게 되어 국가 공무원을 해야 한다. 丁火에서 壬水를 끌어와 丁壬合 乙木이 된다. 乙木은 국가 자리에서 칼자루를 가지고 있고 庚金은 칼이 되어 숙살지권을 가진 국가 공무원이 된다. 乙庚合은 보통 제복을 입은 군인, 세관, 경찰공무원이 많다. 상담 결과, 이분은 경찰공무원이었다.

사주 원국에 官인 丙火가 월에 辛金과 合을 하고 있어 경쟁자를 제거하고 일간 庚金은 칼자루만 있으면 능력을 발휘하게 된다. 경쟁자인 辛金의 칼자루가 지지에서 亥卯未로 辛金의 칼자루를 만들고 있지만 辛金이 丙辛합으로 묶여 있어 庚金이 재물을 차지하게 되는 것이다. 그러나 丙辛합이 풀어지게 되면 이때부터 칼자루는 辛金이 차지하여 庚金은 능력 발휘할 수가 없어 공무원을 사직하게 될 것이다. 55세 辛丑年, 丙辛합이 풀어져 경찰공무원을 언제 명퇴하면 좋을까를 생각하게 된다. 丙辛합이 풀어지면 丙火의 태양이 밝아지고 현실과 이상의 갈등으로 고민하게 될 것이다. 59세 乙巳年, 60세 丙午年, 명퇴하게 될 것으로 판단된다.

(己酉大運 : 19~28세)

己酉大運은 己土가 甲木을 불러와 교육에 대해서 어떻게 해야 하는가를 예측하고 있다. 19세 乙丑年, 대학에 진학해야 한다. 천간의 乙木이 乙庚합으로 辛金이 되어 월에 있는 辛金에 丙辛합이 풀어져 대학을 가기가 어렵다. 지지에 酉金이 申酉戌로 철강을 다루는 기업체에 취업하면 좋겠지만 군대에 입대를 희망하게 된다. 26세 壬申年 국가 자리 丁火와 丁壬합 乙木으로 칼자루가 된다. 지지에 亥卯未로 乙木의 뿌리가 되어 경찰공원 시험에 합격하였다. 28세 甲戌年, 甲木이 庚金의 칼자루가 되고 시지 戌土에서 申酉戌로 부부궁에 합이 이루어져 결혼하기에 좋은 때에 결혼하였다고 했더니 상담 결과, 결혼의 시기가 정확하게 적중하였다.

(戊申大運 : 29~38세)

戊申大運은 戊土運이 오면 답답한 大運으로 볼 수 있다. 넓은 땅에 나무를 심을 준비가 되어 있지 않아 마음속에 답답함을 느끼게 된다. 그 이유는 지지에 木의 뿌리가 없어 어려움을 겪게 되기 때문이다. 그렇지만 庚金의 칼자루를 만들 수 있는 땅으로 활용을 하게 되면 능력을 발휘하게 된다. 木이 없어 항상 배우고 싶은 욕망이 강하다. 지지에 申金이 申子辰으로 水局이 되어 金의 뿌리인 庚金이 물에 놀게 되면 庚金이 활발하게 움직여 칼자루가 만들어지면 능력을 인정받게 된다.

33세 己卯年, 己土가 甲木을 불러와 庚金의 칼자루가 된다. 지지에 亥卯未가 되어 진급하게 되었다. 38세 甲申年, 승진 기회가 오게 된다. 戊申大運에서 나무를 심을 수 있는 땅이 온다. 甲木을 戊土에 심어 칼자루가 되어 능력 발휘가 된다. 甲木을 끌어와 대학을 가고 싶지만 급선무가 칼자루로 사용하기 때문에 대학을 못 간다.

(丁未大運 : 39~48세)

丁未大運은 국가 자리 丁火와 관계를 맺어 칼자루가 되라는 것을 예측한다. 지지에 亥卯未가 되어 칼자루의 뿌리를 형성하라는 것을 예측한다. 46세 壬辰年, 년에 국가 자리에서 丁壬합 乙木으로 칼자루가 만들어진다. 乙木은 일간 庚金과 乙庚합이 되어 辛金의 역할로 丙辛합을 풀게 된다. 두 개의 辛辛이 丙火를 끌어와 국가로부터 命을 받게 된다. 지지에 申子辰으로 金이 놀 수 있는 물이 형성되어 이때 경위로 진급하게 되었다.

(丙午大運 : 49~58세)

丙午大運은 丙辛합이 풀리게 되어 丙丁 갈등으로 현실과 이상의 갈등을 겪게 된다. 현재의 직업에 대하여 갈등을 느껴 마음이 흔들리게 되며, 퇴직 후에 노후 대책을 고심하게 될 것이다. 50세 丙申年 사주 원국에 丙辛합이 풀어지게 되어 丙丁갈등을 느끼게 된다. 태양과 달이 동시에 뜨게 되어 갈등을 해소할 방안으로 甲木을 사용하여 태양과 달을 가리고 싶은 마음으로 부동산에 관심을 가지게 되어 공인중개사 공부를 하게 되었다. 53세 己亥年 己土가 甲木을 불러오고 지지에 亥卯未로 木局이 되어 칼자루를 쥐게 되어 경감으로 진급하게 되었다. 상담 결과, 노후 대책으로 부동산을 공부하고 있다고 한다. 항상 기회가 올 때 어떤 행위를 하느냐가 매우 중요하다.

(乙巳大運 : 59~68세)

乙巳大運은 59세 乙巳年, 명퇴하게 될 것이며 퇴직 후에 부동산업과 건축에 관련된 일을 하게 될 것이다. 일간 庚金과 乙庚合을 하여 辛金이 되면 丙辛合이 풀어지게 된다. 庚金과 乙木이 乙庚合으로 묶여서 丙辛合이 풀어지면 칼자루가 없어져 퇴직하게 될 것이다. 丙辛合이 풀어지면 丙丁 갈등을 해소하기 위하여 甲木의 행위인 부동산을 하게 될 것이다. 庚金의 칼자루가 생기면 건설에도 참여하게 되면 능력을 발휘하게 될 것이다.

(甲辰大運 : 69~78세)

甲辰大運은 甲木이 庚金의 칼자루가 되고 지지에 申子辰으로 庚金의 뿌리가 튼튼하게 되어 부동산업을 하게 된다. 건설회사와 손을 잡고 일하게 되면 많은 재물을 취할 수 있는 大運이다. 일생의 최고 運으로 능력을 발휘하게 되면 노후가 안정되고 편안할 것이다. 無財四柱에 財運이 늦게 들어오기 때문에 늦게까지 일을 하게 될 것이다.

(癸卯大運 : 79~88세)

癸卯大運은 癸水가 시에 있는 丙火를 흐리게 하여 丁火로 바뀌게 된다. 두 개의 丁火는 등불이 되려고 한다. 癸水가 戊土를 불러와 戊癸合으로 己土가 되면 甲木을 불러올 수가 있어 두 개의 丁火가 등불이 된다. 이 사주의 특징은 지지에 亥卯未 재물과 申酉戌로 庚金의 뿌리가 튼튼하기 때문에 늦게까지 경제활동을 하려고 한다. (지지가 申酉戌이 되는 것은 기초편에 공부하시면 이해가 쉽다)

◎ 3. 두 번 결혼해도 실패할 수 있는 무관사주 명조

坤 命	1969년 11월 01일(陽) 15:40　직업 : 노래방 영업					오행	木	火	土	金	水
甲	庚	甲	己				2	0	3	3	0
申	辰	戌	酉								
92	82	72	62	52	42	32	22	12	2		
甲	癸	壬	辛	庚	己	戊	丁	丙	乙		
申	未	午	巳	辰	卯	寅	丑	子	亥		

〈원국해설〉

　庚辰日柱가 官(火)이 없어 無官四柱다. 월과 시에 두 개의 뿌리 없는 甲木(財)으로 칼자루를 가지고 있다. 어느 쪽이 나의 칼자루로 끼워질까? 庚金은 두 번 칼자루를 끼울 수가 있어 두 번 결혼할 수 있다. 남촌물상론에서는 庚金은 칼로서 칼자루가 끼워질 때 결혼하게 된다. 고전에서는 여자 사주에 庚金 일간이라면 官(火)이 와서 남자를 만난다고 판단하지만 남촌물상론은 칼에 칼자루가 끼워질 때 결혼이 이루어진다고 통변한다. 불(火)은 칼날을 무뎌지게 하고 칼자루(木)를 태우기 때문에 물상론에서는 金과 火는 좋은 관계로 보지 않는다. 고전에서는 金 일간에 불(火)를 官으로 보아 좋은 관계로 해석한다. 남촌물상론에서는 金 일주와 火(官)를 좋은 관계로 해석하면 안 된다는 것을 이해하고 가야 한다. 金을 칼로 해석하고 칼자루 木을 재물로 본다. 불(火)이오면 木인 칼자루가 타게 되어 칼날이 무뎌지게 된다고 통변한다. 물상론에서는 金 일간은 칼로서 불(火)과는 좋은 관계가 아닌 것으로 이해하여야 한다.

　남촌물상론에서 庚金日柱는 甲木에 칼자루가 끼워질 때 결혼하게 된다는 것을 알 수 있다. 사주 원국에 甲木이 두 개가 있으나 2:1의 합은 안 되기 때문에 칼자루가 될 수 없다. 運에서 또 하나의 甲木이 와서 3:1 合이 될 때 결혼이 가능하다. 고전으로 해석하면 官(火)이 와서 결혼한다는 것과는 반대로 이해하면 좋다. 이 명조는 甲己合으로 乙木이 乙庚合을 하고 있다. 乙庚合이 풀어질 때 결혼 시기가 된다. 상담으로 검증한 결과 역시 물상론 판단이 정확했다.

어떤 직업을 가진 남자와 결혼했을까? 26세 甲戌年에 결혼하였다. 물상론으로 해석해 보면 사주 원국에 2개의 甲木과 運에서 甲戌年에 甲木이와 3개의 甲木이 하나가 된다. 년에 己土가 3:1로 甲己合을 할 때 결혼하였다. 이 때 庚金은 辛金이 되고 년지에 酉金이 辛金의 뿌리가 된다. 酉金은 입으로 먹는 것으로 판단하는데 식당 주방장과 결혼한 사실을 상담 결과 확인하였다. 필자가 연구한 天干合의 원리가 물상론에서 증명된다. 그러나 辛金의 뿌리 酉金이 申酉戌이 되어 부부궁에 辰土와 합을 이루지 못해 결혼 생활을 끝까지 지속하기 힘들다.

(丙子大運 : 12~21세)

丙子大運은 庚金 일주에 官이 되는 丙火는 甲木에 꽃을 피우고 싶어 한다. 甲木에 꽃을 피우고자 하는 것은 재물의 문제다. 甲木에 꽃을 피우게 되면 지지에 寅午戌이 되어 재물인 甲木이 불에 타는 運이다. 지지에 子水가 申子辰이 된다. 그러나 丙火가 오면 지지에 午火가 子水와 子午卯酉를 형성하게 된다. 19세 丁卯年, 卯木과 년지 酉金이 大運에 子水가 子午卯酉가 되어 대학에 진학하지 못하였다.

(丁丑大運 : 22~31세)

丁丑大運은 丁火는 甲木에 꽃을 피우려고 하지만 木火通明은 안 된다. 천간 丁火가 움직이면 지지에 巳火가 년지에 酉金을 巳酉丑으로 酉金은 부부궁에 辰土와 합을 이루게 된다. 그 의미는 결혼을 예측하고 있다. 26세 甲戌年, 천간 세 개의 甲木이 甲己合으로 乙木이 乙庚合으로 묶이게 되어 辛

金이 된다. 辛金이 뿌리 酉金이 辰酉合으로 부부궁에 合을 이루어 결혼하였다. 運에서 乙庚合의 풀어질 때 부부 문제가 발생하게 될 것이다. 이렇게 묶여서 결혼하거나, 乙庚合이 풀어질 때나, 子午卯酉가 되면 반드시 문제가 오는 것은 많은 실관을 통해 검증된 사실이다. 문제는 甲己合에 乙木이 乙庚合을 하여 辛金이 丙火를 끌어오게 된다. 지지에 寅午戌로 火局이 되면 물이 없어 庚金이 불에 녹을 수 있게 된다. 지지에 子午卯酉가 되면 부부가 백년해로가 힘들다는 것은 이미 기초에서 배웠다.

(戊寅大運 : 32~41세)

戊寅大運은 사주 원국 월간 첫째 번의 칼자루인 甲木이 심어지고 戊土에 뿌리를 두고 있어 甲木은 戊土에 뿌리를 내리려고 한다. 그러나 지지에 甲木의 뿌리 寅木이 寅午戌이 되면 결혼 생활에 문제가 발생하게 된다. 38세 丙戌年, 丙火가 오면 지지에 寅午戌로 火局이 불에 타게 된다. 칼자루가 타게 되면 부부 문제가 발생하게 된다. 金은 물에서 놀기를 좋아한다고 기초 시간에 설명하였다. 金은 물이 있어야 능력을 발휘하게 되고 안정된 칼자루 木을 키울 수가 있다.

(己卯大運 : 42~51세)

己卯大運은 두 개의 甲木이 각각 甲己合을 하여 庚金의 재물인 甲木이 작은 나무 乙木이 되어 재물의 손실을 의미하고 있다. 지지에 卯木은 寅卯辰으로 甲木의 뿌리가 되려고 하나 甲木이 乙木이 되어 甲木의 뿌리가 되지 못하고 子午卯酉가 될 수가 있다.

46세 甲午年, 3개의 甲木이 己土와 甲己合되어 乙木으로 변하여 庚金과 乙庚合으로 묶이게 된다. 乙庚合의 辛金이 丙火를 끌어오게 되면 지지에 午火가 寅午戌로 火局을 만들어 木의 재물이 불에 타게 된다. 乙庚合 辛金이 丙火의 태양을 끌어오고 지지에 寅午戌로 丙火가 밝아지게 된다. 상담 결과, 남편이 주식을 하였는데 주식으로 망하게 되었다고 한다. 甲木의 남자로 인하여 손실을 보게 되어 남자와 헤어지게 되었다. 49세 丁酉年, 밤의 불빛인 丁火와 酉金이 움직여 소리 나는 酉金을 통해 노래방을 개업하게 되었다.

(庚辰大運 : 52~61세)

庚辰大運은 두 개의 庚金이 양쪽의 甲木들을 각각 한 개씩 칼자루로 사용하려고 한다. 남녀 모두 새로운 칼자루와 인연을 맺고 싶어 한다. 즉 새로운 남자를 만나고 싶어지는 것이다. 56세 甲辰年, 3개의 甲木이 3:1로 合을 하게 되는데 甲辰年의 辰土가 지지에 辰酉合이 부부궁에 申酉戌로 合이 된다. 申酉戌은 庚金의 뿌리가 되어 연하의 남자와 인연이 되어 재혼하게 될 것이다.

(辛巳大運 : 62~71세)

辛巳大運은 辛金이 丙火를 끌어온다. 지지에 寅午戌이 되어 문제가 될 수가 있다. 그러나 지지에 巳火가 巳酉丑으로 酉金의 행위를 하면 申酉戌이 되어 寅午戌이 안 된다. 酉金의 행위만 하게 되면 寅午戌의 火局을 면하게 될 것이다. 결과는 辛金의 뿌리 酉金에 일을 하게 될 때 만나는 남자는 부부궁에 辰酉合을 하게 된다. 또한 酉金은 申酉戌이 되어 庚金의 뿌리가 되어 안정된 삶을 찾을 수가 있다.

4. 잡기에 능하며 불법으로 돈을 버는 명조

乾命	1954년 12월 10일(陽) 17:30 직업 : 이용업, 불법 사채업					오행	木	火	土	金	水
乙	庚	丙	甲				2	2	0	2	2
酉	子	子	午								
99	89	79	69	59	49	39	29	19	9		
丙	乙	甲	癸	壬	辛	庚	己	戊	丁		
戌	酉	申	未	午	巳	辰	卯	寅	丑		

〈원국해설〉

庚子日柱다. 시에 乙木과 일간 庚金이 乙庚合을 하고 있다. 乙庚合으로 묶여 있을 때는 甲木의 財를 취하지 못한다. 乙庚合이 풀렸을 때 년에 甲木의 財을 취할 수가 있다. 乙庚合의 庚金은 辛金이 되어 월간 丙火와 丙辛合을 하여 자격증을 가지게 된다. 년에 甲木(財)이 살아갈 땅이 없고 乙庚合으로 묶여 있어 초년고생이 많다. 財에 官法으로 財에 財印 土가 없는 사주다. 이런 사람은 재물에 욕심이 아주 강하다. 庚金 일주는 庚金이 칼이라서 칼자루가 필요하다. 부동산에 욕심이 강하며 나의 것을 남에게 빼앗기는 것을 절대 용납하지 못하는 성격이다. 이 명조는 명예보다는 재물을 우선하게 된다. 이분의 직업을 판단할 때 庚金 일간이 시에 있는 乙木과 乙庚合으로 辛金이 되어 丙辛合이 되고 辛金의 뿌리 酉金이 시지에 있어 자격증을 가지고 끝까지 손기술로 먹고사는 직업이다.

지지에 子午卯酉가 되어 있고 천간은 丙辛合으로 어두운 명조가 된다. 官인 丙火가 丙辛合으로 丁火가 되면 無官 행위로 볼 수가 있다. 財官이 동시에 묶여서 어두운 사람은 법을 지키지 않는 불법행위를 잘한다. 음성적인 행위인 불법 사채놀이로 불법적인 일을 많이 한다는 것도 실관을 통해서 증명된 사실이다. 이분은 지금까지도 이용업과 가발 점포를 운영하면서 평생 불법 사채업을 하고 있다.

　이분의 질병론을 보면 사주 원국에서 金, 水, 木이 강하다. 丙火가 丙辛合으로 천간에 火가 사라지고 지지에 金, 水로 午火의 불이 꺼진 상태가 되어 혈압과 심혈관의 문제로 스텐트 시술도 할 수가 있고 金, 水로 물이 강하게 흐르고 있어 당뇨병으로 고생하고 있다. 지지에 탁수가 될 때는 혈전증으로 문제가 발생하게 되어 고생하게 된다. 사주 원국에 土가 없는데 없는 五行을 추구하게 된다. 부동산을 매입하더라도 정상적인 부동산보다 문제가 된 부동산(경매)을 싼 가격으로 매입하여 소송에 휘말리게 되어 법적인 문제가 발생하게 될 것이다.

(丁丑大運 : 9~18세)

　丁丑大運은 丁火는 현실과 이상의 갈등으로 문제가 발생하게 된다. 지지에 丑土는 巳酉丑으로 기술을 배우고 싶어 한다. 15세 戊申年, 년에 甲木을 심고 싶은 마음이 생겨 어린 나이에도 돈을 벌기 위해 서울로 가출하게 된다. 16세 己酉年, 甲己合 乙木이 乙庚合을 풀어지게 하여 중국집에서 자장면 만드는 기술을 배우게 되었다. 17세 庚戌年, 乙庚合이 풀어져 丙火가 년간 甲木에 꽃을 피우게 되어 자격증을 가지려고 기술을 배우게 된다. 18세 辛亥年, 이용업소에서 일하게 되었다.

(戊寅大運 : 19~28세)

　戊寅大運은 년에 甲木이 뿌리를 내릴 수 있는 戊土가 財에 財가 되어 돈을 벌게 되는 大運이다. 25세 戊午年, 년간 甲木이 戊土에 심어지고 지지에 寅午戌이 되어 이발사 국가 자격증을 취득한다. 27세 庚申年, 乙庚合이 풀어지고 지지에 申子辰, 申酉戌로 부부궁에 합을 이루어 동종업계에 있는 여자와 결혼하게 되었다.

(己卯大運 : 29~38세)

己卯大運은 甲己合이 되어 乙庚合과 丙辛合이 풀어져 자유로워져 개인 사업을 하기 시작하였다. 29세 壬戌年, 丙火의 태양이 물 위에 아름답게 뜰 수가 있다. 지지에 寅午戌이 되어 丙辛合이 풀어져 재물을 취할 수 있다. 33세 丙寅年, 丙辛合이 寅午戌로 풀어지고 甲木에 꽃이 피어 개인 사업을 시작하게 되었다. 35세 戊辰年, 甲木을 심을 수 있는 땅이 오고 지지에 辰土가 寅卯辰으로 甲木의 뿌리가 되어 많은 돈을 벌 수가 있었다. 36세 己巳年, 己土가 甲己合이 乙木으로 乙庚合이 풀어져 자유롭게 활동할 수가 있다. 乙庚合으로 자격증을 가지고 직업으로 사용하였으나, 乙庚合이 풀어지면 하는 직업은 뒷전이 되고 수단과 방법을 가리지 않고 돈을 벌고 싶어 한다. 지지에 巳火가 巳酉丑으로 탁수되어 사채업, 어음깡, 카드깡 등 가리지 않고 불법으로 돈을 벌게 된다. 그러나 巳火가 巳午未로 밝아지면 하던 일이 실체가 드러나 법적인 문제가 발생하여 구속되기도 한다.

(庚辰大運 : 39~48세)

庚辰大運은 乙庚合이 풀어지면 일간 庚金이 甲木을 취할 수가 있어 욕심이 강해진다. 甲木의 뿌리 午火가 있어 자칫 잘못하면 寅午戌이 된다. 寅午戌은 강한 불이 되어 재산 손실이 올 수가 있어 신중한 판단이 필요하다. 지지에 辰土가 辰酉合이나 寅卯辰으로 될 수가 있는데 辰酉合의 잔머리보다 정상적인 재물로 寅卯辰을 甲木의 뿌리로 활용하면 재산으로 이익을 볼 수가 있다. 44세 丁丑年, 丙丁갈등으로 현실과 이상의 갈등을 겪을 수가 있다. 丁火는 亥水를 끌어올 수가 있어 亥子丑, 申子辰으로 탁수의 개연성이 있다. 사채업으로 많은 재산 손실을 보았다고 한다. 44세 丁丑年, 탁수되어 심혈관으로 건강에 문제가 발생하여 고생하게 된다.

(辛巳大運 : 49~58세)

辛巳大運은 丙辛合이 풀어지면 재물에 욕심이 강해진다. 지지에 巳火가

巳酉丑과 亥子丑이 되어 사채업으로 문제가 발생하게 된다. 지지에 巳酉丑으로 丑土가 탁수 되어 사채로 인한 손실이 발생할 것이며 건강에도 문제가 된다. 54세 丁亥年, 丙丁 갈등과 지지에 亥子丑, 巳酉丑, 申子辰으로 辰土와 丑土가 탁수 되어 재물 손실과 건강에 이상이 생겨 고생하게 된다.

(壬午大運 : 59~68세)

壬午大運은 보편적으로 좋은 大運으로 볼 수 있다. 물 위에 태양이 뜨게 되어 능력을 발휘하게 되지만 불법적인 일을 하게 되었다. 62세 乙未年, 乙庚合이 풀어져 부동산을 취하게 되는데 지지에 巳午未가 되어 丙火가 甲木에 꽃을 피워 좋은 부동산이 된다. 63세 丙申年, 두 개의 丙火가 만나 어두워져 불법 건축물을 매입하게 되었다. 매입한 건축물로 인하여 법적인 문제가 발생하여 고통을 받을 수가 있다. 65세 戊戌年, 10월 壬戌에 주공 미분양 아파트를 구매하게 되었고 한다.

(癸未大運 : 69~78세)

癸未大運은 부동산과 관계가 있다. 癸水가 丙火를 어둡게 하고 土가 없어 癸水가 戊土를 불러와 甲木을 심고 싶은 마음이 들게 된다. 戊癸合의 己土가 甲己合을 乙木이 되지만 지지에 子午卯酉가 되어 법적인 문제로 고통을 받게 될 것이며 손실을 볼 것이다. 땅이 없어 많은 부동산을 취하고 싶지만 욕심을 버리고 悠悠自適하게 순리대로 가면 편안한 여생이 될 것이다.

◎ 5. 사립학교 교사를 할 수 있는 명조

乾 命	1972년 10월 26일(陽) 17:40			직업 : 고등학교 교사				
乙	庚	庚	壬	오행	木	火	土	金	水
酉	寅	戌	子		2	0	1	3	2
94	84	74	64	54	44	34	24	14	4
庚	己	戊	丁	丙	乙	甲	癸	壬	辛
申	未	午	巳	辰	卯	寅	丑	子	亥

〈원국해설〉

庚寅日柱다. 五行 중에 火가 없어 無官四柱다. 천간 어디에서 火를 만들 수가 있을까? 년에 壬水에서 丁火를 끌어오기 때문에 丁壬合 乙木이 되어 두 개의 庚金과 乙庚合을 하게 되면 두 개의 辛金이 된다. 두 개의 辛金은 丙火를 끌어와 복수 전공을 할 수가 있으며, 辛金에서 丙火를 끌어와 국가 자격증을 취득할 수가 있다. 국가 자리에서 財와 官이 丁火와 乙木으로 동시에 이루어져 교육을 선택하게 된다. 상담 결과, 이분은 현재 고등학교 선생님을 하고 있다. 壬水가 丁火를 끌어다 사용하여 丁壬合 乙木이 되어 사립고등학교 교사를 할 수 있다.

지지에 子午卯酉의 申酉戌 개연성과 寅午戌로 官을 만들 수가 있으며, 寅午戌로 丙火가 오면 壬水에 뜨게 되어 명예를 얻을 수가 있다. 庚金 일주는 재물을 탐하게 되는데 이 명조는 년에 壬水가 있어 丁火를 끌어와 명예를 추구하여 재물과 명예를 동시에 얻으려는 욕심이 많은 사람이다.

이 명조를 좀 더 자세하게 살펴보면 이분의 아버지가 살아 있을 때가 더욱 좋다. 부모 자리 庚戌과 일간 庚寅이 있어 지지에 寅午戌이 되면 丙火가 壬水에 뜨기 때문에 아버지가 살아 계실 때 명예를 얻어 좋은 일이 많았을 것이다. 자식 자리에 乙酉가 되어 부모 자리에 庚戌로 庚金은 乙庚合을 할 수가 있다. 지지에 戌土와 酉金이 申酉戌의 개연성이 있어 아버지가 살아 계실 때 乙庚合이 되면 申酉戌이 된다. 시에 乙木이 년에 庚金과 乙庚合을 하게 되면 경쟁자를 제거하는 역할을 하게 된다. 만일 부친이 돌아가시고 없다면 자식과는 떨어져 사는 것이 좋다. 남촌물상론은 겉만 보는 것이 아니라 眼心法으로 깊이 있게 한 걸음씩 내공을 쌓아 가면서 공부하게 되면 알 수가 있다.

(壬子大運 : 14~23세)

壬子大運은 壬水가 두 개가 되어 물이 더 많아지게 된다. 土의 제방이 필요 한데 戌土가 없다. 물을 막을 수가 없다면 차라리 해외와 인연을 맺어 유학 가면 좋다. 壬水는 강력하게 丁火를 끌어오고 국가 자리에서 財와 官을 만들 수가 있어 명예에 대한 욕심이 생기게 된다. 17세 戊辰年, 고등학교 1학년이다. 戊土가 壬水의 물을 막아 제방이 되고 지지에 申子辰과 寅申巳亥로 새로운 원대한 꿈을 이루기 위하여 공부를 잘할 수가 있다. 19세 庚午年, 3개의 庚金이 3:1로 합을 하여 경쟁자를 물리칠 수가 있다. 지지에 午火가 寅午戌로 壬水에 뜨게 되면 명예를 가지게 되어 좋은 대학에 진학하게 되었다. 전공은 19세부터 金運이 오기 때문에 문과보다 이과를 선택하게 되었다.

(癸丑大運 : 24~33세)

癸丑大運은 癸水와 壬水가 만나면 많은 물이 되는데 癸水가 戌土를 끌어와 호수를 만드는 大運이다. 29세 庚辰年, 3개의 庚金이 3:1로 합을 하게 되고 지지에 寅卯辰이 되어 사립고등학교 교사로 취업하게 되었다. 31세 壬午年, 지지에 寅午戌로 부부궁이 합을 하게 되어 결혼하게 되었지만 두 개의 壬水가 제방이 없어 안정된 결혼을 할 수가 없다. 土運이 늦게 오기 때문에 준비된 상태가 아니라 안정되지 못한 상태에서 결혼하게 되어 결혼 생활은 문제가 될 것이다. 만일 土運으로 제방이 튼튼하고 부부궁에 합이 되었다면 결혼 생활은 원만하였을 것이다.

(甲寅大運 : 34~43세)

　甲寅大運은 가장 좋은 大運이다. 36세 丁亥年, 부모로부터 아파트를 유산으로 상속받게 되었다. 년에 壬水와 丁壬合 乙木이 乙庚合을 풀어지게 하면 지지에 寅亥合木이 이루어져 일간 庚金이 칼자루가 되어 아파트를 상속받았다. 학교에서도 능력을 인정받아 승진할 수 있다. 39세 庚寅年, 학교에서 교무주임으로 승진하였다. 庚金과 3:1로 합을 하고 지지에 甲木(칼자루)의 뿌리 寅木이 형성되어 승진의 기회를 잡았다. 43세 甲午年, 甲木이 庚金의 칼자루가 되고 지지에 寅午戌이 되어 丙火를 끌어와 국가 자리 壬水에 태양이 뜨게 되면 甲木에 꽃을 피우게 되어 과장으로 승진하게 된 것이다.

(乙卯大運 : 44~53세)

　乙卯大運은 두 개의 庚金이 각각 乙庚合을 하여 두 개의 辛金이 丙火를 끌어오는 大運이다. 丙火는 새로운 명예를 갖고 싶은 욕망이 앞선다. 지지에 寅午戌로 火局이 되면 두 개의 辛金이 강력하게 丙火를 끌어와 壬水에 뜨게 되어 명예를 가질 수 있는 大運이다. 49세 庚子年, 庚金과 3:1로 합을 하고 부장으로 승진하였지만 지지에 子午卯酉가 되기 때문에 실적이 부진하여 인정받지 못한다. 50세 辛丑年, 새로운 일을 추진하려고 한다. 지지에 丑土가 巳酉丑과 申酉戌로 金局이 되어 뿌리가 튼튼하게 된다. 51세 壬寅年, 木運으로 교육과 재물을 취하는 運으로 3년 동안 좋은 運으로 가고 있어 안정을 찾게 된다. 53세 甲辰年, 일간 庚金의 칼자루를 취하게 되면 승진의 기회와 좋은 일이 있을 것이다.

(丙辰大運 : 54~63세)

　丙辰大運은 丙火로 인한 새로운 일의 시작이다. 丙火는 국가 자리 壬水에 뜨게 된다. 辰戌沖으로 용암이 폭발하느냐의 문제가 발생한다. 大運에서 丙

火가 오면 丙火가 寅午戌로 壬水에 뜨느냐, 마느냐에 선택의 기로가 될 것이다. 55세 丙午年, 丙火가 오면 지지에 寅午戌이 되어 국가 자리 壬水에 태양이 뜨게 되며, 이직해야 할지의 문제가 발생하게 된다. 그러나 丙火는 壬水에 뜰 수가 있지만 지지에 子午卯酉가 되어 학교로서 마지막이 될 수가 있어 중요한 선택의 기로가 될 것이다.

59세 庚戌年, 3개의 庚金이 乙庚合으로 辛金이 되면 지지에 申酉戌로 金局이 되어 寅木의 뿌리가 사라지게 되고 칼자루를 사용할 수가 없어 학교에서 일을 할 수가 없어 퇴직하게 될 것이다.

(丁巳大運 : 64~73세)

丁巳大運은 丁火가 국가 자리 壬水와 丁壬合 乙木이 된다. 두 개의 庚金이 乙庚合으로 묶이게 되어 두 개의 辛金이 되어 새로운 일을 찾게 될 것이다. 지지에 寅申巳亥와 巳酉丑으로 탁수가 될 수가 있어 건강에도 유의해야 한다.

(戊午大運 : 74~83세)

戊午大運은 비교적 안정된 삶이 된다. 壬水가 戊土에 의해 완전한 호수가 되면 金들이 물에 놀 수가 있어 편안한 삶이 될 것이다. 79세 庚午年, 庚金이 3개가 되어 3:1로 합을 하여 묶이게 되고 지지에 子午卯酉가 되어 심혈관의 문제로 수술을 예측하게 된다. 심혈관의 문제가 발생하며 방광, 신장, 당뇨에 합병증으로 고생할 수가 있다.

6. 無官無財로 사는 여자의 명조

坤命	1992년 11월 17일(陰) 08:20	직업 : 건설업 근무								
庚	庚	壬	壬	오행	木	火	土	金	水	
辰	申	子	申		0	0	1	4	3	
91	81	71	61	51	41	31	21	11	1	
壬	癸	甲	乙	丙	丁	戊	己	庚	辛	
寅	卯	辰	巳	午	未	申	酉	戌	亥	

〈원국해설〉

이 명조는 庚申日柱에 官인 火가 없고 財인 木이 없어 無官無財 사주다. 또한 五行 중에서 金과 水로 구성된 깨끗한 명조이다. 남촌물상론에서 金은 물에서 놀기를 좋아한다고 표현한 것은 金 일주가 활동할 수 있는 조건이 좋다는 의미도 된다.

사주 원국에 두 개의 壬水로 큰 강물이 되어 있어 안정되지 못하고 있다. 이분은 壬水의 강물을 戊土로 제방이 되어 백조의 호수를 만들고 싶은 마음이다. 천간에 土를 끌어올 수 있는 五行이 없다. 대륙을 낀 미국에 유학하여 공부하고 살아간다면 좋은 명조가 된다. 남촌물상론에서 미국은 庚申으로 구별한다. 미국에 가면 넓은 땅 戊土가 있고 공부하면 木이 되어 재물이 된다. 지구 반대편엔 낮 시간이 되어 丙火의 태양이 官이 되어 財官을 모두 취하게 된다. 미국은 庚申의 나라로 3개의 庚金이 3:1로 하나가 된다. 지지에 申子辰으로 유통업으로 사업을 시작하게 되면 멋진 삶이 되어 팔자가 바뀌게 된다는 것이 남촌물상론의 학설이다.

남촌물상론에서는 없는 것은 갖고 싶다는 표현을 자주 쓰는 것은 그 행위를 하고 싶다는 것을 의미한다. 金은 물상론에서는 칼로 설명한다는 것은 기초 이론에서 배웠을 것이다. 칼은 칼자루가 있어야 능력을 발휘하게 되고 칼자루가 없으면 본인이 칼로서 상처를 입는다는 것으로 이미 설명하였다. 그렇기 때문에 칼자루가 필요하게 되며, 원국에 없는 五行인 木을 財로 사용하고 싶은 것이다. 물상론에서 木은 교육, 건축, 사람을 상대하는 것으로 판단한다. 이 명조에서 없는 木의 행위를 하면 본인의 일간인 庚申의 칼자루(재물)가 되기 때문에 木의 직업을 선택하게 된다. 庚金과 木의 관계는 칼과 자루가 되어 건설에 관한 일을 하게 되면 좋다. 상담 결과, 이분은 건설회사에서 일을 하고 있었다.

이 명조는 년과 월에 두 개의 壬水가 丁壬合 乙木이 되면 壬水에서 재물과 명예를 동시에 얻을 수가 있다. 두 개의 乙木이 乙庚合을 하게 되면 辛辛이 되어 丙火를 끌어와 국가를 상대로 일을 하게 되면 좋다. 두 개의 壬水가 년과 월에 丁壬合으로 乙木이 되면 庚金의 칼자루가 되어 대기업의 하청업도 좋다. 辛金의 뿌리 酉金을 사용하기 때문에 종합건설보다는 건설업 중에서도 단종면허인 시설물 관리유지 면허로 일을 하게 되면 성공할 수 있다. 이분은 천간에 庚金이 두 개 지지에 申金이 두 개 각각 뿌리를 가지고 있어 두 번 결혼할 수 있는 명조다. 상담 결과, 현재 한 번 이혼하였다고 한다. 이 명조는 해외와 인연을 맺어 외국에서 살았을 경우 팔자가 바뀌었을 것으로 판단하게 된다.

(庚戌大運 : 11~20세)

庚戌大運은 3개의 庚金이 합을 하기를 원하고 있다. 庚金은 壬水가 丁壬合 乙木과 乙庚合으로 辛金이 되어 丙火의 태양을 끌어와 壬水에 뜨기를 바라고 있다. 사주 원국에 木이 없어 공부에 대한 집착이 강하며 공부를 열심히 하게 된다. 19세 庚寅年, 3개의 庚金이 乙庚合을 하게 되고 지지에 寅木이 寅卯辰을 하게 되어 대학에 진학할 수가 있다. 火 대학인 서울대, 연세대, 한양대, 경희대를 지망하게 될 것이다. 이때 庚金이 3개로 乙庚合으로 辛金(펜촉)이 되어 건축학과를 택하게 된다.

(己酉大運 : 21~30세)

己酉大運은 己土는 甲木(財)을 불러와 칼자루를 만들고 싶어 한다. 취업해서 빨리 돈을 벌려고 한다. 23세 甲午年, 취업하게 되었다. 甲木은 庚金의 재물이다. 지지에 寅木이 寅午戌로 태양이 壬水에 뜨게 된다. 태양이 물 위에 비추게 되면 官인 丙火의 태양이 壬水에 뜨게 되어 건설회사에 취업하였다. 상담 결과, 24세 乙未年에 혼전 임신이 되어 결혼하였다고 한다. 乙未年에 결혼하게 되면 실패하게 된다. 시에 경쟁자를 乙庚合으로 제거하는 것은 좋으나 지지에 子午卯酉의 개연성이 있다. 大運에서 巳酉丑으로 辰土와 丑土가 탁수 되는 것을 예측하고 있다. 29세 庚子年, 3개의 庚金이 3:1로 合을 하기를 원했지만 지지에 각각 申子辰, 申子辰으로 申金이 분리되어 이혼하였다.

(戊申大運 : 31~40세)

戊申大運은 戊土로 壬水의 물을 막아 나무를 심고 싶은 마음이다. 나무를 심어서 칼자루를 만들고 지지에 3:1 申子辰으로 合을 하게 된다. 31세 壬寅年, 3개의 壬水가 丁壬合을 하게 된다. 경쟁자인 시에 庚金을 乙庚合으로 제거하고 지지에 寅卯辰이 되어 庚金의 칼자루가 된다. 유부남의 가정을 빼앗아 차지하는 것으로 판단해도 좋다. 이 경우 현재 회사의 대표와 연인 관계로 이루어지게 될 수가 있다.

(丁未大運 : 41~50세)

丁未大運은 두 개의 壬水를 丁壬合 乙木으로 많은 물을 제어할 수가 있어 좋은 運으로 판단할 수 있다. 丁壬合 乙木은 시에 경쟁자를 제거하고 지지에 亥卯未가 亥水로 寅申巳亥의 개연성이 있다. 해외로 진출해도 좋을 것이다. 국내에서 사업을 한다면 관급공사를 하게 되면 좋은 결과를 얻을 수가 있다. 국내에서 사업을 할 경우는 경쟁자인 시에 庚金을 제거하고 乙庚合 辛金이 되어 丙火를 끌어와 壬水에 뜨게 되면 입찰이나 국가를 상대로 하는 사업을 해도 좋다고 판단하면 된다.

(丙午大運 : 51~60세)

丙午大運은 태양인 丙火가 壬水 위에 뜨게 되어 명예를 얻을 수가 있다고 판단한다. 지지에 午火가 오면 子午卯酉의 개연성도 있다. 건설업을 할 경우는 지지에 午火가 寅午戌로 寅木은 천간 甲木을 불러올 수가 있어 庚金의 칼자루가 된다. 午火의 뿌리 丙火는 壬水 위에 확실하게 뜨는 것으로 재물과 명예를 동시에 얻을 수가 있다. 태양이 물 위에 뜨게 되어 정치를 하고 싶은 욕망을 갖게 될 수가 있다. 만일 정치에 입문하게 되면 庚金이 불(火)에 상처를 입을 수가 있어 정치와 인연을 맺지 않는 것이 좋다. 丙火의 官 壬水를 寅午戌로 대외적인 명예로 이용해야지 본인의 명예를 택한다면 문제가 발생하게 된다. 정치에 관한 일을 하게 되면 본인에게 법적인 문제가 발생하게 될 것이므로 정치인과는 일은 하지 않는 것이 좋다.

(乙巳大運 : 61~70세)

乙巳大運은 乙木이 경쟁자인 시에 庚金을 제거하는 運이다. 庚金을 辛金으로 만들어 丙火를 壬水에 이용한다면 지역사회에 봉사로 명예를 얻을 수 있다. 지지에 寅申巳亥로 활동적인 일을 해야 한다. 없는 木에 해당하는 사회복지의 일을 하거나 봉사하는 마음으로 살아가면 편안한 삶이 될 것이다. 乙巳大運은 자식 자리에 庚金과 乙庚合 辛金이 되어 丙火의 태양이 壬水에 뜨게 된다. 자식도 역시 잘될 것으로 판단되므로 노후가 편안할 것이다.

(甲辰大運 : 71~80세)

甲辰大運은 좋은 大運이다. 甲木이 庚金의 칼자루가 되어 경제적으로 어떤 일을 해야 하는가를 알아야 한다. 지지에 申子辰으로 水局으로 되어 있다. 甲辰大運을 어떻게 활용해야 하는가? 甲木의 뿌리 寅木으로 寅卯辰을 만들면 재물이 오게 되어 취할 수가 있다. 甲木이 오면 뿌리 寅木이 생기는

데 시지에 辰土가 있다. 卯木이 없는데 어떻게 卯木을 만들 수가 있을까? 천간 壬水에서 丁壬合木을 만들면 乙木이 된다. 乙木의 뿌리 卯木이 되면 지지에 寅卯辰으로 甲木의 뿌리가 되어 안전한 재물이 된다. 기초에서 이미 배웠기 때문에 자세하게 설명하지 않겠다.

(癸卯大運 : 81~90세)

癸卯大運은 癸水가 戊土를 불러와 戊癸合 己土가 甲木을 불러오고 지지에 寅卯辰이 되어 노후도 재물을 걱정하지 않아도 된다. 다만 당뇨로 인한 합병증으로 고생할 수가 있어 사전에 주의가 필요하다.

※ 이 명조는 庚金 일주로 칼이다. 칼은 칼자루가 없으면 상처를 입게 된다. 木의 행위로 칼자루를 만들어야 하며 木의 직업을 가지면 좋다. 庚金 일주에 財와 官이 없다. 불은 官이다. 庚金은 이미 만들어진 칼로 보기 때문에 불이 필요 없다. 다만 이 명조는 불이 와도 두 개의 壬水가 있어 丙火는 壬水에 뜨게 된다. 丁火의 불이 오면 丁壬合木으로 시에 경쟁자를 제거하고 辛金이 되어 丙火가 壬水에 뜨게 되면 庚金을 녹이지 않아 명예를 가져온다. 칼은 불이 오면 좋지 않다는 생각에만 빠져 있으면 안 된다. 이렇게 사주 구성에 따라 바꾸어 생각하여야 한다.

◎ 7. 구성작가로 활동을 할 수 있는 명조

坤命	1975년 03월 23일(陰) 06:20			직업 : 구성작가					
己	庚	庚	乙	오행	木	火	土	金	水
卯	戌	辰	卯		3	0	3	2	0
91	81	71	61	51	41	31	21	11	1
庚	己	戊	丁	丙	乙	甲	癸	壬	辛
寅	丑	子	亥	戌	酉	申	未	午	巳

〈원국해설〉

　庚戌日柱가 金이 놀 수 있는 물이 없어 능력 발휘가 어렵다. 천간에 庚金이 두 개가 있고 년에 乙木이 乙庚合을 두 번 할 수가 있어 두 번 결혼할 수가 있다. 전공이 두 개이며 투잡을 좋아하는 명조다. 재물은 년에 乙木과 시지에 卯木이 있어 작은 재물이다. 庚金 일주에 官(火)이 없어 無官四柱다. 사주 원국에 물이 없다. 천간에 물을 만들 수 있는 것은 乙庚合으로 辛金이 되면 丙辛合水로 작은 물(癸水)을 만들 수 있다. 그러나 원국에 물이 없어 해외와 인연을 맺어야 좋다. 천간에 官(火)을 만들 수 있는 것은 외국에 가게 되면 丙火의 官을 만들 수 있다. 국내에서는 乙木이 乙庚合을 하면 辛金이 되어 丙火를 끌어와 官(火)을 만들 수가 있다. 두 개의 庚金이 乙木과 한 번씩 합을 하고 지지에 卯木 2개가 亥卯未를 할 수 있다. 한번 거쳐서 오는 남자와 두 번 결혼할 수 있다.

　이분이 살아가는 방법은, 乙庚合으로 辛金이 丙火를 끌어와 官(火)과 丙辛合水로 물을 만들 수가 있어 乙庚合으로 辛金의 행위를 하면서 살아가야 한다. 乙庚合은 물상론에서는 펜촉에 해당한다는 것은 이미 기초 이론에서 배웠다. 남촌물상론의 저서에 자세하게 기록되어 있다. 이분은 드라마 작가가 아니라 구성작가이다. 乙庚合을 통한 丙辛合水의 물이 癸水의 물이 된다.

작가로서 자신을 세상에 드러내는 丙火가 아니라, 태양에 비를 내리는 癸水가 되어 시나리오를 꾸미는 구성작가를 할 수밖에 없다.

천간에 두 개의 庚金이 있다. 일간 庚戌은 지지에 戌土가 부부궁에 寅午戌로 불(官)을 끌어오는 五行으로 남자에 대한 집착이 매우 강하다. 재물은 시에 己土가 甲木을 끌어오면 지지에 寅卯辰이 되어 재물을 만들 수 있게 된다. 그러나 년에 乙木이 乙庚合을 하게 되면 辛金이 되어 丙火를 불러오게 된다. 천간에 丙火가 움직이면 지지에 寅午戌이 되어 일간 庚金이 불에 타는 형국으로 첫 번째 남자와 이혼하게 된다. 본래 庚金 일주는 재물에 욕심을 내지만 지지에 戌土을 깔고 있다. 원국에 물이 없어 재물보다는 戌土에서 午火를 끌어와 남자를 탐하게 된다. 한번 마음에 필이 꽂히면 매우 적극적이다. 지지 運에서 寅木이 오면 寅卯辰의 칼자루가 되며, 寅午戌이 될 때 강하게 집착하게 된다.

(壬午大運 : 11~20세)

壬午大運은 없는 壬水의 물이 오고 지지에 午火가 있어 寅午戌이 되어 학창 시절에 공부를 잘할 수가 있다. 寅午戌은 시에 己土가 있어 甲木을 끌어올 수가 있다. 18세 壬申年, 지지에 庚金의 뿌리 申金이 오기 때문에 甲木의 칼자루를 사용하고 싶어 한다. 木을 사용하기 때문에 이과보다는 문과를 선택하게 된다. 19세 癸酉年, 대학에 가기가 어렵다. 지지에 酉金이 오면 申酉戌이 되어 乙木의 뿌리 卯木을 자르게 되어 대학에 진학할 수가 없다. 20세 甲戌年, 甲木이 시에 己土와 甲己合으로 乙木이 되면 두 개의 庚金이 乙庚合으로 辛金이 丙辛合水가 되어 전공을 두 개 할 수가 있다. 재수하여 20세 甲戌年에 신문방송학과에 진학하였다.

(癸未大運 : 21~30세)

癸未大運은 癸水가 천간 乙木에 작은 물을 주게 되면 乙木이 乙庚合을 원하게 된다. 21세 乙亥年, 乙木이 庚金에 합을 하게 되어 남자 친구를 만나게 되는 運이다. 두 개의 庚金이 乙庚合으로 두 개의 辛金이 된다. 辛金은 丙火를 끌어와 명예를 추구해야 한다. 그러나 칼자루로 사용하게 되면 명예를 얻을 수가 없다. 지지에 未土가 辰戌丑未가 된다. 未土가 亥卯未로 乙木의 뿌리로 사용하게 되면 乙庚合으로 辛金이 되어 펜촉의 행위로 작가의 꿈을 가지게 된다. 26세 庚辰年, 3개의 庚金이 하나가 되면 3:1로 合하여 辛金이 丙火를 끌어와 작가로서 등단한다. 乙庚合으로 된 辛金이 丙火를 끌어오면 丙辛合水는 癸水가 된다. 癸水는 丙火의 태양에 비를 내리기 때문에 큰 명예를 얻을 수 있는 작가는 아니다.

(甲申大運 : 31~40세)

甲申大運은 시에 己土와 甲己合으로 두 개의 乙木이 되어 庚金과 合을 하는 大運이다. 31세 乙酉年, 乙庚合을 하고 지지에 酉金이 申酉戌이 되어 결혼하게 되었다. 40세 甲午年, 시에 己土와 甲己合으로 乙木이 되어 두 개의 乙木이 각각 묶이게 되고 지지에 寅午戌이 되어 火局으로 불타게 되며 子午卯酉가 되어 이혼하게 되었다.

(乙酉大運 : 41~50세)

乙酉大運은 두 개의 乙木이 乙庚合을 하게 되고 지지에 申酉戌이 되어 다시 결혼하고 싶은 마음이 든다. 41세 乙未年, 일간 庚金과 合을 하게 되고 지지에 亥卯未가 되어 결혼하고 싶어진다. 42세 丙申年, 월에 庚辰이 申子辰으로 한번 결혼했던 남자를 만나게 된다. 丙火의 官이 오고 지지에 金의 뿌리가 같고 申酉戌이 되어 사내에서 같은 일을 하는 사람이다. 48세 壬寅年, 천간에 金이 놀 수 있는 물이 오고 지지에 寅木이 寅卯辰과 寅午戌로 合을 이루어 마음에 드는 남자다. 시에 己土가 있어 甲木을 끌어와 甲己合으로 乙木이 乙庚合을 하게 되면 辛金이 丙火를 끌어와 合을 하게 된다. 지지에 寅午戌이 되어 결혼하고 싶지만 남자는 寅卯辰의 卯木이 자식 관계로 쉽게 마음을 열지 못한다.

(丙戌大運 : 51~60세)

　丙戌大運은 丙火의 官이 오고 지지에 戌土가 寅午戌이 되어 사귀고 있는 남자에게 적극적으로 결혼을 하려고 할 것이다. 52세 丙午年, 지지에 寅午戌로 火局이 되면 건강에 유의해야 한다. 이때는 물을 찾아 강원도 동해안으로 가야 한다. 태양이 뜨는 동쪽의 木을 찾아 낙산사 같은 사찰에서 심신을 편안하게 하는 것이 좋다. 丙火가 오고 지지에 寅午戌이 되면 심혈관의 문제가 발생할 수가 있으니, 사전에 건강검진을 받아 보는 것이 좋다.

(丁亥大運 : 61~70세)

　丁亥大運은 정신세계에 몸을 담아 수련이 필요하다. 丁壬合 乙木이 乙庚合으로 辛金이 丙火를 끌어온다. 작가로서 활동하면 좋은 기회가 올 것이다. 61세 乙卯年, 시의 己土에 乙木이 심어지고 乙木이 乙庚合을 하게 되면 辛金이 되어 丙火를 끌어오게 된다. 지지에 3개의 卯木이 하나의 뿌리가 되면 작가로서 신춘문예 같은 곳에 응시한다면 좋은 결과를 가져올 것으로 판단된다.

(戊子大運 : 71~80세)

　戊子大運은 넓은 땅이 오는 大運이다. 시에 己土가 甲木을 불러와 戊土에 심고 지지에 寅卯辰으로 甲木의 뿌리가 되고 子水가 申子辰으로 水局을 만들어 甲木을 성장시키게 된다. 자식으로 인하여 기쁨을 느낄 수 있는 大運이다.

8. 교정직 공무원

坤命	1980년 11월 07일(陰) 00:20 직업 : 교도관				오행	木	火	土	金	水
丙	庚	戊	庚		0	1	1	4	2
子	申	子	申						
91	81	71	61	51	41	31	21	11	1
戊	己	庚	辛	壬	癸	甲	乙	丙	丁
寅	卯	辰	巳	午	未	申	酉	戌	亥

〈원국해설〉

庚申日柱에 사주 원국에 金, 水가 많은 사람이다. 본인 일간이 庚金의 큰 칼인데 칼자루가 없어 無財四柱다. 칼자루인 木은 월간 戊土에 심어져야 한다. 그러나 재물인 木이 없어 無財四柱다. 木을 끌어오는 五行은 국가 자리 庚金과 일간 庚金에서 끌어온다. 두 개의 乙木을 끌어와 戊土에 심어져 척박한 땅에 乙木의 나무가 살아가야 한다. 木의 뿌리가 없어 칼자루가 만들어지기는 어려운 명조다. 官은 시에 丙火가 있지만 火의 뿌리도 없다. 천간에 壬水가 있으면 官인 丙火가 물 위에 뜨게 되는데 직접 태양이 오면 庚金을 녹이게 되어 좋은 명조는 아니다.

이 명조는 국가 자리에 庚金과 일간 庚金이 乙木을 각각 끌어와 乙庚合을 하게 되면 두 개의 庚金이 두 개의 辛金이 된다. 辛金은 강력하게 丙火(官)를 끌어오기 때문에 공무원이다. 庚金의 큰 칼에 칼자루가 없는 공무원으로 숙살지권의 업무에 보조기관으로 교정직 공무원을 할 수가 있다.

천간에 庚金이 두 개가 있고 지지에 申子辰이 두 번 되어 전공도 두 개 결혼도 두 번 할 수 있다. 상담 결과, 이분은 한 번 이혼한 상태였다. 이분의 大運을 보면 22세 乙酉大運부터 32세 甲申大運까지는 칼자루가 끼워지는 형국이다. 42세 癸未大運부터는 칼자루가 없으며 財運도 오지 않아 남자와 인연이 없는 사람이다. 남촌물상론에서는 庚金의 칼은 칼자루가 끼워지는 시기를 결혼 시기로 본다. 庚金의 칼자루인 木運이 끝나면 보통 주말부부를 하거나 이혼하게 되는 경우가 많다는 것은 상담을 통해 검증된 사실이다.

(丙戌大運 : 12~21세)

丙戌大運은 두 개의 丙火로 인해 어둡게 된다. 큰 칼은 불이 오면 좋은 것이 아니다. 두 개의 丙火가 어두워지면 새로운 태양으로 밝아지고 싶은 마음이 든다. 丙火는 국가로 표현하기 때문에 어려서부터 국가 공무원을 하고 싶은 마음을 가지게 된다. 18세 丁丑年, 원국 丙火와 세운의 丁火가 丙丁 갈등으로 마음이 매우 혼란스럽다. 18세 丁丑年, 이과를 택하고 싶지만 丙丁 갈등하게 된다. 갈등을 해소하기 위하여 甲木이 필요하여 문과를 지망하게 된다. 19세 戊寅年, 대학에 진학하는 해다. 넓은 땅이 두 개가 되어 甲木을 심고 싶은 마음이다. 지지에 寅木이 甲木의 뿌리를 만들어 준다. 사주 원국에 甲木을 끌어오는 五行이 없고 庚金에서 乙木을 끌어와 결국 3년제 전문대학으로 진학하게 된다.

(乙酉大運 : 22~31세)

乙酉大運은 乙木이 경쟁자인 庚金을 제거하여 결혼과 취업을 예측하기도 한다. 25세 甲申年, 천간 戊土에 甲木이 심어지고 지지에 申金 3개가 하나가 되어 공무원 시험에 합격하였다. 그해 甲申年에 남자를 만나게 되어 26세 乙酉年, 乙木이 庚金을 제거하고 지지에 申酉戌이 되어 결혼하게 되었다. 그러나 申酉戌이 되면 시에 丙火가 있어 寅午戌로 午火를 끌어오게 되고 午火는 子午卯酉가 되어 좋은 결혼의 시기는 아니다. 子午卯酉가 될 때 결혼하면 시간이 지나면 부부의 문제로 이혼할 수가 있다. 남촌물상론에서는 子午卯酉가 되는 運에는 결혼하지 않는 것이 좋다고 본다.

(甲申大運 : 32~41세)

　甲申大運은 좋은 大運으로 본다. 庚金에 칼자루가 끼워지는 大運으로 능력을 인정받아 승진의 기회가 온다. 그러나 甲木의 칼자루를 사용할 수 있는 시기는 마지막의 大運이다. 실제 세운에서 木運이 끝나는 시기는 36세 乙未年이 다. 37세 丙申年, 두 개의 丙火가 각각 庚金을 녹이게 된다. 지지에 3개의 申金이 申子辰으로 하나가 되어 부모 자리와 합치게 된다. 부모님과 함께 살 수가 있고 남편과의 인연은 여기까지이다. 41세 庚子年, 3개의 庚金이 하나가 되어 승진하였다. 3개의 庚金이 하나가 되고 지지에 3개의 子水가 申子辰으로 경쟁자를 하나로 합을 하게 되어 자기 부서에 책임자로 일하게 되었다.

(癸未大運 : 42~51세)

　癸未大運은 월에 戊土와 戊癸合으로 己土가 甲木을 불러오는 運이다. 己土는 甲己合으로 乙木이 된다. 지지에 木의 뿌리가 없어 작은 乙木은 재물이 될 수가 없다. 乙木은 부모 자리의 戊土에 심어지면 작은 재물이 된다. 乙木은 합이 우선으로 乙庚合을 하여 辛金이 되면 丙火를 끌어와 새로운 일로 돈을 벌고 싶은 마음이 든다. 43세 壬寅年, 천간에 물이 오면 戊土에 甲木을 심어 재물을 만들려고 한다. 지지에 寅申巳亥가 되어 마케팅으로 다른 일을 하려고 한다. 천간에 丙火가 있어 없는 木의 일을 하려고 한다. 상담 결과, 乙木의 일인 의류를 부업으로 인터넷 쇼핑몰을 하고 있었다. 47세 丙午年, 태양이 어두워지고 지지에 子午卯酉가 되어 공직을 그만두게 될 것이다.

(壬午大運 : 52~61세)

　壬午大運은 壬水의 물이 오기 때문에 戊土로 제방을 만들어 나무를 심어야 한다. 부동산을 가지지 못하게 되면 지지에 午火가 子午卯酉가 되기 때문에 반드시 부동산을 소유하여 노후를 대비하여야 한다. 만일 부동산을 준비하지 못한다면 57세 丙辰年, 58세 丁巳年, 건강에 이상이 생겨 안정을 취하지 못하게 될 것이다. 壬午大運에 부동산업으로 사업을 한다면 확실한 노후를 담보할 수 있게 될 것이다.

(辛巳大運 : 62~71세)

辛巳大運은 辛金은 시에 丙火와 丙辛합으로 자식에 도움을 받는 시기이다. 항상 자식 자리에 아들(丙火)이 丙辛합으로 丁火를 만들어 丁壬合 乙木의 재물로 자식의 도움으로 살아가게 될 것이다.

(庚辰大運 : 72~81세)

庚辰大運 3개의 庚金이 하나가 되어 지지에 申子辰으로 모든 것이 하나로 통합이 되는 大運이다. 자식들과 함께 살아가는 것이 좋다. 庚金은 乙庚合으로 辛金이 되며 시에 丙火가 丙辛合으로 辛金의 뿌리는 酉金이 된다. 丙火가 뿌리는 午火가 子午卯酉가 되어 건강에 문제가 발생하게 될 것이다. 모든 것을 내려놓고 悠悠自適하게 살아가면 좋다.

9. 공기업에 근무한 명조

坤命	1989년 03월 05일(陰) 21:50 직업 : 공기업 근무					오행	木	火	土	金	水
丁	庚	戊	己				0	2	3	1	2
亥	子	辰	巳								
98	88	78	68	58	48	38	28	18	8		
戊	丁	丙	乙	甲	癸	壬	辛	庚	己		
寅	丑	子	亥	戌	酉	申	未	午	巳		

〈원국해설〉

庚子日柱다 재물인 木이 없는 無財四柱다. 재물을 만들기 위해서는 국가 자리 己土에서 甲木을 끌어와 월간 戊土에 심어야 한다. 국가 자리에 재물이 있어 칼자루가 되면 공무원을 할 수 있다. 이 명조는 년간 己土에서 甲木을 끌어와 한 단계 아래 월간 戊土에 나무를 심어 칼자루가 되어 국가 산하 기업체 공기업에 근무하는 명조이다. 大運이 金運으로 흘러 金에 대한 행위를 하게 된다. 金은 법, 금융, 경제에 해당한다.

나무를 심는 것은 새로운 인재 양성으로도 본다. 木은 교육, 건축, 사람을 상대하는 것이다. 木은 위로 성장하기 때문에 기획, 창의력으로 새로 창업한 벤처기업들로 판단할 수가 있다. 월간 戊土에서 木을 기르는 것은 새로운 벤처기업을 발굴하여 창업한 유망기업에 자금을 지원하기도 하고 새로운 아이템을 제공하여 기업을 육성하는 일을 하게 된다.

지지에 巳火, 亥水, 子水가 申子辰과 寅申巳亥의 개연성으로 새로운 개혁으로 추진력과 창의력 또한 강하다. 사람이 살아가는 데는 항상 좋은 일만 있는 것이 아니라 시기에 따라 어려움도 있다. 지지에 辰土와 亥水가 있어 丑土가 오게 되면 탁수가 된다. 탁수가 될 때 어려움도 따르게 되는데 이 시기에는 어떠한 행위를 하느냐에 따라 위기를 모면할 수가 있다.

庚金日柱는 칼자루가 끼워질 때가 결혼의 적기이다. 년간 己土에서 甲木을 끌어와 戊土에 심어지는 甲木을 칼자루로 선택하여 결혼하면 좋다. 여자 사주에 직업을 官으로 사용하면 결혼이 쉽게 잘 안 된다. 戊土에 심어진 甲木의 官이 공기업에 근무하고 있어 연상의 남자와 결혼해야 한다. 시에 있는 丁火(官)에서 丁壬合 乙木으로 乙庚合이 된 연하의 남자를 더 좋아하게 되어 결혼하면 두 번 결혼할 수 있는 명조가 된다.

(庚午大運 : 18~27세)

庚午大運은 庚金이 지지에 官을 끌어와 두 개의 庚金이 다투는 격이 된다. 두 개의 庚金이 木(재물)을 다투는 격으로 경제적 어려움을 겪게 된다. 지지에 庚金의 官인 午火가 오고 卯木이 올 때 子午卯酉가 되어 아버지의 사업 부진으로 고통을 받게 된다. 21세 己丑年, 두 개의 己土가 되어 甲木을 끌어오고 지지에 丑土가 巳酉丑으로 경영학과를 택하게 된다. 26세 甲午年, 년에 己土와 甲己合으로 乙木이되어 乙庚合 辛金으로 丙火를 끌어온다. 지지에 巳午未가 되어 공기업에 취업하게 되었다.

(辛未大運 : 28~37세)

辛未大運은 辛金이 丙火를 끌어와 丙丁 갈등으로 현실과 이상의 세계로 갈등을 겪게 될 것이다. 33세 辛丑年, 辛金이 丙火를 끌어오게 되어 丙丁 갈등을 겪게 된다. 지지에 丑土와 辰土가 탁수 되어 구설수로 어려움을 겪게 되어 이직하려고 한다. 34세 壬寅年, 시에 丁火와 丁壬合 乙木이 乙庚合으로 辛金이 되어 丙火를 끌어와 태양이 뜨게 된다. 지지에 寅申巳亥가 되어 이직하려고 한다. 2월 壬寅月에 丁壬合 乙木이 되고 乙庚合으로 辛金이 丙火를 끌어와 새로운 직장으로 이직하게 되었다.

(壬申大運 : 38~47세)

壬申大運은 壬水와 시에 丁火가 丁壬合 乙木이 되고 乙庚合으로 辛金이

되어 丙火을 끌어온다. 지지에 庚金의 뿌리 申金이 申子辰으로 부부궁에 合을 이루어 결혼할 수가 있다. 運에 따라 결혼하게 될 것이다. 44세 壬子年, 丁壬合 乙木이 乙庚合을 하고 지지에 申子辰이 부부궁에 合을 이루어 결혼하게 될 것이다.

(癸酉大運 : 48~57세)

癸酉大運은 월에 戊土와 戊癸合으로 己土가 되면 두 개의 己土가 된다. 두 개의 己土는 강력하게 甲木(財)을 불러와 칼자루가 될 것이다. 지지에 甲木의 뿌리 寅木이 寅申巳亥가 되어 영업에 마케팅 전략으로 크게 활동하게 될 것이다. 이 大運은 酉金이 巳酉丑을 하게 되면 辰土, 丑土, 亥水, 子水와 탁수가 되는 개연성을 가지고 있어 선택의 여지가 매우 중요하다. 이때는 酉金으로 辰酉合을 하게 되면 탁수가 되지 않는다. 다시 말해서 金의 행위나 木의 행위를 하면 위기를 면할 수가 있다. 木이 없어 木의 행위를 하면 좋다. 57세 乙丑年, 乙庚合으로 일간이 묶이고 지지에 丑土가 巳酉丑과 亥子丑으로 탁수되어 자궁에 문제가 발생할 수 있으니 사전에 건강검진이 필요하다.

(甲戌大運 : 58~67세)

甲戌大運은 년에 己土와 甲己合 乙木이 되면 乙木은 일간 庚金과 乙庚合이 된다. 지지에 戌土는 공기업 자리 辰土와 辰戌冲이 되어 회사를 사직하게 될 것이다. 60세 戊辰年, 두 개의 戊土 새로운 땅에 甲木의 나무를 심게 되어 이직의 기회가 올 것이다. 지지에 申子辰과 亥子丑으로 탁수되어 퇴직하게 될 것이다. 퇴직과 동시에 회사와 관련된 기업으로 자리를 이동할 수 있다.

(乙亥大運 : 68~77세)

乙亥大運은 일간 庚金과 乙庚合 辛金이 되어 丙火를 끌어오면 현실과 이상이 갈등을 느낀다. 지지에 酉金이 巳酉丑으로 탁수의 개연성이 있다. 일간이 묶이게 되어 탁수가 되면 건강에 이상이 생기게 된다. 천간은 丙丁 갈등을 겪게 된다. 지지에 亥水가 亥子丑으로 辰土에 酉金이 탁수되어 산부인과 계통의 건강이 좋지 않을 것이다. 부동산이나 木의 행위를 하게 되면 지지에 亥卯未가 되어 탁수를 면하게 된다. 노후를 생각하여 조용한 산천을 찾아 살아가는 것이 좋다.

(丙子大運 : 78~87세)

丙子大運은 丙丁 갈등을 해소하는 것이 좋다. 甲木으로 가려서 해소해야 한다. 甲木의 건축물을 가지고 있으면 丙丁 갈등을 해소할 수가 있다. 지지에 巳火와 辰土가 있어 酉金의 행위인 임대업을 하면 편안하게 노후를 보내게 될 것이다.

10. 일본 아베 총리 명조

乾命	1954년 08월 25일(陰) 02:00			직업 : 일본 정치인				
丁	庚	癸	甲	오행	木	火	土	金	水
丑	辰	酉	午		1	2	2	2	1

96	86	76	66	56	46	36	26	16	6
癸	壬	辛	庚	己	戊	丁	丙	乙	甲
未	午	巳	辰	卯	寅	丑	子	亥	戌

〈원국해설〉

庚辰日柱다. 큰 칼을 가지고 있다. 년간 국가 자리에 甲木이 칼자루가 되고 일간 본인은 칼이 된다. 칼자루를 가진 국가에서 명령하게 되면 칼로서 역할을 할 수 있는 장군 스타일이다. 庚金 일간은 재물에 욕심이 강하다. 庚金 일간은 칼로서만 행위를 하여야 한다. 만일 칼자루를 財로 사용하여 재물을 탐하게 되면 국가 자리 년지에 午火가 寅午戌이 되어 칼자루가 불타게 된다. 칼을 사용하지 못하게 되어 명예를 잃게 되는 명조다.

이분의 재물은 천간 국가 자리에 있는 甲木이다. 국가에서 공직으로 돈을 벌어 살아야 한다. 시에 丁火가 壬水를 끌어와 丁壬合을 하면 乙木이 乙庚合으로 辛金이 된다. 辛金은 丙火를 끌어와 국가 자리 甲木에 꽃을 피워 명예를 얻게 된다. 乙庚合을 하게 되면 庚金이 辛金으로 작은 칼이 되기 때문이다. 甲木의 재물을 탐하게 되면 禍를 당하게 된다. 이 명조의 단점은 지지에 辰戌丑未가 될 때는 庚金이 땅에 묻히게 되어 문제가 발생하게 된다는 것이다.

천간에 甲木을 심을 수 있는 땅이 없어 좋은 대학도 가기가 어렵게 된다. 일간 庚金이 甲木을 재물로 사용하게 되면 지지에 寅午戌로 甲木이 불에 타는 격이 된다. 년간 甲木이 칼자루가 되어 일간 庚金은 칼로서만 행위를 하여야 한다. 오직 공직자로서의 청렴결백(淸廉潔白)하게 살아간다면 문제가 없는 명조다.

(乙亥大運 : 16~25세)

乙亥大運은 乙木이 乙庚合 辛金이 되어 丙火를 끌어와 甲木에 꽃을 피우고 싶어 한다. 지지에 亥水는 亥子丑, 申子辰 탁수되어 목표한 바를 이룰 수가 없다. 18세 辛亥年, 정치를 하고 싶은 마음이 든다. 그러나 지지에 亥子丑 탁수되어 능력 발휘가 어렵게 된다. 19세 壬子年, 시에 丁火와 壬水가 丁壬合 乙木으로 乙庚合을 하여 辛金이 丙火을 끌어와 甲木의 대학을 가고 싶어 한다. 지지에 丑土와 辰土가 子水에 의해 탁수되어 원하는 대학을 갈 수가 없다. 일본 세이케이 대학에 입학하여 24세 丁巳年에 졸업하였다.

(丙子大運 : 26~35세)

丙子大運은 丙火가 甲木에 꽃을 피우고자 한다. 지지에 子午卯酉가 되고 辰土와 丑土가 탁수 되어 목표한 바를 이룰 수가 없다. 26세 己未年, 년에 甲木이 甲己合 乙木이 되고 乙庚合을 한다. 庚金이 辛金으로 변하여 辛金의 뿌리 酉金이 巳酉丑과 辰酉合金이 되어 철강회사 대기업에 취업하게 된다. 29세 壬戌年, 시에 丁火와 丁壬合 乙木이 乙庚合으로 丙火를 끌어와 년간 甲木에 꽃을 피우게 된다. 지지에 戌土가 申酉戌이 되어 庚金의 뿌리가 된다. 戌土는 寅午戌이 甲木에 꽃을 피워 정치를 하고 싶어 회사를 퇴직하게 된다.

(丁丑大運 : 36~45세)

丁丑大運은 시에 丁火와 大運의 丁火가 강력하게 壬水를 끌어오고 싶은 마음이다. 壬水의 물은 庚金이 능력을 발휘하게 한다. 庚金은 년에 甲木을 칼 자루로 사용하고 싶어 한다. 丁壬合 乙木이 乙庚合의 辛金이 丙火를 끌어와 甲木에 꽃을 피우게 된다. 지지에 巳酉丑 金局으로 庚金이 뿌리가 튼튼하게 되어 정치에 입문하게 된다. 40세 癸酉年, 두 개의 癸水가 되어 戊土를 불러와 甲木을 심어 칼자루를 튼튼하게 만든다. 지지에 丑土는 부모 자리 酉金과 巳酉丑과 辰酉合金으로 庚金의 뿌리가 튼튼하여 부모의 영향으로 40세 癸酉年에 중의원을 하게 된다.

(戊寅大運 : 46~55세)

戊寅大運은 戊土가 戊癸合 己土가 甲己合으로 乙木이 되어 일간 庚金과 乙庚合 辛金이 된다. 丙火를 끌어와 丁火가 두 개 되어 甲木에 등불이 된다. 47세 庚辰年, 두 개의 庚金이 辰酉合金으로 뿌리가 같다. 두 개의 庚金은 서로 다투지 않고 乙木을 끌어와, 년간 국가 자리 甲木에 등라계갑을 하여 관방 차관에 임명이 되어 50세 癸未年까지 하게 되었다. 52세 乙酉年, 乙庚合 辛金이 丙火를 끌어와 국가 자리에 꽃을 피워 관방 장관에 임명되었다. 53세 丙戌年, 국가 자리 甲木에 丙火가 꽃을 피우고 지지에 寅午戌이 되어 태양이 밝게 꽃을 피우게 된다. 53세 丙戌年, 최연소 총리가 되었고 54세 丁亥年까지 1년간 총리를 하였다.

(己卯大運 : 56~65세)

己卯大運은 己土가 년에 甲木과 甲己合을 하여 乙木이 되는 大運이다. 국가 자리에 甲己合으로 乙木이 일간 庚金과 乙庚合을 하게 된다. 辛金으로 丙火의 태양을 끌어오는 大運이다. 59세 壬辰年, 시에 丁火와 丁壬合 乙木이 乙庚合 辛金으로 丙火를 끌어와 甲木에 꽃을 피우게 되어 총리직을 연임하게 된다. 63세 丙申年, 甲木에 꽃을 피우고 지지에 申子辰으로 申金이 庚金의 뿌리를 튼튼하게 되어 선거에 압승하여 3번째 총리가 되었다.

(庚辰大運 : 66~75세)

庚辰大運은 두 개의 庚金이 甲木의 칼자루를 놓고 서로 부딪치는 大運이다. 丑土와 두 개의 辰土가 탁수 되는 大運이다. 67세 庚子年, 두 개의 庚

金이 칼자루를 놓고 다투게 되어 재물에 문제가 발생하게 된다. 지지에 탁수되어 건강 문제와 재물의 문제로 총리직을 사임하게 된다. 69세 壬寅年, 丁未월 壬戌일 야마가미 데쓰야에 의해 피습 총에 맞아 사망하였다. 그 이유를 남촌물상론으로 풀어 보면 시에 丁火가 있어 두 개의 丁火가 壬水를 끌어오면 지지에 子水가 오게 된다. 子水는 辰土와 丑土가 탁수된다는 것을 예측하고 있다. 壬戌月에 丁壬合木이 乙庚合으로 묶이게 되고 지지에 辰戌 丑未가 되면 庚金이 땅으로 묻히게 되어 사망하게 된다고 판단한다.

※ 이 명조를 통해 항상 丙火가 甲木에 꽃을 피우게 될 때 명예를 얻을 수가 있다는 것을 알 수 있다. 지지에 탁수가 될 때는 건강이 문제가 된다. 국가 자리 甲木의 재물을 탐하게 되면 법적인 문제가 된다는 것을 알 수 있다. 이 명조의 특성을 살펴보면 일간 庚金이 乙庚合으로 辛金이 되어 丙火를 끌어와 甲木에 꽃을 피울 때와, 丙火가 직접 와서 甲木에 꽃을 피울 때의 차이점을 구분해서 풀어 보면 서로 다른 점을 알게 된다. 남촌물상론에서는 庚金은 직접 불이 오면 좋지 않다. 이 명조는 월에 癸水 있어 불이 오더라도 항상 제어할 수가 있어 庚金이 불에 상처를 입지 않는 것이 특징이다. 이번 사주 풀이는 사실을 근거로 풀어 드리오니 참고하시기를 바란다.

11. 행정고시에 합격한 명조

乾 命	1996년 06월 02일(陽) 13:50	직업 : 재경부 공무원					
癸	庚	癸	丙	오행	木 火 土 金 水		
未	午	巳	子		0 3 1 1 3		

91	81	71	61	51	41	31	21	11	1
癸	壬	辛	庚	己	戊	丁	丙	乙	甲
卯	寅	丑	子	亥	戌	酉	申	未	午

〈원국해설〉

庚午日柱다. 五行 중에 木이 없어 無財四柱다. 庚金이 칼자루인 木이 없어 숙살지권을 가진 군인, 경찰공무원을 하기가 어렵다. 천간에 財(木)를 끌어오는 五行은 일간 庚金뿐이다. 乙木을 끌어와 乙庚合 辛金은 년간 국가 자리에 丙火와 丙辛合을 하여 국가 공무원을 해야 한다. 원국에 없는 五行을 끌어와 사용하는 것은 무한한 노력이 필요하다. 辛金의 뿌리는 酉金으로 지지에 巳火가 있어 巳酉丑으로 금융, 회계, 경제 대한 일을 하게 된다. 이 명조는 원국에 木(재물)이 없어 조직 생활을 해야 한다. 천간에 두 개의 癸水가 있어 물이 부족하다. 乙庚合 辛金이 丙辛合水로 물을 만들 수 있다. 국가 자리에 丙火가 丙辛合水로 물을 만들 수가 있어 국가 공무원을 할 수 있다. 大運이나 歲運에서 壬水의 물이 올 때 庚金이 능력을 발휘하게 된다. 국가 자리 官(丙火)은 丙辛合으로 辛金의 뿌리가 부모 자리에 巳酉丑으로 酉金이 되어 아버지도 은행원이었다.

지지에 巳午未가 되어 국가 자리 丙火를 밝게 하여 주지만 癸水가 있어 밝은 빛을 내는 行政職보다 빛이 필요하지 않은 財經職을 택하면 좋다. 공직자의 부서로 볼 때 丙火가 丙辛合으로 辛金의 뿌리가 지지에 巳火가 있어 巳酉丑으로 金을 사용하는 회계, 금융에 관한 일을 하게 된다.

이분이 庚申의 나라(미국)로 유학 갔다면 寅申巳亥와 申子辰으로 마케팅과 물류업으로 수출업에 종사하게 될 것이다. 훌륭한 경영자로 발전할 수가 있었을 것이다. 한국에서만 살아간다면 공직자로서 살아가게 될 것이다. 이렇게 어떤 환경에 살아가느냐에 따라 그 사람의 삶이 바뀌게 된다는 것을 알아야 한다. 우리나라 정주영 회장이 북한에 태어났다면 과연 재벌이 되었을까? 다시 한번 생각해 본다.

(乙未大運 : 11~20세)

乙未大運은 일간 庚金과 乙庚合으로 辛金이 되고 년에 丙火와 丙辛合이 되어 국가 공직자의 꿈을 가지고 살아간다. 지지에 巳午未가 되어 丙火의 태양이 밝아지게 된다. 18세 癸巳年, 3개의 癸水가 되어 金이 놀 수 있는 물이 온다. 지지에 巳火가 巳酉丑이 되어 대학을 경제학으로 진로를 결정하게 된다. 19세 甲午年, 甲木이 오고 지지에 午火가 寅午戌이 되어 木火通明으로 대학에 무난하게 진학하였다.

(丙申大運 : 21~30세)

丙申大運은 두 개의 丙火가 되어 복수 전공을 선택하게 된다. 지지에 庚金의 뿌리 申金이 되어 경제학을 전공하게 된다. 27세 壬寅年, 충분한 壬水의 물에 丙火가 뜨게 되어 庚金에서 빛을 발산하게 된다. 지지에 寅午戌로 丙火가 밝아져 무난하게 행정고시에 합격하였다. 28세 癸卯年, 3개의 癸水가 하나가 되어 戊土를 끌어와 戊癸合으로 己土가 甲木을 끌어온다. 지지에 卯木이 亥卯未가 되어 튼튼한 甲木이 되어 庚金의 칼자루가 된다. 연수원에서 우수한 성적으로 발탁되게 될 것이며, 8월 庚申月에 좋은 자리로 발령받게 될 것이다. 30세 乙巳年, 乙庚合을 하게 되고 지지에 부부궁이 巳午未가 되어 사내 커플로 결혼하면 좋다.

(丁酉大運 : 31~40세)

丁酉大運은 丁火와 丙火가 같이 뜨게 된다. 丙丁으로 갈등을 느끼지만 丙火는 癸水가 있어 두 개의 丁火가 된다. 지지에 酉金이 子午卯酉가 되지만 酉金의 일을 하게 되어 子午卯酉를 면하게 된다. 丙丁(태양과 달) 갈등의 해소는 甲木으로 가려주면 된다. 甲木은 대학원으로 진학하면 좋다. 대학원에 가려면 木의 대학인 고려대학원으로 진학하면 좋다.

(戊戌大運 : 41~50세)

戊戌大運은 월에 癸水와 戊癸合으로 己土가 되어 甲木을 끌어오게 된다. 지지에 午火가 있어 寅午戌이 되어 丙火가 밝아지려고 한다. 그러나 癸水가 있어 丙火를 어둡게 하고 庚金이 놀 수 있는 물이 작아 해외로 연수를 가거나 외국공관에 근무하게 되면 좋다. 43세 戊午年, 戊癸合으로 己土가 되어 물이 작아지고 지지에 巳午未가 되어 해외로 진출하면 좋은 결과가 있을 것이다.

(己亥大運 : 51~60세)

己亥大運은 己土가 甲木을 불러와 칼자루가 되고 木의 뿌리인 未土가 亥卯未로 마지막 승진의 기회를 잡아야 한다. 59세 甲戌年, 甲木이 칼자루가 되고 지지에 寅午戌이 되어 고위 공직자로 승진하게 될 것이다. 공직자로 끝까지 간다면 후회 없는 삶이 될 것이다.

(庚子大運 : 61~70세)

庚子大運은 두 개의 庚金이 부딪치는 것으로 좋은 大運은 아니다. 61세 丙子年, 두 개의 丙火 태양을 두 개의 癸水가 가리게 되어 공직으로 마감을 준비하게 된다. 62세 丁丑大運, 丙丁 갈등과 지지에 巳酉丑과 亥子丑 탁수되어 공직 생활을 마감하게 될 것이다. 63세 戊寅年, 64세 己卯年, 퇴직하고도 법인체에 취업하여 일하게 될 것이다.

(辛丑大運 : 71~80세)

辛丑大運은 년에 丙火가 丙辛合水로 물이 많아지고 어둡게 되어 심혈관과 비뇨기과 질환으로 고생할 수가 있으니, 건강검진으로 사전에 대처하는 것이 좋다. 노후는 충청권에 자리를 잡고 자연을 벗 삼아 悠悠自適하게 살아가는 것이 건강에 도움이 될 것이다.

(壬寅大運 : 81~90세)

壬寅大運은 물이 많아져 庚金은 노화되고 지지에 寅申巳亥가 되어 생을 마감하는 大運으로 볼 수가 있다. 남촌물상론에서는 사주에 많은 五行이 大運에서 오게 되면 문제가 된다고 본다. 지지에 寅申巳亥가 되었을 때 멀리 떠나간다고 보면 된다.

※ 이 명조는 좋은 명조라고 보기가 어렵다. 다만 大運의 흐름대로 공직의 길을 택해야 인생을 편안하게 살아갈 수 있는 명조다. 특히 庚金 일주는 재물을 탐하는 경우가 많지만 이 명조는 재물(木)을 공직의 칼자루로 사용하기 때문에 청렴결백하게 살아가게 되는 것이 좋다. 이 명조의 특징은 원국에 청아한 명조가 되어 깨끗한 생활로 공직을 마감하게 된다.

12. 전산직 공무원 명조

乾 命	1998년 08월 10일 (陰) 12:45 직업 : 공무원					오행	木	火	土	金	水
壬	庚	辛	戊				1	1	2	3	1
午	辰	酉	寅								
93	83	73	63	53	43	33	23	13	3		
辛	庚	己	戊	丁	丙	乙	甲	癸	壬		
未	午	巳	辰	卯	寅	丑	子	亥	戌		

〈원국해설〉

庚辰日柱다. 五行은 다 있다. 庚金의 큰 칼로서 칼자루는 국가 자리 년지에 寅木에 뿌리가 있다. 庚金의 칼로서 지지에 申金이 없어 큰 칼로는 약하다. 큰 칼을 가지고 움직이는 군인이나 경찰로 활동하기는 약하다. 더구나 庚金의 뿌리가 월지 酉金이 辰酉合을 하고 있어 庚金의 뿌리는 酉金이 된다. 酉金을 사용하는 일을 하게 될 것이다.

庚金은 칼자루가 필요하다. 칼자루는 국가 자리 지지에 寅木이 있다. 천간에 戊土는 壬水의 제방 위에 甲木을 심어야 제방이 튼튼하다. 마음은 木의 행위인 교육에 관한 일로 교육공무원을 하고 싶어 할 것이다. 그러나 庚金은 甲木이 칼자루가 되어 숙살지권에 관한 공무원을 하게 된다. 년지에 寅木과 시지에 午火가 寅午戌이 되면 甲木이 戊土에 심어지게 된다. 지지에 寅午戌이 되면 丙火가 시에 壬水에 뜨게 될 때 공무원 시험에 합격하게 될 것이다. 시에 壬水에 丙火가 뜰 수가 있어 정년까지 근무하게 될 것이다. 단점은 庚金이 뿌리가 없어 辛金에 뿌리 酉金이 일지 辰土와 辰酉合을 할 수가 있다. 직접 숙살지권에 관한 일을 하지 않고 법원에 酉金을 사용할 수가 있어 전산직에 일을 할 수가 있다.

(법원에 전산직은 2024년 甲辰年, 처음 생기는 직책으로 전산직과 사서직

이 생겨 올해 첫 공무원을 뽑았다. 전산직 직급은 9급과 5급 공무원으로 두 개의 급수로 나누어진다. 2024년 전산직, 시험과목은 국어, 한국사, 영어, 컴퓨터 일반정보 보호론 5개 과목이다. 100분 동안 100문항을 풀어야 한다. 올해 15명 모집에 12명 채용하였다)

(癸亥大運 : 13~22세)

癸亥大運은 년에 戊土와 戊癸合으로 己土가 되어 탁수를 면하기 위하여 지지에 寅木의 뿌리에서 甲木을 끌어온다. 甲寅으로 寅木의 뿌리를 만들 수가 있다. 寅木은 寅午戌로 甲木에 꽃을 피울 수가 있어 공부를 잘하는 사람이다. 17살 甲午年, 甲木이 戊土에 심어지고 지지에 寅午戌이 되어 甲木에 꽃을 피우게 된다. 전교에서 우수한 학생으로 볼 수가 있다. 18세 乙未年, 乙木이 乙庚合으로 두 개의 辛金이 되어 丙火를 끌어오고 지지에 巳午未가 되어 壬水에 丙火가 뜰 수가 있다. 辛金의 뿌리 酉金이 辰酉合金으로 이과를 택하게 된다. 19세 丙申年, 丙火가 丙辛合으로 辛金이 되며 지지에 申金과 寅申巳亥가 되어 집을 떠나 대학을 가게 되었다.

(甲子大運 : 23~32세)

甲子大運은 甲木이 국가 자리 戊土에 심어져 국가 공무원에 갈 수가 있으며, 지지에 申子辰이 되어 부부궁에 合을 이루어 결혼을 예측한다. 27세 甲辰年, 국가 자리에 심어져 공무원 시험에 응시하게 되었다. 3월 丁卯月, 丁火는 시에 壬水와 丁壬合 乙木이 되어 乙庚合으로 두 개의 辛金이 丙火를 끌어오게 된다. 지지에 寅木은 寅午戌이 된다. 寅木의 뿌리는 甲辰年에 예측대로 甲木을 끌어와 戊土에 심을 수가 있어 공무원 시험에 합격할 수가 있었다. 10월 甲戌月에 甲木이 戊土에 심어지고 지지에 寅午戌이 甲木에 꽃을 피우게 되어 공무원으로 근무를 시작하게 될 것이다. 결혼은 32세 己酉年, 엄마의 소개로 己土가 甲木을 끌어와 庚金의 칼자루가 될 수가 있다. 지지에 辰酉合金으로 부부궁이 合이 되어 결혼하면 좋다.

(乙丑大運 : 33~42세)

　乙丑大運은 乙木이 일간 庚金과 乙庚合으로 두 개의 辛金이 된다. 강력하게 丙火를 끌어와 巳酉丑과 巳午未로 丙火가 밝아진다. 지지에 寅午戌로 국가 자리 甲木을 끌어와 꽃을 피우게 되면 5급 시험에 합격할 수가 있다. 37세 甲寅年, 甲木이 戊土에 심어지고 지지에 寅木이 寅午戌로 甲木에 꽃을 피우게 되어 5급 시험에 합격할 수가 있다.

(丙寅大運 : 43~53세)

　丙寅大運은 丙辛合이 되지만 지지에 寅午戌이 되면 丙火가 壬水에 뜨게 된다. 지지에 寅木은 甲木을 끌어와 戊土에 심을 수가 있게 된다. 최고의 고위직으로 승진할 수가 있어 능력을 발휘하게 된다. 47세 甲子年, 甲木이 戊土에 심어지고 庚金의 칼자루가 된다. 지지에 申子辰 水局으로 나무가 성장하여 튼튼한 칼자루가 되어 이사관으로 승진할 수도 있다. 申金은 申酉戌로 庚金의 뿌리가 튼튼하게 자리를 잡기 때문에 흔들리지 않고 업무를 충실하게 수행할 수가 있다.

(丁卯大運 : 53~62세)

　丁卯大運은 시에 壬水와 丁壬合 乙木으로 乙庚合을 하게 되면 정년을 예측하게 된 것으로 보면 된다. 또한 두 개의 辛金이 되어 丙火를 끌어와 마지막으로 한 번 더 꽃을 피우게 될 것이다. 卯木은 지지에 년지 寅木과 寅卯辰이 되어 甲木의 뿌가 튼튼하게 된다. 년간 戊土에 甲木이 마지막으로 꽃을 피울 수가 있어 마지막 기회로 승진하고 퇴직하게 될 것이다. 57세 甲戌年, 甲木이 戊土에 심어지고 지지에 寅午戌로 마지막 甲木에 꽃을 피우게 될 것이다.

(戊辰大運 : 63~72세)

　戊辰大運은 새로운 戊土가 오면 戊土는 고향 땅으로 보아도 좋다. 나이가 들면 사람들은 고향의 터전을 그리워하게 된다. 새로운 땅이 運에서 온다는 것은 내가 살아갈 터전을 잡게 된다. 이때의 나이에 국가 공무원들이 정년 퇴직이 연장되어 65세가 된다면 65세 壬午年, 물이 많아지면 戊土의 고향 땅이 제방이 될 것이다. 지지에 寅午戌로 丙火가 마지막 壬水에 뜨게 되면 퇴직할 수가 있다고 볼 수가 있다.

(己巳大運 : 73~83세)

己巳大運은 己土는 고향 땅에 甲木을 불러와 심을 수가 있고 지지에 巳酉丑으로 닭도 기르고 고향을 지키며 터전을 마련하여 悠悠自適하게 살아가면 행복한 삶이 될 것으로 판단한다. 깨끗한 공직자로 남게 될 것이다.

8장
辛金 日干

8장
辛金 日干

1. 행정직공무원의 명조

坤命	1958년 02월 23일(陽) 10:30 직업 : 행정직공무원					오행	木	火	土	金	水
癸	辛	甲	戊				2	1	3	1	1
巳	未	寅	戌								
96	86	76	66	56	46	36	26	16	6		
甲	乙	丙	丁	戊	己	庚	辛	壬	癸		
辰	巳	午	未	申	酉	戌	亥	子	丑		

〈원국해설〉

辛未日柱다. 년에 있는 戊土와 시에 있는 癸水가 戊癸合으로 己土가 되어 있다. 己土는 월에 있는 甲木과 甲己合 乙木이 되어 辛金 일주의 재물로 칼자루가 되어 있다. 국가 자리 戊土에 월간 甲木이 심어진다. 甲木은 월간에 있어 국가 공무원이지만 중앙청에서 근무한 것이 아니라, 한 단계 아래인 지방직 공무원이 된다. 일간 辛金은 乙木을 칼자루로 사용하게 되어 행정직 공무원의 사주가 되는 것이다.

이러한 분들은 국가 공무원이라도 월간에 甲己合 乙木이 되어 辛金에 맞는 칼자루가 되었다. 지방직 공무원을 할 수가 있으며 동사무소나 구청에 근무하게 된다. 남촌물상론에서는 天干은 삶의 목표를 말해 주는 것이며 지지는 목표를 향해 행동하는 것으로 보라는 것은 기초편에서 이미 설명하였다.

　지지를 살펴보면 寅申巳亥를 만들 수 있는 개연성과 巳午未가 되어 火局의 개연성이 있다. 寅木과 戌土가 寅午戌이 되면 일간 辛金이 발동하여 丙火를 끌어오게 된다. 丙火는 물상론에서 국가를 상징할 때 丙火를 국가로 설명한다.

　이분의 마음을 안심법으로 설명하면 년에서 시작하여 시에 癸水와 戊癸合 乙木이 된다. 辛金에 칼자루 역할을 할 수 있고 辛金에서 끌어오는 丙火는 지지에 寅午戌이 된다. 辛金이 丙火를 끌어와 국가와 관련이 되어 있다고 생각을 할 수 있다. 丙火는 태양이 되어 甲木에 꽃을 피우게 된다. 국가 공무원 중에서도 행정직공무원을 할 수 있다. 직업을 간단하고 쉽게 판단할 수가 있는 것으로 眼心法으로 사주를 쉽게 감명하는 것이다.

　이분의 사주가 좋은 점도 있지만 단점을 발견하는 것도 중요하다. 眼心法으로 사주를 판단하면 사생활을 쉽게 볼 수가 있다. 이 명조의 문제점은 官이 약하다는 것을 알 수가 있다. 그러나 官이 약하게 보이지만 때(運)가 되면 官(火)이 발동할 수 있다는 것이 보인다. 巳午未와 寅午戌이 발동하게 될 때 일간 辛金이 丙火(官)를 끌어와 남자의 문제가 발생한다. 내면성에 대한 관계를 알 수 있는 것이 眼心法이다. 눈에 보이지 않는 五行이 지지에서 타오르는 불꽃이 모여 있다는 것을 알 수가 있다. 運에서 火運(官)이 오게 되면 반드시 남자 문제로 고충을 겪게 될 것을 예측하게 된다. 상담 결과, 오랫동안 남자와 사귀고 있으며 드러낼 수 없는 남자와 관계를 유지하고 있었다. 이분의 명조는 보이지 않는 불타는 욕정이 잠재되어 있다는 마음을 알 수가 있다.

(壬子大運 : 16~25세)

　壬子大運은 壬水의 물이 甲木을 성장시키는 大運이다. 나무가 성장을 할 수가 있어 공부를 잘하는 것으로 판단한다. 木을 성장시킨다는 것은 학창 시절에 공부를 잘하게 된다는 뜻도 된다. 辛金 일주에 木은 재물로 열심히 공부하여 명예와 돈을 많이 벌어야겠다는 마음을 알 수가 있다.

19세 丙辰年, 고등학교 3학년이다. 辛金은 丙火를 끌어와 丙辛합을 하려고 하지만 丙火가 오면 지지에 寅午戌, 巳午未가 되어 甲木에 꽃을 피우게 할 수가 있다. 辛金은 甲木을 칼자루로 사용하기가 어렵다. 지지에 辰土와 戌土가 辰戌冲을 하여 작은 땅이 움직이게 되니 대학을 갈 수가 없다.

21세 戊午年, 사주 원국에 戊癸合이 풀어지게 된다. 甲木이 국가 자리 戊土에 심어지게 된다. 지지에 寅午戌로 甲木에 꽃을 피우게 된다. 일간 辛金이 丙火를 끌어와 국가 자리에 심어진 甲木에 꽃을 피우게 되어 국가 공무원 시험에 합격하였다. (남촌물상론 기초편 天干合의 원리를 이해하여야 한다)

(辛亥大運 : 26~35세)

辛亥大運은 일간의 辛金과 大運의 辛金이 두 개의 辛辛이 된다. 辛金은 강력하게 丙火의 官을 끌어오고 싶은 마음이 든다. 이때 官은 남자가 오는 運으로 결혼하고 싶은 마음이 든다. 그러나 일간이 묶여있을 때는 결혼을 하고 싶은 생각이 없다. 묶여있는 辛金이 풀릴 때 결혼하게 된다.

29세 丙寅年, 결혼하였다. 丙火가 丙辛合이 되고 지지에 巳午未로 官의 뿌리가 부부궁에 합이 되어 결혼하게 되었다. 辛金은 칼자루가 끼워질 때 결혼하는데 애정욕이 강해 巳午未의 官으로 부부궁에 方合으로 합이 되어 결혼하였다. 자식 자리와 巳午未 합을 이루면 혼전 임신이 가능하며 예상치 못한 결혼을 하게 된다.

(庚戌大運 : 36~45세)

庚戌大運은 사주 원국 천간의 辛金과 大運의 庚金이 만나는 運이다. 戊癸合 己土가 甲己合으로 乙木이 되고 乙木은 大運의 庚金을 乙庚合으로 두 개의 辛金이 된다. 두 개의 辛金은 강력하게 丙火를 끌어오고 지지에 巳午未

가 되어 남자와 인연이 있게 된다. 44세 辛巳年, 두 개의 辛金이 丙火를 끌어오고 지지에 巳午未가 되어 남자를 만나게 되었다. 상담 결과, 남자를 만나 지금까지 사귀고 있었다. 이분은 사귀는 남자에게 돈을 잘 쓰지 않는 것이 특징이다. (왜 돈을 쓰지 않는가에 대하여 한 번씩 연구해 보세요)

(己酉大運 : 46~55세)

己酉大運은 己土가 사주 원국에 이미 甲木이 乙木으로 되어 있어 전체적으로 合이 모두 다 풀리게 된다. 辛金은 자유로운 몸이 될 것이다. 다니던 직장을 그만두고 싶은 생각이 든다. 지지로 大運의 酉金이 巳酉丑으로 辛金의 뿌리가 되어 새로운 일을 하고 싶어진다. 巳火가 움직이면 辛金은 丙火를 끌어와 甲木에 꽃을 피우게 된다. 甲木에 꽃을 피우게 되면 승진의 기회를 잡게 된다. 52세 己丑年, 己土가 甲己합을 풀어지게 하여 자유로운 辛金이 된다. 지지에 巳酉丑이 되어 丙火를 끌어와 甲木에 꽃을 피워 승진하게 되었다.

(戊申大運 : 56~65세)

戊申大運은 戊土는 사주 원국에 戊癸合을 풀리게 하여 甲木은 년간 戊土에 뿌리를 내릴 수가 있다. 지지에 申金은 寅申巳亥가 되어 새로운 사업을 하고 싶어 직장을 마감하게 되는 大運이다. 지지에 申酉戌이 되어 辛金의 뿌리가 튼튼하다. 59세 丙申年, 丙火가 丙辛合이 되고 지지에 寅申巳亥가 되어 명예퇴직을 신청하게 된다. 62세 己亥年, 己土가 戊癸合을 풀어지게 한다. 甲木은 년간 戊土에 뿌리를 내릴 수가 있다. 지지에 亥水는 寅申巳亥가 되어 새로운 일을 시작하게 된다.

(丁未大運 : 66~75세)

丁未大運은 丁火는 甲木에 등불이 되며 지지에 巳午未가 되어 일간 辛金과 丙辛合으로 丁火가 된다. 두 개의 丁火가 甲木에 등불을 비추게 되니 정신세계와 인연을 맺어 살아가면 좋다. 시지에 巳火에서 巳酉丑으로 정신세계에 입문하여 상담업을 하게 되면 노후가 편안하다. 사회를 위해 봉사하는 마음으로 살아가는 것이 좋다.

2. 폐와 당뇨합병증으로 고생을 한 명조

乾 命	1949년 12월 09일(陰) 20:40			직업 : 의류업, 예체능				
戊	辛	丁	己	오행	木	火	土	金	水
戌	酉	丑	丑		0	1	5	2	0
96	86	76	66	56	46	36	26	16	6
丁	戊	己	庚	辛	壬	癸	甲	乙	丙
卯	辰	巳	午	未	申	酉	戌	亥	子

〈원국해설〉

辛酉日柱다. 사주 원국에 木이 없어 無財四柱이다. 金이 놀 수 있는 물이 없다. 천간에 물을 만들 수 있는 五行은 丁火에서 壬水를 끌어와 丁壬合 乙木을 만들면 재물이 생길 수 있는 사람이다. 재물은 년에 己土에서 甲木을 끌어와 甲己合 乙木으로 재물을 만들 수가 있다. 戊土에서 癸水를 끌어오면 탁수가 될 수가 있다. 이 명조는 없는 것을 끌어와 만들기 때문에 무한한 노력이 필요하다. 지지에 2개의 丑土가 酉金과 巳酉丑으로 물을 만들 수가 있어 예체능에 자질도 가지고 있다.

辛金 일주가 칼자루가 없어 능력을 발휘하기 어렵다. 또한 물이 없어 金이 놀기에 어려움이 따른다. 칼자루는 辛金의 재물로 취하기도 어렵다. 그럼 무엇을 해서 살아가는가를 알아보자. 남촌물상론의 특허품 財와 官의 觀法으로 분석해 보자. 辛金의 재물은 木이고 木의 재물은 己土이다. 년간 己土에서 甲木을 끌어와 재물을 만든다. 土는 토속적으로 고향 땅을 의미한다. 고향에서 木에 관한 의류에 관계되는 일을 할 수가 있다. 20세 미만 시절에 물이 없는 木으로 삶이 어렵게 된다. 다음은 官에 官法으로 풀어보자. 辛金의 官은 월에 丁火이고 丁火의 官은 水이다. 이 명조에서 水는 丁火에서 壬水를 끌어와 木으로 財를 만들 수 있다. 20세 이후부터는 木의 일을

하게 되면 돈을 벌 수가 있으며 칼에 칼자루가 끼워지게 되면 결혼 運도 있다. 財와 官에 觀法으로도 木의 행위로 똑같은 답이 나온다.

(乙亥大運 : 16~25세)

乙亥大運은 乙木이 己土에 심어지는 大運이다. 지지에 亥水가 丑土와 탁수의 개연성을 볼 때 학교에서 공부도 할 수가 없어 중학교에 갈 수가 없다. 乙木은 辛金의 재물이 된다. 일찍 돈을 벌기 위해 의류 영업의 길로 접어들게 된다. 21세 己酉年, 강력하게 甲木을 불러오게 되어 여자를 만나게 되었다. 지지에 巳酉丑으로 合을 이루어 동거를 시작 의류업을 하게 되었다. 22세 庚戌年, 乙庚合으로 두 개의 辛金이 되어 丙火를 끌어오게 된다. 지지에 申酉戌이 되어 金局으로 辛金의 뿌리가 강해져 군에 입대하여 월남에 파병으로 국방의 의무를 하게 되었다.

(甲戌大運 : 26~35세)

甲戌大運은 년에 己土와 甲己合으로 乙木이 되며 辛金의 칼자루가 되어 木의 행위 의류로 돈을 벌 수가 있다. 甲己合으로 乙木이 辛金의 칼자루가 되면 지지에 申酉戌이 될 때 결혼할 수가 있다. 결혼이 가장 좋은 시기는 32세 庚申年이다. 庚金이 乙木을 끌어오고 지지에 申酉戌로 부부궁에 合을 이루게 되면 결혼해도 좋은 해로 볼 수가 있다. 이 시기에 결혼하면 준비된 결혼으로 고생하지 않게 되지만 미리 결혼하게 되면 많은 고통이 따르게 된다. 無財四柱 특징이 財運이 올 때 돈을 벌 수가 있다. 木에 大運까지 실제 의류나 木에 행위를 하는 大運은 여기까지이다.

(癸酉大運 : 36~45세)

癸酉大運은 癸水가 시의 戊土에 戊癸合을 하여 두 개의 己土가 강력하게 甲木을 불러와 돈을 벌고 싶은 욕망이 앞선다. 甲木을 불러와 새로운 땅에 甲木을 심고 싶은 마음이 들어 고향을 떠나 넓은 땅을 찾아 가게 된다. 41

세 己巳年, 두 개의 己土가 甲木을 불러오고 지지에 巳酉丑으로 金을 쓰는 예체능으로 체육관에서 일하게 되었다.

(壬申大運 : 46~55세)

壬申大運은 월에 丁火와 丁壬合 乙木이 되어 辛金의 칼자루가 되며 지지에 申金이 申酉戌로 辛金의 뿌리가 튼튼하게 된다. 본인이 金의 행위를 하고 싶어 사업을 하려고 한다. 47세 乙亥年, 체육관을 인수하게 되었다. 乙木은 辛金의 칼자루가 되고 지지에 寅申巳亥가 되어 새로운 일을 시작하게 된다. 이 大運은 크게 돈을 벌 수 없지만 겨우 유지 할 수 있는 만큼만 돈을 번다. 無財 四柱는 財運이 오지 않으면 통장에 돈이 쌓이지 않기 때문이다. 이 경우는 사업자 명의를 부인이나 다른 사람의 명의로 선정하는 것이 좋다. 無財四柱가 丁火에서 丁壬合 乙木으로 財를 만들면 부인 아닌 다른 여자와 인연이 맺게 된다. 丁火에서 乙木이 되어 辛金의 칼자루가 되면 가무에 능하게 되어 가정을 소홀히 하는 경우가 많다.

(辛未大運 : 56~65세)

辛未大運은 두 개의 辛金이 丙火를 끌어와 지지에 巳午未가 되어 운영하던 체육관은 경제적으로 어려움을 겪게 된다. 사주 원국에 물이 없고 巳午未로 丙火를 끌어오게 되면 땅이 마르기 때문에 木이 살아갈 수가 없다. 이때부터 金이 녹게 되면 질병의 시작으로 폐나 간이 나쁘게 되는 大運으로 볼 수가 있다. 58세 丙戌年, 사업을 접게 되며 61세 己丑年, 두 개의 己土가 甲木을 끌어 오지만 甲木이 불에 타게 된다. 재물 손실이 오게 되며 지지에 巳午未로 火氣運이 강하여 건강이 좋지 못하게 된다.

(庚午大運 : 66~75세)

庚午大運은 庚金과 辛金이 되며 지지에 申酉戌로 金이 강한 것처럼 보인다. 庚金이 지지에 午火를 달고와 巳午未가 되어 金을 녹이게 되고 폐에 문제가 발생하게 된다. 또한 불이 강해 물이 마르고 당뇨 문제로 고생하게 된다. 67세 乙未年, 辛金에 칼자루가 되고 지지에 巳午未가 되어 칼자루가 불에 타게 된다. 당뇨합병증으로 발가락을 절단할 수가 있다. 71세 庚子年, 庚金이 오면 申酉戌도 되지만 申子辰, 亥子丑 탁수가 된다. 지지에 子午卯酉가 되어 당뇨합병증으로 2차 수술하게 될 것이다. 75세 癸卯年, 戊癸合으로 탁수가 되며 지지에 子午卯酉가 되어 폐 수술 후유증으로 고생하게 된다.

(己巳大運 : 76~85세)

己巳大運은 두 개의 己土가 甲木을 끌어 오지만 지지에 巳火의 불을 달고 와 巳酉丑으로 合을 이루고 丙火運이 오면 건강에 문제가 발생하게 될 것이다. 77세 丙午年, 丙火가 丙辛合을 묶이게 되며, 지지에 巳午未로 火氣運이 강하게 되어 생명을 담보하기가 어렵다.

※ 金은 물상론에서 五行을 칼로 비유하고 있다. 칼은 불에 이미 달구어 만들어져 있다. 다시 불 속으로 들어가면 火氣運을 만나 칼날이 무뎌지는 것으로 판단한다. 丁火에서 壬水와 合을 이루게 되어 업무로 만난 여자와 인연이 있다. 丁壬合 乙木이 칼자루에 끼우게 되는 것으로 판단하여 부인 외 다른 여자와 인연을 맺게 된다. 丁火는 방송, 예술성으로 合을 이루어 칼자루가 되면 가무를 좋아하여 가정을 소홀히 하는 경우가 많다.

3. 판사의 남편과 결혼할 수 있는 명조

坤 命	1942년 02월 17일(陽) 20:15			직업 : 약사					
戊	辛	壬	壬	오 행	木	火	土	金	水
戌	丑	寅	午		1	1	3	1	2
94	84	74	64	54	44	34	24	14	4
壬	癸	甲	乙	丙	丁	戊	己	庚	辛
辰	巳	午	未	申	酉	戌	亥	子	丑

〈원국해설〉

辛丑日柱가 財(寅木)와 官(午火)이 약하게 보이는 명조다. 그러나 財(寅木)가 변하여 寅午戌로 官이 된다. 천간 丙火가 壬水에 뜨게 되어 丙辛合이 되면 자격증을 가질 수가 있다. 辛金의 官인 丙火는 두 개의 壬水 위에 뜨고 시에 戊戌의 튼튼한 제방으로 끝까지 경제적 관점이 투철하다. 官인 남편(丙火)은 명예를 가진 국가 공직의 남편이 될 수가 있다. 丙火는 丙辛合으로 국가 자격증이 되며 辛金의 뿌리 酉金이 巳酉丑이 되어 약사에 자격증이 된다.

시에 戊戌은 두 개의 壬水에 제방이 되어 큰 호수가 되어 있다. 년지 午火(官)가 국가 자리 지지에서 寅午戌이 된다. 천간에서 일간 辛金이 丙火를 끌어와 壬水에 뜨게 된다. 남편(官) 丙火는 국가 공무원이며 丙辛合은 나의 자격증이 되어 직업은 전문직으로 판단하는 것이 좋다. 상담 결과, 이분의 남편은 전직 판사였으며 본인은 약사였다고 한다.

이 명조는 남편 福이 있지만 본인은 木의 행위인 교수를 하지 못하면 건강에 문제가 발생하게 된다. 지지에 寅午戌로 甲木을 끌어다 戊土에 심을 수가 있어 늦게까지 일을 할 수가 있다. 본인은 戊土의 땅에 甲木을 심지 못하게 되면 탁수되어 건강에 이상이 온다. 지지에 寅午戌이 되어 甲木을 끌어와도 戊土에 나무를 심지 못하여 안전한 호수가 될 수가 없다. 木의 행위를 하지 못하게 되면 본인의 건강 문제가 발생하게 되는 것이다.

일간 辛金이 뿌리 酉金이 巳酉丑으로 金의 행위만 하면 巳午未가 되어 丙火는 밝아져 일간의 官으로 사용할 수가 있다. 지지에 巳酉丑 입으로 관계되는 의약에 일만 하게 되면 큰 호수 위에 官인 丙火가 뜨게 되어 남편의 명예만 좋아진다. 본인은 木의 행위를 하지 못하면 戊土의 땅이 무너진다. 상담 결과, 이분은 학교생활이 끝난 후에 위암과 갑상선 수술하여 치료하고 있다고 하였다. 사람이 살아가는데 어떤 행위와 어떤 일을 하느냐에 따라 건강과 운명이 바뀔 수가 있다는 사실을 검증할 수가 있다. 이 부분에 대하여 많은 실관을 통해서 더 정확한 답을 찾아야 한다. 명리학을 연구한 필자는 앞으로도 많은 실관으로 남촌물상론을 후학들에게 전수하고자 노력할 것이다.

(庚子大運 : 14~23세)

庚子大運은 庚金의 큰 칼과 작은 辛金의 칼이 두 개가 된다. 두 개의 칼자루가 필요하다. 부모 자리 壬水에서 丁壬合 乙木을 끌어와 庚金과 乙庚合으로 두 개의 辛金이 丙火를 끌어온다. 지지에 子水가 子午卯酉가 되어 酉金의 행위를 하고 싶다. 酉金의 행위를 하면 子午卯酉도 면할 수가 있고 부부궁도 巳酉丑으로 合을 이루게 된다. 18세 己亥年, 甲木을 불러오고 지지에 寅午戌이 되어 공부를 잘하는 시기다. 19세 庚子年, 庚金이 부모 자리 壬水에서 丁火를 끌어와 丁壬合 乙木이 두 개의 辛金이 丙火를 끌어와 壬水의 물 위에 뜬다. 지지에 丑土가 巳酉丑으로 酉金의 행위를 하고 싶어 약학대학에 지원하게 되었다. 21세 壬寅年, 3개의 壬水가 丁壬合 乙木으로 칼자루가 되며, 지지에 寅午戌로 일간 辛金은 丙火와 丙辛合을 하게 되어 태양(丙火)과 같은 남자를 만나게 되었다.

(己亥大運 : 24~33세)

　　己亥大運은 己土가 甲木을 불러와 戊土에 심어지고 壬水의 강물은 튼튼한 호수가 되어 대학원에 진학하게 된다. 24세 乙巳年, 乙木이 辛金의 칼자루가 된다. 지지에 巳酉丑으로 부부궁이 合을 이루어 결혼하게 되었다. 25세 丙午年, 남편이 사법고시에 합격한 해이다. 지지에 午火(官)가 寅午戌이 되고 천간 壬水에 丙火가 뜨게 되어 남편이 사법고시에 합격하게 된다고 판단한다. 28세 己酉年, 己土가 甲木의 財를 불러오고 지지에 巳酉丑으로 약국을 개업하였다. 33세 甲寅年, 甲木이 戊土에 심어져 부모님의 도움으로 부동산을 매입하였다. 甲木이 戊土에 심어지고 지지에 寅午戌로 큰 건축물을 매입하게 되었다.

(戊戌大運 : 34~43세)

　　戊戌大運은 천간에 두 개의 戊土가 되고 지지에 두 개의 戊土가 되어 두 개의 넓은 땅에 나무를 심으라는 것으로 부동산으로 투자하여 많은 돈을 벌게 된다. 37세 戊午年, 두 개의 무토의 땅이 온다. 이때 대학에서 강의를 시작하게 되며, 부동산 매입으로 부가 가치가 높은 건축물이 된다. 41세 壬戌年, 壬水가 3개가 되며 지지에 戊土가 寅午戌로 다수의 부동산으로 돈을 벌게 되었다. 지지에 寅午戌이 되면 천간에 丙火가 壬水에 뜨게 되어 남편은 승진으로 명예를 갖게 된다. 본인은 丙辛合으로 자격증을 가지고 丁壬合 乙木이 칼자루가 되어 약국으로 많은 돈을 벌 수가 있다.

(丁酉大運 : 44~53세)

　　丁酉大運은 丁火가 丁壬合 乙木이 되어 작은 부동산을 매입하고 지지에 酉金이 巳酉丑으로 두 개의 약국을 확장할 수가 있다. 巳午未가 되면 丙火를 끌어와 丙辛合을 하게 된다. 丙火가 오면 일간은 묶이고 남편은 寅午戌이 되어 명예가 온다. 남편은 승진과 동시에 법조계에서 알아주는 판사로 명성이 얻을 수는 있지만 본인은 희생하게 된다.

(丙申大運 : 54~63세)

　丙申大運은 丙辛合으로 내가 묶이고 지지에 申酉戌이 되어 많은 물이 생산하게 된다. 이때 木이 심어지지 않으면 탁수가 된다. 이 大運에 건강에 문제가 발생할 수가 있다. 항상 辛金 일주가 천간으로 탁수는 소화기 계통의 문제가 되며, 지지로는 자궁의 문제가 발생하게 된다. 59세 庚辰年, 庚金이 辛金과 부딪칠 수가 있다. 지지에 辰土가 戌土와 辰戌沖으로 용암이 분출하여 건강에 문제가 발생하게 되고 戌土의 땅이 흔들리면 학교도 퇴직하게 된다.

(乙未大運 : 64~73세)

　乙未大運은 辛金의 칼자루가 된다. 지지에 未土는 巳午未가 되어 丙火가 물위에 뜬다. 남편의 명예는 좋아지지만 일간 辛金은 丙辛合으로 묶이게 되어 약사로 일한다. 약사의 길로 가면 이분은 丙辛合으로 묶이게 되어 일생의 삶이 희생과 자기 의지대로 살아갈 수가 없다. 65세 丙戌年, 丙辛合으로 묶이고 지지에 寅午戌이 되어 심혈관 문제가 와서 수술하였다. 73세 甲午年, 甲木이 자식 자리에 심어지고 지지에 寅午戌이 되어 부동산을 자식에게 증여하게 된다.

(甲午大運 : 74~83세)

　甲午大運은 甲木이 戌土에 심어진다. 지지에 寅午戌로 丙火가 壬水에 뜨고 일간 辛金이 丙辛合으로 묶이게 된다. 항상 건강에 신경을 써야 한다. 이 大運은 자식들에게 재산을 증여하는 것이 좋다고 했더니 상담 결과, 재산을 모두 자식들에게 증여하였다고 한다.

4. 돈이 많은 것으로 알고 결혼하였는데 모두가 허무한 명조

乾 命	1985년 04월 12일(陽) 13:10			직업 : 태양광 회사 근무						
甲	辛	庚	乙	오행	木	火	土	金	水
午	巳	辰	丑		2	2	2	2	0
92	82	72	62	52	42	32	22	12	2
庚	辛	壬	癸	甲	乙	丙	丁	戊	己
午	未	申	酉	戌	亥	子	丑	寅	卯

〈원국해설〉

辛巳日柱다. 財, 官은 있는데 필요한 물(水)이 없다. 작은 乙木에 칼자루는 월에 庚金과 합을 하고 있으며, 두 개의 辛金이 되어 강력하게 丙火를 끌어온다. 지지로 巳午未가 되어 불에 타는 형국이다. 일간은 년에 乙木이 칼자루가 되어야 한다. 월에 庚金이 乙木과 합을 하고 있어 辛金은 甲木의 財를 칼자루로 선택하고 있다. 일간 辛金이 선택한 甲木은 큰 재물처럼 보여 돈이 많은 여성으로 생각하게 된다. 그러나 지지에 午火와 巳火가 巳午未 方合으로 물이 없어 甲木이 불에 타버려 실제 재물을 취할 수 없다.

월에 庚金과 乙庚合이 되어 두 개의 辛金이 되는 것은 丙火를 끌어와 부부궁에 巳午未가 되어 처갓집 장인이 운영하는 회사에서 함께 근무하는 것으로 판단할 수가 있다. 지지에 巳午未가 되는 것은 실제 재물인 木이 성장할 수가 없다는 것으로 볼 수가 있다. 丙火를 끌어와 丙辛合水로 없는 물을 만드는 것은 무한한 노력으로 癸水의 물을 만들어 甲木에 공급하게 되어 힘든 환경에 살고 있다. 결론은 甲木은 월간 庚金의 칼자루로 처갓집 재물인 甲木을 키워주게 되는 격이 된다. 처갓집 돈을 벌어 주는 역할만 하게 된다는 것을 알 수가 있다. 처갓집 회사에서 어떤 일을 할까? 천간 甲木의 뿌리 寅卯辰과 寅午戌의 寅木, 庚金의 뿌리 申子辰의 申金, 巳火의 巳酉丑으로 寅

申巳亥가 되어 태양광 사업에 유통과 마케팅에 관한 일을 하게 된다.

본래 이분이 잘할 수 있는 직업은 辛金의 財는 甲木, 乙木, 木의 財는 辰土 丑土, 辰土에서 辰酉合金과 巳酉丑에 酉金의 행위를 하여 없는 물을 만들 수가 있다. 천간 丙火는 일간 辛金과 丙辛合水로 없는 물을 만들 수가 있으며 丙辛合의 丁火가 甲木에 등불이 된다. 카페나 이탈리아 음식이나 프랑스 음식으로 요식업을 하면 좋은 명조가 된다. 이분은 甲木의 재물을 노리고 결혼하게 되면 이혼을 할 수 있다. 乙庚合이 풀어지면 이때 辛金이 乙木을 칼자루로 사용하게 된다. 한번 이혼한 乙木의 여자가 칼자루 되어 옛날 사귀었던 여자와 재혼하게 될 것이다. 상담 결과, 이혼 소송 중이며 옛날 대학 시절에 만난 여자와 다시 만나고 있다고 한다.

(戊寅大運 : 12~21세)

戊寅大運은 甲木을 戊土에 심을 수가 있다. 지지에 寅卯辰으로 공부는 열심히 하지만 물이 없어 학업성적은 좋지 않다. 지지에 辰土, 丑土, 辰酉合金으로 물을 만들 수가 있어 산업기술대학엘 가게 된다. 19세 癸未年, 癸水가 戊土를 불러와 甲木에 뿌리를 내리고 싶어 대학을 가려고 한다. 지지에 巳午未가 되면 천간 辛金이 丙火를 끌어와 丙辛으로 묶이게 되고 丙辛合水로 癸水의 물을 만들어 甲木을 성장시키려 한다. 작은 癸水의 물로 甲木은 성장할 수가 없어 원하는 대학은 갈 수가 없다. 丙火는 辛金과 丙辛合이 되면 辛金의 뿌리 酉金이 巳酉丑, 辰酉合金으로 산업기술대학교로 진학하게 된다.

(丁丑大運 : 22~31세)

丁丑大運은 丁火는 壬水를 끌어와 丁壬合 乙木으로 乙庚合이 풀어진다. 辛金의 칼자루에 乙木이 끼워지게 되니 결혼하고 싶어 한다. 25세 己丑年, 시에 甲木과 甲己合 乙木이 되어 乙庚合이 풀어져진다. 乙木은 辛金에 칼자루가 끼워지고 지지에 丑土가 巳酉丑으로 부부궁에 합을 이루어 대학 친구인 여자를 만나 사귀게 되었다. 31세 乙未年, 乙庚合이 풀어지고 지지에 巳

午未가 되어 부부궁에 合을 이루어 다른 여자와 결혼하였다. 결혼의 목적은 甲木에 재물을 탐내어 결혼하게 되지만 지지에 巳午未가 丙火를 끌어와 丙辛合으로 묶이게 된다. 巳午未가 될 때 결혼하여 처갓집에 얽매인 결혼 생활과 지지에 水氣運이 없어 자식이 생기기 어렵게 된다. 대학 때 사귄 여자와 결혼했어야 한다. 그러면 자식도 생기고 편안했을 것이다. 누구를 만나느냐에 따라 팔자가 바뀌게 된다.

(丙子大運 : 32~41세)

丙子大運은 丙火가 丙辛合으로 묶이게 되고 지지에 子午卯酉로 부부관계에 문제가 발생하게 될 것이다. 子水는 申子辰, 亥子丑으로 탁수되어 회사도 사업부실로 경영에 문제가 될 수가 있다. 35세 己亥年, 己土는 시에 甲木과 甲己合 乙木이 되어 乙庚合이 풀어져 乙木은 辛金의 칼자루가 된다. 지지에 亥水가 亥卯未로 乙木에 뿌리가 되어 능력을 발휘할 수가 있다. 37세 辛丑年, 乙庚合이 풀어지면 乙木은 옛날 여자 친구가 온다. 지지에 巳酉丑으로 부부궁에 合이 되어 대학 때 만났던 여자 친구를 만나게 된다. 38세 壬寅年, 壬水의 강물 위에 丙火가 뜨는 것을 좋아한다. 지지에 寅午戌이 되어 丙火가 밝아지면 옛날 여자 친구의 관계가 드러나게 되어 부부 문제가 발생하게 된다. 39세 癸卯年, 癸水는 戊土를 불러온다. 시간에 甲木의 뿌리가 지지에 卯木은 寅卯辰이 되어 庚金의 칼자루가 된다. 甲木(부인)은 庚金(친정아버지)의 칼날을 이용하여 남편을 괴롭히게 된다. 乙庚合이 풀어지면 甲木은 庚金의 칼자루가 된다. 卯木은 시에 甲木의 뿌리가 寅卯辰이 되어 부인의 권위가 강해진다. 庚金(친정 아버지)을 앞세워 칼로 사용하기 때문이다. 40세 甲辰年, 甲木은 庚辰의 辰土와 寅卯辰이 되어 아버지와 딸은 한통속이 되어 사위를 버리게 된다.

(乙亥大運 : 42~51세)

乙亥大運은 乙木은 乙庚合이 풀어지고 辛金과 庚金이 각각 칼자루를 취하게 된다. 년에 乙木(옛날 여친)이 풀어지면 일간 辛金의 칼자루가 되며 庚金은 시에 甲木에 칼자루가 된다. 지지에 亥水는 亥卯未로 乙木의 뿌리가 되어 옛날 친구와 결혼도 할 수가 있게 될 것이다. 45세 己酉年, 己土가 시에 甲木과 甲己合 乙木이 되어 乙庚合을 풀어지게 한다. 년간 乙木은 일간 辛金에 칼자루가 된다. 지지에 酉金은 巳酉丑으로 부부궁에 합을 이루러 결혼하면 좋을 것이다.

(甲戌大運 : 52~61세)

甲戌大運은 甲木이 두 개가 되어 두 개의 땅이 필요하다. 辛金은 甲木을 취할 수 없어 욕심을 부리면 안 된다. 지지에 辰戌丑未가 될 수가 있어 땅이 움직여 부동산에 투자하고 싶다. 지지에 戌土는 寅午戌로 火局이 된다. 이때는 부동산에 투자하면 손실을 볼 수가 있다. 戌土를 申酉戌로 물을 생산하는 일을 해야 한다. 천간에 辛金과 庚金이 있어 戌土가 오면 申酉戌을 만들 수가 있기 때문이다. 커피숍이나 먹는 사업을 하면 좋은 결과가 있다.

(癸酉大運 : 62~71세)

癸酉大運은 戌土를 불러와 나무(財)를 심어 돈을 벌 수가 있다. 지지에 辰土와 丑土가 있어 酉金과 합을 이루어 입에서 물이 나오는 형국이 된다. 酉金을 활용하여 돈을 벌라는 大運으로 볼 수가 있다. 64세 戊辰年, 戊土는 甲木이 뿌리를 내리고 辰土는 寅卯辰으로 甲木에 뿌리가 되어 부동산에 투자하면 부가 가치가 높은 건축물이 될 것이다.

5. 축산물 가공업 사업을 할 수 있는 명조

乾命	1979년 06월 13일 (陽) 06:20 　 직업 : 축산물 가공업					오행	木	火	土	金	水
辛	辛	庚	己					1	1	2	3	1
卯	亥	午	未									
92	82	72	62	52	42	32	22	12	2		
庚	辛	壬	癸	甲	乙	丙	丁	戊	己		
申	酉	戌	亥	子	丑	寅	卯	辰	巳		

〈원국해설〉

辛亥日柱다. 천간에 財(木)가 없다. 년에 己土에서 甲木의 財를 끌어올 수가 있다. 지지에 亥卯未가 되어 財局을 이루고 있지만 실제 재물은 시에 辛金이 財를 차지하고 있다. 시지에 卯木과 未土 일주에서 亥水가 亥卯未의 財局을 만들 수가 있다. 월간에 庚金은 甲己合 乙木이 되어 乙庚合으로 辛金이 될 때 세 개의 辛金이 된다. 월지 午火와 년지에 未土는 巳午未의 개연성으로 丙火를 끌어오면 새로운 일을 시작하게 될 것이다. 丙火의 뿌리 午火가 있어 지지에 巳午未가 될 때는 아름다움을 추구하는 사업도 할 수가 있다.

일간 辛金은 년에 己土에서 甲己合 乙木이 월간 庚金과 乙庚合으로 辛金이 되어 세 개가 된다. 세 개의 작은 칼은 세 개의 乙木의 칼자루가 필요하다. 세 개의 칼에 칼자루가 되면 3가지 사업을 할 수가 있다. 두 개의 칼은 뿌리가 같아 두 개의 사업장에 동종 업종의 사업을 할 수가 있다.

庚金에서 乙庚合으로 辛金에서 丙火를 끌어오면 지지에 巳午未가 되어 아름다움을 추구하는 사업을 할 수가 있을 것이다. 辛金의 뿌리 酉金은 巳酉丑으로 손기술로 판단할 수가 있으며 亥水는 돼지고기와 丑土는 소고기로 축산 가공업을 할 수가 있다. 상담 결과, 축산 가공업 사업으로 판매와 유통업을 하고 있었다.

두 개의 사업장을 하다가 42대 乙丑大運, 월간 庚金과 乙庚合으로 辛金이 되어 丙火를 끌어오면 지지에 巳午未가 되어 아름다움을 추구하는 사업도 하게 될 것이다. 두 개의 사업은 亥卯未가 되어 본인이 직접 사업을 할 수 있다. 乙木이 乙庚合은 새로운 연상의 乙木의 여자와 合을 이룰 수 있어 함께 사업을 시작하게 될 것이다.

(戊辰大運 : 12~21세)

戊辰大運은 戊土는 넓은 땅을 의미한다. 지지에 辰土는 寅卯辰, 辰酉合으로 기술력으로 돈을 벌고 싶은 마음이다. 넓은 땅은 己土에서 甲木을 불러와 지지에 寅卯辰으로 공부와 재물을 동시에 벌고 싶다. 17세 乙亥年, 乙木이 己土에 심어지고 乙木은 월간에 庚金과 乙庚合 辛金으로 丙火를 끌어와 午火에 巳午未가 된다. 지지에 亥水는 亥卯未로 木에 뿌리가 되어 학교에서 공부를 잘하는 학생이다. 18세 丙子年, 丙辛合으로 시에 경쟁자를 제거하지만 지지에 子午卯酉가 되어 뜻대로 되지 않는다. 19세 丁丑年, 丁火에서 壬水를 끌어와 丁壬合 乙木으로 己土에 심어져 전문대학에 갈 수가 있다.

(丁卯大運 : 22~31세)

丁卯大運은 丁火는 壬水를 끌어와 丁壬合 乙木으로 다시 乙庚合을 하게 되니 세 개의 辛金이 된다. 지지에 卯木은 亥卯未가 木局으로 辛金들에 칼자루가 된다. 세 개의 辛金이 丙火를 끌어온다. 지지에 卯木은 亥卯未 木局이 되어 취업을 예측하게 된다. 세 개의 辛金에 칼자루는 칼을 사용하는 육가공회사에 취업을 할 수가 있다. 26세 甲申年, 甲己合 乙木이 월에 庚金과 乙庚合으로 辛金이 3개가 된다. 지지에 庚金의 뿌리 申金이 亥水와 寅午戌의 寅木이 寅申巳亥가 된다. 천간에서 辛金은 丙火을 끌어와 새로운 시작으로 회사에 취업하게 된다.

(丙寅大運 : 32~41세)

　丙寅大運은 시에 경쟁자를 제거하고 지지에 寅木이 寅亥合으로 부부궁에 합을 이루어 결혼을 예고하고 있다. 지지에 寅亥合을 하면 천간 己土에서 甲木을 끌어와 년에 己土와 甲己合 乙木이 된다. 乙木은 월에 庚金과 乙庚合을 하여 3개의 辛金이 된다. 3개의 辛金이 강력하게 丙火를 끌어와 새로운 사업을 시작하게 될 것으로 볼 수가 있다. 사업을 시작해도 좋은 大運으로 판단할 수가 있다. 결혼 시기를 大運으로 본다면 3개의 辛金이 丙火를 끌어오고 지지에 寅木이 寅亥合으로 부부궁에 합을 이루어 결혼으로 판단할 수가 있다. 41세 己亥年, 년에 己土와 두 개의 己土가 甲木을 불러오면 두 개의 辛金이 甲木을 다듬어 재물을 취한다. 지지에 寅亥合木의 재물과 亥卯未가 재물이 되어 육가공 사업을 시작하게 되었다.

(乙丑大運 : 42~51세)

　乙丑大運은 이분 인생의 전성기가 된다. 乙木의 財가 己土에 심어지고 乙木의 財는 월에 庚金과 乙庚合을 하여 3개의 辛金이 된다. 3개의 辛金이 하나가 되어 법인설립을 하게 될 것이다. 지지에 丑土는 巳酉丑의 소고기 亥水는 돼지고기로 일간 辛金의 뿌리 酉金이 강한 칼이 되어 육가공업체 대표이사가 되는 것이다. 43세 辛丑年, 3개의 辛金이 하나가 되고 지지에 丑土는 巳酉丑으로 일간의 뿌리가 되어 육가공업체 법인설립을 하게 되었다.

(甲子大運 : 52~61세)

　甲子大運은 甲木은 년에 己土와 甲己合 乙木으로 월에 庚金과 乙庚合을 하여 辛金이 된다. 3개의 辛金이 丙火를 불러온다. 지지에 子水가 子午卯酉가 되어 문제가 있을 것이다. 甲己合 乙木이 庚金과 乙庚合으로 辛金이 丙火를 끌어오면 지지에 午火가 寅午戌이 되면 亥卯未가 되지 못해 윗사람으로 인해 회사 재물 손실을 보게 될 것이다. 56세 甲寅年, 甲己合으로 乙木이 월에 庚金과 乙庚合으로 3개의 辛金이 丙火를 끌어온다. 천간에 丙火가 오면 지지에 寅午戌이 되어 寅亥合木, 亥卯未가 될 수가 없다. 지지에 寅午戌로 불이 되어 재물 손실을 만들게 되는 이유이다.

(癸亥大運 : 62~71세)

癸亥大運은 癸水가 戊土를 불러와 甲木을 심으려는 예측이 된다. 지지에 亥水가 있어 亥卯未가 두 번 된다. 년에 己土가 甲木을 불러오면 지지에 亥水가 亥卯未를 할 수가 있다. 일지 亥水가 다시 한번 亥卯未를 할 수가 있어 부동산과 회사를 자식에게 승계를 준비하게 될 것이다. 본인은 은퇴를 준비하는 것이 좋다. 65세 癸亥年, 癸水가 戊土를 불러와 지지에 亥卯未가 된다. 부동산을 매입하여 자식 명의로 하고 한 개의 업체를 자식에게 운영을 맡기는 것이 좋다.

(壬戌大運 : 72~81세)

壬戌大運은 壬水가 己土에 탁수가 안 되게 해야 한다. 壬水가 丁火 官을 끌어와 명예만 유지하면 좋다. 丁壬合 乙木이 乙庚合으로 3개의 辛金이 丙火를 끌어오기 때문에 명예만 가지면 편안하다. 77세 乙亥年, 모든 경영권을 아들에게 넘기고 悠悠自適하게 사는 것이 좋다. 乙木은 乙庚合으로 3개의 辛金이 하나가 된다. 시지에 卯木이 있어 자식 자리에 亥卯未가 되니 경영권을 아들에게 승계하게 될 것이다.

6. 나무치료사

乾 命	1965년 10월 01일(陰) 14:30　직업 : 나무치료사				오행	木	火	土	金	水
乙	辛	丙	乙			2	2	2	1	1
未	亥	戌	巳							
96	86	76	66	56	46	36	26	16	6	
丙	丁	戊	己	庚	辛	壬	癸	甲	乙	
子	丑	寅	卯	辰	巳	午	未	申	酉	

〈원국해설〉

辛亥日柱에 辛金은 작은 칼이다. 丙辛合으로 묶여있어 칼로서 작용할 수가 없다. 丙辛合을 풀어 官(丙火)으로부터 벗어나게 되면 재물을 취할 수가 있고 조직 생활을 벗어나게 된다. 다시 말해서 合이 풀어지면 조직 생활에서 벗어나 새로운 일을 할 수가 있는 것이다. 그러기 때문에 항상 이분에 스트레스는 조직에서 벗어나 자기 사업을 하고 싶은 마음이 꿈이다. 丙辛合으로 묶여있는 한 조직 생활하게 된다.

丙火의 태양이 떠 있지만 辛金과 丙火가 묶여있어 어둡다. 언젠가는 지구의 반대편에 떠 있는 새로운 태양을 찾아서 해외에 가야겠다는 마음을 가지고 살아간다. 국내에서 밤 시간일 때 지구의 반대편에 태양이 떠 있기 때문에 해외를 가면 밝은 태양이 있겠다는 마음으로 해외와 인연을 맺고 싶은 꿈을 가지고 살아간다.

이 명조의 특징은 合이 풀려야만 乙木의 재물을 취하게 된다. 46세 이후부터는 자기가 하고 싶은 일을 하게 된다. 辛金이 丙辛合을 풀어지게 할 때 乙木의 財를 취하게 된다. 지지에 未土와 亥水가 亥卯未로 재물의 뿌리를 만들어 튼튼한 재물이 된다. 이때부터 사업을 할 수 있는 기회가 되어 평생하지 못한 사업을 하고자 하는 마음이 발동하여 사업을 시작하게 될 것이다.

사업은 어떤 사업을 해야 할까? 여기서 본인이 해야 하는 사업은 일간이 辛金이기 때문에 칼자루가 필요하다. 辛金의 작은 칼로서 행위를 하게 된다. 乙木은 지지에 亥卯未로 뿌리가 형성되어 작은 칼로 나무를 자르는 것이 아니라 나무를 다듬어 주거나 나무를 칼로 치료해 주는 역할을 한다. 노후는 재물에 큰 욕심을 버리고 悠悠自適하게 살아간다면 편안한 명조다.

이분이 상담 중에 검증된 사실은 丙辛合이 풀어지게 되면 丙火의 태양이 뜨게 되어 국내에서도 태양이 떠 있게 된다는 사실이다. 辛巳大運에 부인이 자녀 유학을 보내고자 해외로 가게 되면서 할 수 없이 1년 후에 부인이 있는 해외로 가게 되었다고 한다. 원국에 없는 태양(丙火)이 뜰 때 해외에 가게 되어 많은 고생으로 힘들게 살게 된다는 사실을 알았다. 丙辛合으로 묶여있다가 運에서 풀어져 丙火의 태양이 밝아질 때 해외를 가지 말아야 한다는 것은 이미 검증된 사실이다. 국내에서 丙辛合이 풀어저 丙火(태양)가 밝아지면 해외를 가면 안 된다는 사실을 기억해 주기 바란다. 국내에 태양이 떠 있는데 외국에 가게 되어 엄청난 고생과 사업 부진으로 많은 고통을 받았다고 한다. 상담 결과, 45 辛巳大運이 끝났을 때 부인이 다시 한국으로 가자고 하여 귀국하였다고 한다.

(甲申大運 : 16~25세)

甲申大運은 木運으로 학교와 인연이 있다. 고등학교 19세 癸亥年이다. 癸水가 戊土를 불러와 대학에 가는 運이다. 지지에 戊土가 있기 때문에 癸水는 戊土를 끌어올 수가 있다. 辛金 일주가 지지에 뿌리를 만드는 것은 년지에 있는 巳火가 巳酉丑으로 辛金의 뿌리 酉金을 만들기 때문이다. 火 대학인 酉金이 있어 한국 외국어대학에 가게 되었다. 본래의 목표는 火의 뿌리가 년지에 巳火가 있어 서울대학을 목표로 공부하였으나 癸水가 태양을 흐리게 하여 외국어 대학을 선택하게 되었다.

(癸未大運 : 26~35세)

癸未大運은 癸水가 태양을 가리기 때문에 타고난 능력 발휘하지 못하게 된 것으로 판단하면 안 된다. 丙辛合水의 癸水는 癸水가 運에서 오면 丙辛合을 풀 수가 있다. 필자가 개발한 天干合의 원리를 이해하면 알 수가 있다. 지지에 巳午未가 되어 丙辛合이 풀어지게 되고 부부궁이 亥卯未로 財局이 되어 결혼하게 되고 취업도 하게 되었다. 26세 庚午年, 乙木이 乙庚合 辛金으로 丙辛合이 풀어져 좋은 직장에 취업하였다. 27세 辛未年, 丙辛合이 풀어지고 지지에 배우자 궁이 亥卯未로 합을 이루어 결혼하였다.

(壬午大運 : 36~45세)

壬午大運은 본인 능력을 발휘하는 大運이다. 丙辛合이 풀어질 때 丙火가 壬水에 뜨게 되면 명예와 승진의 기회를 얻게 될 것이다. 지지에 巳午未로 丙辛合이 풀어지게 되니 壬水에 丙火의 태양이 밝아져 좋은 大運이다.

36세 庚辰年, 37세 辛巳年, 38세 壬午年, 승진과 동시에 회사로부터 능력을 인정받게 된다. 이분의 인생에서 젊은 시절 최대의 가장 좋은 運이라고 말할 수가 있다. 다 같이 한 번씩 공부한 것을 토대로 歲運을 스스로 풀어 보시면 공부가 될 것이다.

(辛巳大運 : 46~55세)

辛巳大運은 丙辛合이 풀어지게 되어 辛金이 재물을 탐하게 되는 마음이 드는 大運이다. 이제 자유로워지니 회사를 떠나서 재물을 취하고 싶은 마음이 들 것이다. 그러나 이제까지는 조직 생활로 년에 乙木을 취하고 살았지만 지금부터는 시에 있는 乙木을 취하게 된다. 지지에 亥卯未가 되어 국내에서 살아가면서 사업을 해도 잘 될 수가 있다. 그런데 부인이 해외를 가기에 본인도 1년 후에 따라가게 되었다. 국내에서 태양이 뜰 때는 국내에서 살아야 한다. 외국에 가게 되면 다시 밤 시간이 되어 하는 일이 고통을 겪게 된다는 사실을 알아야 한다. 10년 동안 외국 생활을 마치고 귀국하여 지금은 한국에 살고 있다. 이분은 직업으로 무슨 일을 해야 하나? 일간 辛金이 칼이기 때문에 작은 乙木을 칼로서 나무를 다듬거나, 나무를 자르는 일을 하면 성공을 할 수가 있다. 일간이 辛金은 나무를 치료하는 주사기 역할로 판단할 수가 있어 나무를 치료하는 일을 하게 된다.

(庚辰大運 : 56~65세)

庚辰大運은 년에 乙木과 乙庚合 辛金이 되어 丙辛合이 풀어지게 된다. 조직에서 벗어나 새로운 사업을 하고 싶어지는 마음이다. 安心法(안심법)은 이렇게 속마음을 알 수가 있어 쉽게 통변이 가능하다. 46세 이전에는 년에 乙木을 재물로 사용하였지만 46세 이후는 시에 있는 乙木을 재물로 사용하여야 한다. 인생 후반전에는 지지에 亥卯未로 재물의 뿌리가 형성되어 재물을 취하게 되면 돈을 벌 수가 있다.

(己卯大運 : 66~75세)

己卯大運은 乙木이 심을 수 있는 己土가 와서 재물이 튼튼해진다. 지지에 卯木은 亥卯未로 재물의 뿌리가 되기 때문에 나의 사업체가 안정된 삶의 길로 가게 된다. 이제부터는 큰 욕심을 버리고 작은 것으로 만족하며 즐거운 노후 생활로 안정된 집이 형성되어 순탄한 길을 걷게 될 것이다.

7. 엄마가 두 번 결혼한 명조

坤命	1954년 10월 16일(陰) 02:30	직업 : 자영업					
己	辛	乙	甲	오행	木 火 土 金 水		
丑	未	亥	午		2 1 3 1 1		

91	81	71	61	51	41	31	21	11	1
乙	丙	丁	戊	己	庚	辛	壬	癸	甲
丑	寅	卯	辰	巳	午	未	申	酉	戌

〈원국해설〉

辛未日柱에 辛金은 작은 칼이다. 년에 甲木과 시에 己土가 甲己合을 하여 두 개의 칼자루가 될 수가 있다. 辛金의 뿌리 酉金은 지지에 丑土가 巳酉丑을 하면 辛金의 뿌리가 된다. 辛金의 칼자루는 甲己合의 乙木과 월간 乙木이 있다. 칼자루는 아버지로 판단할 수가 있어 아버지가 둘이다. 甲己合의 乙木은 甲己合이 풀어지면 아버지는 사라진다. 지지에 未土의 엄마는 巳火가 오면 巳午未(官)로 일간 辛金이 丙辛合으로 묶이게 된다. 未土는 亥卯未가 되어 未土의 (官) 木에 뿌리가 되어 엄마가 새로운 남자를 찾아 이동하게 된다는 것이다. 상담 결과, 엄마가 전남편이 사고로 사망하고 재혼하여 새롭게 만난 새아버지에서 태어난 딸의 명조다. 첫째 辛金의 칼자루 甲己合의 乙木은 시에 己土에 심어져 이동하였다. 상담 결과, 아버지가 사망하고 시지에 심어진 乙木은 배다른 오빠로 판단할 수가 있다. 여기서 착각하면 안 된다. 남촌물상론은 辛金의 財인 乙木을 官으로도 본다. 辛金의 칼에 끼워지는 木을 官으로 본다. 이것이 남촌물상론의 五行을 초월한 자연법칙의 학문이다.

남촌물상론에서 辛金의 칼자루 乙木(財)을 官으로 보는 官法은 五行을 초월한 자연의 법칙을 인간의 법칙으로 해석하는 학문이다. 辛金의 칼자루가 짝이 되어 남자로 보는 것이다. 지금까지는 기초단계에서 공부한 회원님들이 혼란을 겪을 수가 있어 4단계와 5단계를 설명할 수가 없었다. 기초반에서 창업반에 오게 되면 이해가 쉽게 되지만 기초에서 완벽하게 배우지 못하면 도중에 어려움을 겪게 된다. 기초는 많은 반복의 복습을 해야만 한다. 그 과정을 거쳐야 물상의 변화 과정을 이해할 수가 있다. 3단계를 지나게 되면 통변이 쉬워진다.

다음은 부부관계로 남편은 어떤 사람일까? 한번 풀어보자. 여기서는 午火의 官은 남편이 된다. 午火의 뿌리가 辛金에서 官(丙火)을 끌어와 合을 하게 되면 辛金의 뿌리는 酉金이 된다. 지지에 丑土가 巳酉丑으로 巳火에 손재주를 가진 남편임을 알 수가 있다. 이분의 남편은 오랫동안 카센터를 운영하고 있었다. 물상론에서는 酉金을 육친 관계와 부부관계를 구별해서 보게 되니 착오 없기를 바란다.

자식의 관계를 풀어보자. 우선 학벌을 보면 시에 己土이다. 己土에 甲己合 으로 심어지는 나무는 乙木이 적당하다. 이 명조에서 두 개가 乙木이다. 년에 甲木도 甲己合을 하여 乙木이 되니 아들 3명 중 2명은 전문대(乙木) 출신이고 한 사람은 丑土에서 巳酉丑의 손재주를 갖고 태어난 고졸 출신의 아들을 두고 있었다. 이것만 보아도 자식들의 학벌을 할 수가 있다. 남촌물상론은 자식을 시에 연관하여 보면 정확한 답을 얻을 수가 있다. 물상론은 이해하는 능력만 있으면 외우지 않아도 얼마든지 확실한 통변을 할 수가 있다.

(癸酉大運 : 11~20세)

癸酉大運은 癸水는 戊土를 끌어와 甲木을 심고 싶어 한다. 교육보다는 돈을 벌고 싶은 마음을 알 수가 있다. 16세 己酉年, 己土가 甲己合을 풀어지게 한다. 월간 乙木은 년간 甲木에 등라계갑을 하여 많은 돈을 벌면 저 높은 甲木에 올라가고 싶은 마음은 큰 건축물을 갖고 싶다. 지지에 酉金은 손재주로 돈을 벌기 위해 고등학교 진학을 포기하고 돈을 벌려고 고향을 떠나게 된다. 17세 庚戌年, 원국의 乙木과 乙庚合으로 辛辛이 되어 丙火를 끌어오게 된다. 지지에 寅申巳亥의 새로운 일을 찾게 된다. 甲木의 뿌리 寅木은 寅午戌이 되어 甲木을 아름답게 하는 봉제공장으로 일하기 위하여 고향을 떠나게 되었다. 20세 癸丑年, 癸水가 戊土를 불러 甲木(財)의 회사에 의해 돈을 벌게 된다. 지지에 丑土는 巳酉丑으로 巳火(官)가 巳午未로 부부궁에 합이 되어 같은 회사에서 만난 남자가 지금의 현재 남편이 되었다.

(壬申大運 : 21~30세)

壬申大運은 壬水는 나무(財)를 기르고 싶은 마음이다. 돈을 벌고 싶은 욕망과 나의 칼에 칼자루를 찾고 싶은 마음이다. 이것은 결혼하고 싶어 하는 마음을 眼心法으로 알 수가 있다. 지지에 申金은 寅申巳亥가 되어 새로운 개혁으로 하고 싶은 꿈을 꾸게 된다는 것이다. 다시 말해서 변화가 온다는 뜻이다. 21세 甲寅年, 동거를 시작하였다. 甲己合이 풀어져 월간 乙木에 辛金의 칼자루가 끼워지고 지지 뿌리 卯木이 亥卯未로 부부궁에 합을 이루어 동거를 시작하여 22세 乙卯年, 결혼하였다고 하였더니 정말 거짓말을 할 수가 없고 무섭다고 한다. 남촌물상론이 정확하다는 것을 다시 한번 실감한다.

(辛未大運 : 31~40세)

辛未大運은 辛金은 辛辛이 되면 두 개의 칼자루가 필요하며 새로운 官인 丙火을 끌어와 새로운 일을 시작하고 싶은 마음이다. 지지에 未土는 巳午未와 木의 뿌리 亥卯未로 아름다움을 추구하는 의류 회사에 취업하게 된다. 32세 乙丑年, 의류 회사에 취업하여 회사에 다니게 되었다. 37세 庚午年, 乙庚合 辛金이 두 개의 辛金이 되어 丙火(官)을 끌어와 지지 寅午戌이 되어 丙火는 甲木에 꽃을 피우게 되어 같은 회사에서 남자를 알게 되고 오랫동안 애인으로 사귀게 된다.

(庚午大運 : 41~50세)

　庚午大運은 庚金은 월에 乙木과 乙庚合하면 辛金이 되고 辛辛으로 두 개의 辛金은 丙火를 불러온다. 태양(丙火)이 새로운 시작이다. 지지에 午火가 움직이면 巳午未가 되고 시지 丑土에 巳火가 巳酉丑으로 酉金의 다른 회사로 이직하게 되었다. 46세 己卯年, 甲己合이 풀어지면 乙木이 亥卯未가 된다. 부동산을 매입하게 되며 이 시기에 甲己合이 풀어지며 지지에 亥卯未가 되어 작은 집에서 큰집으로 이사를 하게 되었다.

(己巳大運 : 51~60세)

　己巳大運은 己土는 甲己合이 풀어지게 되면 사귀던 남자와는 헤어진다. 또다시 돈을 벌려는 마음이 든다. 지지에 巳火가 巳午未가 되어 일간 辛金이 丙火를 끌어오게 되어 새로운 변화로 사업을 하게 된다. 56세 己丑年, 지지에 巳酉丑으로 성인용품 판매 사업으로 남자를 상대로 영업하게 되었다. 지금까지 12년째 사업을 하고 있다. 앞 전 大運에서 예측한 대로 甲己合이 풀어지면 월간 乙木이 칼자루가 되어 본연의 자세로 돌아간다. 사귀던 남자는 멀어지게 된다. 상담 도중 다시 한번 감탄한다. 신기로 보느냐고 묻는다.

(戊辰大運 : 61~70세)

　戊辰大運은 戊土는 큰 나무를 심고 싶어 한다. 지지에 辰土가 辰戌丑未로 부동산으로 재물을 늘려가야겠다는 마음이다. 戊土의 넓은 땅에 큰 나무를 심고 싶어 큰 건축물을 가지려고 한다. 실제로 65세 戊戌年, 재건축으로 새로 지은 집으로 이사를 하였다고 한다.

8. 보건직 공무원의 명조

坤命	1978년 12월 05일(陽) 04:30. 직업 : 보건직 공무원				오행	木	火	土	金	水
庚	辛	癸	戊			1	1	2	2	2
寅	丑	亥	午							
99	89	79	69	59	49	39	29	19	9	
癸	甲	乙	丙	丁	戊	己	庚	辛	壬	
丑	寅	卯	辰	巳	午	未	申	酉	戌	

〈원국해설〉

　辛丑日住에 五行은 다 있다. 財를 만들 수 있는 것은 천간에서 년에 戊土와 월간 癸水가 戊癸合 己土가 되면 己土가 甲木을 불러오기 때문에 국가 자리에서 재물이 생기는 명조다. 지지에 寅申巳亥의 개연성이 있어 활동적인 일을 해야 한다. 시지에 寅亥合木과 년지에 午火가 寅午戌을 하게 되면 일간 辛金은 丙火를 끌어와 丙辛合으로 국가 자격증을 가지고 사는 팔자다. 戊癸合 己土에서 甲木을 끌어오면 시의 庚金에 寅木의 뿌리가 있다. 나에 칼자루를 빼앗기는 것으로 잘못 판단할 수가 있다. 설명하자면 己土에서 甲木을 甲己合에 乙木으로 만들어 시에 庚金과 乙庚合으로 辛金이 된다. 두 개의 辛金이 丙火를 끌어와 寅午戌로 나의 官이 되어 국가 공직에 근무하게 된다는 것을 알아야 한다.

　일간 辛金이 丙火와 合을 하게 되면 지지에 丑土가 巳酉丑으로 巳火가 寅申巳亥가 되어 酉金을 사용한 활동적인 일을 해야 한다. 초년에 大運이 金運으로 38세까지 흘러 일간 辛金을 사용하게 된다는 것을 알 수가 있다. 金을 사용한 의약, 생명공학, 간호학으로 직업을 갖게 된다. 39대 己未大運, 己土는 년에 戊土와 월에 癸水가 戊癸合 己土를 풀어지게 한다. 지지에 未土는 巳午未가 되어 丙火를 끌어오며 지지에 寅午戌로 甲木을 불러와 戊土

에 심어지게 된다. 이때부터는 외부 활동적인 업무에서 내근 직원으로 자리를 옮기게 될 것이다.

(辛酉大運 : 19~28세)

辛酉大運은 辛金이 년지 午火에 의해 辛金이 丙火를 끌어온다. 국가 자리에서 丙辛合을 하게 되어 국가 자격증을 가진 大運이다. 19세 丙子年, 丙火가 丙辛合으로 묶이게 되지만 지지에 子水가 申金을 끌어와 寅申巳亥가 된다. 원하는 대학은 갈 수가 없어 지방대학에 金을 사용한 간호대학을 갔다. 충청권의 대학을 가면 戊癸合이 풀어져 년간 戊土에 甲木을 심을 수가 있어 4년제 대학에 가게 된다. 24세 辛巳年, 두 개의 辛金이 丙火를 끌어오고 지지에 酉金이 巳酉丑으로 국가 자격증인 간호사 자격증을 취하게 되었다. 28세 乙酉年, 乙木이 시에 庚金과 乙庚合을 하여 두 개의 辛金이 丙火의 官을 끌어오면 지지에 부부궁이 巳酉丑으로 합을 이루어 결혼하게 된다.

(庚申大運 : 29~38세)

庚申大運은 두 개의 庚金과 일간 辛金이 있다. 庚金의 뿌리 申金이 寅申巳亥로 새로운 변화를 추구하는 大運이다. 大運에 庚申은 지지에 申金이 寅申巳亥를 만들어 새로운 국면에 접어들게 된다. 두 개의 庚金으로 인해 일간 辛金이 직장 내에서 밀리는 현상이 발생하게 된다. 金運이 끝나게 되면 간호사 일을 그만두고 행정직공무원으로 직업을 바꾸게 된다. 상담 결과, 37세 甲午年, 공무원 시험에 합격하여 지금까지 현직 공무원으로 일하고 있다. 甲木은 국가 자리에서 戊癸合 己土가 甲木을 끌어오고 지지에 午火가 寅午戌이 된다. 지지에 寅午戌이 되면 일간 辛金과 丙火는 丙辛合을 이루게 되어 공무원 시험에 합격하게 되었다.

(己未大運 : 39~48세)

己未大運은 원국의 戊土와 癸水가 합을 하고 있어 새로운 己土가 오면 戊

癸合이 풀어진다. 지지에 未土는 亥卯未를 하려고 한다. 천간 戊癸合이 풀어진다. 지지에 寅木이 甲木의 뿌리가 되어 戊土에 甲木이 심어지게 된다. 戊土에 심어진 甲木은 시지에 寅木의 뿌리가 있기 때문이다. 끌어온 甲木은 시에 庚金의 칼자루가 되어 아래 직원에게 항상 밀리는 기분으로 직장에서 어려운 시기에 처하게 된다. 직장을 그만두고 싶은 마음이 든다. 41세 戊戌年, 戊土가 戊癸合을 풀어지게 한다. 지지에 寅午戌이 되면 甲木이 戊土에 심어지고 甲木은 시지의 寅木에 뿌리를 찾아 庚金 칼자루가 된다. 아랫사람에게 경쟁에서 밀리게 되어 승진에 누락이 된다.

(戊午大運 : 49~58세)

戊午大運은 사주 원국에 戊癸合이 풀어진다. 지지에 午火가 寅午戌이 되면 甲木의 칼자루는 戊土에 심어지게 된다. 지지에 午火가 寅午戌이 되면 일간 辛金은 丙火를 끌어와 丙辛合으로 묶이게 된다. 국가 자리에 심어진 甲木은 寅木의 뿌리를 찾아 庚金의 칼자루가 된다. 甲木의 칼자루는 시에 庚金의 칼자루가 되어 이번에도 승진의 기회를 빼앗기게 된다. 51세 戊申年, 사주 원국에 戊癸合이 풀어지게 되고 지지에 申金이 寅申巳亥가 된다. 국가 자리에 재물을 취할 수가 없게 되어 퇴직하게 될 것이다. 만일 참고 끝까지 간다면 58세 乙卯年, 乙庚合으로 시에 庚金을 제거하고 두 개의 辛金이 된다. 두 개의 辛金은 丙火를 끌어오고 亥水와 亥卯未가 되어 한번은 승진 기회가 올 것이다.

(丁巳大運 : 59~68세)

丁巳大運은 작은 등불로 년에 戊癸合 己土에서 甲木을 끌어오면 丁火는 국가 자리 甲木에 등불이 되어 국가가 운영하는 복지재단 일을 할 수가 있을 것이다. 지지에 巳火가 巳午未가 되면 천간에 丙火를 끌어와 일간 辛金과 丙辛合이 되어 간호사 자격증으로 일하게 될 것이다. 辛金의 뿌리 酉金이 巳酉丑으로 간호사를 하게 될 것인데 전문병원이 아닌 국가가 운영하는

요양병원에서 일하게 되면 좋을 것이다

(丙辰大運 : 69~78세)

丙辰大運의 丙火는 일간 丙火와 丙辛合으로 묶이게 된다. 지지에 辰土는 일지 丑土와 탁수되어 본인의 건강과 남편의 건강에 문제가 발생하게 될 것이다. 탁수가 되면 지지에 寅木이 탁수된 물에 손상이 되어 간, 신장, 방광에 문제가 발생하게 될 것이다. 71세 戊辰年, 戊土는 戊癸合이 풀어지고 지지에 辰土가 申子辰, 亥子丑 탁수되어 건강에 문제가 발생하게 되니 반드시 사전 건강검진이 필요하다.

(乙卯大運 : 79~88세)

乙卯大運은 시에 庚金과 乙庚合을 하여 두 개의 辛金이 된다. 두 개의 辛金은 딸로 볼 수가 있다. 일간 辛金과 동일하여 여자로 판단한다. 이 觀法은 남촌물상론에서만 사용하는 觀法이다. 작은 乙木은 건축물로 볼 수가 있다. 딸에게 작은 집을 주고 딸과 함께 살아가게 될 것이다.

9. 남자 문제로 고민하는 명조

坤命	1977년 02월 06일(陰) 06:30 직업 : 주부					오행	木	火	土	金	水
辛	辛	癸	丁				2	3	0	2	1
卯	巳	卯	巳									
93	83	73	63	53	43	33	23	13	3		
癸	壬	辛	庚	己	戊	丁	丙	乙	甲		
丑	子	亥	戌	酉	申	未	午	巳	辰		

〈원국해설〉

　辛巳 日柱가 천간에 두 개의 辛辛이 있고 土가 없다. 丁火의 官은 대기업 자리에 있으며 시에 있는 辛金은 財를 달고 있고 일간은 辛金은 巳火의 官을 깔고 있다. 지지에 巳火의 뿌리가 있어 항상 丙火의 官(남자)을 끌어오고 싶어 한다. 천간에 재물을 만드는 것은 국가 자리 丁火가 壬水를 끌어와 丁壬合 乙木이 되어 재를 만들 수 있다. 두 개의 辛金들이 丙火의 官을 끌어올 수가 있다. 土는 癸水에서 戊土을 끌어와 戊癸合으로 己土의 땅을 만들 수가 있다.

　천간에서 財를 만드는 五行은 년에 丁火가 丁壬合 乙木이 만들어진다. 乙木은 癸水에서 戊癸合으로 己土의 땅에 뿌리를 내릴 수가 있다. 乙木은 辛金 일간의 財가 되지만 木에 뿌리가 없어 시에 있는 辛金은 항상 나의 재물을 탐하게 된다. 결과는 나의 재물을 아랫사람에게 빼앗기는 것으로 판단하게 된다.

　사업은 나이 어린 사람과 동업하면 돈은 아랫사람이 가져가고 나는 명예만 남게 된다. 여기에서 어려운 점은 丙火의 官은 직업과 남자로 판단할 수가 있고 木의 칼자루는 辛金에 재물도 될 수가 있다. 木은 칼자루가 끼워지게 되면 남자로 판단할 수가 있으니 이해를 잘해야 한다. 보통 여기 부분에서 혼동할 수가 있으니 기초 이론을 충분하게 공부해야 한다.

　일간 辛金은 지지에 巳火가 있어 丙火의 官을 끌어오고 싶은 마음을 가지고 살아간다. 월에 癸水는 태양을 어둡게 하여 官(火)이 오게 되면 남자 문제가 있을 수가 있지만 들통이 날 일은 없다.

　이분의 財, 官을 보면 년에 丁火의 官에서 丁壬合 乙木이 되어 財와 官을 사용할 수가 있어 辛金의 칼자루가 된다. 남편이 해외 유학파나 외국을 상대로 하는 사업을 하면 좋은 결과를 가져올 수가 있다. 국내에서 본인이 官을 직업으로 사용하면 결혼이 잘 안되는 사주다.

　어떤 직업을 가지면 좋을까? 財와 官의 觀法으로 판단해 보자. 辛金에 官은 丁火이고 丁火의 官은 癸水가 된다. 丁壬合 乙木을 만들어 癸水에서 戊癸合 己土에 심어져 공기업에 근무하면 좋다. 다음은 財에 觀法으로 보자. 辛金의 財는 木이고 木의 財는 土가 된다. 土를 만드는 五行 역시 癸水에서 이루어진다. 丁壬合 乙木을 만들어 癸水에서 戊癸合으로 己土에 심어지면 辛金의 칼자루가 된다. 공기업을 택하면 좋은 것으로 판단한다.

(乙巳大運 : 13~22세)

　乙巳大運은 일간 辛金의 칼자루인 乙木의 재물이 온다. 지지에 3개의 巳火가 巳酉丑으로 부부궁에 合을 이루어 남자를 일찍 알게 된다. 기술을 배워 돈을 벌어야겠다는 마음이 들게 된다. 17세 癸酉年, 고등학교 1학년이다. 두 개의 癸水가 戊土을 끌어와 나무를 심고 싶은 마음으로 공부를 열심히 하려고 노력한다. 19세 乙亥年, 乙木의 재물이 오니 대학 진학보다는 돈을 벌어야 한다는 생각이 앞서게 된다. 지지에 亥水는 亥卯未로 木에 뿌리가 되어 취업할 수가 있다. 천간의 乙木은 일간 辛金의 칼자루가 되어 돈을 벌어야겠다는 생각에 대학을 포기 한다. 천간에 土가 있었다면 대학에 가게 되었을 것이다. 21세 丁丑年, 두 개의 官이 동시에 오면 丁火는 지지에 뿌리 巳火를 찾아 巳酉丑으로 남자와 인연을 맺게 된다.

(丙午大運 : 23~32세)

　丙午大運은 丙火가 지지에 뿌리를 찾아 일간 丙火와 丙辛合을 하게 된다. 지지에 巳午未가 되니 결혼을 예측할 수가 있다. 25세 辛巳年, 3개의 辛金이 丙火의 官을 끌어오고 지지에 3개의 巳火가 巳酉丑으로 부부궁에 合을 하게 되어 내가 선택한 남자와 인연을 맺게 된다. 25세 辛巳年, 결혼하지 못하면 26세 壬午年, 丁火와 壬水가 丁壬合 乙木이 되면 시지에 있는 卯木의 뿌리를 찾아 辛金의 칼자루가 된다. 壬午年에 내 남자를 돈이 있는 연하의 후배에게 남자를 빼앗기게 된다.

(丁未大運 : 33~42세)

　丁未大運은 두 개의 丁火가 되어 官(남자)의 문제가 발생하게 될 것이다. 지지에 未土는 巳午未가 되면 일간 辛金과 합하여 남자관계가 될 수가 있다. 또한 未土는 亥卯未가 되면 시에 辛金의 칼자루가 되어 연하의 남자로 인하여 재물 손실로 마음고생이 많을 것으로 판단한다. 37세 癸巳年, 남자 문제가 발생하게 된다. 지지에 3개의 巳火(官)가 合을 이루어 드러낼 수 없는 유부남의 남자를 만나게 되었다.

(戊申大運 : 43~52세)

　戊申大運은 戊土는 월에 癸水와 戊癸合을 하여 己土에 작은 나무를 심을 수가 있다. 이 大運은 부동산과 재물을 취하는 運으로 판단한다. 지지에 寅申巳亥의 개연성으로 새로운 변화가 올 것이다. 46세 壬寅年, 壬水가 국가 자리에 丁壬合 乙木은 시에 있는 辛卯의 칼자루가 되어 사귀던 남자가 해외로 떠날 결심을 굳히게 된다. 지지에 壬寅年의 寅木이 寅申巳亥가 되어 떠나가게 될 것이다. 남자는 壬寅年 2월 壬寅月에 寅申巳亥가 되어 己土의 나라 호주로 떠나갈 준비를 하고 있다고 한다.

〈己酉大運 : 53~62세〉

己酉大運은 己土는 癸水의 제방을 만들 수가 있고 甲木을 끌어와 재물을 형성하려고 할 것이다. 지지에 巳酉丑으로 기술적인 일을 하게 될 것이다. 재물을 모을 수가 있는 大運이다. 재물을 모아도 연하의 친구가 재물의 뿌리를 가지고 있어 동업이나 금전 거래는 하지 않는 것이 좋다. 본인의 이름으로 된 재물을 모아야 노후를 보장받게 될 것이다.

〈庚戌大運 : 63~72세〉

庚戌大運은 두 개의 辛金과 庚金이 오면 3개의 칼루가 필요하다. 이런 大運은 사기성이 있는 경우가 많다. 庚金은 戌土를 깔고 오면 火局와 金局이 되어 재물 손실을 보게 될 수가 있다. 보통 다단계나 코인, 주식에 투자하면 돈을 벌 수가 있다고 바람을 잡아 문제가 될 수가 있으니 어떠한 경우라도 꼬임에 넘어가면 안 된다. 만일 실수하면 노후를 보장하지 못하게 될 것이다.

※ 이분의 명조는 항상 남자와의 관계로 문제가 발생할 수 있는 명조다. 辛金이 丙火를 끌어와 지지에 巳酉丑으로 巳火의 官을 손기술 酉金으로 사용하여야 하며 동업하면 재물에 손실을 볼 수가 있으니 반드시 주의가 필요하다.

10. 3대 가업을 이어가는 명조

乾命	1971년 03월 07일(陽) 06:40			직업 : 건설업					
辛	辛	辛	辛	오행	木	火	土	金	水
卯	卯	卯	亥		3	0	0	4	1
91	81	71	61	51	41	31	21	11	1
辛	壬	癸	甲	乙	丙	丁	戊	己	庚
巳	午	未	申	酉	戌	亥	子	丑	寅

〈원국해설〉

辛卯日柱에 천간이 辛金으로 구성되어 있다. 부모 자리부터 자식 자리까지 天干 전체가 辛金으로 구성되어 있다. 지지에 卯木으로 자식 자리까지 연결되어 있어 할아버지가 손자까지 책임지는 명조다. 3개의 辛金의 작은 칼이 각자 칼자루를 가지고 있다. 작은 辛金의 칼로서 역할을 할 수가 있다. 辛金은 丙火를 끌어와 아름다움을 추구하는 건설 분야에 일하면 좋다. 할아버지가 이어온 건설을 아버지 3대가 가업을 이어가고 있다. 나중에 자식까지 4대가 가업을 이어갈 수가 있는 명조가 된다.

사주 원국에 火인 官이 없고 土가 없다. 火를 끌어오고 싶지만 지지에 뿌리가 없어 끌어올 수가 없다. 4개의 辛金이 합심하여 火를 끌어올 수가 있어 국가에서 시행하는 건설 분야 입찰이나 관공서를 상대로 거래하면 좋다. 火가 없어 아름다움을 추구하는 인테리어로 단종회사를 설립하여 사업을 하면 좋은 명조가 된다. 나무가 살 수 있는 새로운 땅 섬나라 호주, 영국, 일본으로 진출하면 좋을 것이다. 이분은 조상 자리에서 시작 辛金의 작은 칼이 네 개가 있으며 지지에 亥卯未로 辛金의 칼자루가 되어 3가지 이상의 일을 하게 된다. 법인으로 구성하여 하나가 되어 종합적인 회사로 운영하게 되지만 법인이 아니면 여러 가지 잡일을 하는 인력사무실을 같은 일을 하게 될 것이다.

이 명조는 가업을 승계한 명조라고 볼 수가 있다. 지지에 조상 자리 亥水로부터 亥卯未로 끝까지 연결되어 가업을 승계하는 명조가 된다. 이 명조는 작은 일만 하여도 먹고 사는 데는 지장이 없지만 큰돈은 벌지 못한다. 큰돈을 벌려면 법인이 되었을 때 큰돈을 벌 수가 있다. 정부를 상대로 관공서에 입찰을 통해 일한다면 성공할 수가 있다. 이분은 항상 열심히 일하지만 크게 돈을 벌지는 못한다. 상담 결과, 지금까지 공조, 설비, 빔 공사, 잡철 등 다양한 일들을 하고 있었다. 4개의 칼을 4개의 전공 분야로 나누어 법인설립을 하여 작은 건축물을 짓는 법인으로 건설업 시설물 관리유지 단종면허를 가지고 대기업 하도급을 맡아 일하거나, 정부에 입찰을 통해 공사를 하여 돈을 벌어야 하는 명조이다.

〈己丑大運 : 11~20세〉

己丑大運은 己土가 甲木을 불러와 학교에서 공부하는 시기이다. 18세 戊辰年, 己土는 없는 土가 오면 나무를 심고 싶은 마음이 든다. 대학 진학의 꿈을 가지고 열심히 공부한다. 19세 己巳年, 己土가 甲木을 불러오고 지지에 巳火가 寅申巳亥가 되어 새로운 땅을 찾아 충청권으로 대학을 가면 좋다. 상담 결과, 소년기는 부모의 이혼으로 가정이 원만하지 못하여 결손 가정으로 할아버지와 함께 고생하며 생활하게 되었다고 한다.

〈戊子大運 : 21~30세〉

戊子大運은 나무(財)를 기르는 戊土의 땅이 오게 된다. 나무를 심어 칼자루를 만들라는 것을 예측하고 있다. 이때 돈을 벌어야 하는 것이 목표이다. 25세 乙巳年, 乙木의 칼자루가 3곳에 칼자루가 되어 종합적인 기술을 배우려고 한다. 28세 戊寅年, 지지에 寅卯辰이 되어 할아버지 권유로 결혼하게 되었다. 천간 戊土에 甲木을 심을 수가 있고 지지에 寅木이 년지 亥水와 寅亥合을 하여 寅卯辰이 되어 할아버지 권유로 결혼하게 되었다.

(丁亥大運 : 31~40세)

　丁亥大運은 壬水를 불러 丁壬合을 하여 해외와 인연을 맺어 새로운 사업으로 재물을 취하라는 예측이다. 지지에 3:1로 亥卯未가 되어 하나의 결정체를 만드는 大運이다. 재물을 모으는 시기이다. 이때 크게 많은 돈을 벌 수가 없지만 해외와 인연을 맺으면 재물을 크게 모을 수가 있다. 국내에서 사업을 할 경우 크게 돈을 벌지 못한다. 31세 辛巳年, 辛金이 丙火를 끌어오고 巳火가 巳酉丑으로 설비 기술을 배우게 되었다. 33세 癸未年, 癸水가 戊土를 불러오고 지지에 未土가 亥卯未가 되어 天干에 甲木을 끌어올 수가 있어 건설회사에 하도급 업체로 참여하게 되었다.

(丙戌大運 : 41~50세)

　丙戌大運은 天干 4개의 辛金들이 丙辛合을 하여 하나로 합병하여 회사 설립을 예고하고 있다. 41세 辛卯年, 辛金들이 5:1로 丙辛合을 하게 되어 법인설립을 하였다. 법인설립으로 하나가 되어 작은 것들이 모여 재물을 만들게 되어 부동산에 투자할 수가 있어 재물이 동시에 오게 된다. 44세 甲午年, 甲木이 오면 지지에 寅卯辰이 된다. 지지에 午火는 천간에 丙火를 끌어온다. 국가에서 시행하는 공사에 입찰 공사를 수주할 수가 있다. 47세 丁酉年, 丁火의 官이 壬水를 끌어와 丁壬合 乙木이 칼자루가 된다. 지지에 酉金이 4개의 辛金이 뿌리가 되어 종합건설 회사를 만들게 되었다.

(乙酉大運 : 51~60세)

　乙酉大運은 작은 辛金의 칼자루가 되고 지지에 巳酉丑으로 酉金의 튼튼한 뿌리가 된다. 이때 酉金의 경우는 설비로 업체가 새롭게 추가되어 종합건설로 튼튼한 회사로 탄생하는 계기가 될 것이다. 52세 壬寅年, 壬水는 丁火의 官을 끌어와 丁壬合 乙木으로 재물이 된다. 지지에 寅木이 亥水와 寅亥合木 재물의 뿌리가 되어 새로운 설비업을 추가하여 종합 건설회사를 운영하고 있다고 한다. 54세 甲辰年, 큰 건축물의 내장공사와 설비업 하도급으로 크게 재물을 모으게 될 것이다.

(甲申大運 : 61~70세)

甲申大運은 甲木의 건축물을 작은 辛金의 칼로 잘 다듬게 되면 지지에 寅申巳亥가 되어 새로운 개혁으로 많은 돈을 벌게 된다는 것을 예측하고 있다. 대기업 하청업으로 LH공사 국가가 운영하는 업체에 하도급 공사를 하면 좋다. 아마도 이분이 직접 건설업으로 돈을 버는 마지막 기회가 될 것이다.

(癸未大運 : 71~80세)

癸未大運은 천간 癸水가 戊土를 불러와 戊癸合 己土로 구획이 정리된 작은 땅에 건축물로 임대 사업을 하게 되면 좋은 大運이다. 지지에 亥卯未로 작은 건축물이 3개 이상으로 소득을 얻고 노후를 편안하게 보내게 될 것이다.

11. 법조인 명조

乾命	1974년 03월 28일(陰) 07:40			오행	木	火	土	金	水
壬	辛	戊	甲		3	0	3	1	1
辰	卯	辰	寅						
95	85	75	65	55	45	35	25	15	5
戊	丁	丙	乙	甲	癸	壬	辛	庚	己
寅	丑	子	亥	戌	酉	申	未	午	巳

〈원국해설〉

辛卯日柱다. 金이 놀 수 있는 壬水의 물이 있고 戊土가 제방을 만들어 그 위에 甲木이 심어져 있다. 백조의 호수에 丙火의 官이 없어 無官사주다. 官(丙火)이 와도 일간 辛金과 丙辛合을 하기 전에 丙火는 壬水에 뜨기를 좋아하여 丙辛合으로 묶이지 않아도 된다. 寅午戌이 되어 丙火가 뜨면 丙辛合이 된다. 재물은 년에 甲木과 지지에 寅卯辰으로 재물은 많으나 辛金이 취할 財는 아니다. 일간 辛金의 뿌리가 없지만 지지에 辰土가 있어 辛金의 뿌리를 만드는데 辰酉合으로 조건은 갖추어져 있다.

辛金은 년간 국가 자리에 칼자루가 있다. 국가가 시키는 일을 할 수가 있다. 辛金은 칼날로서 숙살지권에 관한 일을 할 수가 있는데 辛金의 뿌리가 없고 辛金의 작은 칼로 甲木을 자를 수가 없어 창이 된다. 그러나 官을 사용할 경우 국가 자리에 꽃을 피울 수가 있다. 검사처럼 칼을 휘두르는 일보다는 국가의 칼자루가 시키는 창이 되어 법을 집행하는 일을 할 수가 있어 판사가 적합하다. 甲木이 튼튼하여 공부는 잘할 수가 있으며 꽃을 피우기 위해 항상 공부하는 사람이다. 癸酉大運으로 월의 戊土와 戊癸合으로 己土가 된다. 己土는 년에 甲木과 甲己合으로 乙木이 된다. 乙木은 辛金에 맞는 칼자루가 되어 공직을 그만두게 될 것이다. 지지에 酉金은 시에 辰土와 辰

酉合金으로 辛金의 뿌리가 되어 변호사로 돈을 벌게 될 것이다.

　직업을 찾는 남촌물상론의 財와 官의 觀法으로 보면 辛金의 財는 甲木과 寅木, 卯木이 있다. 木의 財는 土가 되는데 지지에 辰土에서 辰酉合金으로 辛金의 뿌리가 되어 칼을 사용하는 숙살지권을 가진 직업을 선택하게 되는 것을 알 수가 있다.

　다음은 官의 官法으로 보면 辛金의 官은 火가 되는데 火가 없다. 火의 官은 壬水에 丁火를 끌어온다. 시의 壬水에서 丁壬合 乙木이 되어 辛金의 칼자루로 사용할 수가 있다. 일간 辛金은 없는 官, 丙火를 끌어와 丙辛合을 하게 되면 자격증을 가지고 살아가게 될 것이다. 시의 壬水에서 丁壬合 乙木이 되면 辛金의 재물을 만들 수가 있고 乙木은 년간 甲木에 등라계갑을 할 수가 있다.

(庚午大運 : 15~24세)

　庚午大運은 庚金이 와도 뿌리가 없는 庚金이다. 庚金은 乙木을 끌어오면 辛金에 칼자루를 만들 수가 있다. 지지에 午火는 년지 寅木이 寅午戌을 하게 되어 일간 辛金이 丙火를 끌어오게 된다. 丙火는 木火通明으로 학업성적이 좋은 학생이다. 17세 庚午年, 乙木을 끌어와 辛金의 칼자루가 되며 지지에 午火가 寅午戌로 목화통명(木火通明)을 할 수가 있다. 木火通明이 되면 공부를 잘할 수가 있으며, 辛金에 乙木의 칼자루가 되어 학과에 대표로 성장할 수가 있다.

　18세 辛未年, 두 개의 辛金이 丙火를 끌어와 국가 자리 甲木에 꽃을 피울 수가 있어 공부를 잘하게 된다. 지지에 未土는 亥卯未가 되어 서울대학 법학과를 목표로 공부하게 된다. 19세 壬申年, 두 개의 壬水로 물이 많아지며 지지에 申金이 申子辰으로 水局이 되어 원하는 대학을 갈 수가 없다. 재수하기로 결정이 된다. 20세 癸酉年, 월에 戊土와 戊癸合으로 己土가 되니 국가 자리 甲木과 甲己合 乙木이 되어 辛金에 칼자루가 된다. 지지에 辰土와 辰酉合金으로 辛金의 뿌리가 되어 서울대 법학과에 합격하게 되었다.

(辛未大運 : 25~34세)

辛未大運은 두 개의 辛金이 된다. 두 개의 辛金은 丙火를 끌어올 수가 있어 국가 자리 甲木에 꽃을 피울 수가 있다. 사법고시에 합격할 수가 있다. 28세 辛巳年, 두 개의 辛金이 丙火를 끌어와 국가 자리 甲木에 꽃을 피울 수가 있다. 지지에 巳火가 巳酉丑으로 辛金의 뿌리가 되어 고시에 합격하게 되었다. 33세 丙戌年, 丙火는 辛金과 丙辛合을 하면 지지에 寅午戌로 甲木에 꽃을 피우게 되어 판사에 임용되었다. 34세 丁亥年, 시에 丁壬合 乙木으로 辛金의 칼자루가 되며 지지에 亥卯未로 부부궁에 합을 이루어 결혼하게 되었다.

(壬申大運 : 35~44세)

壬申大運은 두 개의 壬水가 되어 물이 많아지면 많은 물에 辛金이 혼자서 놀기는 칼날이 상할 수가 있다. 38세 辛卯年, 두 개의 辛金이 丙火를 끌어오고 지지에 寅卯辰으로 甲木이 튼튼한 뿌리가 된다. 丙火는 甲木에 꽃을 피울 수가 있어 승진하게 되었다. 44세 丁酉年, 시에 丁壬合 乙木이 辛金의 칼자루가 되어 조직 생활 보다는 돈을 벌기 위하여 변호사를 하고 싶은 마음이 든다.

(癸酉大運 : 45~54세)

癸酉大運은 월에 戊土와 戊癸合 己土가 되어 국가 자리 甲木과 甲己合 乙木이 辛金에 칼자루가 되어 대형 甲木의 로펌에 변호사로 일하게 된다. 지지에 酉金이 두 개의 辰土는 시에 있는 辰土와 辰酉合金을 하게 된다. 酉金은 辛金의 뿌리가 되어 능력을 발휘하는 변호사로 일을 잘 할 수가 있다. 48세 辛丑年, 두 개의 辛金이 丙火를 끌어와 자격증을 가질 수가 있고 丙火는 국가 자리 甲木에 꽃을 피워 대형 로펌에서 변호사로 일하게 되었다.

(甲戌大運 : 55~64세)

甲戌大運은 두 개의 甲木이 되어 甲甲하게 된다. 지지에 戌土가 辰戌沖이 된다. 일선 업무에서 배제되어 후회하게 될 것을 運에는 예고하고 있다. 61세 甲寅年, 두 개의 甲木이 되며 지지에 寅卯辰이 된다. 로펌에서 나오게 되어 퇴직하고 작은 변호사 사무실을 운영하게 될 것이다. 62세 乙卯年, 乙木은 辛金의 칼자루가 되며 지지에 寅卯辰으로 木의 뿌리가 형성된다. 대형 로펌에서 주는 작은 일을 가지고 일할 수가 있다. 63세 丙辰年, 丙火가 丙辛合으로 일간이 묶이고 지지에 3개의 辰土가 寅卯辰이 되면 심혈관의 문제로 고통을 받을 수가 있다. 64세 丁巳年, 시에 壬水와 丁壬合 乙木이 되면 지지에 巳火가 巳酉丑으로 酉金이 되어 후배 변호사를 고용하여 함께 일하게 될 것이다.

(乙亥大運 : 65~74세)

乙亥大運은 乙木은 辛金의 칼자루가 되며 지지에 亥卯未가 될 수가 있지만 亥子丑도 될 수가 있다. 어떤 행위를 하느냐? 에 따라 변화가 올 수가 있어 탁월한 선택이 매우 중요하다. 만일 본인이 직업을 놓게 되면 亥子丑, 辰土와 丑土가 탁수된다. 건강에 문제가 발생할 수가 있어 활동하는 것이 좋다. 만일 일을 하지 못하게 되면 70세 癸亥年, 문제가 된다. 戊土와 癸水가 戊癸合 己土가 되어 이때는 壬水에 탁수가 된다. 지지에 亥水가 亥子丑, 辰土와 탁수되어 건강에 이상이 올 수가 있다.

(丙子大運 : 75~84)

丙子大運은 丙辛合으로 일간 辛金이 묶이게 된다. 지지에 子水가 辰土와 탁수되어 건강에 사전 검증이 필요하다. 83세 丙子年, 丙火가 일간 辛金과 丙辛合으로 묶이게 되고 지지에 子水가 탁수 되어 건강에 문제로 고생할 수가 있다.

12. 외과 의사 명조

乾命	1968년 06월 20일(陽) 04:50			직업 : 간담 외과 의사					
庚		辛	戊	戊	오행	木	火	土	金	水
寅		酉	午	申		1	1	2	4	0
96	86	76	66	56	46	36	26	16	6
戊	丁	丙	乙	甲	癸	壬	辛	庚	己
辰	卯	寅	丑	子	亥	戌	酉	申	未

〈원국해설〉

辛酉日柱에 金이 많다. 원국에 水(물)가 없다. 金은 물에 놀기를 좋아하는데 물이 없어도 사주 원국에 金이 많아 물을 만들 수가 있다. 辛金의 작은 칼을 가지고 있으나 칼자루가 없어 칼로서 능력을 발휘할 수 없는 명조다. 그러나 칼자루는 시에 庚金에서 乙木을 끌어와 칼자루로 사용할 수가 있다. 辛金이 강력하게 丙火를 끌어와 丙辛合水로 돈보다 명예를 중요시하는 사람이다. 지지에 寅午戌이 되어 丙火를 끌어올 수가 있다.

재물은 시에 庚金이 寅木의 財를 깔고 있어 큰 재물이 오더라도 재물은 庚金의 뿌리를 찾아가기 때문에 재물보다는 명예를 중요시하게 된 이유가 된다. 寅木은 월지 午火와 寅午戌이 되면 丙火는 일간 辛金과 合을 하여 명예를 추구하게 된다. 결론은 庚金은 재물을 가져가고 일간 나는 명예를 선택하게 된다는 사실이다.

辛金은 丙辛合水로 없는 물을 만들 수가 있으며 丙辛合으로 국가 자격증을 취할 수가 있다. 辛金의 작은 칼은 메스를 잡는 외과 의사로 살아가게 된다. 지지에 申酉戌이 金으로 연결되어 부친 역시 의사였다. 외국에서 유학 할경우 水(물)와 木이 충족되는 명조다. 지지에 寅申巳亥가 되어 활동적인 일을 할 수가 있다. 상담 결과, 이분은 외국에서 다년간 유학 생활하였다. 대부분 외과 의사 사주는 지지에 寅申巳亥가 되어 있을 때와 원국에 金이 많을 때 외과 의사가 많은 것은 실관에서 검증된 사실이다. 五行 중에서 木이 약하여 木에 관한 간, 담, 전문 외과 의사를 하고 싶어 한다. 이분은 현재 간이식 췌장 등의 수술로 명성이 높은 외과 의사로 생활하고 있다.

(庚申大運 : 16~25세)

庚申大運은 金 五行으로 법, 금융, 경제, 경영, 의학 등을 생각하게 된다. 18세 乙丑年, 시에 있는 庚金과 乙庚合으로 辛辛이 丙火를 끌어오고 지지에 丑土가 巳酉丑 酉金이 되어 이과로 의학을 선택하게 된다. 19세 丙寅年, 일간 辛金과 丙辛合水로 물을 만들 수가 있고 지지에 寅午戌이 되면 월간 戊土에 甲木을 심을 수가 있어 대학에 진학하게 되었다. 24세 辛未年, 두 개의 辛金이 丙火를 끌어오게 되고 지지에 巳午未가 되어 의사 고시에 합격할 수 있다.

(辛酉大運 : 26~35세)

辛酉大運은 두 개의 辛金으로 두 개의 칼이 되어 두 개의 칼자루가 필요하다. 외과 전공을 택하게 된다. 29세 丙子年, 일간 辛金과 丙辛合을 하여 외과 전문의 자격증을 취득하게 된다. 31세 戊寅年, 3개의 戊土가 하나가 되면 지지에 寅木이 寅午戌이 되어 대학원에 진학할 수가 있다. 결혼은 30세 丁丑年, 결혼하면 좋으나 이분은 34세 辛巳年, 결혼하였다고 한다. 두 개의 辛金이 丙火를 끌어오고 지지에 巳火가 巳酉丑으로 부부궁에 합을 이루어 결혼하게 되었을 것이다.

(壬戌大運 : 36~45세)

壬戌大運은 없는 물이 오고 지지에 寅午戌이 되면 칼자루가 생기게 되어 甲木이 戊土에 심어진다. 丙火가 밝아져 명성을 얻게 된다. 財運이 와도 시에 庚金이 寅木의 財를 깎고 있어 재물 보다는 오직 명예를 중요시하게 된다. 외국에서 유학하여 국내에서 물이 없어도 될 수가 있다. 39세 丙戌年, 丙火가 일간과 丙辛合으로 하게 되며 지지에 戌土가 寅午戌이 된다. 丙火가 밝아질 수가 있어 지방에서 명의로 인정을 받는다.

(癸亥大運 : 46~55세)

癸亥大運은 戊土와 戊癸合 己土가 되어 甲木을 끌어오고 지지에 寅申巳亥와 寅亥合木이 된다. 새로운 개혁으로 칼자루를 가지게 되어 능력을 발휘할 수가 있다. 지지에 寅申巳亥가 되며 戊癸合 己土가 되어 甲木을 불러와 새로운 대학병원으로 이직할 수가 있는 運이다.

(甲子大運 : 56~65세)

甲子大運은 甲木을 戊土에 심을 수가 있어 학교로 진출하면 좋다. 지지에 申子辰으로 물을 공급할 수가 있다. 56세 癸卯年, 년에 戊土가 戊癸合 己土가 되어 甲木을 불러와 월의 戊土에 심어지면 지지에 寅卯辰으로 甲木에 뿌리가 튼튼하게 되어 대학교에 교수로서 가는 것이 좋다. 65세 壬子年, 천간에 물이 오고 지지에 子午卯酉와 寅申巳亥가 되어 학교에서 퇴직하게 될 것이다.

(乙丑大運 : 66~75세)

乙丑大運은 乙木이 시에 庚金과 乙庚合 辛金이 되면 두 개의 辛金이 되어 丙火를 끌어온다. 지지에 丑土가 巳酉丑과 寅申巳亥가 되어 새로운 개혁으로 새로운 작은 개인 병원을 개원하고 싶어 할 것이다. 67세 甲寅年, 甲木이 시에 庚金의 칼자루가 되어 甲木의 뿌리 寅木이 재물을 만들어 본인은 寅午戌로 丙火가 丙辛合을 이루게 되어 페이닥터와 함께 일하게 된다.

(丙寅大運 : 76~85세)

丙寅大運은 일간 丙火와 丙辛合을 하여 물을 만들 수가 있다. 지지에 寅

木이 있어 寅午戌이 되어 천간 戊土의 땅에 甲木을 심을 수가 있다. 부목의 부동산으로 편안하게 살아갈 수가 있다.

(丁卯大運 : 86~95세)

丁卯大運은 丁火는 없는 물 壬水을 끌어와 丁壬合 乙木이 된다. 乙木은 시에 庚金과 乙庚合으로 辛金이 되어 丙火를 끌어온다. 丙火는 지지에 寅午戌로 火氣運을 만들어 심혈관의 문제가 발생하게 될 것이며 子午卯酉가 되어 생을 마감할 수가 있다.

9장
壬水 日干

9장
壬水 日干

◉ 1. 산후원 조리사

坤命	1981년 06월 12일(陰) 12:50			직업 : 산후원 조리사					
丙	壬	乙	辛	오행	木	火	土	金	水
午	辰	未	酉		1	2	2	2	1
99	89	79	69	59	49	39	29	19	9
乙	甲	癸	壬	辛	庚	己	戊	丁	丙
巳	辰	卯	寅	丑	子	亥	戌	酉	申

〈원국해설〉

　壬辰日柱다. 년에 辛金과 시에 丙火가 丙辛合으로 묶여 있어 자격증이 필요하다. 항상 재물에서 자유롭고 싶은 마음을 가지고 살아간다. 천간에는 官이 없고 지지에 辰土의 官을 깔고 있어 일해야 한다. 부부궁에 辰土는 金으로 변하는 개연성을 가지고 있다. 官이 변할 수가 있는 불안한 상황이다. 壬水를 제방으로 막을 수 있는 官(戊土)이 필요한데 천간에 官을 끌어올 五行은 없다.

　이 명조는 官(남편)의 문제가 발생할 수가 있는 명조다. 어릴 때 아버지를 일찍 여의고 홀어머니와 함께 살게 된다. 년지에 酉金이 일지 辰土(官)

와 辰酉合 金으로 변하게 되어 辰土(아버지)가 사라지고 친정엄마가 辰土에 있다. 결혼하면 壬水 일주에 辰土(官)는 육친으로 남편이다. 辰土의 뻘흙을 깔고 있어 탁수의 개연성으로 남편의 건강 문제가 항상 따르는 사주를 타고 난 것이다. 이분은 예측대로 상담 결과, 남편의 건강 문제가 되어 현재 회사를 휴직하고 있다고 한다.

壬水 일간의 특성상 이러한 고통을 남들에게 말하지 않고 혼자 속으로만 앓고 있는 것이 壬水 일간의 특징이다. 壬水의 강물은 조용하게 흘러가는 것처럼 보인다. 내면은 물속에 흙탕물이 흐르는지 장애물이 있는지는 아무도 모른다. 이분의 마음은 아무도 모른다.

물상론으로 壬水의 특징을 정확하게 표현할 수가 있다. 壬水 일주가 천간에 (官) 土가 없어 제방 역할을 할 수 없다. 언제나 官의 문제로 고통을 겪는 경우가 많다. 지지에 辰土의 뻘 흙을 辰酉合金으로 남편 자리에 변해야 탁수를 막을 수가 있다. 辰土의 官이 辰酉合 金으로 변하면 辰土의 官(남편)이 酉金으로 사라지는 것으로 판단할 수가 있다.

辰酉合은 六合의 원리에서 金은 변하지 않기 때문이다. 년에 酉金이 부부궁의 辰土와 辰酉合으로 사라지게 되면 官(남편)의 문제가 발생하게 된다. 물상론의 六合은 寅亥合木과 辰酉合金만 사용한다.(기초편의 六合 참조) 이 명조에서 재물은 시에 丙午의 午火와 월에 未土가 있어 항상 巳火를 기다리고 있다. 巳午未가 되면 壬水 일주에 재물이 되기 때문에 돈을 벌 수가 있다. 년지의 酉金에 의해서 巳火를 끌어와 巳午未(方合)로 재물을 만들기 때문에 酉金의 행위로 일을 하게 되면 돈을 벌 수가 있는 사주가 된다.

(丙申大運 : 9~18세)

丙申大運은 丙辛合이 풀어지는 大運이다. 壬水의 재물 丙火가 壬水의 물에 뜨게 되어 일찍부터 돈에 대한 욕심이 강하다. 지지에 申金이 子水를 끌어오게 되면 子午卯酉가 된다. 천간으로 財運이 와도 지지에 申子辰으로 辰土의 官이 水局으로 변해 어렸을 때는 경제적으로 어렵게 살아가게 된다.

16세 丙子年, 丙申合이 풀어지고 지지에 酉金이 辰土와 辰酉合이 되어 부친이 사망하였다. 17세 丁丑年, 일간 壬水와 丁火가 丁壬合 乙木이 된다. 壬水 일간이 乙木으로 살아간다. 지지에 丑土는 일지 辰土에 官이 탁수되어 부친으로 고통을 받게 된다. 丑土는 巳火를 끌어와 년지 酉金과 巳酉丑으로 빨리 기술을 배워 취업하기 위하여 정보고등학교에 진학하게 되었다.

(丁酉大運 : 19~28세)

丁酉大運은 丁火는 壬水의 재물인데 丙辛合을 풀어지게 한다. 지지에 酉金이 辰酉合金이 되어 金生水로 많은 물을 만들어 주게 된다. 이때 물을 막을 수 있는 官(土)이 필요하게 되어 일찍 남자를 알게 된다. 19세 己卯年, 己土가 甲木을 끌어오면 지지에 甲木의 뿌리 寅木이 寅卯辰으로 부부궁에 합을 이루어 남자를 만나게 된다. 상담 결과, 20세 庚辰年에 결혼하였다고 한다. 庚金이 천간 乙木과 乙庚合을 하여 辛金이 되고 丙辛合이 풀어져 재물을 취할 수가 있다. 지지에 辰土는 辰酉合이 부부궁에 합이 되어 경제적 어려움 때문에 결혼하였을 것이다.

(戊戌大運 : 29~38세)

戊戌大運은 戊土가 壬水의 제방이 되어 호수를 만드는 官(土)이 오는 大運이다. 사실 이분은 戊戌大運에 결혼해야 한다. 지지에 戌土가 寅午戌로 丙火의 재물을 불러오는 大運이지만 부부궁에 辰土와 戌土가 辰戌沖이 되어 남편의 건강 문제가 발생하게 된다. 壬水가 탁수되어 경제적으로 어려운 大運으로 판단한다. 37세 丁酉年, 산후조리원 보조 조리사로 일하게 되었다. 丁火가 丙辛合을 풀어지게 하여 재물을 취하게 된다. 지지에 丁火의 뿌리 巳火가 巳酉丑과 巳午未로 財局이 되어 돈을 벌기 위해 酉金의 행위로 산후조리원에서 일하게 되었다.

(己亥大運 : 39~48세)

己亥大運은 己土에 작은 乙木이 심어진 제방으로 불안정한 길로 가고 있다. 己亥의 亥水는 亥卯未와 亥子丑으로 子水를 불러 탁수와 子午卯酉의 개연성이 있다. 40세 庚子年, 월간에 乙木과 乙庚合으로 辛金이 되면 辛金으로 丙辛合이 풀어져 丙火 재물이 오는 듯하다. 지지에 子水가 子午卯酉가 되어 일을 마음대로 할 수가 없다. 子水는 부부궁에 탁수의 문제가 발생하는데 천간 乙木과 乙庚合이 되고 지지에 酉金이 辰酉合으로 변하여 척추 수술로 심적 고통을 받는 한해였다. 상담 결과, 庚子年 10월 丙戌月에도 戌土가 辰戌沖이 되어 화상을 입어 고생했다고 한다.

(庚子大運 : 49~58세)

庚子大運은 庚金이 乙庚合으로 辛이 되어 丙辛合이 풀어져 재물 욕심이 강하지만 지지에 子午卯酉와 탁수되어 하는 일과 남편의 건강 문제로 고생해야 한다. 52세 壬子年, 53세 癸丑年, 丙辛合이 풀어져 경제적으로 풀어지는 것으로 보이지만 지지에 丑土와 辰土가 탁수의 개연성 있어 남편의 건강 문제로 남편이 사망할 수가 있다. 사전에 검진을 철저히 받는 것이 좋다.

(辛丑大運 : 59~68세)

辛丑大運은 辛金이 丙辛合을 풀어 재물이 오는 運이다. 지지에 巳酉丑으로 巳火는 巳午未로 財運이 오고 천간에 丙火가 밝아져 재물이 온다. 지금까지 살아온 세월 중에 제일 좋은 大運이다. 이때는 본인이 사업으로 성공하는 大運으로 시에 丙火가 밝아져 壬水에 뜨게 되고 자식 자리에 丙火가 壬水의 물에 비추게 되어 자식들이 어머니께 보람을 안겨주는 大運으로 판단한다.

※ 이분의 명조는 남편이 사라지고 巳酉丑으로 巳火가 巳午未가 되고 지지에 酉金의 행위를 하게 되면 돈을 벌 수 있는 사주 명조다.

2. 동거 계약으로 사는 명조

坤 命	1983년 11월 07일(陰) 16:20 직업 : 회사원					오행	木	火	土	金	水
戊	壬	甲	癸				1	0	1	2	4
申	申	子	亥								
99	89	79	69	59	49	39	29	19	9		
甲	癸	壬	辛	庚	己	戊	丁	丙	乙		
戌	酉	申	未	午	巳	辰	卯	寅	丑		

〈원국해설〉

　壬申日柱에 火(재물)가 없어 無財四柱다. 無財四柱의 특성은 財運이 올 때만 돈을 벌 수가 있다. 항상 돈 욕심에 마음이 가득 차 있다. 그러나 재물은 물로 흘러가기 때문에 빈 통장이다. 재물은 천간의 五行 중 戊癸火에서 탁수된 돈과 일간의 壬水가 丁火의 재물을 만들 수가 있다. 그러나 지지에 행동은 재물(火)을 끌어오는 五行이 없다. 천간에 년간 癸水와 시에 戊土가 戊癸合이 己土가 된다. 己土는 월간 甲木과 甲己合으로 乙木을 만들어 己土로 변한 땅에 뿌리를 내리게 된다.

　己土에 심어진 乙木에 뿌리가 없어 불안한 삶이다. 乙木이 乙庚合이 되어 사라지면 己土가 탁수되어 살아야 한다. 사주 원국을 그림으로 생각하여도 눈에 보인다. 태평양 한가운데 작은 己土의 섬이 있다. 戊癸合火로 官에서 경제적 도움으로 살아간다. 戊土(官)의 탁수는 戊土, 己土, 癸水, 丁火가 올 때 풀어지게 되면 뿌리 없는 甲木이 심어진다. 戊癸合의 己土에서 甲木이 甲己合으로 乙木을 만들어 己土의 작은 섬에 나무가 심어져 官을 지키고 있다. 여기에서도 甲木, 乙木, 己土가 오면 풀어져 또 다른 官이 심어지게 된다. 일간 壬水는 丁火(財)를 끌어와 乙木으로 만들어 戊癸合火(財) 己土에 심어진 것을 보면 남자에게 경제적 도움을 받고자 만나고 헤어지고 하는 사주가 된다.

　남자의 관계는 끊임없이 이루어지지만 시간이 지나면 헤어지고 만나는 반복되는 생활을 하게 된 명조다. 쉽게 말해서 壬水 일주가 官(土)에 土의 官을 木으로 이어지는 동안 한정된 삶이 이어져 동거나 계약의 조건으로 남자와 관계를 맺게 된다. 계약 기간만 동거하게 되는 것이다. 그러나 官이 깨지는 경우는 짧은 인연으로 남자를 만나 헤어지게 된다. 상담 결과, 戊戌年에 계약 동거로 시작하여 辛丑年 4월 壬辰月에 계약이 종료되어 헤어지겠다고 했더니 헤어질 생각을 하고 있다고 말한다. 동거한 남자가 헤어지는 것을 많이 아쉬워할 것이라고 말한다. 여러 곳을 많이 다니면서 상담하였지만 이렇게 정확하게 짚어주는 선생님은 처음 본다고 한다.

　이분의 해법을 남촌물상론에 찾아보자. 기초반에서 배웠듯이 해외와 인연을 맺어 살아가면 해결된다. 해외에 가면 戊癸合이 풀어져 壬水의 제방 역할을 할 수 있는 중국(戊辰)이나 대륙을 낀 나라로 가서 살아가야 한다. 차선책으로 국내에서 살게 되면 충청권에 살면 좋다. 외국계 회사에 다니거나 외국과 무역 거래하면서 산다면 무난하게 살아가게 될 것이다.

　이분의 직업은 無財四柱로 본인이 할 수 있는 일은 戊癸合火로 피부에 관련된 일을 하거나 의류에 관련된 일을 하게 된다. 상담 결과, 피부샵에서 일도 했으며 백화점에서 의류에 관한 일을 오랫동안 했다고 한다. 지금은 부동산에 관심을 두고 있다고 한다. 내년부터 大運이 39대 戊辰大運으로 바뀌기 때문일 것이다. 부동산도 좋다고 본다. 상담은 정확한 판단이 필요하다.

(乙丑大運 : 9~18세)

　乙丑大運은 甲己合으로 묶여서 甲木이 乙木이 되어 있다. 大運에서 乙木이 오면 甲己合이 풀어져 官인 아버지가 탁수가 되는 것으로 판단하여 어린 시절에 척박한 환경에서 자란다. 지지에 丑土의 官에 뿌리가 亥子丑, 申子辰 탁수되어 엄마와 아버지가 이혼하였다고 판단할 수가 있다. 상담 결과,

아빠와 엄마가 이혼하였다고 한다.

(丙寅大運 : 19~28세)

丙寅大運은 천간에 丙火가 뜨고 지지에 寅木이 오면 甲寅으로 甲木의 뿌리가 되어 대학에 진학하였지만 대학을 졸업하기가 어렵다는 것을 예측하고 있다. 19세 辛巳年, 辛金이 丙火를 끌어오고 甲木에 꽃이 핀다. 지지에 寅申巳亥가 되어 고향을 떠나 충청도의 학교로 대학을 가게 되었다. 21세 癸未年, 대학은 휴학 상태로 끝이 났다. 戊癸合이 풀어지면 甲木은 뿌리를 내릴 수가 없고 지지에 未土가 亥卯未가 木의 뿌리가 되지 못해 학업을 포기하게 된다. 22세 甲申年, 의류회사에 취업하게 되었으며 지지에 申金의 물이 흘러 의류 업계 유통회사에 다니게 되었다. 그러나 많은 물이 흐르게 되면 木이 약하기 때문에 의류회사에도 오랫동안 근무하지 못한다. 26세 戊子年, 27세 己丑年까지 戊癸合이 풀어지게 되어 남자를 만나고 28세 庚寅年에 헤어지게 되었다.

(丁卯大運 : 29~38세)

丁卯大運은 丁火가 일간 壬水와 丁壬合으로 묶이게 되고 지지에 子午卯酉가 되어 수술하게 된다. 35세 丁酉年, 丁壬合으로 묶이고 지지에 酉金이 子午卯酉가 되어 자궁의 문제로 수술하였다. 巳酉丑으로 탁수가 아니고 申酉戌로 가기 때문에 큰 문제가 없었다. 상담 결과, 확인된 사실이다. 36세 戊戌年, 4월 丙辰月에 지금의 남자와 동거를 시작하게 되었다. 천간 戊癸合이 풀어지고 지지에 戌土가 戊戌이 되어 완전한 제방 역할이 되는 것이며 甲木이 戊土(官)에 심어져 계약 동거가 시작된 것이다. 木은 3, 8木이 되어 3년으로 동거 계약을 하였고 辛丑年 4월에 계약이 끝나게 된다.

(戊辰大運 : 39~48세)

戊辰大運은 천간 戊土가 戊癸合을 풀어지게 하고 戊土에 나무을 심고 싶어 부동산에 관심을 갖게 된다. 그러나 지지에 申子辰으로 지하수가 많이 흐르게 되어 甲木의 나무가 뿌리를 내릴 수가 없어 부동산도 할 수가 없다. 중국(戊辰)으로 가면 戊癸합이 풀어지고 의류 사업을 하면서 살아간다면 안정된 삶을 살 수가 있다. 39세 辛丑年, 辛金은 새로운 丙火의 태양을 끌어와 새로운 일을 하고 싶다. 지지에 丑土의 官이 亥子丑으로 탁수가 된다. 辛金으로 丙火가 움직이면 丑土가 지지에 巳火를 끌어와 寅申巳亥로 현재의 남자가 떠나게 되어 인연은 여기까지가 될 것이다.

(己巳大運 : 49~58세)

己巳大運은 己土가 월에 甲木과 甲己합으로 乙木이 되어 있는데 기본 甲己합은 풀어지게 된다. 戊土가 새로운 땅에 甲木을 받아 뿌리를 내리고 싶은 마음이 든다. 官(土)에 나무를 심겠다는 것은 가정을 꾸미고 싶다는 이야기다.

52세 甲寅年, 시의 戊土에 甲木이 뿌리를 내리게 되어 새로운 남자와 인연이 될 것이다. 그 남자는 외국인이거나 멀리 해외 유학파나 나이가 많은 사람이 될 것이다. 이 시기에 만난 남자는 재산이 있고 나이가 많은 사람이며 시의 戊土에 뿌리를 내리게 된다. 한번 가정을 가진 사람으로 부인과 사별했거나 이혼을 한 남자가 될 것이다.

(庚午大運 : 59~68세)

庚午大運은 좋은 運이 아니다. 庚金은 작은 乙木과 합을 하고 싶어지는데 안정된 일을 할 수가 없다. 지지에 午火의 재물 寅午戌(財局)을 해야 돈을 벌어야 하는데 寅申巳亥가 되어 재물을 따라갈 수가 없어 재물복은 크지 않다. 시에 있는 戊土에 戊癸합 己土에 乙木을 심어 전원생활을 하면 좋다.

3. 비서실, 홍보실에 근무한 명조

坤 命				1996년 02월 28일(陰) 16:20 직업 : 대기업 비서실 근무					
戊	壬	壬	丙	오행	木	火	土	金	水
申	午	辰	子		0	2	2	1	3
93	83	73	63	53	43	33	23	13	3
壬	癸	甲	乙	丙	丁	戊	己	庚	辛
午	未	申	酉	戌	亥	子	丑	寅	卯

〈원국해설〉

　壬午日柱에 물이 많은 명조다. 壬午日柱에 財를 깔고 있고 년간에 재물인 丙火가 자리를 잡고 있어 대기업에 근무한 명조이다. 천간에 壬水의 큰물이 2개가 있고 시에 戊土의 官이 있으나 木이 없다. 나무가 심어지지 않아 戊土(官)가 무너질 수가 있어 남자의 관계가 불안정하다. 지지에 木의 뿌리가 없고 木을 끌어올 五行이 없어 남자관계는 잘 이루어지지 않는다. 지지에 申子辰으로 戊土(官)의 뿌리 辰土가 물로 변해서 지하수가 흐르고 있다. 본인은 불타는 정열을 채우고 싶지만 남자가 오랫동안 머무르지 못한다. 천간에 壬水의 큰 강물이 흐르고 있고 戊土의 제방이 지지가 약하기 때문에 안정된 직장을 다닐 수가 없다. 지금은 대기업 비서실에 근무하고 있지만 官의 뿌리가 약해 계약직으로 근무하고 있다.

　이 명조는 (官) 戊土에 甲木을 심어야 안정된 삶을 살 수가 있고 좋은 삶을 유지할 수가 있다. 나무를 심기 위해서는 본인이 木의 행위를 해야 한다. 대학 교수를 해야 하는 사주다. 교육이나 의류 패션디자인 등 木의 행위로 사업을 하게 되면 크게 돈을 벌 수가 있다. 木의 행위를 하면 지지에 寅午戌이 되어 壬水에 태양이 뜨고 나무에 꽃을 피워주게 되면 태양(丙火)

을 재물로 결실을 가져올 수가 있다. 천간은 큰물이 있고 지지에 申子辰으로 물이 흐르기 때문에 해외와 인연을 맺어 유통 사업을 해도 좋다. 이 명조는 官(戊土)을 지키기 위해서 반드시 木의 행위를 해야만 한다. 木에 행위를 못하게 되면 배우자의 선택은 남편이 교육자 이거나 木의 행위를 하는 것이 좋다.

(庚寅大運 : 13~22세)

庚寅大運은 庚金이 오면 지지에 申金이 움직여 申子辰으로 水局이 된다. 寅木은 甲木을 끌어오게 되면 戊土에 심을 수가 있고 지지에 寅午戌로 재물과도 연계가 되지만 학교 시절이므로 학교와 관련하여 보면 된다. 18세 癸巳年, 시에 戊土와 戊癸合 己土가 되어 甲木을 불러온다. 甲木의 뿌리 寅木은 지지에 寅申巳亥가 되어 대학을 집을 떠나 멀리 가고 싶어 한다. 이과보다 문과를 택하게 된다. 19세 甲午年, 甲木이 심어지고 지지에 寅午戌로 甲木에 꽃을 피워 본인이 원하는 대학에 가게 된다.

(己丑大運 : 23~32세)

己丑大運은 己土가 甲木을 끌어오면 지지에 寅午戌이 되어 대학원에 진학하면 좋다. 戊土의 官을 지키기 위해서는 반드시 甲木을 심어 안정된 삶이 되어야 한다. 27세 壬寅年, 3개의 壬水가 하나가 된다. 지지에 寅木이 寅午戌이 되어 태양이 밝아지며 대기업에 취업할 수가 있다. 2월 壬寅月 3개의 壬水가 하나가 되고 지지에 寅午戌이 되어 대기업에 취업할 수가 있다. 이분은 진로 결정이 매우 중요하다. 대학원에 진학해야 한다. 그렇지 못할 경우 인생의 진로가 바뀌게 된다. 29세 甲辰年, 甲木이 시에 戊土에 심어지게 되어 연하의 남자와 인연을 맺게 된다. 지지에 申子辰의 물과 甲木의 뿌리 寅木이 寅午戌로 꽃을 피우게 되어 결혼하게 될 것이다.

(戊子大運 : 33~42세)

戊子大運은 많은 물을 제방으로 막고 싶은 욕망이다. 이 大運은 또 하나의 戊土의 땅이 오게 되니 나무를 심고 싶어 한다. 부동산을 건축물로 투자하면 戊土에 나무를 심게 되어 안정된 삶이 된다. 39세 甲寅年, 부동산 運으로 건축물의 부동산을 취하게 되면 좋은 결과를 얻을 것이다. 대학원에 가서 공부하였다면 대학교수가 되었을 것이다. 또한 본인이 木의 행위를 하게 되면 안정된 삶과 자식들도 안전하게 성장을 하게 된다.

(丁亥大運 : 43~52세)

丁亥大運은 丁壬合 乙木으로 윗사람의 경쟁자를 제거하고 승진의 기회가 올 것이다. 대학에서 교수를 하였다면 학과장인 교무처장 자리를 맡았을 것이다. 丁壬合 乙木은 학생들이 모이게 되어 인기 있는 교수가 된다. 만일 부동산에 투자하여도 부가 가치가 높은 건물을 소유하게 된다. 대학에 교수였다면 49세 甲子年, 甲木이 戊土에 심어지고 지지에 申子辰으로 물을 공급하게 되어 甲木에 년간의 丙火가 꽃을 피우게 된다. 학교에서 높은 지위를 갖게 된다.

(丙戌大運 : 53~62세)

丙戌大運은 태양이 두 개가 뜨는 형국으로 2개의 壬水 위에 丙火가 뜨려고 한다. 두 개의 태양이 뜨게 되어 어둡게 되는데 해외로 가면 3개의 丙火가 하나가 되어 좋은 결과로 재물을 얻을 수가 있다. 두 개의 丙火로 어두워 지면 일본이나 외국으로 학술 단체를 조직하여 해외로 눈길을 돌려 활동하면 총장도 기대할 수가 있다. 국내에서 대학에 근무하였다면 甲木으로 두 개의 태양을 가릴 수가 있다. 해외로 진출하여 3개의 태양이 하나가 되어 능력을 발휘할 수가 있다. 木의 행위를 하면 좋다. 만일 해외와 인연을 맺으려면 일본과 인연을 맺게 되면 3개의 태양이 하나가 된다. 태양(財)이 밝아져 물 위에 뜨게 되면 명예와 재물이 동시에 오게 된다.

(乙酉大運 : 63~72세)

乙酉大運은 시의 戊土에 乙木이 심어지는 형국이다. 자식 자리에 乙木이 심어지면 지지에 子午卯酉가 되어 官에 문제가 된다. 많은 물에 戊土가 무너질 수가 있어 남편의 건강에 문제가 발생할 수가 있다. 또한 자식 자리에 官이 있기 때문에 아들이 있다면 아들 문제로 고민거리가 생길 수가 있어 대책이 필요하다. 이때 해결책은 무엇이 필요할까? 해결 방법은 甲木의 나무를 심게 되면 해결이 될 것이다. 甲木의 나무는 자식에게 대학원 이상의 교육이 필요하다. 유학을 보내서 공부하게 되면 해결될 것이다. 또한 남편이 교육자라면 별일이 없이 무난하게 보낼 수가 있다.

(甲申大運 : 73~82세)

甲申大運은 甲木이 시에 戊土의 땅에 심어지게 된다. 자식 자리에 戊土가 심어진다는 것은 자식이 잘된다는 의미이다. 壬水의 제방 역할을 하기 때문에 부모에게 효도하는 자식이다. 지지에 申金은 申子辰이 되어 자식은 사업으로 성공하는데 유통업계에 종사하여 돈을 벌게 될 것이다.

※ 이 명조는 木의 행위를 해야만 좋은 명조다. 본인이 木의 행위를 하지 못하면 남편이 교육자이거나 木의 행위를 해야 가정이 편안한 명조다. 선택이 매우 중요하다.

4. 회계사 명조

乾 命	1994년 03월 16일(陰) 14:20			직업 : 회계사					
丁	壬	戊	甲	오행	木	火	土	金	水
未	午	辰	戌		1	2	4	0	1
93	83	73	63	53	43	33	23	13	3
戊	丁	丙	乙	甲	癸	壬	辛	庚	己
寅	丑	子	亥	戌	酉	申	未	午	巳

〈원국해설〉

壬午日柱다. 五行 중에 金이 없는 사주다. 金이 없어 金의 행위를 하고 싶어 한다. 월에 官인 戊土가 있고 시에는 재물인 丁火가 있다. 지지에 辰戌丑未와 寅午戌의 개연성을 가지고 있다. 일간 壬水와 시에 丁火가 丁壬合 乙木으로 국가 자리 甲木에 등라계갑을 하고 있어 국가 자격증이나 대기업에 근무하고 싶어 한다. 직업을 찾는 데는 여러 가지 방법이 있지만 남촌물상론의 財와 官에 官法을 적용하여 찾는 방법이 있다. 그다음에는 五行을 직업으로 택하는 경우가 많다.

이 명조는 재물이 시에 있고 지지에 寅午戌과 巳午未의 개연성이 있다. 재물은 시까지 연결되어 있어 명예보다 재물을 택하는 명조임을 알 수가 있다. 우리의 특허품인 財에 觀法을 적용하여 직업을 판단해 보면 壬水의 財는 火가 되고 火의 재물은 金이 된다. 당연히 사주 원국에 없는 金의 직업을 택하게 되어 있다. 金을 끌어오는 五行은 丁壬合 乙木이 庚金을 끌어오고 지지에 辰土가 酉金을 끌어오기 때문에 金의 행위로 금융이나 회계사의 일을 택하게 된다. 大運에서 13세 庚午大運부터 52세까지 金運으로 법, 금융, 회계의 직업을 택하게 된다. 상담 결과, 이분은 회계사였다.

(庚午大運 : 13~22세)

　庚午大運은 원국에 丁壬合의 乙木이 乙庚合으로 辛金이 된다. 辛金은 丙火를 끌어와 甲木에 꽃을 피우게 되어 국가에 공직이나 자격증을 가지고 싶은 마음으로 공부를 잘하는 학생이다. 17세 庚寅年, 丁壬合 乙木이 乙庚合 辛金이 되어 丙火를 끌어와 甲木에 꽃이 핀다. 지지에 辛金의 뿌리 酉金이 월지에 辰土와 辰酉合으로 申酉戌이 되어 법, 금융, 회계를 목표로 하여 공부를 잘하게 된다. 또한 지지에 寅午戌로 국가 자리 甲木에 꽃이 피게 되어 학교에서 학업성적이 좋아진다. 18세 辛卯年, 丁壬合 乙木은 辛金의 칼자루가 되며 辛金의 뿌리 酉金은 법, 금융, 회계로 金의 행위를 하고 싶어 문과을 택하게 된다. 참고로 대한민국 문과 8대 전문직으로 변호사, 공인회계사, 변리사, 공인노무사, 세무사, 법무사, 감정평가사, 관세사가 있다. 19세 壬辰年, 丁壬合이 풀어지고 壬水가 국가 자리 甲木에 水生木이 되어 대학은 木의 대학인 고려대학교를 택하게 된다.

(辛未大運 : 23~32세)

　辛未大運은 辛金이 丙火를 끌어와 결과를 맺으려 한다. 지지에 未土는 巳午未의 개연성이 있어 巳午未가 되면 천간에 辛金이 丙火를 끌어와 木火通明으로 배우고 익힌 학문의 결과를 얻을 수가 있다고 大運은 예측하고 있다. 27세 庚子年, 丁壬合 乙木이 乙庚合 辛金이 되어 丙火를 끌어오게 된다. 지지에 寅午戌이 되면 국가 자리 甲木에 木火通明으로 꽃을 피우게 된다. 지지에 子水가 申子辰과 申酉戌이 되어 金의 행위인 회계사 시험에 합격하였다. 이때 첫 직장은 乙庚合으로 辛金의 뿌리 酉金이 월지 辰土와 辰酉合을 하여 대기업이 아닌 작은 기업에 취업하게 된다. 29세 壬寅年, 丁壬合이 풀어지고 지지에 寅木이 寅午戌로 甲木에 꽃을 피우게 된다. 대기업으로의 이직과 결혼 문제를 상담하려고 방문하였다. 이것이 내정법이다. 내정법은 굳이 배우지 않아도 남촌물상론은 쉽게 알 수가 있다.

(壬申大運 : 33~42세)

　壬申大運은 丁壬合 乙木이 壬水가 와서 丁壬合이 풀어지게 된다. 이때는 본인의 능력 발휘가 된다. 이때부터는 자기가 독립적인 행위를 하고 싶어진다. 그러나 이 大運은 본인의 개인 사업을 하면 좋지 않다. 지지에 申金이 申酉戌이 되지 못하고 申金이 子水를 끌어오면 申子辰이 된다. 水局이 되면 甲木이 성장하게 뿌리 없는 甲木이 되어 사업을 해도 좋은 결과를 얻지 못한다. 대기업에 근무하는 것이 좋다. 42세 乙卯年, 丁壬合이 풀어지고 지지에 寅卯辰이 되면 甲木이 월간 戊土에 심어지게 되어 개인 사업을 하려고 할 것이다.

(癸酉大運 : 43~52세)

　癸酉大運은 癸水가 월에 戊土와 戊癸合을 하면 己土가 된다. 년에 甲木과 甲己合을 하게 되면 甲木이 작은 乙木의 나무가 되어 등라계갑을 할 수가 없어 대기업을 그만두게 된다. 甲木은 乙木이 되어 乙木이 庚金을 끌어와 乙庚合을 하여 辛金이 된다. 辛金의 뿌리 酉金이 辰土와 辰酉合을 하여 개인 사업으로 회계사 개업하게 될 것이다. 酉金은 巳酉丑으로 巳火를 끌어오면 지지에 巳午未가 되어 많은 돈을 벌 수 있을 것이라 판단한다. 44세 丁巳年, 丁壬合이 풀어지면 丁火는 甲木에 등불을 달아 멀리 비추게 된다. 지지에 巳火는 巳酉丑으로 酉金을 끌어와 辰酉合金이 된다. 巳火는 巳午未의 方合으로 財局이 되어 개업하게 되면 많은 돈을 벌 수가 있다.

(甲戌大運 : 53~62세)

　甲戌大運은 甲木이 오게 되면 두 개의 甲木이 되어 두 개의 땅이 필요하여 부동산과 교육에도 관심을 갖게 된다. 천간과 지지에 전체가 木으로 구성되어 木의 행위를 하게 된다. 부동산과 학교 강의하면 좋다. 두 개의 戌土는 寅午戌이 되어 두 개의 甲木에 꽃을 피우게 된다. 하나의 甲木은 학교에, 하나의 甲木은 부동산으로 두 마리 토끼를 잡을 수 있는 기회가 될 것이다. 지지에 寅午戌로 학교에서 강의하게 되면 천간에 甲木들이 꽃을 피워 木火通明으로 학교에 인기 있는 교수가 될 수가 있다.

(乙亥大運 : 63~72세)

乙亥大運은 丁壬合이 풀어지게 되고 지지에 亥水가 있어 亥子丑으로 탁수의 개연성이 있다. 탁수가 되지 않으려면 亥卯未로 木에 뿌리가 되어야 한다. 丁壬合이 풀어지면 시에 丁火는 甲木에 등불이 되어 사회에 봉사하려는 마음을 가지게 된다. 국가 자리 甲木에 등불이 달리면 정치에 참여하고 싶은 마음이 든다. 그러나 지지에 寅午戌로 천간에 丙火의 태양과 丁火의 등불이 甲木에 등불이 되어 정치를 하고 싶지만 하지 않는 것이 좋다. 寅午戌의 丙火는 甲木에 木火通明이지 정치가 아니라는 것으로 판단하면 좋다.

(丙子大運 : 73~82세)

丙子大運은 원국에 丁壬合으로 묶여 있다. 73세 이후는 丁壬合의 의미가 별로 없다. 나이가 들면 丁火의 氣運이 강하다. 창업반에서 하지 않는 설명을 하고 있다. 사람이 삶을 살아가는데는 인생에 파노라마 같은 해석이 필요하다. 이때는 丙丁 갈등으로 보아도 좋다. 지지에 子水는 子午卯酉의 개연성이 되어 건강에 이상이 올 수가 있다. 항상 노후는 悠悠自適하게 사는 것이 좋다.

◎ 5. 선거관리위원회 공무원 명조

坤 命	1980년 09월 28일(陰) 08:20			직업 : 공무원(선관위)					
甲	壬	丙	庚	오행	木	火	土	金	水
辰	午	戌	申		1	2	2	2	1
100	90	80	70	60	50	40	30	20	10
丙	丁	戊	己	庚	辛	壬	癸	甲	乙
子	丑	寅	卯	辰	巳	午	未	申	酉

⟨원국해설⟩

　이 명조는 五行이 고루 갖추어져 있는 陽八通 사주다. 그러나 壬午日柱인데 천간에 물을 막아줄 戊土(官) 제방이 없는 것이 단점이다. 戊土의 運이 와서 물에 제방이 된다면 금상첨화(錦上添花)일 것이다. 천간에 甲木이 있고 지지에 午火와 戌土가 있어 甲木의 뿌리를 만들 수가 있다. 지지에 寅午戌과 申子辰으로 丙火가 밝아지게 되면 壬水에 丙火가 뜨게 되어 명예를 가지게 된다. 甲木에 꽃을 피워 국가 자리에 칼자루 역할을 할 수가 있다. 직접 권력을 가진 것이 아니라 寅午戌이 될 때 국가에 칼자루로 활용하게 된다. 이분은 대학교수를 하면 좋은 명조다. 넓은 땅 외국에서 공부하였다면 좋으나 丙火가 있어 해외로 가지 못한다. 만일 대학교수를 한다면 충청권에 대학교수가 되었을 것이다. 이 명조는 丙火가 壬水에 떠서 빛이 庚金에 비추게 된다. 庚金이 빛을 발산하게 되면 지지에 寅午戌로 甲木은 국가 자리 庚金에 칼자루가 되어 간접적인 권력을 행사하는 명조가 된다.

　이분의 명조는 '財를 택하느냐? 官을 택하느냐?'의 문제가 일생의 선택을 좌우하게 되는데 이분은 사실 財를 선택하게 되어 공무원이 된다. 필자가 개발한 官과 財에 觀法을 적용하게 되면 아주 정확한 판단으로 알 수가 있다. 財에 觀法로 보면 壬水의 財는 丙火이며 丙火의 財는 庚金이다. 庚金의 財는 甲木이다. 이분은 국가 자리에 있는 庚金을 택하였고 시에 甲木을 칼자루로 사용하였기 때문에 국가 공무원이 된 것이다. 이분이 官을 택하였다고 하면 壬水의 官은 戌土와 辰土이지만 천간에 戌土가 없다. 土의 官은 甲木이 된다. 甲木을 사용하더라도 국가 자리 庚金의 칼자루로 사용하게 된다.

이렇게 남촌물상론의 財와 官에 觀法을 적용하게 되면 어떤 일을 하면 잘살 수가 있는가를 정확하게 판단할 수 있게 된다. 이분은 상담 결과, 현재 선관위 공무원이다.

(乙酉大運 : 10~19세)

乙酉大運은 乙庚合을 하게 되면 辛金이 되어 丙火의 재물과 丙辛合을 하여 경제적인 면과 국가 공무원을 생각하게 된다. 지지에 申酉戌과 子午卯酉의 개연성을 가지고 있다. 18세 丁丑年, 일간 壬水와 丁壬合 乙木이 되어 국가 자리 庚金과 乙庚合으로 辛金이 되고 지지에 申酉戌이 되어 이과, 문과 다 선택해도 좋다. 19세 戊寅年, 土運이 왔다. 壬水의 물을 호수로 만들 수 있는 기회가 오고 지지에 寅午戌로 甲木에 뿌리가 형성되고 꽃을 피우게 된다. 木火通明으로 좋은 대학에 진학할 수가 있다. 寅木은 寅午戌로 火局이면 甲木에 꽃을 피우게 되어 충청권 대학에 장학생으로 대학교에 가게 된다.

(甲申大運 : 20~29세)

甲申大運은 두 개의 甲木이 뿌리를 내리라는 것이다. 運에서 오는 甲木은 월지 戌土에 寅午戌로 甲木이 꽃을 피우는 大運이다. 천간으로 壬水가 흐르고 지지에 申子辰으로 지하수가 흐르는 격으로 반드시 官(土)이 필요하다. 사주 원국에 넓은 땅은 충청권 대학에서 공부하면 복수 전공도 가능하다.

이분은 유학 가면 크게 성공할 수가 있지만 원국에 丙火가 있어 유학 가고 싶은 마음이 없다. 국내에서 살게 되면 공무원을 할 수가 있다. 물상론에서는 사람들은 어떤 환경에서 살았느냐에 따라 성공할 수가 있다는 것은 이미 기초반에서 배웠다. 22세 辛巳年, 일찍 재물인 丙火와 丙辛合을 하여 丁火가 된다. 丁火는 일간 壬水와 丁壬合으로 乙木이 되어 국가 자리 庚金과 乙庚合을 하게 된다. 지지에 申酉戌이 되어 공무원 시험에 합격하였다. 이분은 24세 癸未年에 결혼하였다. 癸水가 戊土를 불러와 壬水의 제방이 되어 甲木을 심을 수가 있다. 지지에 未土가 부부궁에 巳午未가 되어 결혼하게 되었다. 천간에 물이 많아지게 되어 안정되고 싶은 마음이 들었을 것이다. 아버님의 권유로 戊土(官)의 제방으로 안정되고 싶은 마음으로 결혼하게 되었을 것이다. 29세 戊子年, 戊土가 제방이 되어 백조의 호수 위에 丙火가 뜬다. 지지에 국가 자리 申金이 申子辰 水局으로 많은 물을 만들어 튼튼한 호수에 태양이 뜨게 되어 승진하게 되었다.

(癸未大運 : 30~39세)

癸未大運은 癸水는 戊土를 불러와 안정되고 싶은 마음을 예측하고 있다. 지지에 未土는 巳午未가 되면 丙火의 태양이 밝아지게 된다. 癸未大運에 癸水가 戊土의 官을 끌어오고 싶어 官을 사용하여 제방으로 호수를 만들고 싶어 한다. 직장에서 丙火가 물 위에 뜨게 되면 승진을 바라고 있는 運이다. 34세 癸巳年에 승진과 39세 戊戌年에 승진하게 되었다.

(壬午大運 : 40~49세)

壬午大運은 壬水의 물이 두 개가 되니 넓은 바닷물로 된다. 지지에 午火는 寅午戌로 태양이 바닷물에 뜨게 된다. 壬午大運은 많은 물을 막기 위해서 戊土가 필요하다. 官을 사용하기 위한 運은 강력하게 승진하기를 원하고 있다. 43세 壬寅年, 大運에 예측한 대로 두 개의 壬水가 오고 지지에 寅木이 오게 되어 寅午戌로 물 위에 태양이 뜨면 승진의 기회가 올 것이다. 46세 乙巳年, 다시 한번 승진 기회가 오게 될 것이다. 49세 戊申年, 승진 기회가 올 때 잡아야 한다.

(辛巳大運 : 50~59세)

辛巳大運은 辛金이 丙火를 어둡게 만드는 大運이다. 지지에 寅申巳亥가 되어 본인이 지금까지 공직에 몸을 담았던 곳을 떠나게 될 것이다. 52세 辛亥年, 천간 丙火를 어둡게 하고 지지에 寅申巳亥가 되어 직장을 떠나게 될 것이다. 59세 戊午年, 부동산으로 투자하게 되면 크게 재물을 취하게 될 것이다.

(庚辰大運 : 60~69세)

庚辰大運은 庚金이 두 개가 되어 木의 칼자루가 필요하다. 칼과 칼자루의 역할로 건설과 관련된 부동산을 취득하게 될 것이다. 건설회사와 인연을 맺어 두면 좋다. 한 개의 乙木이 乙庚合 辛金으로 丙火에 재물을 취하게 될 것이다. 한 개의 庚金은 시에 甲木이 년에 庚金의 칼자루가 된다. 큰 칼과 작은 칼을 쥐게 된다는 것은 일간 壬水의 財는 丙火이고 丙火의 財 庚金으로 건설회사에 투자하여 큰돈을 벌게 될 것이다.

※ 이 명조는 해외를 가게 되면 교육자로 성공하지만 월간에 丙火가 있어 해외를 가지 못하고 국내에서 살게 되면 국가 공무원을 할 수가 있다. 그러나 공직자의 생활은 52세 辛亥年, 명퇴하게 되어 끝이 나고 퇴직 이후에는 부동산과 건설에 인연을 맺어 재물을 취할 수가 있는 명조가 된다.

◎ 6. 공무원 명조

坤 命	1986년 11월 23일(陰) 14:20			직업 : 공무원				
丁	壬	庚	丙	오행	木	火	土	金	水
未	寅	子	寅		2	2	1	1	2

96	86	76	66	56	46	36	26	16	6
庚	辛	壬	癸	甲	乙	丙	丁	戊	己
寅	卯	辰	巳	午	未	申	酉	戌	亥

〈원국해설〉

壬寅日柱다. 국가 자리에 丙火의 재물은 좋으나 官이 지지에 未土가 있지만 壬水의 제방 역할을 수가 없어 官이 약하다. 시에 丁火가 丁壬合木으로 묶여있어 국가 자리 丙火의 재물을 취하지 못한다. 丁壬合 乙木은 월간에 庚金과 乙庚合을 하여 辛金이 되면 辛金은 년간 丙火와 丙辛合으로 전체가 다 묶여있다. 壬水 일간이 丁壬合 乙木으로 성향이 바뀌어 살게 된다. 乙木은 월에 庚金과 乙庚合이 되면 辛金이 되어 년에 국가 자리 丙火와 丙辛合을 하게 되어 국가 공무원을 할 수 있는 명조다. 丁壬合이 풀어질 때는 본연의 壬水 역할을 하게 된다.

천간 丁壬合木과 지지에 寅木이 두 개의 뿌리가 연결되어 있어 행정직 공무원이다. 두 개의 寅木은 木의 행위를 두 번 할 수가 있다. 언젠가는 공직을 떠나게 되면 丙火가 寅木의 뿌리 甲木에 꽃을 피우게 될 것이다. 공직 생활은 乙未大運에 丁壬合木이 풀어지게 되면 공직을 떠나게 된다. 공직에서 물러나게 되면 국가 자리인 丙火가 壬水에 뜨게 되어 정치를 하고 싶어한다. 일간이 丁壬合 乙木이 월에 부모 자리 庚金이 官이 되어 아버지이다. 아버지가 자식에게 칼이 되어 자식이 金을 사용한 권력을 갖기를 바라는 마음을 알 수가 있다. 상담 결과, 아버지가 딸에게 정치를 하라며 권유하고 있다고 한다.

　이분은 결혼이 쉽지 않다. 26세 丁未大運에 결혼하지 못하였다. 37세 지금까지 결혼하지 못했다. 아마도 결혼하지 못하게 될 수도 있다. 37세 壬寅年, 丁壬合이 풀어지고 국가 자리 丙火가 壬水에 뜨면 월간 庚金에서 빛을 발산한다. 庚金의 아버지가 정치를 권유한 것이 맞다. 지지에 3개의 寅木이 하나가 丙火가 壬水에 뜨게 되면 지지에 寅午戌이 되어 丙火가 더욱 밝아진다. 국회의원 보좌관을 추천받았다고 한다. 38세 癸卯年, 癸水가 戊土를 불러오고 지지에 未土가 있어 亥卯未의 未土가 木局이 된다. 부동산 땅을 매입하게 되면 좋은 일이 생길 것이다. 이분은 건물보다는 땅을 매입하면 좋다. 癸卯年에 땅을 매입하여 건축물을 짓는다면 부동산의 부가 가치가 높아지는 땅을 매입하게 될 것이다.

(戊戌大運 : 16~25세)

　戊戌大運은 넓은 땅 제방으로 壬水를 막아 백조의 호수가 되는 大運이다. 戊土의 땅에 甲木의 나무를 심으면 년에 丙火가 꽃을 피울 수가 있다. 甲木은 庚金의 칼자루가 될 수도 있다는 것을 예측한다. 17세 壬午年, 丁壬合이 풀어지고 丙火가 壬水에 뜨게 되면 청운의 꿈으로 학업에 정진할 수가 있다. 18세 癸未年, 癸水로 丁壬合이 풀어진다. 지지에 未土가 巳午未의 개연성이 있어 국가 공직에 관심을 두고 이과보다는 문과에 마음을 두게 된다. 19세 甲申年, 甲木이 년에 寅木의 뿌리가 되어 甲木에 꽃이 핀다. 천간에 官인 土가 약하여 충청도 국립대학에 진학하게 된다. 지지에 申子辰으로 金을 사용한 법, 금융 경제에 대한 학과를 지망하게 된다.

(丁酉大運 : 26~35세)

　丁酉大運은 丁壬合이 풀어지고 년에 丙火가 壬水에 뜨게 되어 국가와 관련된 일을 하게 됨을 예측한다. 또한 丁壬合이 풀어져 결혼도 예측한다. 그러나 大運의 酉金이 丁壬合木이 풀어져도 酉金은 子午卯酉의 개연성으로 결혼하지 못하였다. 지지에 酉金은 巳酉丑으로 巳火가 巳午未로 년에 丙火가 밝아지게 된다는 것을 알 수가 있다. 29세 甲午年, 甲木이 년의 寅木에 뿌리를 내리게 된다. 일간 壬水는 丁壬合 乙木으로 甲木에 등라계갑을 한다. 지지에 午火가 寅午戌이 丙火를 밝게 하여 甲木에 꽃을 피울 수가 있어 행정직 공무원 시험에 합격하였다.

(丙申大運 : 36~45세)

丙申大運은 丙火가 두 개가 되어 어두움을 나타내고 있다. 밝아지고 싶은 마음이 들게 될 것이다. 지지에 申金이 寅申巳亥가 되어 새로운 변화를 예고 있다. 40세 乙巳年, 乙木은 丁壬合이 풀어지게 하며 乙庚合도 풀어진다. 일간 壬水의 모습으로 원래의 사주 원국이 된다. 丙火는 壬水에 뜨고 丙火의 불빛이 庚金에 빛을 발산하여 정치에 관심을 갖게 된다. 41세 丙午年, 42세 丁未年, 묶였던 五行이 풀어지게 되어 공무원을 퇴직하게 되는데 丙火가 壬水에 뜨게 되어 정치를 하고 싶은 목적으로 공무원을 명퇴하게 될 것이다.

(乙未大運 : 46~55세)

乙未大運은 丁壬合을 풀어지게 하여 원래의 모습으로 국가 자리 丙火가 壬水에 뜨게 된다. 아버지의 권유로 정치에 입문할 것이다. 46세 辛亥年, 국가 자리 丙火와 丙辛合을 하게 되고 지지에 寅亥合이 되어 국회의원 보좌관으로 시작하게 될 것이다. 49세 甲寅年, 국가 자리에 甲木이 뿌리를 내리고 지지에 3개의 寅木이 하나가 된다. 국가 자리의 甲木이 꽃을 피우게 되어 정치에 입문할 것이다.

(甲午大運 : 56~65세)

甲午大運은 甲木이 년에 寅木의 뿌리를 찾아 뿌리를 내리고 지지에 午火가 寅午戌로 꽃을 피우게 되고 10년 大運이 좋아 중앙 정치에 입문하게 될 것으로 판단한다. 57세 壬戌年, 丁壬合이 풀어진다. 지지에 午火는 寅木이 있어 寅午戌이 되어 丙火를 더욱 밝아지게 한다. 국가 자리 丙火가 일간 壬水의 물에 뜨게 되어 명예를 얻을 수가 있다. 57세부터 중앙 정치에 입문하게 되면 당선이 될 것이다.

(癸巳大運 : 66~75세)

癸巳大運은 癸水가 비를 내리는 형국으로 丁壬合을 풀어지게 한다. 본래의 모습으로 丙火가 壬水에 뜨고 癸水의 비를 만나 丙火가 어두워질 수가 있다. 어떤 시기에 어떤 사람을 만나느냐에 따라 운명이 바뀌게 된다. 정치와는 멀어지게 된다. 癸水가 戊土를 불러와 壬水의 물을 제방으로 막아 나무를 심게 된다. 부동산을 지키며 고향 땅에서 지역 사회의 유지로서 역할과 전원생활로 悠悠自適하게 살아가면 편안한 삶이 될 것이다.

(壬辰大運 : 76~85세)

丁壬合이 풀어지고 丙火가 壬水에 뜨게 되어 명예와 재운이 따르게 된다. 丙火의 태양은 제방이 없어 흘러가는 물에 태양이 뜨게 된다. 두 개의 壬水가 강물이 되니 두 개의 壬水를 丁壬合 乙木으로 만든다. 고향 땅을 제방으로 삼아 나무를 기르는 것은 사회복지에 관한 일이다. 乙木은 지지에 寅木이 뿌리가 되어 사회복지에 관한 일로 지역 사회에 봉사하는 마음으로 사는 것이 좋다. 항상 남촌물상론은 五行을 초월한 학문으로 일반적인 사고방식을 바꾸어 생각하여야 한다.

◎ 7. 대기업 임원 명조

坤 命	1977년 01월 27일(陰) 23 20 직업 : 대기업 임원				오행	木	火	土	金	水
辛	壬	癸	丁		1	2	0	2	3
亥	申	卯	巳							
96	86	76	66	56	46	36	26	16	6	
癸	壬	辛	庚	己	戊	丁	丙	乙	甲	
丑	子	亥	戌	酉	申	未	午	巳	辰	

〈원국해설〉

壬申日柱다. 물이 많고 土가 없어 無官四柱다. 물이 많아 土로 막을 수가 없어 해외와 인연을 맺으면 좋다. 재물은 년에 대기업 자리에서 재물을 만들어 주고 있다. 천간 모두 재물 火를 만들 수가 있다. 단, 월간 癸水는 戊土를 끌어와 戊癸火로 재물을 만든다. 戊癸火의 재물은 부동산을 투자하여 돈을 벌어야 한다는 의미이다. 財福은 있는 사람이다.

천간에 官을 만드는 五行은 癸水 뿐이다. 월간 癸水에서 戊土를 끌어와 戊癸合 己土가 되면 일간 丁火와 대기업 자리 丁火와 丁壬合 乙木이 己土에 심어진다. 戊癸合의 己土에 乙木이 심어지면 안정이 될 것이다. 나무를 심지 못하면 戊癸火로 재물은 되지만 官(土)이 탁수가 되면 결혼하기가 쉽지 않다. 無官四柱는 官(土)에 직업을 가지면 官을 남자가 아닌 직업으로 사용하기 때문에 결혼이 잘 이루어지지 않는 것이다. 보편적으로 無官四柱가 결혼하고 싶은 마음이 들면 다니던 직장을 그만두고 싶어지게 되는 것이 특징이다.

사주 원국에 물이 많으나 제방(土)이 없어 물을 막을 수가 없다면 해외와 인연을 맺어야 한다. 이분은 상담 결과, 미국에서 10년 동안 유학 생활을 마치고 한국 대기업에 임원으로 재직하고 있었다. 넓은 戊土의 땅 미국에서 살지 않고 한국에서만 살았다면 능력 발휘가 되지 않는다. 지지에 寅申巳亥가 되어 해외 마케팅이나 유통업에 관한 일을 하면 좋다. 이분은 丁壬合 乙木이 시에 辛金에 칼자루 역할을 하고 있다. 지지에 辛金의 뿌리가 대기업 자리에서 巳火의 재물과 巳酉丑을 하고 있으며, 寅申巳亥가 되어 현재 국제적으로 여러 나라에 거래처로 마케팅 업무를 하고 있다.

(乙巳大運 : 16~25세)

乙巳大運은 乙木이 丁壬合을 풀어지게 하고 시의 辛金에 칼자루 역할을 할 수가 없다. 辛金의 뿌리는 酉金으로 지지에 巳火가 있어 巳酉丑으로 이과를 택하게 된다. 18세 甲戌年, 甲木이 오면 丁壬合 乙木이 되어 등라계갑으로 공부를 잘한 학생이다. 지지에 戌土는 申金과 辛金의 뿌리 酉金이 申酉戌이 되어 이과를 택하게 된다. 19세 乙亥年, 乙木이 辛金의 칼자루가 되고 지지에 亥水는 亥卯未가 木의 뿌리가 된다. 亥水로 寅申巳亥가 되어 官인 土가 없어 충청권으로 대학을 진학하게 되었다. 22세 戊寅年, 戊土와 월에 癸水가 戊癸合火로 丁壬合을 풀어지게 하고 己土는 甲木을 끌어오고 싶어 넓은 대륙을 낀 나라로 가고 싶어 한다. 지지에 寅木은 寅申巳亥가 되어 寅木은 甲木의 뿌리가 된다. 공부하기 위하여 미국으로 유학 가게 되었다.

(丙午大運 : 26~35세)

丙午大運은 丙火가 시에 辛金과 丙辛合을 하여 丁壬合이 풀어지고 丙辛合의 丁火와 년간 대기업 자리 丁火가 재물이 된다. 丁火는 甲木에 등불이 되고 싶어 한다. 사주 원국에 甲木이 없어 대학에서 공부하게 되면 甲木이 생긴다. 없는 甲木을 만들기 위해서는 무한한 노력이 필요하다. 이분은 이미 미국에서 유학하고 있어 넓은 땅의 조건은 갖추어져 있다. 木에 행위는 교육으로 열심히 공부하게 되면 木이 생길 수가 있고 태양이 뜨면 木火通明으로 공부를 잘하게 된다. 지지에 亥水와 卯木이 있어 亥卯未로 甲木의 뿌리가 될 수가 있다.

(丁未大運 : 36~45세)

丁未大運은 丁火가 丁壬合木을 풀어지게 하여 능력을 발휘하게 된다. 년에 있는 丁火의 재물이 국가 자리에 있어 대기업에 취업하게 된다. 36세 癸巳年, 丁壬合을 癸水가 풀어지게 하며, 지지에 巳火가 巳酉丑으로 대기업에 취업하였다. 지지에 申子辰으로 寅申巳亥가 되어 유통회사에 마케팅 영업팀장으로 일하게 되었다. 45세 辛丑年 5월에 두 개의 辛辛이 丙火를 끌어와 새로운 태양이 떠오르게 되고 새로운 직장으로 이직하게 된다. 지지에 丑土가 巳酉丑으로 寅申巳亥가 되어 酉金의 행위인 아이티 회사에 마케팅이사로 새로운 직장으로 이직하게 된 것이다.

(戊申大運 : 46~55세)

戊申大運은 戊土가 많은 물을 제방으로 막고 싶은 마음이다. 천간에 癸水와 戊癸合을 하게 되어 己土가 되면 윗사람과 갈등을 느끼게 된다. 丁壬合 乙木이 己土에 심어져 시에 辛金의 칼자루가 되어 능력을 과시할 수가 있다. 木의 행위인 부동산이나 회사 교육에 관련된 일을 하게 되면 좋다. 46세 壬寅年, 丁壬合木이 풀어지고 寅申巳亥가 되어 새로운 프로젝트 마케팅 사업으로 일을 시작하게 된다. 50세 丙午年, 丙火가 시에 辛金과 丙辛合水로 물이 많아지고 지지에 子午卯酉의 개연성이 있어 건강에 문제가 발생할 수가 있으니 사전 건강검진이 필요하다.

(己酉大運 : 56~65세)

己酉大運은 己土에 丁壬合 乙木이 심어진다. 지지에 亥卯未가 되어 마케팅 영업이 순조롭게 간다. 56세 壬子年, 丁壬合이 풀어지고 지지에 申子辰, 亥子丑 탁수되어 건강에 이상이 온다. 지지에 子午卯酉가 되어 유방암에 문제가 올 수가 있어 사전 검진이 필요하다. 57세 癸丑年, 丁壬合이 풀어지고 물이 많아진다. 지지에 丑土가 巳酉丑, 申子辰, 亥子丑 탁수되어 건강이 문제가 될 것이다. 58세 甲寅年, 甲木이 오면 丁壬合 乙木이 등라계갑이 하고 지지에 寅申巳亥가 되어 회사에서 승진하여 일하게 될 것이다. 그러나 항상 건강에 주의하여야 한다. 61세 丁巳年, 丁壬合이 풀어지고 지지에 巳酉丑, 亥子丑 탁수되어 회사에서 건강 문제로 퇴직하게 될 것이다. 62세 戊午年, 癸水와 戊癸合으로 탁수가 되고 지지에 子午卯酉가 되어 건강에 문제가 발생하게 된다. 사전에 건강검진을 받아야 한다.

(庚戌大運 : 66~75세)

庚戌大運은 丁壬合 乙木이 乙庚合 辛金으로 두 개의 辛金이 되어 丙火를 끌어온다. 그러나 癸水가 丙火를 어둡게 하고 戌土가 지지에 申酉戌이 되어 물이 많아지게 된다. 당뇨와 심혈관, 갑상선 등 건강에 문제가 발생하게 될 것이다. 많은 물을 제방으로 막을 땅은(戊土) 충청도의 땅으로 가서 전원생활로 보내면 좋다. 이분은 다음 大運이 辛亥大運(76~85세) 壬子大運(86~95세)으로 물이 많아져 당뇨나 비뇨기과의 질환으로 고생하게 될 것이다.

※ 이분은 해외에서 살아야만 좋은 사주이며 국내에서는 능력 발휘가 안 되며 결혼할 수가 없다. 국내에서 살아간다면 많은 부동산을 보유해야 하며 충청도 땅에 자리를 잡고 전원생활을 하는 것이 좋다. 나이가 들면 水氣運이 강하여 비뇨기과 질환으로 당뇨나 방광의 문제로 고통을 받을 수가 있다. 이번 명조는 남촌물상론의 天干합의 원리를 적용하여 사주를 해석하였다. 天干합의 원리를 이해하여야 한다.

8. 교육공무원 명조

坤 命	1974년 04월 01일(陽) 20:15			직업 : 초등학교 교사					
庚	壬	丁	甲	오행	木	火	土	金	水
戌	申	卯	寅		3	1	1	2	1
99	89	79	69	59	49	39	29	19	9
丁	戊	己	庚	辛	壬	癸	甲	乙	丙
巳	午	未	申	酉	戌	亥	子	丑	寅

〈원국해설〉

壬申日柱이다. 일간 壬水는 월에 丁火의 財와 丁壬合木 乙木이 된다. 壬水 일간이 乙木의 성향으로 살아가고 있다고 보면 된다. 乙木은 시에 庚金과 乙庚合 辛金이 되어 丙火를 불러온다. 지지에 戌土와 寅木이 寅午戌이 되어 국가 자리 甲木에 꽃을 피우게 되어 교육공무원이다.

이 명조는 전반전 삶과 후반전 삶이 다르다. 전반전은 丁壬合 乙木은 년간 甲木을 타고 등라계갑을 할 수가 있어 교육으로 활동을 할 수가 있고 후반전은 丁壬合 乙木이 시에 庚金과 乙庚合으로 辛金이 되면 辛金의 뿌리 酉金이 申酉戌이 된다. 申酉戌은 金局으로 물이 많아지면 넓은 戌土의 제방이 필요하여 부동산과 많은 金을 활용하는 행위로 보험과 같은 금융에 관한 일을 하게 될 것이다. 항상 合으로 이루어진 일은 合이 풀어지면 변동이 있게 됨을 참고해야 한다.

이 사주의 특징은 지지에 木이 많은데 천간에 땅이 없고 지지에 戌土가 官이 되지만 申酉戌이 되면 官이 사라져 無官四柱가 된다. 또한 壬水日柱에 財가 丁火인데 丁壬合 乙木이 되면 財가 사라져 無財四柱가 되기 때문에 변동이 심하며 감정 굴곡이 많아 본인 스스로 고통을 받을 수가 있다.

지지에 寅卯辰과 申酉戌과 寅申巳亥의 개연성이 있어 교육과 금융에 관련된 일을 하게 된다는 것을 알 수가 있다. 시에 戌土의 官은 寅午戌로 나무에 꽃을 피우는 교육에 역할을 할 수 있다. 戌土가 寅午戌이 되거나 申酉戌이 되어 사라지면 부부 문제가 발생할 수 있는 명조다.

(丙寅大運 : 9~18세)

丙寅大運은 丙火가 등라계갑을 한 甲木에 꽃을 피우려고 한다. 배우고자 하는 열정이 대단하다. 18세 辛未年, 辛金과 丁壬合 乙木이 乙庚合으로 辛金이 두 개가 되어 강력하게 丙火를 끌어오게 된다. 국립대학으로 진학을 결정하게 된다. 火 대학인 서울 교대로 갈 수가 있다.

(乙丑大運 : 19~28세)

乙丑大運은 乙庚合을 풀어지게 한다. 丁火의 財는 국가 자리 甲木에 등불이 된다. 지지에 丑土는 巳酉丑으로 酉金이 申酉戌이 된다. 부부궁에 合을 이루어 결혼할 수 있는 大運으로도 예측한다. 25세 戊寅年, 戊土가 壬水의 제방 역할을 할 수가 있고 국가 자리에 甲木을 심을 수가 있다. 천간에 일간 壬水와 월간에 丁火가 丁壬合 乙木이 되어 년간 甲木에 등라계갑 할 수 있다. 또한 일간 壬水와 丁壬合 乙木은 시에 庚金과 乙庚合 辛金이 되어 丙火를 끌어 온다. 지지에 寅木이 寅午戌로 甲木에 꽃을 피우게 되어 임용고시에 합격한다. 이 부분에서 혼란이 올 수가 있다. 丁壬合 乙木이 되어 甲木에 등라계갑을 할 것인가? 그렇지 않으면 乙庚合을 하여 辛金이 되어 丙火를 끌어와 甲木에 꽃을 피울 것인가를 선택하여야 한다. 당연히 임용고시를 택하게 되고 乙庚合이 우선이란 것을 알아야 한다. 25세 戊寅年, 결혼이 가능하나 지지의 부부궁에 合이 이루어지지 못해 결혼은 어렵다.

(甲子大運 : 29~38세)

甲子大運은 甲木이 오면 두 개의 甲木이 되어 甲甲하다. 첫째는 甲木이 살아갈 땅이 없어 어렵다. 지지에 申子辰으로 부부궁에 合을 이루어 결혼을 예측하게 된다. 32세 乙酉年, 乙木이 丁壬合을 풀어지게 하고 丁火의 등불은 甲木에 매달려 빛을 壬水에 비치게 된다. 지지에 酉金이 申酉戌로 부부궁에 合을 이루어 결혼하게 되었다.

35세 戊子年, 戊土에 甲木이 뿌리를 내릴 수가 있고 丁壬合 乙木이 등라계갑을 할 수가 있어 승진의 기회가 온다. 지지에 부부궁이 申子辰과 寅卯辰이 되어 甲木에 튼튼한 뿌리가 된다. 지지에 子水는 申子辰이 되어 물을 생산할 수가 있어 甲木이 성장한다. 튼튼한 甲木에 등라계갑을 할 수가 있어 승진하게 되었다.

(癸亥大運 : 39~48세)

癸亥大運은 癸水는 戊土를 불러와 甲木을 심고 싶어 부동산에 투자하면 좋다. 지지에 亥水가 寅申巳亥가 되어 새로운 변화가 올 것이다. 癸水가 丁壬合을 풀어지게 하면 丁火는 甲木에 등불이 된다. 44세 丁酉年 丁壬合이 풀어지고 丁火의 등불이 甲木에 매달려 멀리 비추게 된다. 이때도 승진의 기회가 오게 된다. 지지에 酉金이 申酉戌이 되어 많은 물을 만들 수가 있으며 戊土의 官이 사라져 부부의 문제가 발생하게 되어 이혼하고 싶은 마음이 든다. 지지에 亥水가 寅申巳亥가 되어 멀리 떠나고 싶은 마음이다. 이때는 주말부부로 살아가면 좋다. 丁壬合木이 풀어지게 되면 교육자로서 하던 일을 중단할 수가 있다.

(壬戌大運 : 49~58세)

壬戌大運은 壬水는 丁壬合木이 풀어지는 大運이다. 丁壬合木으로 등라계갑하여 교육자로서 살아왔지만 丁壬合木이 풀어지면 하던 교육자를 그만두게 될 것이며 학원 사업을 하게 될 수가 있다. 지지에 두 개의 戌土가 官이 되어 드러낼 수 없는 남자와 문제가 될 수가 있다. 戌土의 官으로 부동산에 관한 일을 하면 좋다. 지지에 戌土를 寅午戌로 사용하면 甲木에 꽃이 피게 되어 부동산을 하면 재물이 생길 수가 있다. 52세 乙巳年, 丁壬合이 풀어지면 乙庚合이 풀어지게 되어 학교를 그만두게 될 것이다. 54세 丁未年, 丁壬 合이 풀어지고 丁火의 등불이 甲木에 매달려 학원 사업을 하고 싶어 한다. 지지에 寅申巳亥가 되어 새로운 개혁으로 부동산이나 학원 사업을 하게 되면 좋다.

(辛酉大運 : 59~68)

辛酉大運은 丁壬合木이 乙庚合으로 辛金이 된다. 大運에서 辛金이 오면 두 개의 辛金이 강력하게 丙火를 끌어온다. 부동산을 하였을 경우 두 개의 辛金이 丙火를 끌어와 甲木에 꽃이 피게 되고 지지에 申酉戌이 되어 안정된 삶이 된다. 65세 戊午年, 戊土에 甲木이 심어지고 지지에 寅午戌이 되면 甲木에 꽃을 피워 부동산에 부가 가치가 높아지게 된다. 酉金은 申酉戌이 되어 임대소득으로 노후 대책이 된다.

(庚申大運 : 69~78세)

庚申大運은 두 개의 庚金이 乙木을 불러와 甲木에 등라계갑 할 수가 있어 작은 건축물에 관심을 가지게 된다. 77세 庚午年, 두 개의 庚金이 작은 乙木을 끌어와 자식 자리 戊土 아들에게 증여하게 될 것이다. 둘째 딸에게도 작은 乙木의 부동산을 동시에 같이 증여하게 될 것이다.

9. 국정원 공무원 명조

坤命	1986년 07월 11일(陰) 10:40			직업 : 공무원					
乙	壬	丙	丙	오행	木	火	土	金	水
巳	辰	申	寅		2	3	1	1	1
93	83	73	63	53	43	33	23	13	3
丙	丁	戊	己	庚	辛	壬	癸	甲	乙
戌	亥	子	丑	寅	卯	辰	巳	午	未

〈원국해설〉

　壬辰日柱다. 壬水를 막아줄 土(官)가 천간에 없다. 壬水의 강물에 두 개의 태양이 뜨고 있다. 태양은 唯一無二한 존재로 한 개의 태양이 필요한데 두 개의 태양이 년간 국가 자리와 월간에 떠 있어 어둡다. 壬水의 제방이 필요하여 戊土의 官이 반드시 필요하다. 여자 사주에 官은 남자도 되지만 직업으로도 본다. 결혼하면 官이 해결되어 壬水를 막아주는 제방이 되므로 반드시 결혼해야 한다. 재물은 년에 丙火와 월에 丙火가 있어 국가 자리에 재물이 있다. 지지에 辰土의 官을 깔고 있다. 辰土는 寅卯辰으로 甲木의 뿌리가 되며 寅申巳亥가 되어 활동적인 사람이다.

　국가 자리에 재물인 丙火가 떠 있다. 두 개의 丙火가 있어 태양이 어두워지고 두 개의 국가관을 가지고 있다. 丙火의 태양이 일간 壬水에 떠 있다. 丙火는 국가를 의미하며 국가 자리에서 재물을 취할 수가 있다. 어두운 국가 공무원으로 본인의 신분을 드러낼 수 없는 공무원을 할 수가 있다. 외국으로 유학 가면 새로운 넓은 땅이 오고 새로운 태양이 뜨면 3개의 태양(丙火)이 한 개의 태양으로 슴을 할 수가 있어 좋은 명조가 된다. 넓은 땅이 壬水에 제방을 막아 호수가 되고 태양이 壬水의 물 위에 뜨게 되면 돈과 명예가 함께 온다. 지지에 甲木의 뿌리가 있어 공부하면 아주 잘하는 학생이 되었을 것이다. 외국에서 유학하지 못했다면 국내에서 학교 다녀도 본인의 능력 발휘가 잘 안 된다. 외국에서 공부하고 국내에서 신분을 드러낼 수 없는 공무원을 하게 되면 능력을 발휘하게 된다.

(甲午大運 : 13~22세)

甲午大運에 甲木은 두 개의 丙火를 가려 줄 수가 있다. 지지에 寅午戌로 년에 丙火가 밝아지게 되고 공부를 잘할 수가 있어 국립대학에 진학할 수가 있다. 18세 癸未年, 丙火를 어둡게 하지만 지지에 巳午未가 되어 년에 丙火가 밝아지게 되어 문과를 지망하게 된다. 19세 甲申年, 甲木이 丙火를 가려 주고 지지에 寅木이 寅午戌로 년에 丙火가 밝아지게 된다. 申金은 寅申巳亥가 되어 천간에 土가 없어 충청권 대학에 합격하게 된다.

(癸巳大運 : 23~32세)

癸巳大運은 癸水가 丙火를 어둡게 만들어 주고 지지에 巳火가 어둠 속에서 寅申巳亥가 되어 드러낼 수 없는 새로운 일을 시작하게 됨을 예측하고 있다. 26세 辛卯年, 천간의 辛金이 월에 丙火를 丙辛合으로 제거한다. 년에 있는 丙火가 밝아져 壬水의 물 위에 뜨게 된다. 지지에 卯木은 寅卯辰으로 木의 뿌리를 튼튼하게 한다. 壬水의 뿌리 亥水가 寅申巳亥가 되어 활동적인 직업으로 국정원에 일을 하게 된다. 28세 癸巳年, 癸水가 丙火를 흐리게 하여 신분을 드러낼 수 없는 공무원으로 일한다. 31세 丙申年, 3개의 丙火가 하나가 되어 丙火가 밝아져 승진의 기회를 얻는다. 지지에 申金이 寅申巳亥와 申子辰으로 해외 전담 업무에 일을 한다.

(壬辰大運 : 33~42세)

壬辰大運은 壬水의 물이 많아져 제방(官)으로 막고 싶은 생각이 들어 결혼운으로 예측하게 한다. 35세 庚子年, 시에 乙木과 乙庚合을 하여 辛金이 된다. 辛金은 월에 丙火와 丙辛合을 하게 된다. 辛金의 뿌리 酉金이 부부궁에 辰酉합을 이루고 은행에 근무한 남자와 결혼과 동시에 승진도 하게 되었다. 년에 丙火는 밝아지고 壬水에 뜨게 되면 지지에 申子辰으로 물 위에 태양이 뜨게 되어 승진하게 되었다. 36세 辛丑年, 월에 丙火를 제거하고 년에 丙火가 밝아지며 지지에 丑土의 官으로 巳酉丑으로 酉金을 끌어와 사내 아기를 가지게 되었다.

(辛卯大運 : 43~52세)

辛卯大運은 한 개의 丙火를 제거하고 국가 자리에 丙火가 밝아지면 지지에 寅卯辰이 되어 승진에 좋은 大運으로 볼 수가 있다. 丙火가 밝아지게 되면 외근보다는 내근으로 근무하게 된다. 태양이 밝아지면 신분을 드러낼 수가 있어 내근으로 자리를 옮기게 된다. 46세 辛亥年, 丙辛합으로 한 개의 丙火를 제거 하고 년에 丙火가 壬水에 뜨게 된다. 승진의 기회가 올 것이며 지지에 寅申巳亥가 되어 새로운 부서로 이동하게 될 것이다.

(庚寅大運 : 53~62세)

庚寅大運은 庚金이 시에 있는 乙木과 乙庚합을 하게 된다. 이때 乙庚합 辛金은 월간에 있는 丙火와 丙辛합을 하게 되어 년간에 있는 丙火가 밝아지게 되면 마지막으로 한 번의 기회가 올 것이다.

55세 庚申年, 시에 乙木과 乙庚합에 辛金이 되어 월간에 丙火를 어둡게 하고 년간의 丙火는 밝아진다. 월간 丙辛합에 辛金의 뿌리는 지지에 酉金이 辰土와 辰酉합 酉金이 되며 庚金의 뿌리 申金과 丙火의 뿌리 午火가 寅午戌의 戌土와 申酉戌이 된다. 壬水에 밝은 丙火가 뜨게 되니 마지막 승진의 기회가 온다. 58세 癸巳年, 癸水가 丙火를 어둡게 하고 지지에 寅申巳亥가 되어 퇴직하게 될 것으로 판단된다.

(己丑大運 : 63~72세)

己丑大運은 己土가 시에 있는 乙木이 뿌리를 내리도록 한다. 작은 땅에

乙木이 심어져 전원생활을 하게 되면 편안한 삶이 될 것이다. 시지에 巳火와 大運의 丑土가 巳酉丑과 申酉戌로 金局이 되면 도시를 벗어나 충청도 서해안 쪽으로 전원생활을 하면서 작은 카페를 운영하면 좋을 것으로 판단한다.

(戊子大運 : 73~82세)

戊子大運은 戊土의 官이 壬水의 제방을 막아주고 지지에 申子辰으로 평화로운 노후가 된다. 백조의 호수 위에 석양의 태양이 넘어갈 때 아름다운 인생이 저물어 가는 세월을 꿈꾸게 될 것이다. 지지에 申金이 움직이면 천간에 乙木에서 庚金을 끌어와 乙庚合 辛金(펜촉)이 되어 시인으로 노후를 즐기며 살아가면 좋을 것이다.

10. 법조인 명조

乾命	1966년 11월 08일(陰) 00:40			직업 : 법조인				
庚	壬	庚	丙	오행	木	火	土	金	水
子	子	子	午		0	2	0	2	4
97	87	77	67	57	47	37	27	17	7
庚	己	戊	丁	丙	乙	甲	癸	壬	辛
戌	酉	申	未	午	巳	辰	卯	寅	丑

〈원국해설〉

壬子日柱다. 土가 없어 無官四柱다. 천간에 官인 土를 만들 수 있는 五行이 없어 청아한 사람이다. 土가 없어 외국에 가게 되면 새로운 넓은 땅을 취할 수가 있다. 외국으로 가서 넓은 땅으로 壬水의 강물을 막아 호수가 되면 안정된 삶을 살아가게 될 것이지만 丙火가 떠 있어 외국으로 가고 싶은 마음이 별로 없다. 원국에 木이 없다. 木을 만드는 五行은 두 개의 庚金이 乙木을 끌어올 수가 있다. 일간 壬水는 丁火를 끌어와 丁壬合 乙木이 되면 국가 자리 丙火와 丙辛合이 되어 국가 자격증으로 일을 할 수가 있다. 壬水의 재물은 국가 자리에 丙火가 일간 壬水에 뜨게 되어 국가 공무원을 할 수가 있다. 이분의 직업을 알려면 년에 국가 자리의 재물인 丙火를 어떻게 사용해야 하는가? 어떤 일을 선택하느냐에 따라 결정된다. 재물로 사용하면 공기업을 택할 것이다.

　壬水의 재물은 丙火인데 丙火의 재물인 庚金이 부모의 영역과 나의 영역에 두 개가 있어 두 번 庚金을 이용하여 살아가게 될 것이다. 여기서 財와 財에 觀法을 응용하여 보자. 丙火의 재물은 庚金이 되기 때문에 결국 金의 일을 하는 것이 직업이 된다. 金의 五行은 법, 금융, 경제이다. 金을 사용하려면 일간 壬水가 丁火를 끌어와 丁壬合 乙木이 된다. 乙木을 庚金과 乙庚

합이 되어 辛金이 되면 乙木은 辛金에 칼자루가 된다. 지지에 3개의 子水가 申子辰의 개연성이 있다. 辛金은 丙火를 끌어오기 때문에 공무원이 될 수가 있으며 국가 자격증을 가지게 되어 숙살지권을 발휘할 수 있는 법조인이 되는 것이다. 壬水일주에 庚金은 칼자루가 없어 칼을 사용할 수가 없어 검사보다 판사의 직책이 좋다.

(壬寅大運 : 17~26세)

壬寅大運은 두 개의 壬水에 물이 많아져 土(官)가 필요하다. 지지에 寅木이 寅午戌로 丙火가 밝아져 아름답게 태양이 뜨게 된다. 17세 壬戌年, 두 개의 壬水가 강물이 되고 지지에 寅午戌이 되어 丙火가 뜨게 된다. 어렸을 때부터 국가 공직에 대한 관심이 많아 공무원을 하고 싶은 마음을 갖게 된다. 19세 甲子年, 甲木이 오면 지지에 寅木이 丙午의 午火와 寅午戌이 되어 甲木에 꽃을 피우기 때문에 서울대학에 합격할 수가 있다. 25세 庚午年, 3개의 庚金이 乙木을 끌어와 乙庚合을 하여 辛金이 된다. 辛金은 년에 국가 자리 丙火와 丙辛合을 하여 사법 고시에 합격하게 되었다.

(癸卯大運 : 27~36세)

癸卯大運은 癸水는 丙火를 어둡게 하지만 癸水는 없는 戊土을 끌어와 壬水를 제방으로 막아 결혼운으로 볼 수가 있다. 지지에 卯木은 子午卯酉가 된다. 결혼은 33세 戊寅年, 壬水의 물을 제방으로 막아 백조의 호수가 된다. 지지에 寅木은 천간에 甲木을 끌어온다. 지지에서는 寅木이 寅午戌이 되어 木火通明이 될 수가 있다. 壬水에 寅午戌로 丙火가 밝아져 승진의 기회와 동시에 결혼도 가능하다. 또한 甲木은 년간 丙火의 財에서 꽃을 피우기 때문에 부인은 국가 자리에서 꽃이 핀 甲木으로 교육자가 부인이 될 수가 있다. 그러나 부부궁에 합을 이루지 못하지만 천간에 庚金이 있다. 庚金의 뿌리 申金은 지지에 子水가 3개가 있어 申子辰으로 마음만 먹으면 합을 이루기 때문에 문제는 없다. 부인은 없는 木의 행위를 하고 있고 지지에 寅木이

寅午戌이 되어 처가의 배경을 보고 결혼하게 되었다고 할 수가 있다.

(甲辰大運 : 37~46세)

甲辰大運은 甲木은 庚金의 칼자루가 된다. 지지에 辰土는 申子辰으로 庚金의 뿌리가 되어 공직 생활로 가장 활동력이 강한 大運을 예측한다. 39세 甲申年, 甲木이 칼자루가 되고 庚金의 뿌리가 튼튼하여 판사로서 능력을 인정받아 승진이 될 수가 있다. 42세 丁亥年부터 본인(壬水)이 丁壬合 乙木이 되어 나의 영역으로 시에 庚金과 乙庚合 辛金이 되어 변호사의 길로 가려고 한다. 44세 己丑年, 천간 己土가 탁수되고 지지에 丑土가 탁수 되어 공직자로서 퇴직하게 될 것이다. 45세 庚寅年, 3개의 庚金이 3:1로 하나가 된다. 庚金이 乙木을 끌어와 乙庚合 辛金이 되어 국가 자리 丙火와 丙辛合을 하게 되면 국가 자격증으로 대형 로펌에서 변호사로 일하게 되었다.

(乙巳大運 : 47~56세)

乙巳大運은 변호사로서 능력을 발휘하게 된다. 乙木이 시에 庚金과 乙庚合으로 辛金이 되고 국가 자리 丙火와 丙辛合을 하게 된다. 지지에 巳火가 巳午未가 되어 국가 자리 丙火가 더욱더 밝게 빛을 발산하여 명예와 재물을 동시에 취하게 되는 좋은 大運으로 판단하게 된다.

(丙午大運 : 57~66세)

丙午大運은 丙火의 두 개의 태양이 뜨게 되는 大運이다. 두 개의 태양이 함께 있으면 어두워진다는 것이 남촌물상론의 해석이다. 丙火의 재물이 어두워지게 되면 능력 발휘가 잘 안 된다. 이때 해결 방법은 木의 행위를 하면 된다. 이것이 개운법이다. 甲木으로 두 개의 태양을 가로막아서 하나의 태양이 될 수 있도록 하는 것이 해결 방법이다. 木은 교육, 건축, 부동산, 사람을 상대하는 것을 말한다. 물상론은 개운법을 별도로 배우지 않아도 된다. 바로 이점이 물상론의 장점이 되는 것이다. 66세 辛亥年, 지금까지 사용한 丙火가 丙辛合으로 어두워지면 여기까지가 이분이 변호사로서 한계가 오는 것이다. 직접 변호사로 일하지 않게 된다.

(丁未大運 : 67~76세)

丁未大運은 일간 壬水가 丁壬合으로 묶이게 된다. 丁壬合 乙木은 시에 庚金과 乙庚合을 하여 辛金이 丙火와 丙辛合을 하게 된다. 지지에 巳午未가 되어 법률 사무실에 고문으로 일을 할 수가 있다. 76세 辛酉年, 辛金이 년에 丙火와 丙申合을 하고 지지에 子午卯酉가 되어 변호사의 일을 마감하게 될 것이다.

(戊申大運 : 77~86세)

戊申大運은 戊土가 壬水의 제방이 된다. 지지에 申金이 申子辰으로 물이 흐르고 있다. 충청권으로 가면 戊土가 제방 역할을 할 수가 있다. 만일 사업에 투자한다면 丙火가 壬水에 뜨게 되어 세종시에 부동산을 투자하면 부가 가치가 높은 부동산이 될 것이다. 자식 자리 庚金에 태양 빛이 반사되어 빛을 발산하니 태양열 사업을 자식과 함께하면 좋을 것이다.

(己酉大運 : 87~97세)

己酉大運은 己土가 壬水의 탁수가 되고 지지에 酉金이 子午卯酉가 되어 건강에 문제가 나타나게 된다. 己土가 탁수되어 소화기 계통에 문제와 당뇨의 합병증으로 마지막 병명은 패혈증으로 건강이 나빠져 운명을 마감할 수가 있다.

◎ 11. 간호사 명조

坤 命	1968년 09월 19일(陽) 12:40			직업 : 간호사				
丙	壬	辛	戊	오행	木	火	土	金	水
午	辰	酉	申		0	2	2	3	1

94	84	74	64	54	44	34	24	14	4
辛	壬	癸	甲	乙	丙	丁	戊	己	庚
亥	子	丑	寅	卯	辰	巳	午	未	申

〈원국해설〉

壬辰日柱다. 천간은 丙辛합으로 金의 자격증이 필요한 사주다. 월에 辛金의 뿌리 酉金이 지지에 辰酉합金으로 간호학, 의약, 행위를 할 것이다. 기초에서 배운 財와 官에 觀法을 사용하면 직업은 쉽게 찾을 수가 있다. 일간 壬水의 官은 戊土(官)이고 戊土의 官은 나무(木)인데 木이 없어 탁수의 개연성으로 남자와의 인연은 약하다. 木은 일간 壬水가 丁火를 끌어와 丁壬합 乙木을 만들 수가 있어 辛金의 칼자루가 되어 간호사를 할 수가 있다. 일지에 官(辰土)를 깔고 있어 본인이 돈을 벌어야 한다. 지지에 子午卯酉의 개연성이 있으며 辰土의 官이 사라지면 부부 문제가 발생할 것이다. 년지에 申金과 일지에 辰土가 있어 申子辰이 될 때 丑土가 탁수되어 부부 문제가 발생하게 된다. 子水가 오면 子午卯酉가 되어 이혼할 수가 있는 명조다.

이분은 년에 있는 戊土에 나무(木)를 심을 수 있는 남자와 인연을 맺어 결혼하면 안전한 결혼 생활을 할 수가 있다. 木에 직업이 아닌 다른 직업을 가진 남자와 결혼하게 되면 반드시 이혼하게 될 것이다. 이분의 결혼 시기는 壬水에 戊土가 호수를 만들고 있지만 나무가 심어지지 않았기 때문에 戊土에 나무가 심어지는 運에 결혼하게 되면 좋다. 국가 자리 戊土에 나무를 심는 사람은 교육공무원이나 대기업 근무하는 사람이나 부동산을 하는 사람들이 될 것이다. 사람들이 살아가는 데는 어느 때 누구를 만나고 어떤 사람을 만나느냐에 따라 운명이 좌우되는 것을 알 수가 있다. 그다음은 大運의 흐름을 따라 어떤 행위를 하느냐에 따라 운명이 좌우되는 것이다. 비가 오는데 우산을 준비한 사람은 비가 와도 잘 버틸 수가 있지만 우산을 준비하지 못한 사람은 비를 맞아야 하고 가고 싶은 길로 가지 못하는 것으로 비유하면 된다. 길을 가는데 우산을 준비하라고 인도하는 것은 역술인들의 사명이다.

(己未大運 : 14~23세)

己未大運은 己土가 甲木을 불러와 戊土에 심고 싶은 마음이다. 지지에 未土는 巳午未가 되면 丙辛合이 풀어지는 大運으로 木火通明을 하고 싶다. 木이 없으므로 공부하고 싶은 욕망이 강해지는 大運이다. 17세 甲子年, 戊土에 나무가 심어진 運으로 고등학교 1학년에 우수한 성적으로 공부를 잘한다. 18세 乙丑年, 乙木이 辛金의 칼자루를 사용하고 싶다. 지지에 丑土가 巳酉丑으로 이과를 택하게 된다. 丑土와 辰土의 만남이 좋은 환경으로 볼 수가 없다. 본래의 생각은 의대를 꿈꾸고 있지만 官(土)이 탁수되어 부친의 경제적인 문제로 의대 꿈을 포기하고 간호학을 선택하게 될 것이다. 19세 丙寅年, 丙辛合이 풀어지고 지지에 寅午戌로 丙火가 밝아진다. 지지에 寅木이 甲木의 뿌리가 되어 戊土에 甲木의 나무가 심어지게 되어 대학을 가게 되었다.

(戊午大運 : 24~33세)

戊午大運은 戊土가 두 개가 되어 두 개의 나무를 심고 싶은 마음은 곧 결혼하고 싶은 마음이다. 戊土는 官으로서 壬水의 물을 제방으로 막아 보지만 나무가 심어지지 않아 탁수가 될 수가 있다. 이때 결혼하게 되면 탁수된 남자를 만나게 되어 百年偕老(백년해로)하기 어렵다. 지지에 午火는 財運이 와서 돈을 벌고 싶어 하지만 子午卯酉가 되어 재물이 모이지 않는다. 24세

辛未年, 丙辛合이 풀어지고 지지에 巳午未로 丙火가 밝아져 간호사로 취업하게 되었다. 26세 癸酉年, 결혼하였다고 한다. 이때의 결혼은 년에 戊土와 戊癸合의 己土가 壬水에 탁수가 된다. 지지에 酉金이 子午卯酉가 되어 결혼생활이 어렵게 됨을 예측하게 된다. 이분은 32세 己卯年에 결혼하면 좋다. 己土는 甲木을 끌어와 내가 선택한 남자는 년간의 戊土에 甲木이 심어지고 지지에 卯木은 寅卯辰이 될 때 결혼하였다면 평탄한 가정생활을 하였을 것으로 판단한다. 이렇게 결혼 시기가 매우 중요함을 알아야 한다.

(丁巳大運 : 34~43세)

丁巳大運은 丁火는 丙辛合이 풀어지고 지지에 巳酉丑과 申子辰으로 官이 탁수가 된다. 丑土와 辰土가 탁수되어 결혼 생활에 문제가 발생하게 됨을 예측하고 있다. 39세 丙戌年, 원국에 丙辛合이 풀어지고 지지에 申酉戌로 金局이 되어 물이 많아진다. 지지에 戊土가 辰戌沖이 된다. 부부궁이 깨지게 되어 부부 문제가 발생하게 된다. 40세 丁亥年, 丁壬合木으로 묶이고 지지는 亥子丑과 巳酉丑으로 申子辰의 辰土과 丑土가 탁수되어 이혼하게 되었다.

(丙辰大運 : 44~53세)

丙辰大運은 丙辛合이 풀어지면 간호사를 더 하고 싶지 않다. 戊土에 甲木의 나무를 심고 싶은 마음으로 재혼하고 싶어 한다. 官의 官法과 眼心法으로 판단하여 보면 새로운 남자를 만나 결혼하고 싶은 마음이 들게 된다. 47세 甲午年, 甲木이 년에 戊土에 심어지고 寅午戌로 丙辛合이 풀어지게 되어 연하의 남자가 돈이 많은 것으로 착각하고 만나게 된다. 51세 戊戌年, 헤어지게 되었다. 지지에 戊土가 부부궁에 辰戌沖이 되어 헤어지게 되었다. 때가 아니면 스쳐가는 인연으로 만나게 된다. 이분의 결혼운은 官에 官法으로 보면 壬水의 官은 년간 戊土이고 戊土의 官은 木이다. 甲木이 戊土에 심어지고 지지 부부궁에 寅卯辰이 될 때가 남자와 인연이 있는 것이다.

(乙卯大運 : 54~63세)

乙卯大運은 乙木이 戊土에 심어지는 격이다. 지지에 子午卯酉가 되어 남자와의 인연은 어렵다. 乙卯大運은 부동산과 인연이 있다. 56세 癸卯年, 년에 戊土와 戊癸合으로 己土가 되면 己土가 甲木을 끌어온다. 지지에 寅卯辰이 되어 부동산과도 인연이 있으며 부동산을 많이 소유한 나이가 많은 남자와 인연이 이루어질 가능성이 있다. 그렇지만 戊癸合이 풀어지면 남자의 인연은 오래갈 수가 없다.

(甲寅大運 : 64~73세)

甲寅大運은 일생에서 가장 좋은 大運으로 戊土에 甲木이 심어지게 되어 남자와 인연이 있는 大運이다. 甲木이 戊土에 심어지므로 나이가 많은 남자를 만나게 될 것이다. 지지에 寅木은 寅午戌로 재물이 많은 남자 만날 수가 있다. 67세 甲寅年, 甲木이 戊土에 심어지고 지지에 甲木의 뿌리가 되면 寅木이 寅午戌로 재산이 많이 있는 남자를 만나게 될 것이다.

(癸丑大運 : 74~83세)

癸丑大運은 년에 戊土와 戊癸合 己土가 되어 일간 壬水에 탁수되어 소화기 계통으로 고생하게 된다. 지지에 丑土와 辰土가 만나 탁수되어 건강 이상으로 고통을 받을 수가 있으니, 사전 건강검진이 필요하다.

12. 500억 재산가의 명조

乾 命	1951년 02월 11일(陽) 20:20			오행	木	火	土	金	水
庚	壬	庚	辛						
戌	午	寅	卯		2	1	1	3	1
92	82	72	62	52	42	32	22	12	2
庚	辛	壬	癸	甲	乙	丙	丁	戊	己
辰	巳	午	未	申	酉	戌	亥	子	丑

〈원국해설〉

壬午日柱다. 金이 강하다. 천간 년의 辛金에서 丙火를 끌어오고 일간 壬水가 丁火를 끌어와 乙木이 되면 庚金과 乙庚合으로 두 개의 辛金이 된다. 두 개의 辛金이 丙火의 財를 끌어오게 되면 壬水의 財가 된다. 천간에 丙火가 움직이면 지지에 寅午戌로 재물을 끌어오게 되어 큰 재물을 취할 수가 있다. 壬水 일주는 戌土를 제방으로 막아 백조의 호수가 된다. 戌土의 땅에 나무를 심어 튼튼한 제방이 될 때 안정된 삶을 살 수가 있는 명조다. 반드시 戌土의 땅이 필요하여 부동산을 가지고 있어야 한다.

남촌물상론의 財에 觀法을 이용하여 어떤 일을 하여 돈을 벌었겠는가를 판단해 보자. 壬水의 財는 火이고 火의 재물은 金이다. 재물을 취하려면 金을 사용하는 일을 하여야 한다. 사주 원국에 金이 많다. 년에 辛金에서 丙火를 끌어와 재물을 만들 수가 있다. 辛金의 뿌리 酉金이 되면 申酉戌이 되어 철강이나 금속에 관한 사업을 하면 돈을 벌 수 있는 사업가라는 것을 알 수가 있다. 辛金의 뿌리 酉金이 오면 지지에 申酉戌로 金局이 되어 金에 관한 사업을 하게 된다.

官에 官法으로 판단해 보자. 壬水의 官은 지지에 戌土이고 土의 官은 木이 된다. 壬水의 (官) 땅에 무엇을 해야 하는가를 판단해 보자. 戌土에서 寅

午戌이 되면 火局으로 재물이 된다. 壬水는 土에 제방으로 호수를 만들어 그 제방 위에 나무를 심어 튼튼하게 만드는 것이 壬水가 해야 할 일이다. 다시 말하면 돈을 벌어 부동산에 투자하라는 판단이다. 부동산에 투자하면 크게 재물을 모을 수가 있다. 지금 이분은 현재 송파구에 500억의 빌딩을 가진 자산가다.

이 명조의 장점을 판단해 보자. 이 명조는 大運에서 乙木의 運이 오게 되면 乙木을 사용하여 乙庚合으로 두 개의 辛金이 된다. 두 개의 辛金에서 강력하게 丙火(財)를 끌어오면 지지에 寅午戌이 되어 더 많은 재물을 취할 수가 있다. 大運에서 甲木運이 오면 부동산으로 재물을 취할 수가 있지만 부인 외에 다른 여자와 부적절한 관계를 맺게 되면 재물을 여자로 취하게 되어 재물 손실을 보게 된다. 甲木을 庚金의 칼자루로 사용하면 寅午戌로 財局이 되지만 정치인과 관계를 맺게 되면 庚金의 뿌리 申金이 申子辰으로 子水를 끌어온다. 子水는 子午卯酉가 되며 辰土는 辰戌冲으로 용암이 분출하게 되어 재물에 손실이 오게 된다. 상담 결과, 甲申大運에 여자로 인하여 재물 손실을 크게 보았다고 한다.

(戊子大運 : 12~21세)

戊子大運은 戊土로 壬水를 막아 안정된 삶을 추구하고 있다. 그러나 지지에 子午卯酉가 되어 원하는 안정된 환경이 될 수가 없다. 18세 戊申年, 戊土가 壬水를 막아 寅申巳亥가 되어 고향을 떠나 안정된 삶을 찾아가고 싶은 욕망을 갖게 된다. 19세 己酉年, 己土가 甲木을 끌어와 대학을 가고 싶어 한다. 그러나 환경이 여건을 만들지 못한다. 지지에 酉金이 巳酉丑, 申酉戌, 巳午未로 寅申巳亥가 된다. 고향을 떠나 酉金을 사용한 기술적인 직업으로 돈을 벌어야겠다는 마음으로 학교를 포기하게 된다. 20세 庚戌年, 3개의 庚金이 되면 지지에 寅午戌로 財局이 된다. 辛金이 丙火를 끌어오게 되면 지지에 寅午戌이 되어 돈을 벌기 위해 회사에 취업하게 된다.

(丁亥大運 : 22~31세)

丁亥大運은 일간 壬水와 丁火가 丁壬合木으로 여자를 만나 내가 묶이면서 乙木으로 乙庚合을 하게 된다. 두 개의 辛金이 丙火를 끌어오게 되고 지지에 寅午戌로 부부궁이 合을 이루어 동거하게 되었다. 27세 丁巳年, 丁壬合木으로 만난 여자와 合이 풀어지게 되어 여자가 떠나가 헤어지게 되었다. 지지에 巳午未가 되면 또 다른 여자를 만나게 된다. 29세 己未年, 己土가 壬水에 탁수되어 법적인 문제로 고통을 겪게 된다. 이렇게 일간이 묶이게 되면 좋을 수도 있지만 안 좋은 일이 더 많다.

(丙戌大運 : 32~41세)

丙戌大運은 일생일대에서 제일 좋은 기회의 大運으로 판단한다. 丙火는 년에 있는 辛金과 丙辛合을 하게 되어 대기업 자리에서 재물과 合을 하게 된다. 지지에 戌土가 寅午戌과 申酉戌로 재물을 취할 수 있는 좋은 기회가 온다. 사람은 어느 때 누구를 만나느냐에 따라 팔자가 바뀌게 된다. 상담 결과, 대기업의 모 회장님을 만나 새로운 프로젝트로 사업을 하게 되어 크게 돈을 벌었다. 36세 丙寅年, 대기업 자리 辛金과 丙辛合을 하여 지지에 寅午戌로 대기업과 거래로 많은 돈을 벌 수가 있었다고 판단한다.

(乙酉大運 : 42~51세)

乙酉大運은 乙庚合으로 辛金이 두 개가 되어 강력하게 丙火를 끌어와 재물이 된다. 지지에 酉金이 申酉戌, 巳酉丑, 巳午未가 되어 철강 사업으로 많은 돈을 벌 수가 있다. 지지에 子午卯酉가 되지만 酉金을 사용하면 된다. 금속에 관한 일만 하게 되면 子午卯酉가 안 된다. 단 巳酉丑의 巳火를 여자로 사용하게 되면 子午卯酉가 되어 재물을 취하지 못하게 된다.

(甲申大運 : 52~61세)

甲申大運은 甲木을 건축물로 볼 수가 있다. 甲木이 오면 지지에 寅午戌로 큰 건축물을 취하게 되어 부가 가치가 높은 건축물이 된다. 지지에 寅午戌의 재물과 寅申巳亥로 새로운 변화를 꿈꾸게 된다. 54세 甲申年, 건축물을 매입하여 자산가로 알려지게 된다. 55세 乙酉年, 乙庚合으로 辛金이 되어 정치인들과 함께 어울리게 된다. 지지에 酉金이 巳酉丑으로 여자와 인연을 맺어 巳午未로 財가 여자로 변해 재물 손실로 고통을 받게 된다. 壬午 일주에 午火는 巳午未가 올 때 항상 여자가 따르게 된다. 정치인과는 멀리하는 것이 좋다.

(癸未大運 : 62~71세)

癸未大運은 癸水가 戊土에 官을 끌어와 탁수되어 건강에 문제가 발생하게 된다. 癸水가 戊土를 끌어오게 되면 지지에 亥卯未가 되어 새로운 건축물을 짓고 싶은 생각이 든다. 시지에 戊土가 있어 癸水가 戊土를 끌어오면 시에 戊土가 戊戌로 자식 명의로 요양원 사업을 하려고 한다.

(壬午大運 : 72~81세)

壬午大運은 땅으로 많은 壬水를 막고 싶은 생각을 하게 되어 새로운 건축물을 짓게 될 것이다. 74세 甲辰年, 甲木을 심어 지지에 寅卯辰이 될 때 건물을 짓게 될 것이다. 시지에 자식 자리 戊土가 寅午戌로 아들 명의로 건축하여 자식이 관리하게 하고 노후를 보내려고 한다. 사업의 목적은 두 개의 壬水의 물이 되어 많은 金들이 물에 놀기 때문에 요양원을 하려고 한다.

10장
癸水 日干

10장
癸水 日干

1. 첫아들을 낳으면 사별하고 재혼하는 명조

坤命	1966년 04월 14일(陽) 18:50			직업 : 전자 회사 근무					
辛	癸	壬	丙	오행	木	火	土	金	水
酉	卯	辰	午		1	2	1	2	2
93	83	73	63	53	43	33	23	13	3
壬	癸	甲	乙	丙	丁	戊	己	庚	辛
午	未	申	酉	戌	亥	子	丑	寅	卯

〈원국해설〉

癸卯日柱에 여자 사주다. 천간에 官이 없고 지지에 辰土(官)가 시에 있는 酉金과 辰酉合을 하고 있어 준 無官四柱다. 官이 없다는 것은 辰土의 官이 辰酉合으로 官이 사라지는 것으로 판단한다. 남편이 있다가 사라지는 것으로 자식 자리 酉金이 辰酉合으로 아들을 낳으면 사별하게 되어 아들과 함께 재혼하는 것으로 판단하게 된다. 부부합은 寅卯辰이 되어야 좋다.

사주 원국에 물이 많아 土가 없어 해외와 인연을 맺어 해외로 가면 좋은 명조다. 그러나 해외란 무조건 가겠다고 가는 것은 아니다. 많은 물을 막아야 안정된 삶을 살아가게 되는데 물을 막아줄 官(土)이 없어 안정된 삶이 어렵기 때문이다. 외국에 가면 새로운 넓은 땅 戊土가 壬水의 제방이 되고 官(남자)이 생긴다고 보는 것이다. 壬水, 癸水가 같이 있으면 강물 壬水로 판단하는 것은 기초반에서 이미 배웠다. 33대 戊子大運까지는 官이 존재하지만 丁亥大運부터 官이 오지 않아 남편과의 인연은 여기까지다. 그러나 이분은 항상 마음속에 많은 물을 막아줄 官(土)이 필요하다는 마음을 가지고 있어 혼자 살아갈 수가 없다. 결국은 새로운 사람을 만나 재혼하여야 한다는 것을 眼心法으로 유추할 수가 있다.

사주 원국에 壬水, 癸水로 물이 많은데 시에 있는 辛金과 년에 丙火가 丙辛合水로 더 많은 물을 만들고 있다. 辛金의 뿌리 酉金은 기술로 자격증을 가지면 안정된 삶이 될 수가 있다. 이분은, 항상 丙辛合이 풀어질 때 더 많은 재물을 취하고 싶은 마음을 가지게 된다. 재물은 한계가 있다. 丙辛合이 된 丙火는 丁火로 변하여 작은 재물만 취하게 된다. 丙辛合이 풀어지게 되어도 제방이 없어 재물이 모이지 않는다. 癸水와 壬水가 큰물이 되어 해외의 넓은 중국(戊辰)이나 대륙을 낀 땅으로 진출한다면 크게 성공하리라 판단한다. 넓은 땅에 가면 戊土가 백조의 호수를 만들 수가 있고 지지에 寅卯辰이 되면 甲木이 심어진다. 새로운 태양이 丙辛合을 풀어지게 하며 새로운 태양은 寅午戌의 재물과 寅卯辰이 되어 안정된 사업을 할 것이다. 지지에 寅卯辰이 되면 子午卯酉를 피하게 되어 안정된 삶을 살아가게 될 것이다.

(庚寅大運 : 13~22세)

庚寅大運은 지지에 부부궁에 寅卯辰이 되어 일찍 가정을 가지고 싶은 마음이 든다. 공부하고 싶어도 나무를 심을 땅에 나무를 기를 수가 없다. 큰물을 땅으로 막을 수 있는 제방인 土가 없어 나무를 심을 수가 없다. 가정을 갖게 되면 안정되리라 생각으로 일찍 남자를 알게 된다. 16세 辛酉年, 중학 3학년 때 丙辛合이 풀어지게 된다. 돈을 벌어야겠다는 생각으로 진학을 포기하게 되고 전자 회사에 취업하였다. 18세 癸亥年, 물이 많아지고 지지에 亥卯未와 巳午未가 되어 같은 회사에 동료와 연애하여 동거로 살게 되었다.

(己丑大運 : 23~32세)

己丑大運은 己土의 官이 탁수되어 안정되지 못한다. 己土를 제방 관인 남자를 선택하면 안 된다. 己土를 甲木으로 木의 행위를 하여 공부하게 되면 지지에 寅卯辰이 되어 부부궁에 합을 이루어 좋은 남자를 만날 수가 있다. 그런데 이분은 己土(官)를 남자로 만나게 되었다. 많은 물에 작은 己土의 땅을 제방으로 막아보지만 탁수되어 삶이 어렵다. 丑土는 巳酉丑으로 酉金의 五行으로 전자 회사에 다니면서 생활하게 된다. 27세 壬申年, 물이 많아지고 官, 辰土가 申子辰으로 水局이 되며 子午卯酉가 된다. 이 시기에 남편과 별거 생활이 시작하게 되었다. 29세 甲戌年, 甲木이 오니 지지에 寅卯辰이 되어 甲木의 뿌리가 되어 새로운 남자와 인연이 있다.

(戊子大運 : 33~42세)

戊子大運은 물을 막아줄 戊土가 오게 되어 33세 戊寅年, 남편과 다시 合이 되어 재혼하여 살게 되었다. 그러나 戊癸合 己土가 되어 항상 불안한 마음으로 살아간다. 41세 丙戌年, 丙辛合이 풀어지고 지지에 酉金과 戌土가 만나 申酉戌이 되면 官이 사라지게 되어 남편이 사망하게 되었다. 大運에서 戊土가 오지만 지지에 子午卯酉가 되어 辰土와 申子辰, 申酉戌로 官이 사라져 남편과 사별을 예고하고 있다. 결혼 시기는 매우 중요함을 알 수가 있다.

(丁亥大運 : 43~52세)

丁亥大運은 丁火가 월간에 壬水의 많은 물을 丁壬合 乙木으로 물을 제어해 주게 되고 丁壬合 乙木의 뿌리가 일지에 卯木으로 부부궁에 뿌리가 된다. 부부 인연을 맺으라는 예시를 하고 있다. 45세 庚寅年, 새로운 남자와 재혼하게 되었다. 庚金이 乙木을 끌어오고 지지에 寅卯辰이 부부궁에 合을 이루어 재혼하게 되었다. 재혼한 남자는 庚金이 乙庚合으로 辛金이 되어 丙辛合이 풀어지게 된다. 지지에 寅卯辰이 되며 년에 丙火가 壬水에 뜨게 되어 대기업에 다니는 남자와 재혼하게 되었다.

(丙戌大運 : 53~62세)

丙戌大運은 이 사주에서 재물 運이 제일 좋은 大運이다. 년에 있는 丙辛 合이 풀어지고 丙火가 壬水에 뜨게 되어 실질적인 재물 運이 온다. 지지에 寅午戌로 丙火가 밝아져 재물이 눈에 보인다. 이때 運은 자식 자리 辛金이 분리되어 丙火가 壬水에 뜨게 되어 자식과도 떨어져 살아가게 된다. 丙辛合 으로 시에 있는 辛金은 년에 丙辛合으로 묶여있어 재물에 고통이 따르게 된 다. 그러나 자식과 떨어져 살게 되면 재물 걱정이 없어진다. 이 명조는 자 식과 떨어져 살아야 좋은 명조다.

(乙酉大運 : 63~72세)

乙酉大運은 乙木이 오면 지지에 부부궁 卯木의 뿌리가 형성되어 부부애가 더욱 돈독해진다. 지지에 酉金은 巳酉丑, 巳午未, 辰戌丑未가 되어 시골에 귀향하여 농사를 짓고 싶어야 한다. 상담 결과, 남편이 퇴직하게 되면 함께 귀향하여 약초를 재배하고 싶다고 한다.

※ 결론은 물이 많은 사주는 국내에서 살 때는 충청도 지방이 살기가 좋 으며 외국에 간다면 넓은 땅 대륙을 낀 나라와 무역업을 하면서 살아가면 좋은 삶이 될 것이다. 다시 한번 강조하지만 결혼 시기와 어느 때 누구를 만나느냐가 중요하고 어떤 환경에 살았느냐가 팔자를 바꾸게 된다는 사실을 증명할 수가 있다.

◯ 2. 가업을 승계한 명조

乾 命	1963년 11월 16일(陽) 16:50			직업 : 중국음식점 사장				
庚	癸	癸	癸	오행	木	火	土	金	水
申	亥	亥	卯		1	0	0	2	5
93	83	73	63	53	43	33	23	13	3
癸	甲	乙	丙	丁	戊	己	庚	辛	壬
丑	寅	卯	辰	巳	午	未	申	酉	戌

〈원국해설〉

　癸亥日柱로 재물(火)이 없어 無財四柱다. 또한 官(土)도 없어 無官四柱가 된다. 이 명조는 천간에 3개의 癸水가 戊癸合火로 官과 財가 동시에 만들어지면 탁수가 될 수가 있어 잡기에 능한 사주다. 년에서부터 癸水가 이어져 가업을 승계한 명조가 된다. 사주가 어두운 명조로서 주식이나 비트코인으로 사행성을 좋아한다. 癸水가 3개 있어 투잡을 좋아한다. 점포를 가져도 1호점 2호점 3호점도 가능하다. 지지에 부부궁이 亥卯未, 亥卯未가 되지만 木이 살아갈 땅이 없다. 두 번 결혼할 수가 있다. 나머지 여자와 관계는 오래갈 수가 없으며 결혼 생활은 동거로 살아간다. 돈을 벌면 무조건 가정이 안정되어야 하고 부동산을 취하지 못하면 노후를 담보할 수가 없다.

　지지에 亥卯未가 되어 물을 제어시키는 일을 하지만 넓은 땅이 없어 많은 물을 해외(戊辰)로 보내는 것이 좋다. 지구의 반대편에는 태양이 떠오르고 있어 해외로 갔다면 큰 재물을 얻을 수가 있다. 이 명조는 많은 물을 막을 수 있는 대륙을 낀 戊土의 나라 중국과 인연을 맺으면 좋다. 중국은 五行으로 볼 때 戊土로서 이분이 중국음식점을 하면서 돈을 많이 번 것을 보면 음식점도 중국요리가 좋다는 것이 증명된다. 이분은 상담 결과, 지금도 중국요리를 하고 있으며 다수의 직원들과 두 아들과 함께 중국음식점으로 성공한 사람이다. 그러나 자식 자리 庚申으로 많은 물을 만들 수가 있어 결과는 도움이 안 된다. 체인점으로 각자 사업을 하면 좋다.

(辛酉大運 : 13~22세)

辛酉大運은 辛金은 丙火를 끌어오게 되어 새로운 일을 찾아가는 大運이다. 지지에 酉金이 손재주로 寅申巳亥가 되어 돈을 벌기 위해 고향을 떠나는 大運이다. 19세 辛酉年, 새로운 태양을 찾아 고향을 떠나게 된다. 丙火의 태양은 재물이다. 지지에 酉金은 巳酉丑으로 寅申巳亥가 되어 돈을 벌기 위해서 고향을 떠나 火와 金의 지역인 부산을 택하게 된다. 부산 지역을 택하면 돈을 벌 수가 있지만 火와 金의 五行으로 통장에 번 만큼 통장에 쌓이지 않는다. 부동산을 사게 되면 돈이 된다.

(庚申大運 : 23~32세)

庚申大運 庚金은 더 많은 물을 만들게 되니 물을 막을 수 있는 戊土가 필요하다. 두 개의 庚金은 두 개의 乙木을 끌어온다. 지지에 乙木의 뿌리 卯木이 亥卯未가 되어 부부궁에 합을 이룬 것으로 착각하지만 오래 가지 못한다. 木을 작은 부동산으로 투자했다면 두 개의 부동산으로 많은 돈이 되었을 것이다. 만일 육군으로 군대를 다녀왔다면 土氣運으로 좋은 일을 할 수가 있다. 3개의 癸水들이 戊土와 戊癸合을 하여 많은 물을 제방으로 막아 호수를 만들고 싶다는 것을, 안심법을 유추하여 보자. 癸水를 하나로 만들고 싶어 할 것이다. 戊土를 끌어오면 戊癸火로 여자와 인연을 맺게 된다는 것을 알 수가 있다. 23세 乙丑年, 乙木이 시에 庚金과 乙庚合이 辛金으로 변하여 丙火를 끌어온다. 지지에 丑土는 巳酉丑, 寅申巳亥가 되어 새로운 변화를 추구하게 된다. 이때부터 여자와 인연을 맺게 된다. 24세 丙寅年, 丙火의 재물이 오고 지지에 寅木이 부부궁에 寅亥合을 이루게 되어 여자와 동거하게 된다. 無官四柱의 특성상 질서와 순서를 지키지 않는 것이 특징이다. 戊癸火로서 오는 여자는 안정을 취할 수가 없다. 戊癸合이 풀어지면 그

여자는 내 곁에 없다.

(己未大運 : 33~42세)

己未大運은 己土가 탁수 되며 지지에 亥卯未가 되어 부부궁에 변화가 발생하게 되어 기존 여자와 헤어지게 된다. 새로운 여자를 만나게 되는 大運이다. 36세 戊寅年, 戊土가 3:1로 戊癸合을 하여 하나가 되면 안정된 여자가 온다. 지지에 다시 寅亥合木으로 부부궁에 合을 이루어 새로운 여자와 인연을 맺게 된다. 36세 戊寅年, 戊癸火의 재물을 부동산으로 갔다면 큰 재물을 얻어 갑부가 되었을 것이나, 財를 여자로 취했기 때문에 기회를 놓치게 된다. 재물을 여자로 바꾸면 재물은 따르지만 돈이 통장에 쌓이지 않는다.

(戊午大運 : 43~52세)

戊午大運은 戊土가 3:1로 戊癸火의 재물이 오면 반드시 여자와 연관성을 생각하게 된다. 戊土의 땅을 戊癸火의 여자로 사용하게 되면 재물이 안 된다. 여자와 관계가 되더라도 법적으로 혼인 신고하지 않으면 큰 재물이 오지 않는다. 이분은 지금의 부인과도 법적 부부는 아니다. 이때 부동산을 재물로 취했어야 한다. 戊癸火로 어두워진 재물 運이 오면 주식이나 비트코인으로 사행성의 재물을 탐하게 된다. 이분은 부동산 투자만이 영원한 재물이 된다. 반드시 戊午大運은 부동산에 투자해야만 성공할 수가 있다.

(丁巳大運 : 53~62세)

丁巳大運은 財運이 오는 大運으로 여자도 온다. 어떤 일을 선택하느냐에 따라 재물의 변화가 있다. 癸水와 丁火의 관계는 비가 오더라도 丁火는 가로등과 戊癸火의 불빛으로 부동산을 매입하여야 한다. 甲木에 등불을 달게 되면 큰돈을 벌 수가 있다. 이 기회를 놓쳐서는 안 된다. 61세 癸卯年, 4개의 癸水가 된다. 모임의 장소에 가면 여자를 만날 수가 있다. 지지에 亥卯未가 되어 옛날 여자 친구와 관계가 이루어진다. 천간 癸水가 3:1로 合을 이루어 만났지만 오래 갈 수가 없다. 戊癸合이 풀어지면 그 여자는 다시 떠난다. 지지에 寅申巳亥, 巳酉丑 입으로 먹는 음식점으로 돈을 벌어야 한다. 丁火의 등불이 밝아지는 것은 지지에 巳火가 있어 丁火가 밝아지면 사행성으로 돈을 벌 수가 있지만 크게 돈을 벌지는 못한다. 오직 먹는 음식점으로 일한다면 많은 재물을 모을 수가 있을 것이다. 돈을 벌면 반드시 부동산에 투자하여 노후를 대비해야 한다.

(丙辰大運 : 63~72세)

丙辰大運은 밝아지는 태양의 재물이 오는 運이다. 丙火가 밝아질 때 사행성에 투자하면 재물을 잃게 된다. 지지에 辰土가 申子辰, 亥子丑으로 탁수가 된다. 물이 흘러가게 되며 탁수되어 안정된 삶을 살기가 어렵다. 부동산을 준비하지 못하면 노후를 편안하게 보내기는 힘이 들게 될 것이다. 사행성으로 번 돈을 부동산으로 취하지 못하여 돈을 잃게 되면 자식하고 관계가 깨지게 된다.

※ 이분은 오직 부동산으로 재산을 취해야 하며 戊癸火의 재물을 여자로 취하게 되면 10년 간격으로 여자와 문제가 발생하게 된다. 여자를 쉽게 생각할 수가 있다. 부인과 한번 맺은 인연을 소중하게 생각하면서 살아야 한다. 원국에 癸水가 3개 있다. 戊癸火의 財는 여자가 되어 부인 외 다른 여자와 인연을 맺으면 탁수가 된다. 항상 여자를 조심하여야 한다. 건강은 심혈관의 문제와 당뇨가 발생할 수가 있으니 항상 건강에 유의하여야 한다.

3. 조명, 전등 판매업

乾命	1990년 05월 05일(陰,윤) 10:20			직업 : 조명, 전등 판매업				
丁	癸	壬	庚	오행	木	火	土	金	水
巳	亥	午	午		0	4	0	1	3
93	83	73	63	53	43	33	23	13	3
壬	辛	庚	己	戊	丁	丙	乙	甲	癸
辰	卯	寅	丑	子	亥	戌	酉	申	未

〈원국해설〉

癸亥日柱다. 土가 없어 無官四柱다. 사주 원국에 재물인 火가 깔려있어 재물 福은 있는 사람이다. 천간으로 월에 壬水와 시에 丁火가 丁壬合 乙木으로 국가 자리에 庚金과 乙庚合 辛金이 丙火를 끌어와 재물을 만들 수가 있다. 木이 원국에 없다. 지지에 亥卯未가 되어 乙木의 뿌리를 만들 수가 있어 부동산과 인연이 있다. 물이 많아 제방(土)으로 막아 나무를 심어 아름다운 호수가 되어야 하는데 土가 없고 木이 없어 해외와 인연을 맺어 살아가는 것이 좋다. 해외로 가면 넓은 땅에 생기면 그 땅 위에 나무를 심을 수가 있다. 새로운 태양(火)이 뜨면 재물이 된다. 지지에 寅申巳亥와 巳午未의 개연성으로 마케팅 전략으로 재물을 취할 수가 있다. 物象의 형태를 보아도 어두운 밤에 많은 전등불이 켜있는 그림으로 보인다. 단점은 등불을 나무에 높이 달아야 하는데 木이 없다. 국내에서는 부동산을 취하게 되면 안정된 삶을 살아갈 수가 있다.

(甲申大運 : 13~22세)

甲申大運은 학교에 가는 大運이다. 원국에 없는 甲木은 교육, 건축, 사람을 상대하는 것으로 甲木은 대학을 의미한다. 지지에 申金이 寅申巳亥가 되어 멀리 떨어져 있는 곳으로 학교 가는 것을 예측할 수가 있다. 19세 戊子年, 戊土가 흘러가는 물을 제방으로 막을 수가 있다. 그러나 일간 癸水와 戊癸合 己土는 丁壬合 乙木이 심어진다. 己土는 甲木을 불러와 대학을 갈 수가 있다. 서울로 학교에 간다면 전문대학을 가게 될 것이다. 土가 있는 충청권으로 대학을 간다면 4년제 대학을 갈 수가 있다. 지지에 子水가 申子辰으로 申金을 끌어와 寅申巳亥가 되어 집에서 떨어져 있는 충청도의 땅으로 가는 것이 좋다.

(乙酉大運 : 23~32세)

乙酉大運은 乙木이 년에 국가 자리에 있는 庚金과 시에 丁火가 乙庚合이 풀어져 시에 丁火의 재물을 취할 수가 있다. 취업하지만 항상 사업을 꿈꾸게 된다. 취업은 庚金이 辛金이 되어 丙火를 끌어와 火(불)에 관련된 회사에 취업하게 될 것이지만. 丁壬合이 풀어지면 사업도 가능하다. 27세 丙申年, 새로운 丙火의 재물이오니 새로운 일자리를 구하게 된다. 지지에 寅申巳亥가 되어 전등회사에 영업사원으로 취업하게 되었다. 32세 辛丑年, 辛金은 사주 원국에 丁壬合 乙木이 乙庚合을 하고 있다. 辛丑年, 辛金이 풀어지게 하여 다니던 회사를 퇴직하고 작은 전등 가게를 창업하게 되었다.

(丙戌大運 : 33~42세)

丙戌大運은 이분이 생애 전성기의 大運이다. 丙火의 재물이 오고 丁壬合이 풀어져 丙火는 丁火가 되어 두 개의 등불이 되어 재물이 된다. 지지에 寅午戌로 財局이 된다. 戌土는 寅午戌의 개연성으로 寅申巳亥도 되어 해외와 인연을 맺으면 많은 돈을 벌 수가 있다. 33세 壬寅年, 丁壬合이 풀어지게 되고 지지에 寅亥合木으로 부부궁이 合을 이루어 결혼할 수가 있다. 이때 만난 여자는 해외 유학파나 외국 여자를 만나 결혼하면 좋다. 지지에 寅申巳亥는 해외에 있는 여자를 만날 수가 있고 외국과 인연을 맺어 사업을 하게 되면 크게 성공할 수가 있다. 37세 丙午年, 새로운 태양이 뜨게 되니 해외로 눈길이 간다. 지지에 3개의 午火가 丙火를 밝게 하여 재물이 된다. 외국에서 전등을 수입하여 사업을 한다면 크게 성공하게 될 것이다.

(丁亥大運 : 43~52세)

丁亥大運은 丁壬合이 풀어지면 丁火의 재물을 취하게 되어 좋은 大運이다. 그러나 지지에 亥水가 물이 많아 외국에 관계되는 사업을 못하면 안정을 취하기가 어렵게 된다. 이분은 부동산 투자를 하여 재물을 취득하면 삶이 편안하다. 50세 己未年, 己土가 甲木을 불러오고 丁壬合 乙木이 등라계갑을 할 수가 있다. 지지에 亥卯未는 木에 뿌리가 된다. 未土는 巳午未가 方合이 되어 재물이 된다. 국내에서 해외에서 돈을 벌 수가 있지만 국내에서 부동산을 취하지 못하게 되면 해외로 진출하여 사업을 하여 부동산에 투자하면 좋다.

(戊子大運 : 53~62세)

戊子大運은 일간 癸水와 戊癸合으로 己土가 되면 丁壬合 乙木이 심어진다. 지지에 子水와 酉金이 子午卯酉의 개연성이 있어 건강에 문제가 발생하게 될 것을 예측한다. 이 명조는 소화기 계통의 문제와 당뇨, 간에 대한 질병이 발생할 수가 있으니, 사전에 종합검진을 받는 것이 좋다. 58세 丁卯年, 丁壬合이 풀어지고 지지에 亥卯未가 되면 국가 자리 庚金에서 乙木을 끌어오게 된다. 乙庚合은 辛金이 되어 丙火를 끌어온다. 지지에 未土는 巳午未가 되어 천간 재물과 지지에 巳午未의 財局이 되어 국가나 공기업을 상대로 사업하면 크게 성공할 수가 있다.

(己丑大運 : 63~72세)

己丑大運은 己土가 오면 丁壬合 乙木이 심어진다. 乙木은 庚金과 乙庚合 辛金이 되어 丙火를 끌어와 재물을 만들 수가 있다. 지지에 자식 자리 酉金이 巳酉丑이 되어 아들에게 사업을 맡기게 될 수가 있다. 한 가지 주의할 것은 巳酉丑, 亥子丑 탁수의 개연성은 여자와 관계가 있다. 부인 외 다른 여자를 만나면 탁수되어 건강과 명예를 실추시킬 수가 있어 조심하는 것이 좋다. 항상 종합검진을 자주 받는 것이 좋다. 이 명조는 부동산을 보유하고 어진 마음으로 사회에 베풀며 봉사하는 마음이 중요하다.

(庚寅大運 : 73~82세)

庚寅大運은 乙庚합이 풀어지게 하고 정화의 재물을 취할 수가 있다. 자식 자리 정하는 자식에 권한을 위임하는 것으로 보아도 좋다. 지지에 寅木이 寅亥합과 寅申巳亥가 되어 변화를 예고한다. 寅申巳亥는 젊었을 때는 개혁이 되지만 나이가 들면 떠나가는 것으로 판단해도 좋다. 81세 庚寅年, 庚金이 乙庚합을 풀어지게 한다. 지지에 寅木이 寅亥합과 寅申巳亥가 되어 부인이 저세상으로 먼저 떠날 수가 있다. 원 국 전체가 묶이고 癸水 하나가 남아 쓸쓸한 노후가 될 수가 있다.

※ 이 명조는 財福은 좋다. 그러나 50대 이후 건강 문제로 고통을 받을 수가 있으며 부동산으로 안정된 삶이 필요하다. 해외와 인연을 맺어 외국에서 살아간다면 건강도 좋아지는 것으로 판단한다.

◯ 4. 여자 금사빠 사주 내가 선택한 남자 꼭 지켜야 하는 명조

乾命	1975년 10월 21일(陰) 01 : 20.			직업 : 교육자					
壬	癸	丁	乙	오행	木	火	土	金	水
子	酉	亥	卯		2	1	0	1	4
95	85	75	65	55	45	35	25	15	5
丁	丙	乙	甲	癸	壬	辛	庚	己	戊
酉	申	未	午	巳	辰	卯	寅	丑	子

〈원국해설〉

癸酉日柱이다. 천간에 壬水, 癸水의 물이 많지만 제방인 土가 없어 無官四柱가 된다. 제일 중요한 土는 없지만 천간에서 土를 끌어오는 五行은 일간 癸水 뿐이다. 일간 癸水가 戊癸合으로 己土가 되어 丁壬合 乙木을 심을 수가 있지만 끌어온 戊土가 戊癸合이 풀어지게 되면 남자와의 관계가 문제가 된다. 일간 癸水에서 戊土를 끌어와 합을 했기 때문에 내가 선택한 戊土의 남자와 결혼을 할 수가 있다. 丁火의 財와 丁壬合 乙木이 되어 일간 癸水가 戊土의 官을 끌어와 합으로 만든 己土에 두 개의 乙木이 심을 수가 있어 두 가지의 교육으로 돈을 벌어야 한다. 오행의 8글자에 土가 없어 淸河 하지만 남자를 만나게 되면 탁수가 되어 부인을 만족하게 해주는 남자가 아니다. 직업으로 교육에 관한 일은 할 수가 있지만 壬辰大運, 45세 이후로 丁壬合木이 풀어지면 교육에 관계되는 일도 여기까지가 된다. 지지로 子午卯酉가 있어 경제적인 문제와 건강 문제가 항상 따르게 된다.

이명조를 청소년 시절 학교 때 상담하였다면 해외로 연수나 유학을 권유했을 것이다. 미국으로 가면 일간 癸水와 합을 하여 己土가 된다. 乙木은 乙庚合으로 辛金이 되어 유럽 쪽으로 유학을 권유하게 되었을 것이다. 보통 癸水 일간들이 섬나라를 원하지만 癸水가 戊癸合을 하여 己土가 되면 시에

壬水의 물에 제방 역할이 못 되어 대륙을 낀 나라로 가는 것이 좋다.
초년 大運이 천간 金運과 지지로 寅卯辰으로 흘러 木局을 이루어 교육에 관한 일을 한다. 그러나 끌어온 가상의 戊土의 官에 의해 乙木이 심어지기 때문에 정규 교육이 아닌 사교육에 대한 교육을 할 수 있다. 다음은 직업을 찾는 官法으로 官에 官法으로 판단해보자. 癸水의 官은 土가 되지만 土가 없다. 癸水 일간 자신이 끌어다 가상의 己土를 만들어 己土의 官이 乙木이 된다. 乙木의 행위는 교육이 되지만 두 개의 乙木들은 강력하게 庚金을 끌어오기 때문에 金에 교육을 하게 될 것이다. 수학 선생이나 국어 과외 선생을 하게 될 것이다.

(己丑大運 : 15~24세)
己丑大運은 己土의 작은 땅에 丁壬合 乙木과 두 개의 乙木을 심을 수 있는 大運이다. 지지로 丑土가 巳酉丑으로 金局이 되어도 丑土가 탁수의 개연성이 있다. 巳火가 움직이면 천간 丁火의 財가 움직이게 되어 돈을 벌려고 할 것이다. 酉金으로 巳火의 재물을 취하게 된다. 17세 辛未年, 辛金은 癸水의 財는 丁火의 財는 辛金이 되어 金에 관계되는 학교를 선택하게 된다. 지지는 亥卯未로 木局이 되어 열심히 공부를 할 것이다. 특히 이 학생은 수학을 잘하게 된다. 19세 癸酉年, 두 개의 癸水가 강력하게 戊土를 불러와 충청도권으로 학교를 간다면 좋은 혜택을 받고 가게 된다.

(庚寅大運 : 25~34세)
庚寅大運은 년간 乙木과 乙庚合을 辛金이 된다. 지지로 寅木이 寅亥合으로 木에 뿌리가 튼튼하게 된다. 학원강사로 갈 수가 있다. 지지에 寅木이 寅申巳亥가 되어 적극적인 활동을 할 수가 있다. 乙庚合이 되면 한 개의 乙木을 제거하고 끌어온 戊土에 한 개의 乙木이 심어진다. 지지로 合이 될 때 결혼하게 될 것이다. 26세 庚辰年, 大運의 庚金이 乙庚合으로 乙木을 제거하고 지지로 辰土의 官이 움직이면 癸水는 戊土를 불러와 戊癸合을 하게 된

다. 戊土는 내가 선택한 남자로 볼 수가 있으며 丁壬合 乙木이 己土에 심어
지게 된다. 부부궁은 酉金이 辰酉合을 하게 되어 결혼할 수가 있다. 그러나
가상으로 戊土의 官을 끌어와 만들기 때문에 항상 불안한 마음으로 결혼생
활을 하게 될 것이다,

(辛卯大運 : 35~44세)
　辛卯大運은 천간 金運이 마지막 大運이다. 지지 또한 寅卯辰으로 마지막
木局이 끝나는 大運으로 교육에 관계되는 일은 여기까지다. 지지에 亥卯未
로 木의 뿌리로 사용했던 卯木이 새로운 卯木이 와서 亥卯未가 풀어지게 되
면 지금까지 하던 교육에 관계되는 일을 더 이상 할 수가 없다. 44세 戊戌
年, 戊土의 官이 새롭게 오면 가상의 官은 사라지게 된다. 이때부터 남편과
의 관계에 문제가 발생하게 된다. 戊戌의 남자가 눈에 보이게 되며 戊土의
官이 戊癸合을 풀어지게 하여 壬水, 癸水의 큰 강물에 제방 역할을 할 수
있다고 보기 때문이다,

(壬辰大運 : 45~53세)
　壬辰大運은 壬水의 강물이 丁壬合을 풀어지게 하여 丁火의 재물이 강물에
뜨게 되니 경제적으로 돈을 많이 벌어야겠다는 생각이 난다. 지금까지 봉급
자로 돈을 벌었다면 직접 사업을 하고 싶은 마음이 들게 된다. 강물을 제방
으로 막지 못하면 안정된 일을 할 수가 없다. 제방을 만들지 못하면 국내에
서 사업은 어렵다고 본다. 부동산을 하거나 해외로 가거나 국내에서 직접
교육사업을 할 수가 있으며 국내에서 활동은 차선책으로 외국계 보험에 일
하게 되면 좋다. 50세 甲辰年, 甲木이 오고 지지로 寅卯辰으로 甲木의 뿌리
가 되니 丁火의 등불을 甲木에 달고 싶어 새로운 사업을 하려고 찾아온 손
님이다. 보통 사업을 하려면 2~3년 전부터 생각하게 되며 5월에 찾아온 목
적은 己巳月에 새로운 교육사업을 하려고 왔다는 것을 쉽게 알 수가 있다.
남촌물상론은 래정법으로 찾아온 목적을 알 수가 있는 신학문이다.

(癸巳大運 : 55~64세)

癸巳大運은 두 개의 癸水가 강력하게 戊土의 官을 끌어오고 싶은 마음으로 남편과의 관계가 문제가 발생하게 된다. 지금까지 끌어왔던 戊土의 官에 남편이 도움이 되지 못한다고 생각하게 된다. 가정을 지키지 못하면 강물이 되어 정착할 수가 없어 방황하게 될 것이다. 이분은 無官 四柱로 금사빠가 되어 가정이 흔들리게 된다. 가정을 철저하게 지키는 것이 좋다. 어디를 가도 직접 戊土의 官이 오지 않는 이상 끌어오는 戊土의 官을 己土로 사용하여 본인의 뜻대로 살아가기 때문에 가정을 지키면서 살아가는 것이 좋다.

(甲午大運 : 65~74세)

甲午大運은 甲木이 午火를 달고와 子午卯酉가 된다. 甲木이 午火의 재물을 달고 오게 되면 지지로 甲木의 뿌리가 寅午戌로 재물을 木으로 만들어 부동산에 관계가 있다. 이 경우 부동산을 매입하게 되면 부가가치가 높은 부동산을 취득하게 될 것이다.

(乙未大運 : 75~84세)

乙未大運은 丁壬合 乙木은 자식과 작은 부동산이며 두 개의 乙木과 합을 하여 3개의 乙木이 乙庚合을 하게 된다. 庚金은 辛金이 되어 丙火를 끌어와 재물을 만들 수가 있다. 3개의 작은 부동산은 한 건물에서 巳酉丑 酉金으로 임대소득을 가지고 여생을 보내면 좋다.

5. 인테리어 사업을 하는 명조

乾命	1988년 09월 25일(陽) 19:10	직업 : 인테리어회사 근무						
辛	癸	辛	戊	오행	木	火	土	金	水
酉	未	酉	辰		0	0	3	4	1
94	84	74	64	54	44	34	24	14	4
辛	庚	己	戊	丁	丙	乙	甲	癸	壬
未	午	巳	辰	卯	寅	丑	子	亥	戌

〈원국해설〉

癸未日柱가 火가 없어 無財四柱다. 火와 木이 없어 木과 火를 추구한다. 천간에 재물을 만들 수 있는 것은 辛金이 丙火를 끌어와 財를 만들 수가 있으며 癸水가 년간 戊土와 戊癸火의 재물을 만들 수가 있다. 천간에서 戊癸火 두 개의 辛金에서 丙火를 끌어와 천간 모두 財를 끌어올 올 수가 있어 노력만 하면 언제든지 재물을 취할 수가 있는 명조다. 五行 중에 木이 없어 木의 행위를 하고 싶어 한다. 木은 교육, 건축, 부동산, 사람을 상대하는 것이다. 이 명조는 원국에 없는 火와 木의 행위를 하고 싶다. 火는 木을 아름답게 하고 辛金을 작은 칼로 사용하여 아름답게 하는 인테리어 직업을 하면 좋다.

지지에 酉金이 두 개가 있어 직업을 두 번 바꿀 수가 있다. 초년은 조직생활을 할 수가 있다. 퇴직하게 되면 酉金의 행위로 손기술로 木을 辛金의 칼자루로 사용하여 다듬고 아름답게 하는 직업을 가지게 될 것이다. 현재의 직업은 癸水가 년에 있는 戊土와 戊癸合(火)을 하고 있어 대기업에 근무하고 있다는 것을 알 수가 있다. 현재 이분의 직업은 인테리어회사에 근무하고 있는데 언젠가는 회사에서 퇴직하게 되면 자기 사업을 하게 될 것이다.

戊癸合의 己土가 甲己合으로 乙木이 된다. 지지에 乙木에 뿌리가 없어 未土에 亥卯未로 乙木을 튼튼하게 만들어 辛金의 칼자루로 사용하게 될 것이다. 40세 이전에는 조직 생활이 가능하고 40세 후반은 지지에 未土가 있어 亥卯未로 辛金의 칼자루가 된다. 여기서 우리의 官法 財에 觀法으로 직업을 알아보자. 癸水의 財는 火가 되는데 火가 없다. 火의 財는 金이 된다. 辛金에서 丙火를 끌어와 財를 만들어 辛金을 이용하면 재물을 취하는 사주가 된다. 이렇게 쉽게 직업을 찾는 것을 필자가 개발한 비법을 공개한다.

(癸亥大運 : 14~23세)

癸亥大運은 戊癸合이 풀어지는 大運이다. 戊土에 甲木을 심으려고 한다. 戊癸合으로 己土가 되어 甲木을 불러와 없는 木을 심기 위한 강한 의지로 대학에 가려고 할 것이다. 지지에 未土와 辰土가 있어 木의 뿌리를 만들 수가 있다. 17세 甲申年, 고등학교 진학을 하게 되지만 지지에 申子辰으로 뿌리를 내릴 수가 없다. 戊癸合 己土에서 甲己合 乙木으로 고등학교를 특수학교에 진학하게 되었었다. 18세 乙酉年, 乙木은 辛金의 칼자루가 되고 지지에 酉金이 3개가 되어 문과보다 이과를 선택하게 된다. 19세 丙戌年, 辛金과 丙辛合이 丁火가 되어 財運이 온다. 지지에 戌土가 辰戌沖이 되어 甲木을 끌어올 수가 없다. 대학 진학을 포기하게 되었으며 돈을 벌기 위해 취업하게 된다. 22세 己丑年, 己土가 甲木을 끌어오고 지지에 亥卯未와 丑土가 巳酉丑이 되어 산업체 전형으로 대학에 진학하게 되었다. 두 개의 己土가 甲木을 불러오고 지지에 巳酉丑으로 기술을 배우려 대학을 가게 된 것이다.

(甲子大運 : 24~33세)

甲子大運은 년간 戊土에 甲木을 심을 수가 있다. 지지에 子水는 子午卯酉 개연성이 있다. 24세 辛卯年, 辛金이 3개가 되어 丙火를 끌어오고 지지에 亥卯未가 되어 취업하게 되었다. 26세 癸巳年, 사내 커플로 동거를 시작하여 상담 결과, 27세 甲午年, 결혼하였다고 한다. 27세 甲午年, 甲木이 戊癸

슴 己土가 甲己슴을 하여 乙木이 심어지고 辛金에 칼자루가 된다. 지지에 午火가 巳午未가 되면 천간 두 개의 辛金이 丙火를 끌어와 결혼하게 되었다. 지지 巳午未가 되어 천간 두 개의 辛金에서 丙火를 끌어와 동거를 시작한 것으로 본다.

(乙丑大運 : 34~43세)

乙丑大運은 乙木이 戊癸合으로 년의 己土에 심어지게 된다. 乙木은 辛金에 칼자루가 된다. 지지에 丑土는 巳酉丑으로 개인 사업을 꿈꾸게 될 것이며 회사를 그만두고 사업을 하고 싶은 마음이 든다. 38세 乙巳年이되면 乙木을 辛金의 칼자루로 사용하려고 할 것이다. 乙木이 己土에 심어지고 지지에 巳火가 巳酉丑과 巳午未가 되어 辛金이 丙火를 끌어와 財運이 오게 되면 회사에서 퇴직하게 될 것이다. 사업은 44세 丙寅大運부터 하게 될 것이다.

(丙寅大運 : 44~53세)

丙寅大運은 월에 있는 辛金과 丙辛合을 하여 辛金을 제거하고 시에 있는 辛金을 사용하게 되니 새로운 사업에 시작을 예측하고 있다. 그때부터는 시에 있는 辛酉인 酉金의 손기술을 사용하게 되어 사업을 하게 될 것이다. 44세 辛亥年, 3개의 辛金이 하나가 되어 丙火를 끌어와 새로운 시작을 할 수가 있다. 지지에 亥水가 부부궁에 亥卯未가 되니 부인과 함께 창업하게 될 것으로 판단한다.

(丁卯大運 : 54~63세)

丁卯大運은 丁火의 재물이 丁壬合 乙木으로 辛金의 칼자루가 되어 재물을 취하는 運이다. 지지에 亥卯未가 되어 辛金의 칼을 사용하여 인테리어 사업이 바쁘게 움직이는 시기이다. 부동산에 투자하면 재물을 취할 수가 있다. 56세 癸亥年, 戊癸合이 풀어지면 나무를 심어야 한다. 57세 甲子年, 58세 乙丑年, 부동산을 취득하게 되면 좋은 결과가 있을 것이다. 60세 丁卯年, 大

運에서 예측한 대로 바쁜 사업으로 활발한 움직임이 돈을 버는 해가 된다. 眼心法으로 丁火는 甲木에 등불을 달고 싶은 마음으로 부동산에 관심을 갖게 될 것이다. 61세 戊辰年, 戊癸合이 풀어지고 戊土에 甲木을 심고 싶어 부동산을 취하게 될 것이다. 11월 癸亥月, 戊癸合이 풀어지고 亥卯未가 되어 부동산을 매입하게 되면 부가 가치가 높은 건물이 될 것이다.

(戊辰大運 : 64~73세)

戊辰大運은 戊癸合이 풀어지게 되면 년의 戊土에 甲木의 나무를 심어 부동산을 취하게 되면 좋다. 지지 辰土에 辰酉合金으로 임대 사업을 하면서 살아가면 편안하다. 만일 귀농을 한다면 전원생활로 편안하게 살아갈 수가 있다. 큰 욕심을 부리지 않고 悠悠自適하게 살아간다면 편안하게 살아갈 것이다.

(己巳大運 : 74~83세)

己巳大運은 戊癸合을 풀어지게 한다. 이때부터 戊土에 나무를 심지 않으며 탁수가 된다. 지지에 巳午未는 나의 재물이고 巳酉丑 酉金은 자식으로 도움도 받을 수가 있으며 임대소득으로 편안하게 살아갈 수가 있다. 건강에 문제로 소화기 계통에 문제가 발생할 수가 있고 대장, 폐암에도 관계가 있으니 사전 건강 검진을 받아보는 것이 좋을 것이다.

6. 요가 명상을 하면 좋은 명조

坤 命	1965년 03월 10일(陽) 12:20			직업 : 요가 명상					
戊	癸	己	乙	오행	木	火	土	金	水
午	亥	卯	巳		2	2	2	0	2
98	88	78	68	58	48	38	28	18	8
己	戊	丁	丙	乙	甲	癸	壬	辛	庚
丑	子	亥	戌	酉	申	未	午	巳	辰

〈원국해설〉

癸亥日柱이다. 財와 官은 다 있다. 官이 년에 己土와 시에 戊土가 있다. 己土의 官이 제방 역할을 할 수 있지만 일간 癸水는 戊土와 戊癸合을 하고 있어 두 개의 己土가 官이 된다. 원국에 金이 없어 물을 만드는 金의 행위를 해야 한다. 지지에 巳火는 巳酉丑으로 몸을 쓰는 행위와 午火는 정신세계로 일을 할 수가 있다. 癸亥의 亥水는 亥卯未가 되어 木에 일로 교육을 할 수가 있다. 전반전과 후반전의 직업을 달리할 수가 있다.

이 명조는 월간 己土의 官에 乙木이 심어지면 연상과 가정을 가지면 무난하게 살아갈 수가 있다. 일간 癸水와 자식 자리에 있는 戊土가 戊癸合이 되어 나무가 심어지지 않으면 일간 癸水는 탁수되어 문제가 된다. 탁수의 문제는 가정의 문제도 되지만 건강으로 소화기 계통에 문제가 발생할 수가 있다. 연상의 남자와 인연을 맺으면 참고 살아가지만 연하의 남자와 인연을 맺으면 탁수가 된다는 사실을 알 수가 있다. 연하하고 결혼하여 살아가려면 반드시 교육에 관한 일을 하여야 이혼하지 않을 수도 있다. 한번 이혼의 실패를 겪어야 하는 아픔이 있는 명조가 된다. 상담 결과, 이분은 한번 이혼하였고 한다.

이 명조는 천간의 두 개의 己土가 甲木을 불러오고 지지에 亥卯未가 되어 연하와 살려면 교육자로 일하는 명조가 된다. 지지에 巳午未가 되면 火土重濁으로 정신세계와 관계가 있다. 巳酉丑으로 金의 행위인 몸을 움직여 물을 만들어 원천수의 역할을 하면 재물을 취할 수가 있다. 연상의 남자와 인연은 년의 己土에 乙木이 심어져 결혼은 할 수가 있지만 자식을 못 낳을 수가 있다. 보편적으로 자식 자리에 癸水가 묶여 탁수되어 있는 명조는 지적장애가 있는 자식을 낳을 수가 있다. 戊癸合으로 탁수가 되기 때문에 자식이 속을 썩이는 경우가 많다.

(辛巳大運 : 18~27세)

辛巳大運은 辛金은 국가 자리 乙木이 辛金의 칼자루가 되며 金의 행위로 조직 생활해야 하는 大運이다. 18세 壬戌年, 물이 많아지는 해이다. 지지에 寅午戌로 돈을 벌어야 한다는 마음이 앞선다. 19세 癸亥年, 戊癸合이 풀어지는 해이다. 지지에 亥卯未로 월에 己土가 甲木을 끌어오게 된다. 지지에 亥卯未가 木에 뿌리가 되어 대학을 가게 된다. 20세 甲子年, 시에 있는 戊癸合 己土와 甲己合으로 두 개의 乙木이 된다. 두 개의 乙木이 庚金을 끌어오게 되어 생각이 바뀌게 된다. 지지에 庚金의 뿌리 申金이 寅申巳亥가 되어 몸을 쓰는 예체능으로 金의 행위를 하기 위하여 학교를 그만두게 된다.

(壬午大運 : 28~37세)

壬午大運은 壬水의 물이 많아진다. 戊癸合의 己土가 탁수가 되니 甲木을 끌어오고 싶어 한다. 甲木을 끌어오면 지지에 寅亥合으로 부부궁에 합이 되어 결혼하고 싶어 한다. 연하랑 결혼하면 己土의 땅이 무너져 언젠가는 이혼하게 된다. 지지에 寅申巳亥가 되어 결혼하지 않고 교육 일을 한다면 돈을 벌 수가 있다. 34세 戊寅年, 戊癸合이 풀어지고 지지에 寅亥合木이 되어 戊土에 甲木이 심어질 수가 있어 결혼할 수가 있다. 35세 己卯年, 戊癸合의 己土와 己卯年 3개의 己土가 甲木을 불러오고 지지에 亥卯未가 되어 결혼運이 좋은 해이다. 상담 결과, 己卯年 결혼하였다고 한다. 이분은 34세 戊寅

年, 결혼하여야 한다.

(癸未大運 : 38~47세)

癸未大運은 일간 戊土가 戊癸合이 풀어지게 된다. 戊癸合이 풀어지면 부부관계로 본인이 남편이 싫어져 이혼 문제가 발생하게 된다. 39세 癸未年, 戊癸合이 풀어지고 지지에 亥卯未의 뿌리가 巳午未가 되어 사업으로 돈을 벌 수가 있지만 부부 문제가 발생하게 된다. 40세 甲申年, 월간 己土와 甲己合을 하여 乙木으로 두 개의 乙木이 얽히게 된다. 己土에 심어진 乙木이 있는데 甲木이 己土를 차지하게 되어 己土의 官을 빼앗기게 되고 지지에 申金이 寅申巳亥가 되어 남편과 이혼하였다.

(甲申大運 : 48~57세)

甲申大運은 甲木이 월간 己土와 合을 하게 되고 지지에 亥卯未가 된다. 亥卯未는 甲木의 뿌리가 되어 甲木이 성장하게 된다. 甲木이 성장하면 官(己土)이 깨져 탁수되어 사업에 실패할 수가 있다. 官이 탁수가 되면 건강도 잃을 수가 있고 사업도 성과를 올릴 수가 없다. 지지에 寅申巳亥가 되어 새로운 길을 택하게 된다.

(乙酉大運 : 58~67세)

乙酉大運은 乙木이 두 개가 되어 두 개의 己土의 땅에 심어지게 되며, 乙木들은 庚金을 끌어와 乙庚合을 하려고 한다. 지지에 酉金이기 때문에 乙庚合으로 辛金이 丙火를 끌어오고 뿌리 酉金이 년에 巳火가 巳酉丑으로 정신세계의 행위로 요가 명상으로 활동하고 싶어 한다. 52세 甲午年, 甲木이 오고 지지에 巳火가 寅申巳亥가 되어 새로운 시작을 하게 된다.

(丙戌大運 : 68~77세)

丙戌大運은 丙火의 財運이 오지만 일간 癸水가 戊癸合으로 묶여있어 丙火의 재물을 취할 수가 없다. 丙火는 실제 丁火로서 활동하게 된다. 지지에 寅午戌이 되어 부동산에 투자하면 좋다. 69세 癸丑年, 戊癸合이 풀어지고 지지에 巳酉丑으로 부동산 매입은 상가를 선택하게 될 것이다. 70세 甲寅年, 甲木이 오고 지지에 寅申巳亥가 되면 이동수가 있어 매입한 상가로 이사를 하게 될 것이다.

(丁亥大運 : 78~87세)

丁亥大運은 정신세계로 마음에 안정을 찾고 전원주택을 택하여 작은 것으로 만족하고 悠悠自適하게 살아가면 좋다. 지난 과거를 정신세계로 극복하고 정신 수양으로 몸과 마음을 치유하며 살아가면 좋다.

(戊子大運 : 88~97세)

戊子大運은 戊癸合이 풀어지고 지지에 子午卯酉가 되어 건강에 문제가 발생하게 된다. 88세 壬申年, 물이 많아지고 지지에 申金이 寅申巳亥가 되어 떠나가게 될 수가 있다. 질병론은 건강에 문제는 己土가 탁수되어 소화기 계통에 문제가 된다. 둘째는 金이 없어 폐, 대장에 문제가 발생하게 되어 마지막엔 폐혈증으로 사망하게 될 것이다.

7. 손기술로 먹고사는 명조

乾 命	1962년 03월 26일(陽) 10:50 직업 : 금형 기술자			오행	木	火	土	金	水
丁	癸	癸	壬		2	2	0	0	4
巳	亥	卯	寅						
93	83	73	63	53	43	33	23	13	3
癸	壬	辛	庚	己	戊	丁	丙	乙	甲
丑	子	亥	戌	酉	申	未	午	巳	辰

〈원국해설〉

癸亥日柱다. 물이 많은데 제방인 土가 없어 無官四柱로 金도 없지만 청아한 사주다. 천간 강물이 흘러가 정착이 안 되어 한 곳에 머무를 수가 없고 질서 순서를 지키지 않는 것이 특징이다. 지지에 寅申巳亥가 되어 활동적이고 청아 하여 창의력이 좋은 사람이다. 東家食 西家宿으로 살아가는 사람으로 가정을 돌보지 못한다. 년간 壬水와 시에 丁火가 丁壬合 乙木으로 지지로 월지에 卯木이 뿌리를 두고 있다. 천간 五行 전부 재물을 끌어올 수가 있어 움직이면 돈이다. 대기업 자리에서 丁壬合 乙木은 한 단계 아래의 월지 卯木의 뿌리로 대기업에서 하청업으로 일하는 사람이다. 사주 원국이 청아하여 깨끗한 사람으로 청명 결백하며 친화력도 좋다. 부부관계로 보면 천간 丁壬合 乙木이 되면 지지에 寅亥合木과 亥卯未가 된다. 丁壬合이 풀어지면 부부궁도 풀어지게 되어 부부관계에 문제가 발생하게 된다.

직업을 財에 觀法으로 판단하면 癸水의 財는 丁火이고 丁火의 財인 金인데 金이 없다. 巳火의 財에서 무엇을 하는가에 따라 직업이 결정된다. 巳火에서 巳酉丑으로 金局이 되어 손기술로 酉金의 행위를 한 기술자다. 지지에 寅申巳亥가 되어 있어 마케팅 영업을 잘할 수가 있다. 이 명조는 戊土의 제방이 튼튼할 때 안정이 될 수 있어 충청도 땅에서 사업을 한다면 편안하다.

運에서 戊土의 제방이 올 때 안정된 삶이 될 것이다. 이분은 인생의 최고 運으로 보면 국내에서는 43대 戊申大運, 안정이 되었을 것이다. 지지에 寅申巳亥가 되어 마케팅 전략으로 영업하였다면 많은 재물을 취할 수가 있고 재테크로 부동산에 투자하였다면 많은 돈을 벌었을 것이다. 그렇게 하지 못하였다면 돈과 명예를 얻을 수가 없다.

만일 일찍이 해외로 진출하여 대륙을 낀 나라 미국으로 유학하거나 해외에서 사업을 하였다면 크게 성공할 수 있는 사람이 된다. 외국으로 가면 새로운 땅 戊土의 官이 제방 역할을 할 수가 있고 새로운 丙火의 태양이 재물이 되어 안정된 삶이 되었을 것이다. 지지에 庚申의 申金이 寅申巳亥가 되어 마케팅 전략으로 살아간다면 편안한 삶이 되었을 것이다. 지금이라도 기술력으로 해외와 마케팅으로 무역업을 하였다면 많은 재물을 취하게 되었을 것이다. 항상 술사들은 어떻게 해야만 돈을 벌 수 있고 안정되게 잘 살아가는 방법을 제시하여 진로 결정을 확실하게 상담하여야 할 것이다.

〈乙巳大運 : 13~22세〉

乙巳大運은 원국 丁壬合이 풀어지게 하는 大運이다. 癸水 일간이 丁火의 재물을 취하는 大運으로 일찍 재물에 관심을 갖게 된다. 지지에 巳火는 재물로 돈을 벌기 위해 고향을 떠나는 것으로 寅申巳亥로 판단한다. 17세 戊午年, 戊土가 戊癸合으로 己土가 되면 丁壬合 乙木이 새로운 땅 己土에 심어진다. 지지에 申金이 寅申巳亥가 되어 중학교를 마치고 고등학교에 진학하기 위하여 고향을 떠나 정착한다. 19세 庚申年, 庚金은 丁壬合 乙木과 乙庚合으로 辛金이 되어 辛金의 뿌리 酉金이 巳火와 巳酉丑으로 기술을 배우러 회사에 취업하게 된다.

〈丙午大運 : 23~32세〉

丙午大運은 財運이 오는 大運이다. 丙火는 癸水가 있어 丁壬合이 풀어지면 강물이 되어 정착이 잘 안 된다. 丁壬合이 풀어지면 지지에 寅亥合이 안 된다. 25세 丙寅年, 丙火가 癸水에 의해 丁火가 되어 丁壬合이 풀어지고 지지에 午火가 寅午戌이 되어 丙火의 財가 오니 여자를 만나게 된다. 지지에 자식 자리 巳午未와 부부궁에 亥卯未가 되어 한 번의 실수로 임신하게 되어 동거를 시작한다. 27세 戊辰年, 戊癸合으로 己土가 되어 丁壬合 乙木이 심어지게 되어 안정을 찾고자 한다. 28세 己巳年, 丁壬合 乙木이 己土에 심어져 일시적인 안정이 2년 동안 있었다.

(丁未大運 : 33~42세)

丁未大運은 丁壬合이 풀어져 강물이 되니 안정된 삶이 안되는 大運이다. 지지에 亥卯未와 寅申巳亥가 되어 부인을 홀로 두고 방랑 생활하게 된다. 41세 壬午年, 壬水로 丁壬合이 풀어지는 것은 여자가 싫어서 풀어지는 것이다. 지지에 寅午戌이 될 때 만나서 동거를 시작하여 寅午戌로 풀어져 별거하게 되었다. 25세 丙寅年, 癸水에서 丁火로 丁壬合이 풀어져 寅午戌로 만났다. 41세 壬午年, 丁壬合이 풀어지고 부인 丁火는 남편이 싫어진다. 지지에 巳午未와 寅申巳亥가 되어 지금까지 별거로 살아가고 있다. 이런 사주는 부부궁에 巳午未, 寅午戌 財(火)로 亥水가 合이 될 수가 없다. 亥卯未, 寅亥合, 木으로 부부궁이 合을 이루지만 애정은 없다. 보통 원국에서 부부궁에 合을 이루면 남자는 절대로 이혼해 주지 않는 것이 특징이다.

(戊申大運 : 43~52세)

戊申大運은 월간 癸水와 戊癸合으로 己土가 되어 丁壬合 乙木이 심어 지지만 뿌리가 寅申巳亥가 되어 생활이 안정되지 못한다. 직장도 한군데 오래 있지 못하고 이곳저곳으로 자주 옮기게 되어 정착이 안 된다.

(己酉大運 : 53~62세)

己酉大運, 己土에 원국 년에 壬水와 시에 丁火가 丁壬合 乙木으로 심어지면 두 개의 癸水 물이 합해지고 己土는 작은 섬으로 판단할 수가 있다. 작은 섬에 있다는 것은 외로움과 고독함을 말한다. 고독과 외로움을 채우기 위해서 술로 세월을 보낼 수가 있다. 己土로 탁수가 되면 火가 빛을 잃게 되면 심혈관의 문제가 발생하게 된다. 지지에 酉金이 巳酉丑 金局으로 바뀌게 되면 火氣運이 사라지게 된다. 水氣運이 강하고 火氣運이 약해지는 것으로 당뇨와 심혈관의 문제가 발생하게 된다. 55세 丙申年, 丁壬合이 풀어지고 지지에 申金이 寅申巳亥가 되어 새로운 거래처로 일하게 된다. 56세 丁酉年, 丁壬合이 풀어지고 巳酉丑 기술력으로 돈을 벌 수가 있다.

(庚戌大運 : 63~72세)

庚戌大運은 원국에서 丁壬合 乙木과 庚金이 乙庚合으로 辛金이 된다. 辛金은 丙火의 財를 끌어오고 지지에 巳火에서 巳酉丑으로 새로운 기술력으로 일할 수가 있다. 戌土는 寅午戌이 되어 재물이 오는 인생에 마지막 기회가 온다. 이 기회를 잡지 못하면 노후가 비참하게 된다. 항상 사람은 찾아오는 運을 잡아야 성공할 수가 있다. 너무나 늦게 찾아온 기회지만 大運에서 예측한 행운은 69세 庚戌年을 대비하여 사전에 준비하는 것이 좋다.

(辛亥大運 : 73~82세)

辛亥大運은 辛金은 丁壬合 乙木이 칼자루가 되어 관리자로 일하게 된다. 지지에 寅亥合이 될 수가 있다. 乙木의 칼자루가 튼튼하게 되어 기술자로서 관리직으로 역할을 하면 좋다. 79세 庚申年, 80세 辛酉年까지 일을 할 수가 있다.

◉ 8. 유학 가면 교수 국내에서 살면 카페 운영자

乾 命	1989년 03월 04(陽) 12:50			직업. 음식, 카페영업					
戊	癸	丙	己	오행	木	火	土	金	水
午	亥	寅	巳		1	3	2	0	2
99	89	79	69	59	49	39	29	19	9
丙	丁	戊	己	庚	辛	壬	癸	甲	乙
辰	巳	午	未	申	酉	戌	亥	子	丑

〈원국해설〉

癸亥日柱다. 일간 癸水가 시에 戊土의 官과 戊癸合으로 묶여있어 己土의 기질을 가지고 있다. 년간 己土의 官은 아버지가 대기업에 근무를 한 사람이다. 五行 중에 없는 것은 金이다. 金을 끌어오는 五行은 천간에서 월간 丙火가 辛金을 끌어오고 지지에 巳火가 巳酉丑으로 金을 만들 수가 있어 金의 행위를 하고 싶다. 년에 己土는 甲木을 끌어와 시의 戊土에 심을 수가 있다. 己土 아버지는 甲木을 끌어오면 지지에 월지 寅木은 寅午戌로 재물을 만들게 된다. 아버지의 능력으로 경제적 어려움이 없이 큰 사람이다.

일간 癸水는 시의 戊土와 戊癸合으로 있을 때 己土가 되지만 풀어지면 癸水가 된다. 戊土에 甲木을 심을 수 있게 하는 역할은 년간 己土에서 甲木(아버지)을 끌어와 시의 戊土에 심을 수가 있다. 아버지의 능력으로 유학 갈 수가 있으며 해외를 가면 戊癸合이 풀어져 甲木을 심을 수가 있다. 국내에서는 己土의 역할로 살아가게 되어 능력을 발휘할 수가 없다. 己土로 살아간다면 지지에서 물을 만드는 것은 巳酉丑으로 酉金을 사용한 음식점이나 카페에서 일하게 된다. 본래 이분은 癸水日干인데 戊癸合으로 묶이게 되어 己土의 역할로 살아가게 된다는 것을 알 수 있게 된다. 天干合으로 구성된 사주의 合이 풀어지면 甲木을 심을 수가 있어 寅午戌로 甲木에 木火通明이 되어 교수도 될 수가 있다. 天干合의 변화로 삶이 바뀌게 된다는 사실을 남촌물상론에 의하여 밝혀지고 있다. 우리 후학들은 天干合의 이론에 근거를 두고 더욱더 연구개발을 하여야 할 것이다.

다음은 官과 財에 觀法으로 직업을 찾아보자. 壬水의 官은 戊土와 己土, 己土의 官은 甲木을 끌어올 수가 있다. 지지에 寅木으로 木의 행위가 직업이 된다. 戊癸合으로 己土 甲木을 끌어다 주는 것으로 木에 관련된 직업으로 택하기는 어렵다. 그러나 해외 가서 공부하면 戊癸合이 풀어져 戊土의 땅에 甲木을 심을 수가 있다. 五行 중 木의 교육자로 직업을 택할 수가 있다.

다음은 財의 觀法으로 癸水의 財는 월간 丙火가 있고 지지에 巳火, 午火가 있다. 국내에서는 巳火의 재물을 사용하게 된다. 사주 원국에 金이 없어 천간 丙火에서 끌어온 辛金의 뿌리 酉金을 巳火에서 巳酉丑 직업으로 커피숍, 의약, 손기술로 직업을 택할 수가 있다. 넓은 戊土의 땅으로 유학 가서 공부하게 되면 戊癸合이 풀어져 甲木의 나무를 심을 수가 있다. 巳火에서 酉金을 사용하여 재물을 만들 수가 있으며 午火에서 寅午戌로 재물을 만들 수가 있다. 寅木이 寅午戌로 丙火가 밝아지면 甲木에 꽃을 피울 수가 있다. 五行 중 木의 직업인 교수도 할 수가 있다. 의료정책학과나 의료경영학을 전공하여 교수도 할 수가 있다. 사람은 어떤 환경에서 살고 있는가에 따라 팔자를 바꿀 수가 있게 된다.

〈乙丑大運 : 9~18세〉

乙丑大運은 乙木이 己土에 심어지며 지지에 寅木이 뿌리가 된다. 아버지의 마음은 戊癸合의 己土와 년간 己土는 아버지로서 강력하게 甲木을 끌어오게 되니 甲木으로 성장해 주기를 원하고 있다. 17세 乙酉年, 乙木이 己土에 심어지고 酉金이 巳酉丑으로 이과로 마음을 정하게 된다. 18세 丙戌年, 두 개의 丙火가 뜨게 되어 마음에 중심이 흔들려 공부하는데 집중이 안 된다. 선택의 갈림길에 서게 된다. 엄마의 권유로 이과로 결정하게 된다. 이과보다는 문과를 택하는 것이 좋다.

(甲子大運 : 19~28세)

甲子大運은 甲己合으로 乙木이 되어 대학을 선택하기가 어렵게 된다. 지지에 子午卯酉가 되어 능력을 발휘가 어렵다. 지지에 甲木의 뿌리 寅木이 있어 대학은 가지만 원하는 대학에 갈 수가 없다. 19세 丁亥年, 두 개의 丁火가 가로등에 등불이 되기를 희망한다. 지지에 亥水가 寅亥合木이 되어 천간 己土에서 甲木을 끌어오지만 대학은 원하는 대학은 갈 수 없다. 21세 己丑年, 戊癸合이 풀어져 넓은 戊土의 땅이 된다. 천간 己土가 甲木을 끌어와 戊土에 심게 되어 다른 대학으로 편입하게 되었다.

(癸亥大運 : 29~38세)

癸亥大運은 戊癸合이 풀어지는 大運이다. 넓은 땅이 생겨 甲木의 나무를 심고 싶은 생각이 든다. 부모님의 권유로 유학 가고 싶은 생각이 든다. 지지에 寅申巳亥와 寅亥合木으로 유학을 택해 새로운 공부를 하고 싶어 한다. 29세 丁酉年, 丁火가 움직이니 丁火의 뿌리가 지지에 巳火의 巳酉丑으로 커피숍에서 일하게 되었다. 35세 癸卯年, 戊癸合이 풀어지고 지지에 亥卯未와 巳午未로 새로운 태양을 밝게 하고 싶어 유학을 꿈꾸게 된다. 36세 甲辰年, 년간 己土와 甲己合으로 乙木이 되어 乙木에서 없는 庚金을 끌어와 辛金이 된다. 辛金의 뿌리 酉金이 巳酉丑으로 酉金의 행위를 하고 싶어 의학에 관한 공부를 하려고 한다. 8월 壬申月 壬水의 물이 많아지고 넓은 戊土의 땅을 제방으로 막고 싶어 한다. 지지에 寅申巳亥로 해외를 가기로 결심하게 된다. 9월 癸酉月, 戊癸合이 풀어지고 넓은 땅이 되어 새로운 땅으로 갈 수가 있다. 지지에 酉金이 년지 巳火와 巳酉丑으로 엄마의 도움으로 유학의 길을 떠나게 될 수가 있다.

(壬戌大運 : 39~48세)

壬戌大運은 물이 많아지는 大運으로 제방에 나무를 심는 것이 급선무다. 나무를 심지 않으면 탁수되어 모든 것을 잃게 되어 철저한 관리가 필요하다. 지지에 戌土가 있어 寅午戌로 甲木에 꽃을 피워 배운 학문을 널리 알릴 수가 있다. 木을 부동산으로 투자하게 되면 좋은 결과를 가져올 수가 있다. 40세 戊申年, 戊癸合이 풀어지고 지지에 申金이 寅申巳亥가 되어 새로운 변화가 올 것이다. 부동산에 투자하면 좋은 노후에 든든한 힘이 될 것이다.

(辛酉大運 : 49~58세)

辛酉大運은 월간 丙火의 재물과 지지에 巳火의 재물은 부모로부터 받은 재물이 오는 大運으로 볼 수가 있다. 辛金이 월간 丙火와 丙辛合으로 재물을 취할 수가 있다. 辛金의 뿌리 酉金으로 년지 巳火의 巳酉丑으로 合을 하게 되어 엄마로부터 증여로 받게 될 것이다.

(庚申大運 : 59~68세)

庚申大運은 乙木을 끌어와 己土에 심고 싶은 마음이다. 庚金이 오면 지지에 申金이 寅申巳亥가 되어 새로운 변화를 꿈꾸게 된다. 영업적인 마케팅 전략으로 대학병원에서 활동하면 좋다.

(己未大運 : 69~78세)

己未大運은 戊癸合이 풀어지고 己土에서 甲木을 끌어와 戌土에 심을 수가 있어 건축물로 노후를 대비하는 것이 좋다. 71세 己卯年, 己土에서 甲木을 끌어와 자식 자리 戌土에 심어지고 지지에 未土가 亥卯未로 木에 뿌리가 되어 부모에서 오는 부동산을 잘 지키는 것이 좋다.

9. 예체능으로 시작하여 부동산을 가지면 좋은 명조

坤命	1993년 08월 24일(陰) 14:10 직업 : 피아노 강사				오행	木	火	土	金	水
己	癸	壬	癸			0	0	3	1	4
未	亥	戌	酉							
100	90	80	70	60	50	40	30	20	10	
壬	辛	庚	己	戊	丁	丙	乙	甲	癸	
申	未	午	巳	辰	卯	寅	丑	子	亥	

〈원국해설〉

癸亥日柱다. 官 己土가 많은 물에 제방이 될 수가 없어 해외를 가면 좋다. 해외를 가지 못 가게 되면 국내에서는 능력 발휘가 되지 않는다. 직업을 유추해 보면 官에 官法으로 보면 癸水의 官은 己土, 己土의 官은 木이 된다. 己土에 탁수가 되지 않으려면 木(나무)의 행위를 해야 한다. 癸水 일간에 財(火)가 없어 無財四柱다. 己土의 官을 지키지 못하면 탁수되어 문제가 발생하게 된다. 이 명조는 시의 己土에 작은 나무를 심지 못하면 官(己土)은 무너진다. 남촌물상론에서 木의 五行은 교육, 건축, 사람을 상대하는 일을 하여야 한다. 그중에서도 교육으로 가르치는 일을 해야 한다. 지지에도 亥水와 未土가 있어 亥卯未로 木의 뿌리를 만들 수가 있다. 교육에 관한 일을 할 수 있다는 것을 알 수가 있다.

甲己合으로 乙木을 만들어 己土에 심어지거나 乙木의 運이 올 때 결혼하게 된다. 甲木이 오면 甲己合으로 己土에 심어지면 甲己合이 풀어질 때 이혼하게 된다. 반드시 乙木이 올 때 결혼하여야 한다. 천간에 木이 오면 지지에 亥卯未로 뿌리를 만들어 교육으로 살아가는 것이 좋다. 년지에 酉金과 월지에 戌土가 있어 申酉戌의 개연성을 가지고 있다. 년지에 酉金이 물에 놀 수 있는 물이 있어 손기술이나 소리 나는 직업을 택하게 되는데 이분은 상담 결과, 피아노 선생을 하고 있었다.

그러나 申酉戌이 되면 소리가 굵어 탁하게 되어 피아노 선생으로 뛰어난 실력자는 될 수가 없다. 고등학교 때 진로상담을 하였다면 외국으로 유학을 권유했을 것이다. 유학에서 성학 중에서도 메조소프라노로 전공하면 좋을 것이며 대학생이라면 교환학생으로 외국에서 경험을 쌓으라고 상담해야 한다.

(癸亥大運 : 10~19세)

癸亥大運은 3개의 癸水가 강력하게 戊土(官)을 끌어오고 己土가 甲木을 불러와 나무를 심고 싶어 木의 행위로 교육에 관심이 많다. 18세 庚寅年, 고등학교 2학년 때 庚金은 지지 酉金과 戌土가 있어 申酉戌로 金局이 된다. 庚金에서 乙木을 끌어오면 지지 亥卯未가 되어 乙木에 뿌리가 된다. 지지에 金局으로 물에 놀 수가 있어 예체능으로 진로를 결심하게 된다. 19세 辛卯年, 辛金이 없는 丙火를 끌어와 돈과 명예에 욕망이 강하게 느껴진다. 辛金은 丙火를 끌어온다. 己土에서 甲己合 乙木을 끌어와 辛金에 칼자루가 된다. 지지에 亥卯未가 되어 전문대학으로 진학하게 되었다.

(甲子大運 : 20~29세)

甲子大運은 원국 시에 己土와 甲己合으로 乙木이 심어지게 되면 교육과 남자를 만나게 되는 大運으로 예측한다. 23세 乙未年, 乙木이 己土에 심어지고 지지에 亥卯未가 된다. 남자 친구를 만나게 되어 학원에 취업도 하게 되었다. 乙未年에 남자를 만났지만 본래는 己土는 甲木의 남자를 좋아한다. 乙木의 남자를 만나야지 甲木의 남자를 만나면 안 된다. 乙木은 己土에 적당한 나무가 되어 뿌리를 내릴 수가 있다. 사주 원국에 많은 물이 있어 己土의 섬에서 사는 것과 같다. 비가 오거나 태풍이 올 때처럼 불안한 마음이 되어 안정된 생활이 안 된다. 상황이 불안하면 서로 의지하면서 살아가게 되는 것이 인간의 본능이다.

(乙丑大運 : 30~39세)

乙丑大運은 乙木이 己土에 심어지고 지지에 丑土가 巳酉丑으로 음악학원을 하고 싶은 마음이 들게 된다. 결혼은 33세 乙巳年, 년간 대기업에 남자를 만나면 좋다. 35세 丁未年, 월간 壬水와 丁壬合 乙木으로 己土에 심어지고 지지에 亥卯未가 된다. 일지 亥水에서 亥卯未가 되면 동갑의 남자와 결혼하면 좋다. 본인이 직접 음악학원을 하려면 33세 乙巳年, 乙木이 己土에 심어지고 巳火가 년지 酉金과 巳酉丑으로 酉金이 움직일 때 학원을 하게 되면 성공하게 될 것이다.

(丙寅大運 : 40~49세)

丙寅大運은 己土가 甲木을 끌어오고 지지에 寅木은 寅亥合木으로 甲木에 뿌리가 된다. 丙火는 甲木에 꽃을 피우게 된다. 甲木에 꽃을 피우면 남촌물상론에서는 하던 교육사업을 하지 않게 된다. 결실을 맺으면 끝이 난다. 丙火의 財運으로 더 큰돈을 벌 수가 있다고 생각하여 丙寅으로 寅木의 행위인 부동산을 하고 싶어진다. 지지에 寅申巳亥가 되어 새로운 사업을 하게 되는데 이때는 부동산을 하면 좋다. 寅午戌과 寅亥合木으로 부동산을 매입하게 되면 노후를 담보할 수가 있다. 원국에 木이 없어 건축물을 선호하겠지만 사주 원국에 작은 己土 밖에 없어 우선 땅을 매입하고 그다음 건축물을 취하는 것이 좋다.

(丁卯大運 : 50~59세)

丁卯大運은 월간 부모 자리 壬水와 丁壬合木으로 己土의 자식 자리에 작은 나무를 심을 수가 있어 부모님으로부터 작은 부동산이 오는 運이다. 지지에 卯木이 亥卯未가 자식 자리에 合을 이루어 부동산이 오는 것이 틀림이 없다. 55세 丁卯年, 丁壬合 乙木이 己土에 심어진다. 지지에 乙木의 뿌리 亥卯未로 튼튼한 뿌리가 되어 甲木을 심을 수 있는 밑거름이 된다.

10. 정신세계 공부하면 좋은 명조

坤命	1956년 03월 17일(陽) 10:20 직업 : 철학, 상담업				오행	木	火	土	金	水
丁	癸	辛	丙		1	3	1	2	1
巳	未	卯	申						
94	84	74	64	54	44	34	24	14	4
辛	壬	癸	甲	乙	丙	丁	戊	己	庚
巳	午	未	申	酉	戌	亥	子	丑	寅

〈원국해설〉

癸未日柱다. 사주 원국에 五行은 다 있다. 五行 중에서 재물인 火가 제일 많고 다음이 金이다. 癸水 일간의 재물은 火이다. 사주 원국에 火가 어떠한 영향을 미치는가를 판단해 보자. 남촌물상론의 財와 財에 觀法을 적용해 보면 癸未日柱의 재물은 년간 丙火와 시에 丁火가 있다. 전반전은 亥卯未로 木의 행위이고 후반전 巳酉丑으로 입에서 빛이 나는 것으로 정신세계 상담업이다.

천간 년에 丙火와 월간 辛金이 丙辛合을 하여 丙火가 丁火가 되어 두 개의 丁火가 된다. 지지에 亥卯未가 木이 되어 의류, 펄프, 종이에 관한 직업을 가질 수가 있다. 시에 丁巳로 후반에는 시지에 巳火가 있어 火의 행위인 巳酉丑으로 입에서 빛이 나는 것으로 말로 표현하는 정신세계의 직업이 된다. 천간에 丁火와 丙火가 있어 甲木이 있으면 금상첨화(錦上添花)다. 높은 가로등으로 크게 두 개의 등불이 되어 능력을 발휘할 수 있는데 甲木이 없어 아쉽다. 甲木이 오면 두 개의 丁火의 등불이 달려 능력을 발휘하게 된다.

癸未일주가 재물인 두 개의 丁火로 돈을 벌려면 어떤 행위를 하여야 할

(戊辰大運 : 60~69세)

戊辰大運은 戊癸合을 하게 되면 두 개의 己土가 되어 甲木을 끌어와 큰 건축물로 부동산이 움직이게 될 것이다. 지지에 辰酉合金이 되어 임대업을 할 수 있는 건축물로 상가 건축물이 될 것이다. 66세 戊寅年, 戊土가 년간 癸水와 戊癸合으로 己土가 두 개가 되어 甲木을 끌어온다. 지지에 寅木은 남편궁에 寅亥合으로 甲木의 뿌리가 되어 큰 건축물을 매입하게 되면 남편과 공동명의로 하는 것이 좋다.

(己巳大運 : 70~79세)

己巳大運은 두 개의 己土가 甲木을 끌어오고 건축물 임대 사업으로 노후를 보내게 된다. 지지에 寅申巳亥와 巳酉丑으로 상가에서 임대소득으로 중산층으로 삶을 살아가게 될 것이다. 80세가 넘어서면 大運이 庚午大運으로 물이 많아지고 지지에 子午卯酉가 되어 건강으로 문제가 될 것이다. 당뇨병이나 신장의 문제가 발생하게 될 것이다. 88세 庚子年, 탁수되어 건강에 문제가 발생하게 된다. 항상 건강 검진을 잘 받는 것이 좋다.

남촌물상론 사례집
南村物象論 事例集
김대영 지음

초판인쇄일 2025년 9월 8일
초판발행일 2025년 9월 12일

지 은 이 : 남촌 김대영
발 행 인 : 김순진
편 집 장 : 전하라
디 자 인 : 김초롱
펴 낸 곳 : 문학공원
등   록 : 2004년 3월 9일 제6-706호
주   소 : 우편번호 03382 서울 은평구 통일로 633
　　　　　녹번오피스텔 501호 스토리문학사
전   화 : 02-2234-1666
팩   스 : 02-2236-1666
홈페이지 : https://blog.naver.com/ksj5562
이 메 일 : 4615562@hanmail.net

※ 책값은 뒤표지에 있습니다.
※ 저자와의 협의에 의해 인지는 생략합니다.

(辛亥大運 : 52~61세)

辛亥大運은 辛金이 丙火를 끌어오고 지지에 亥水가 寅申巳亥로 새로운 일을 시작하게 될 것이다. 해외와 인연을 맺어 마케팅 전략으로 도전하게 되면 좋은 大運이다. 이때는 항상 본인이 꿈을 꾸었던 亥卯未의 木으로 교육에 필요한 제품을 수입하여 학교나 학생들을 상대로 국내에 유통한다면 좋은 성과를 얻을 수가 있을 것이다.

(壬子大運 : 62~71세)

壬子大運은 물이 많아지는 大運이다. 丁壬합이 풀어지고 丁火의 재물을 취하게 된다. 지지에 子水가 亥子丑으로 水氣運이 강해 당뇨병이나 비뇨기과의 질환으로 신장, 방광, 전립선, 질환으로 고생할 수가 있어 사전에 검진 받는 것이 좋다. 사주 원국에 水가 많고 土가 부족하여 충청북도에 터를 잡고 전원생활로 작은 농장에 약초를 재배하면서 노후를 대비하는 것이 좋다.

(癸丑大運 : 72~81세)

癸丑大運은 두 개의 癸水가 戊土를 끌어와 제방을 만들려고 한다. 丁壬합木은 戊土의 척박한 땅에 乙木이 심어지게 된다는 의미이다. 작은 건축물을 짓고 소득을 올릴 수 있는 농작물을 심으면 좋은 땅이 될 수가 있다. 지지에 巳酉丑, 巳酉丑이 되어 두 개의 땅에서 소득을 올릴 수 있는 大運으로 볼 수가 있으며, 산천 좋은 곳에서 悠悠自適하게 살아가면 좋다.

와 戊癸合으로 己土가 되어 乙木이 심어진다. 그러나 지지에 申金은 寅申巳亥의 개연성으로 새로운 개혁의 꿈을 가지게 된다. 대학 진학을 꿈꾸게 되지만 원하는 학교는 가기는 어렵다. 22세 癸未年, 두 개의 癸水가 戊土를 끌어오는 運으로 대학에 꿈을 가지게 된다. 이때 방송대를 지망하여 영어영문과를 선택하게 되었다. 25세 丙戌年, 새로운 丙火가 뜨게 되지만 癸水가 흐리게 하여 태양이 뜨는 나라로 가게 된다. 지지에 寅午戌의 寅木과 巳火와 大運의 申金이 寅申巳亥가 되어 미국으로 가게 되었다.

(己酉大運 : 32~41세)

己酉大運은 乙木이 己土의 땅에 심어지고 지지에 巳酉丑으로 부부궁에 합을 이루어 결혼을 예측하기도 한다. 32세 癸巳年, 두 개의 癸水가 戊土을 끌어와 戊癸合으로 乙木을 심어 안정된 삶을 살려고 한다. 지지에 3개의 巳火가 巳酉丑으로 하나가 되어 부부궁 丑土에 합도 되지만 자식 자리에 巳火가 巳酉丑으로 혼전 임신이 되어 결혼하게 되었다. 35세 丙申年, 새로운 丙火가 오고 지지에 寅申巳亥가 되어 이직하게 되었다. 39세 庚子年, 乙庚合을 하여 辛金이 丙火를 끌어와 더 많은 재물을 탐하게 되고 지지에 亥子丑과 申子辰으로 탁수되어 다니던 직장을 떠나게 된다.

(庚戌大運 : 42~5세)

庚戌大運은 庚金이 乙庚合으로 辛金이 되면 辛金이 丙火를 끌어와 새로운 재물이 눈에 보이고 지지에 巳火의 재물과 辛金의 뿌리 酉金이 巳酉丑과 申酉戌로 새로운 길을 찾으려 이직하게 된다. 42세 癸卯年, 戊午月에 방문하였다. 두 개의 癸水가 강력하게 戊土를 끌어와 제방을 만들어 강물을 막으려 한다. 지지에 戌土가 있어 戊戌로 튼튼한 제방을 만들고 싶은 마음은 확실하다. 부동산 관계와 이사 문제와 새로운 일자리를 옮기고 싶어 찾아온 분이다.

하면 취할 수 있을까? 하는 방법을 역술인 모두가 해야 할 일이다. 말 한마디로 한 사람을 망하게도 할 수가 있고 성공하게도 할 수 있는 중차대한 책임과 사명감이 있다. 이점을 항상 명심하여 신중하게 판단하여야 할 것이다.

이분이 먹고사는 방법을 財와 官法으로 풀어보자. 우선 財에 觀法으로 보면 癸水의 財는 천간 丁火와 지지에 巳火가 재물이다. 천간에 丁火는 목표이고 지지에 巳火는 목표를 추구하는 행동으로 판단한다. 지지에 巳火는 사주 원국에 없는 金을 갖고 싶어 한다. 巳火는 巳酉丑으로 酉金의 행위를 하면 이분이 돈을 벌어 먹고사는 방법이 된다. 酉金은 입으로 먹고사는 것과 아이티, 반도체, 인터넷 쇼핑몰 등을 의미한다고 기초반에서 설명했다. 상담 결과, 이분은 외국계 회사에 다니고 있었고 지금까지 이직한 회사가 4번으로 자주 옮겨 다녔다고 한다. 이분의 꿈이 해외에서 학생들이 필요한 물품을 구매하여 국내에 유통하는 회사를 만들고 싶은 것이라고 한다.

(丁未大運 : 12~21세)

丁未大運은 丁火가 원국에 丁壬合을 풀어주는 大運이다. 丁壬合이 풀어지면 壬水, 癸水의 물이 하나가 되어 정착이 잘 안되는 大運이 된다. 강물을 막아줄 土(官)의 역할이 안 되어 해외로 가고 싶다. 지지에 巳酉丑으로 財가 되어 돈을 벌어야겠다는 신념이 강하게 된다. 천간에 土(官)가 없고 사주 원국에 金이 없어 부모님의 도움을 받을 수가 없다. 18세 己卯年, 己土는 官에 乙木을 심을 수가 있어 안정된 삶을 살아보자는 의미로 본다. 다른 학생들과 비교하면 나이에 비해 성숙한 학생이다. 19세 庚辰年, 庚金이 월간 乙木에 乙庚合을 하여 辛金이 되면 지지로 천간 辛金의 뿌리 酉金이 巳酉丑으로 대학 진학보다는 취업하여 돈을 벌어 보겠다는 신념이 강해 대학을 포기하고 생활 전선에 뛰어들게 된다.

(戊申大運 : 22~31세)

戊申大運은 戊土가 많은 물을 막아 제방 역할을 하려고 하지만 일간 癸水

12. 외국계 회사 다니거나 해외와 인연이 있는 명조

乾命			1982년 05월 30일(陽) 10:27			직업 : 회사원			
丁		癸		乙		壬	오행	木 火 土 金 水	
巳		丑		巳		戌		1 3 2 0 2	
92	82	72	62	52	42	32	22	12	2
乙	甲	癸	壬	辛	庚	己	戊	丁	丙
卯	寅	丑	子	亥	戌	酉	申	未	午

〈원국해설〉

癸丑日柱에 원국 五行에 金이 없다. 천간에 壬水와 癸水가 있으나 土(官)가 없고 지지에 丑土와 戌土가 있다. 천간에 두 개의 물이 강물이 되고 있으나 제방이 없어 강물이 흘러 정착하지 못하고 국내에서는 한 곳에 오래 정착하지 못하게 된다. 시에 丁火와 년에 壬水가 丁壬合을 하지만 월에 乙木이 있어 풀어지는 확률이 높다. 사주 원국에 金이 없다. 金을 끌어오는 五行은 천간 乙木에서 庚金을 끌어와 乙庚合을 하면 지지에 두 개의 巳火가 酉金을 끌어와 巳酉丑과 申酉戌의 개연성이 있다.

천간에 물이 많으나 土(官)가 약하여 직장도 한 곳에 정착하지 못하고 자주 옮기게 된다. 년에 壬水와 시에 丁火가 丁壬合으로 되어 있지만 乙木이 뿌리가 없어 물 위에 떠 있다. 물 위에 떠 있다는 것은 壬水와 癸水가 하나로 강물이 되어 있다는 뜻이다. 남촌물상론에서는 물을 제방으로 막을 수가 없다면 강물이 태평양, 대서양으로 흘러가듯이 해외와 인연을 맺어 살아가면 안정되게 살아갈 수가 있다.

癸水 일간이 火(재물)가 많아 財福은 좋은 사람이다. 그러나 사주에 타고난 財福이 좋다고 다 좋은 것은 아니다. 이 타고난 팔자의 재물을 어떻게

로 해외와 인연이 되어 기계를 수입하여 돈을 많이 벌었다. 58세 癸巳年, 두 개의 癸水가 戊土를 불러와 해외에 땅을 매입하였게 되었다. 사주 원국에 土가 없는 土를 추구하게 된다. 땅에 관심이 많음을 엿볼 수가 있다.

(甲辰大運 : 65~74세)

甲辰大運은 부동산이 오는 大運이다. 지지에 辰酉合金과 申子辰의 개연성이 보인다. 부동산의 甲木이 와도 水生木으로 나무를 키울 수 있는 준비가 되어 있다고 판단할 수가 있다. 68세 癸卯年, 상담하였는데 혹시 69세 甲辰年, 부동산을 취득할 수 있었을 것이라고 말하였더니, 산단에 부지를 분할 매입하고자 신청하였으며 내년 甲辰年에 결정이 나온다고 하였다. 이번에 신청자의 경쟁에서도 이길 수가 있는 運으로 부동산을 취하게 될 것으로 판단한다.

(물상론 내정법의 분석)

이분은 2023년 6월 23일 방문 상담자이다. 甲辰大運에 癸卯年이다. 戊午月에 방문하였다. 大運에서 甲木은 부동산에 관한 일을 예측한다. 癸卯年은 癸水가 두 개가 되어 강력하게 戊土를 끌어오고 있다. 당연히 땅에 관한 질문과 亥卯未로 寅申巳亥가 되어 해외에 관한 일과 새로운 변화에 대한 문제를 묻고자 할 것이다. 甲辰의 辰土는 辰酉合金과 申子辰으로 월지에 酉金과 시지에 있는 酉金으로 연결되어 언제 자식에게 경영권을 인계하는가? 묻고자 하는 내용을 내정법으로 설명하였더니 어떻게 알았느냐? 하면서 점쟁이냐고 한다.

(辛丑大運 : 35~44세)

辛丑大運은 원국에 丙辛合이 풀어지면 丙火와 丁火의 財運이 따르게 된다. 지지에 丑土가 巳酉丑으로 금속에 관한 사업을 할 수가 있어 돈을 벌 수가 있는 大運이다. 36세 辛未年, 大運의 예측대로 丙辛合이 풀어지고 천간에 丙,丁의 재물이 온다. 지지에 巳午未가 方合으로 財局이 되어 퇴직하고 본인의 회사를 설립하게 된다. 이때부터 사업을 시작하여 36세 辛未年, 38세 癸酉年, 많은 돈을 벌었다. 39세 甲戌年, 개인 소유의 부동산으로 공장을 마련하게 된다. 41세 丙子年, 丙辛合이 풀어지고 지지에 申子辰과 辰酉合으로 金局이 되어 기계 사업에 뛰어들게 되었고 사업이 번창하여 호황을 누리게 되었다. 43세 戊寅年, 戊癸合으로 己土을 끌어오고 지지에 寅木이 甲木에 뿌리가 되어 부동산을 취득하게 되었다.

(壬寅大運 : 45~54세)

壬寅大運은 원국에 월간 丁火와 丁壬合 乙木으로 辛金의 칼자루가 되어 자식에게 회사에 권한을 주고 丁壬合 乙木의 부동산으로 집을 사주게 되었다. 지지에 寅木이 있어 부동산과 寅申巳亥가 되어 해외와 인연을 맺는 大運으로 볼 수가 있다. 46세 辛巳年, 丙辛合이 풀어지게 되고 지지에 巳火가 두 개의 酉金과 巳酉丑으로 두 개의 공장에서 제품을 생산하게 되어 많은 거래처를 확보하게 된다. 53세 戊子年, 부동산의 땅을 친구와 함께 매입하게 되었다. 戊癸合火로 땅을 사게 되면 오랫동안 시간이 지나면 돈이 되는 땅을 매입하게 된다. 상담 결과, 지금까지 현재 그 땅을 소유하고 있어 지금은 가격이 상승하여 큰돈이 된 땅이 되었다고 하였다.

(癸卯大運 : 55~64세)

癸卯大運은 두 개의 癸水가 戊土를 강력하게 끌어오는 大運으로 부동산과 관련이 있는 것으로 본다. 卯木은 亥卯未와 寅申巳亥가 되어 해외와 부동산과 관련이 있다. 55세 庚寅年, 庚金의 뿌리인 申金이 년지에 있어 寅申巳亥

되는 사업을 하게 된다. 천간 辛金의 뿌리가 지지에 두 개의 酉金과 申金이 있어 금속과 기계에 관한 사업을 할 수가 있다. 지지에 巳火가 두 개의 酉金과 두 번 巳酉丑이 되어 두 개 이상의 회사를 경영할 수가 있다. 酉金은 申金과 申酉戌로 巳火에서 연결되어 寅申巳亥가 된다. 해외와 인연을 맺어 외국으로 진출하면 좋다. 검증 결과, 금속에 관한 사업과 해외에서 기계를 수입하여 국내에서 판매업을 하고 있었으며 火에 대한 일로 열 발전소에 관련된 회사를 운영하고 있었으며 희토류가 있는 광산을 가지고 있었다.

(己亥大運 : 15~24세)

己亥大運은 없는 土運이 오게 되고 己土는 甲木을 불러올 수가 있어 학업에 열정을 갖게 된다. 사람은 항상 없는 것은 추구하여 무한한 노력을 하게 되어 학교에 학업 성적이 좋은 모범 학생이 된다. 18세 癸丑年, 고등학교 2학년으로 두 개의 癸水는 戊土을 불러오고 나무를 심고 싶은 욕망이 강하다. 지지에 丑土는 巳酉丑으로 이과를 지망하게 한다. 19세 甲寅年, 木運으로 甲木은 대학을 가기 위해 寅申巳亥가 되어 고향을 떠나 새로운 땅으로 대학을 가게 된다.

(庚子大運 : 25~34세)

庚子大運은 庚金이 없는 乙木을 끌어와 乙庚합을 만든다. 乙庚합 辛金은 丙辛합을 풀어지게 하여 일간 癸水가 대기업 자리 丙火의 財를 취할 수 있게 된다. 천간의 辛金의 뿌리 酉金이 3개가 巳酉丑으로 하나가 되며 지지에 子水는 申子辰으로 申金의 기계를 유통시키며 酉金을 생산하는 대기업에 취업하는 大運이다. 26세 辛酉年, 년간 丙辛합이 풀어지고 대기업 자리에 재물인 丙火을 취할 수 있고 지지에 酉金이 3개가 하나가 된 회사 바로 삼성전자에 취업하게 되었다. 27세 壬戌年, 월에 丁火와 丁壬합 乙木으로 辛金의 칼자루가 되며 지지에 부부궁이 申酉戌로 方합이 되어 금융권에 있는 여자를 만나 결혼하게 되었다.

◎ 11. 수천억대의 광산과 국내에 열 발전소 기계설비로 성공한 명조

乾 命	1956년 09월 23일(陽) 18:27	직업 : CEO				
辛	癸	丁	丙	오행	木 火 土 金 水	
酉	巳	酉	申		0 3 0 4 1	

95	85	75	65	55	45	35	25	15	5
丁	丙	乙	甲	癸	壬	辛	庚	己	戊
未	午	巳	辰	卯	寅	丑	子	亥	戌

〈원국해설〉

癸巳日柱다. 원국에 木과 土가 없다. 土는 癸巳 일주에 官으로서 無官四柱가 된다. 土가 없어 탁수 개연성은 없는 모범적인 사람이다. 천간에 土(官)를 만들 수 있는 五行은 일간 癸水이다. 癸水는 戊土를 불러오고 戊土는 戊癸合으로 己土가 되면 己土는 甲木을 끌어와 본인 스스로 財와 官을 해결할 수가 있 자수성가로 성공할 수 있는 명조다.

이 명조의 재물에 대하여 알아보자. 癸水의 재물은 火가 된다. 천간에서 丙火와 丁火 일간 癸水에서 戊癸火 시의 辛金에서 丙火를 끌어와 천간 4개의 五行이 모두 재물을 만들 수가 있어 재물 福이 좋은 사람이다. 癸水 일간이 土가 없어 戊土를 끌어와 재물을 만들 수 있기 때문에 사업을 하는 명조가 된다. 土와 木이 없어 부동산에 욕심이 많은 사람이다. 상담 결과, 부동산을 많이 가지고 있었으며 광산 개발 업체에 투자하고 있었다.

남촌물상론의 財에 觀法으로 직업을 찾아보자. 癸水의 財는 년에 丙火와 월에 丁火가 있고 火의 뿌리인 巳火가 두 번 巳酉丑으로 金을 캐는 금광이 있다. 천간 丙火가 시에 있는 辛金과 合을 하고 있어 辛金의 뿌리 酉金이 巳酉丑에 金으로 형성되어 있다. 핵심은 酉金으로 무엇을 할 것인가이다. 재물인 火에서 시작하여 金으로 연결되어 火에 관련된 금속(酉金)의 관계

未 되어 巳火가 巳酉丑이 되지 못하면 癸水의 물이 마르게 된다. 지지에 巳火와 申金이 있어 寅申巳亥의 개연성도 있다. 새로운 변화를 예측한다. 44세 己卯年, 己土가 甲木을 끌어와 甲己合 乙木이 되면 지지에 亥卯未가 된다. 乙木은 辛金에 칼자루가 되어 남편과 이혼하게 되고 독자 생존의 길로 가야 한다. 47세 壬午年, 자식 자리에 丁火와 丁壬合木이 된다. 지지에 午火가 巳午未가 되어 경제적인 문제로 자식과 부모가 갈등도 겪게 된다.

(乙酉大運 : 54~63세)

乙酉大運은 乙木이 천간에 오면 두 개의 丁火의 등불이 乙木의 작은 나무에 매달린다. 지지에 亥卯未의 木局으로 정신세계 공부하게 된다. 지지에 酉金이 巳酉丑으로 정신세계로 입문하게 된다. 酉金은 말로서 표현하는 상담업으로 정신세계의 공부를 하게 되지만 본인의 의지대로 이루어지지 않는다. 경제적으로 고통을 받게 된다.

(甲申大運 : 64~73세)

甲申大運에 甲木이 오면 지지에 亥卯未가 되어 뿌리가 튼튼한 甲木의 지지대가 된다. 시에 丁火와 丙辛合의 丁火 두 개의 丁火의 등불이 甲木에 높게 달려 빛을 밝게 비추니 재물과 명예를 동시에 얻을 수가 있다. 69세 甲辰年, 甲木이 오면 두 개의 丁火의 등불이 달리게 된다. 지지에 甲木의 튼튼한 뿌리가 寅卯辰이 되어 안정된 등불이 된다. 71세 丙午年, 丙辛合이 풀어지게 된다. 돈은 벌지만 지지에 午火가 巳午未가 되어 심혈관에 주의해야 한다. 그러나 자식 자리 巳火를 巳酉丑으로 酉金을 사용하게 되면 위기를 무난하게 넘기게 될 것이며 하던 일을 자식과 같이 할 수가 있다.

(戊子大運 : 24~33세)

戊子大運은 戊癸合으로 결혼을 의미한다. 戊癸合을 하게 되면 官이 탁수가 된다. 지지에 子午卯酉가 되어 결혼을 선택하기가 매우 어렵다. 탁수가 될 때 결혼하면 남편의 官이 탁수되어 이혼하게 될 것이다. 28세 癸亥年, 결혼하였다고 한다. 癸亥年, 지지에 부부궁이 亥卯未로 合이 되고 천간 두 개의 癸水가 강력하게 戊土를 끌어와 내가 선택한 결혼이 된다. 그러나 戊土를 끌어오면 탁수가 된다. 이분의 결혼 시기는, 이 大運에서는 24세 己未年도 조히 못하다. 己土가 癸水의 제방이 되며 未土는 亥卯未가 된다. 己土가 甲木을 끌어와 乙木이 된다. 지지에 乙木의 뿌리 未土가 亥卯未로 木의 뿌리가 된다. 당사자는 일시적으로 좋다고 생각한다. 그러나 亥卯未의 運이 끝나면 부부 문제가 발생할 것이다. 항상 끌어다 쓰는 오행은 시간이 지나면 좋지 못하다.

(丁亥大運 : 34~43세)

丁亥大運은 大運의 丁火가 3개의 丁火의 등불이다. 그러나 년에 丙辛合의 丁火가 풀어진다. 지지에 亥水가 亥水未가 되면 木에 관련된 의류업을 하게 된다. 丁火가 3개가 되어 가로등에 등불이 되어야 하는데 甲木이 없어 丁火는 은하수가 된다. 은하수는 亥子丑 시간에 아름답지만 새벽 시간이 지나 은하수는 순간에 사라진다. 사업도 순간에 망한다. 土의 官이 오게 되면 탁수되어 남편 문제나 법적인 문제가 발생하게 된다. 43세 戊寅年, 戊土가 癸水와 戊癸合으로 일간이 묶여서 官이 탁수가 된다. 지지에 寅申巳亥가 되어 법적인 문제가 발생하게 된다.

(丙戌大運 : 44~53세)

丙戌大運은 丙辛合이 풀어져 현실과 이상의 갈등으로 정신적 피로와 우울증으로 고생한다. 丙辛合이 풀어지면 지지에 大運의 戌土와 申酉戌이 金局이 되어 卯木이 사라진다. 또한 丙火가 풀어지면 丙火의 뿌리 午火가 巳午

까? 여기서 남촌물상론의 財와 財에 觀法을 적용해 보면 癸水의 재물은 두 개가 丁火가 되고 丁火의 財는 金이 된다. 丁火에서 金을 사용하면 월간 辛金이 있다. 辛金의 뿌리 酉金은 시지에 巳火가 있다. 丁火의 뿌리 巳火가 巳酉丑으로 정신세계를 공부하여 입으로 표현하는 행위를 하면 편안하게 안정된 삶을 살아갈 수가 있다.

다음은 官에 官法으로 한번 가보자. 癸水의 官은 土이고 土의 官은 木이 된다. 천간에서 土를 끌어오는 五行은 일간 癸水가 戊癸合으로 戊土를 끌어오면 戊癸合이 탁수가 될 수 있다. 癸水 일간에 戊土를 끌어오는 것은 내가 선택한 것이며 내가 끌어온 戊土는 癸水가 탁수를 만드는 官 남자이다. 내가 선택한 남자를 만나게 되면 백년해로(百年偕老)하기가 어렵다. 천간에 木을 만들 수 있는 五行은 시에 丁火에서 丁壬合木으로 木을 만들 수 있다. 일간 癸水는 戊土를 끌어와 戊癸合의 己土가 되어 乙木을 심을 수가 있어 己土는 官으로 연하의 남자가 된다. 지지에 巳午未로 부부궁에 合을 이루어 경제적 도움을 많이 받는 남자가 될 것이다. 시지에 巳火가 巳酉丑이 되어 경제적으로 재물을 가지고 있는 남자가 온다. 지지에 巳火가 巳午未로 부부궁에 合이 되면 좋은 가정을 이룰 수 있다.

(己丑大運 : 14~23세)

己丑大運은 己土가 탁수가 되려고 한다. 탁수를 만들지 않기 위해서는 己土가 甲木을 끌어오라는 것을 예측한다. 木의 행위인 교육을 하라는 뜻도 되지만 己土가 甲木을 끌어와 甲己合으로 乙木이 된다. 乙木의 뿌리는 지지 卯木이 된다. 18세 癸丑年, 고등학교 2학년 두 개의 癸水는 戊土을 불러오고 甲木을 심고 싶어 대학에 가고 싶다. 지지에 丑土는 巳酉丑으로 문과보다는 이과를 선호하지만 대학보다는 경제가 우선이라 생각하게 된다. 19세 甲寅年, 甲木은 두 개의 丁火가 등불이 된다. 지지에 寅卯辰 甲木에 뿌리가 되며 寅申巳亥가 되어 대학에 갈 수가 있지만 환경이 좋지 못해 포기하게 된다.